Schriften des Vereins für Socialpolitik

Gesellschaft für Wirtschafts- und Sozialwissenschaften

Neue Folge Band 293

SCHRIFTEN DES VEREINS FÜR SOCIALPOLITIK

Gesellschaft für Wirtschafts- und Sozialwissenschaften

Neue Folge Band 293

Konjunktur, Wachstum und Wirtschaftspolitik im Zeichen der New Economy

Duncker & Humblot · Berlin

Konjunktur, Wachstum und Wirtschaftspolitik im Zeichen der New Economy

Von

Hartmut Berg, Norbert Berthold, Barbara Dluhosch, Rainer Fehn,
Siegfried F. Franke, Ullrich Heilemann, Gebhard Kirchgässner,
Henning Klodt, Stefan Schmitt, Paul J. J. Welfens

Herausgegeben von

Wolf Schäfer

Duncker & Humblot · Berlin

Bibliografische Information Der Deutschen Bibliothek

Die Deutsche Bibliothek verzeichnet diese Publikation in
der Deutschen Nationalbibliografie; detaillierte bibliografische
Daten sind im Internet über <http://dnb.ddb.de> abrufbar.

Fremddatenübernahme und Druck:
Berliner Buchdruckerei Union GmbH, Berlin
Printed in Germany

ISSN 0505-2777
ISBN 3-428-11063-3

Gedruckt auf alterungsbeständigem (säurefreiem) Papier
entsprechend ISO 9706 ♾

Vorwort

Das Phänomen der sogenannten New Economy wird seit längerem unter verschiedenartigen Aspekten diskutiert. Dabei ist der Begriff nicht eindeutig definiert und wird zuweilen mit den Begriffen Internet Economy, Network Economy, Digital Economy, E-Commerce oder auch Information Economy assoziiert. Gemeinsame Bestandteile aller Bezeichnungen sind neue Technologien, vor allem Informations- und Kommunikationstechnologien (IT) sowie neues Wissen und Humankapital.

Manche sagen, daß das, was unter New Economy subsumiert wird, im Prinzip gar nicht neu sei. Gängig ist aber auch die Auffassung, daß die New Economy sich von der „Old Economy" durch mindestens drei Elemente unterscheidet: (1) IT als neue Technologie, (2) Information als zunehmend wichtiges Produkt, (3) erhöhte Produktivitäts- und Wachstumssteigerungen durch (1) und (2).

Es gibt eine Vielzahl von speziellen Fragestellungen der New Economy, die wirtschaftstheoretisch und wirtschaftspolitisch von Interesse sind. Mit solchen Fragestellungen beschäftigt sich der vorliegende Band, der die Referate dokumentiert, die auf der Jahrestagung 2002 des Wirtschaftspolitischen Ausschusses des Vereins für Socialpolitik, die vom 12. bis 14. März 2002 in Linz (Österreich) stattfand, gehalten wurden. Der thematische Bogen, den die Referate spannen, ist groß. Die vielfach diskutierte Frage ist, ob die ökonomischen Gesetzmäßigkeiten, wie wir sie aus der Old Economy kennen, in der New Economy außer Kraft gesetzt werden. Die Referate verdeutlichen bei aller Verschiedenartigkeit, daß dies offensichtlich nicht der Fall ist.

Meiner Mitarbeiterin, Frau Dipl.-Volkswirtin *Annette Olbrisch,* danke ich für die sachkundige und engagierte Vorbereitung der Manuskripte für die Drucklegung.

Hamburg, im Juli 2002 *Wolf Schäfer*

Inhaltsverzeichnis

I&K-Technologie, Produktivität und Wachstum: Transatlantische Analyseperspektiven und wirtschaftspolitische Optionen

Von *Paul J. J. Welfens*, Potsdam

Abstract

This paper analyzes the relevance of the information & technology sector for growth in the US and Western Europe. ICT sector has contributed about 30 % to economic growth in US, the contribution to labor productivity growth has been even higher. From a theoretical perspective telecommunications and internet dynamics are crucial fields for growth as are human capital accumulation and high R&D-GDP ratios. After taking a look at empirical studies we focus on the relatively slow growth in Germany and some other EU countries. Moreover, growth-enhancing policy options for Germany are discussed. The analysis shows that Germany's economic policy strategy is rather doubtful since the focus is mainly on supporting large companies; there also is a clear lack of theoretical foundation of policy. We suggest a consistent strategy for higher growth in Germany while emphasizing that reforms in the reunited Germany are also crucial for the euro zone and the EU, respectively.

A. New Economy und I&K-Dynamik

Hohe Produktivitätszuwächse und eine erhebliche Erhöhung der Arbeitsproduktivität bzw. eine starke Wachstumsbeschleunigung in den 90er Jahren in den USA haben zur Frage geführt, ob steigende Wertschöpfungsanteile bzw. eine hohe Fortschrittsrate im Sektor der Informations- und Kommunikationstechnologie – Computer, Software, Telekommunikation, Internet – zu nachhaltig erhöhtem Wirtschaftswachstum in Deutschland bzw. der EU führen könnten. Der I&K-Sektor hatte zu Beginn der 90er Jahre einen Anteil an der gesamtwirtschaftlichen US-Wertschöpfung von rund 5 %, in 2000 aber schon fast 10 %. Telekommunikation, Internet und PC stellen Kommunikations-, Koordinations- und Wertschöpfungsplattformen für alle Unternehmen bzw. Sektoren dar, so dass I&K-Produkte eine Art Querschnittstechnologie für die ganze Wirtschaft darstellen. Von daher sind längerfristig erhebliche Produktivitätsfortschritte in der Gesamtwirtschaft denkbar.

Stark sinkende relative Preise von PCs haben in den USA (minus 25 % p.a. in der zweiten Hälfte der 90er Jahre) und anderen OECD-Ländern die Nachfrage nach Computern bei den Unternehmen und Haushalten deutlich erhöht. Die „Computer-Kapitalintensität" ist folglich gestiegen. In den EU-Ländern gab es in den 90er Jahren eine ähnliche Entwicklung, wenn auch der Rückgang der Computerpreise aus verschiedenen Gründen etwas geringer als in den USA war. Die weniger dramatischen Computerpreissenkungen in der EU, der Einfluß der Wirtschaftsstruktur und andere Einflüsse erklären den insgesamt beträchtlichen Rückstand der EU in der PC-Dichte, die in 2000 nur gut den halben US-Wert erreichte.

Es herrscht unter Ökonomen keineswegs ein Konsens dahingehend, dass in den USA die Expansion des I&K-Sektors zu einer wirklichen New Economy geführt hat; tatsächlich war die Diskussion bis 2001 recht kontrovers (*Klodt*, 2001). Von einer New Economy könnte man sprechen, wenn etwa deutlich veränderte Elastizitätskoeffizienten der Produktionsfaktoren in der gesamtwirtschaftlichen Produktionsfunktion oder veränderte Preiselastizitäten des Güterangebots zu beobachten wären, oder wenn ein deutlich beschleunigter sektoraler Strukturwandel festzustellen ist. *Gordon* (1999) hat argumentiert, dass die US-Wachstumsbeschleunigung in der zweiten Hälfte der 90er Jahre im wesentlichen nur eine erhöhte Fortschrittsrate im computerproduzierenden Sektor sowie zyklische Faktoren widerspiegelt; insbesondere seien keine positiven Spillover-Effekte, also Übertragungswirkungen, des hohen technischen Fortschritts im Computersektor auf andere Sektoren feststellbar, und insgesamt seien keine signifikanten Produktivitätssteigerungseffekte aus der Nutzung von I&K-Gütern ersichtlich. Demgegenüber vertreten *Stiroh* (2001) sowie *Van Ark* (2001) und andere Ökonomen aufgrund ökonometrischer Analysen die Ansicht, dass tatsächlich in den USA und der EU von einer New Economy in dem Sinn gesprochen werden kann, dass die Rate des technischen Fortschritts in der Gesamtwirtschaft im Zuge der I&K-Expansion nachhaltig gestiegen ist. Tatsächlich werden vom digitalen Fortschritt nicht nur Internet- und Telekomfirmen profitieren, sondern häufig gerade Unternehmen der Old Economy: etwa Automobilfirmen, die über die Einrichtung von Interneteinkaufsportalen die Einkaufskosten reduzieren oder Reiseveranstalter, die den Auslastungsgrad von Hotels erhöhen.

Sollte es den USA gelingen, auch zu Beginn des 21. Jahrhunderts einen transatlantischen Vorsprung beim Produktivitäts- und Wirtschaftswachstum zu behalten, dann wird sich der seit 1982 bestehende Rückgang im realen Pro-Kopf-Einkommen (auf Basis von Kaufkraftparitätenwerten) der EU fortsetzen. Die Einkommenslücke, die 1982 etwa 20 % betrug, könnte schon in 2005 bei 1 / 3 liegen. Solche – möglicherweise vorübergehende – transatlantische Einkommensunterschiede dürften zumindest zeitweise den globalen Einfluss des US-Modells der Freien Marktwirtschaft stärken, während das europäische Modell einer Sozialen Marktwirtschaft an Attraktivität in der internationalen Konkurrenz der Wirtschaftssysteme verlieren dürfte. Erfolgreicher Wachstumspolitik in der EU kommt von daher mehr als nur akademische Relevanz zu. Die Wachstums- und Beschäftigungsentwicklung in der EU im ersten Jahrzehnt des 21. Jahrhunderts wird mit die Weichen dafür stellen, wie sich die Weltwirtschaft ordnungspolitisch und wirtschaftlich längerfristig entwickeln wird.

Deutschlands Wirtschaft war in den 90er Jahren, wenn man vom Wiedervereinigungsboom 1990–93 absieht, durch Wachstumsschwäche und hohe Arbeitslosenquote geprägt. Zu den Schwachpunkten Deutschlands gehört auch, dass die Arbeitsproduktivität Mitte der 90er Jahre in technologieintensiven Branchen unterhalb des gesamtwirtschaftlichen Durchschnitts lag (*Welfens*, 2002). Eine I&K-basierte Erhöhung der Arbeitsproduktivität und die Schaffung neuer Märkte für digitale Produkte könnte auch in Deutschland zu einer Mehrnachfrage via Produktverbilligung bzw. höherem Wachstum durch vermehrten Einsatz von Wissen bzw. Software und I&K-Kapitalgütern (Expansion des Produktionspotentials) führen. Die Überwindung der Wachstumsschwäche hat für Deutschland – gerade im Vorfeld der EU-Osterweiterung, die absehbar zur Verlagerung von Industriebetrieben nach Osteuropa führen wird – erhebliche politische Relevanz: Eine nachhaltige Reduzierung der hohen Arbeitslosenquote ohne ein nachhaltiges Wachstum von rund 2 % ist unmöglich. Von daher stellt sich auch die Frage, ob und inwieweit die Regierung eine fundierte wachstumspolitische Strategie hat; relevante Ministerien betreffen hier insbesondere die Ressortbereiche Finanzen, Wirtschaft und Forschung / Bildung sowie Arbeit und Soziales; letzteres soweit Arbeitsmarktregulierungen für die Expansion der New Economy wichtig sind.

Hohe Wachstumsraten verzeichneten in Europa insbesondere Schweden, Finnland, die Niederlande, Großbritannien und Irland, wobei letzteres regierungsseitig insbesondere Computer-, Software-, Telekom- und Internetaktivitäten – eine „weightless economy" – durch eine Mischung von begrenzter staatlicher Förderung für Neugründer, massiven Anreizen für die Ansiedlung führender multinationaler Unternehmen und energische Maßnahmen in der Bildungspolitik stimulierte. Tatsächlich trug der I&K-Sektor in allen genannten Ländern erheblich zum Wachstum bei, der Anteil der Wertschöpfung in diesen Ländern war höher und stieg schneller als in Deutschland.

Es soll mit Blick auf die nachfolgende Analyse davon ausgegangen werden, dass der I&K-Sektor aus vier dynamischen Teilsektoren besteht:

- Computersektor, in dem es eine hohe Fortschrittsrate bei Speicherbausteinen und anderen leistungsrelevanten Hardware-Komponenten gibt; zudem gibt es in diesem Sektor statische und dynamische Economies of Scale.
- Softwarebranche, die ein zunehmendes Eigengewicht in der US-Wirtschaft hat, da die Ausgaben für Software Ende der 90er Jahre rund 3 % des Sozialprodukts ausmachten; hier gibt es Netzwerkeffekte.
- Telekommunikationssektor, der seit 1998 in den kontinentaleuropäischen Ländern im Zeichen einer von der Europäischen Kommission in die Wege geleiteten Liberalisierung steht, wobei zudem eine hohe Innovationsdynamik festzustellen ist; auch hier sind Netzwerkeffekte relevant.
- Internetsektor und digitale Mediendienste, bei denen es um weltweite digitale Dienste, neuartige Vernetzungsmöglichkeiten in Wirtschaft und Wissenschaft sowie um neuartige Unterhaltungs- und Bildungsangebote geht.

Man sprach in den USA in den 90er Jahren angesichts der Dynamik des I&K-Sektors von einer New Economy, in der offensichtlich dank computergesteuerter Fertigung und neuer Logistik die Lagerhaltungsquote von knapp 3 % in den 70er Jahren auf nahezu 2 % in den späten 90er Jahren sank. Von einer New Economy sprach man in den USA in den 90er Jahren auch mit Blick auf die erstaunliche Tatsache, dass offenbar die NAIRU in der „digitalen Wirtschaft" erheblich zurückgegangen war. Der traditionell für die USA bei etwa 6 % angesiedelte NAIRU-Wert der Arbeitslosenquote sank offenbar auf rund 4 %. Denn die Kerninflationsrate fiel auch in der späten Phase des US-Aufschwungs, Ende der 90er Jahre, auf 2 %, während die Arbeitslosenquote weiter sank, und zwar auf unter 5 %. Computer-, Software-, Telekom- sowie Internetfirmen sorgten für einen breiten und langen Boom an den Börsen.

In den USA und Europa haben Internetprovider, Mobilfunkbetreiber, Handy- und Netzwerkproduzenten sowie Software-Firmen in der New Economy von zeitweise stark steigenden Börsenkursen profitiert. Microsoft, Dell, Cisco, AOL, Ericsson, Nokia, und TIM (Mobilfunkbetreiber in Italien), Telefonica, France Telecom – zeitweise auch die Deutsche Telekom – sowie Vodafone und SAP gehörten zu den großen Unternehmen mit stark steigenden Kursen in den 90er Jahren, wobei die ersten vier genannten US-Unternehmen und die beiden letztgenannten europäischen Firmen in 2000 nicht einmal 30 Jahre alt waren und trotzdem schon zu den Kursschwergewichten im Dow Jones und im Eurostoxx gehören. Der junge Internetprovider AOL übernahm 2001 mit Time Warner eines der größten US-Verlagshäuser aus der Old Economy. Diese und andere Erfolgsgeschichten der New Economy können nicht darüber hinwegtäuschen, dass es nur eine begrenzte Zahl an profitablen Geschäftsmodellen speziell im Internetbereich gibt; dies ist bei einer vertieften Analyse aber auch nicht überraschend, denn schon *Arrow* betonte die Unvollkommenheit von Informationsmärkten bzw. die Problematik eines latenten Marktversagens, da der Informationsanbieter einen Teil der zu verkaufenden Information kostenlos auf den Tisch legen muss, um der Nachfrageseite das jeweilige Informationsgut überhaupt erst verständlich zu machen. Die New Economy mit ihren Ecksteinen Computer, Telekommunikation, Medien, Internet und Software weist insgesamt eine Reihe von Eigenheiten auf, von denen einige positive, andere negative Wachstumsimpulse erwarten lassen (*Welfens*, 2002):

- Unvollkommenheiten in Märkten für Informationen, deren Verkauf ein wesentliches Geschäftsfeld aus Sicht vieler Internetanbieter sein soll.

- Technologische Konvergenz in dem Sinn, dass die Digitalisierung die früher getrennten Märkte für Telekommunikation, TV / Radio und Datendienste tendenziell zu einem Markt mit erhöhter Wettbewerbsintensität verschmolz.

- In der EU hat die zum 1. 1. 1998 eingeführte Liberalisierung bzw. Öffnung der Telekommärkte für Netzbetrieb und Sprachtelefonie zu einer starken Telekom-Internationalisierung und Wettbewerbsintensivierung mit deutlich sinkenden Preisen bei Fern- und Auslandsgesprächen geführt, wodurch die Ex-Monopolisten zugleich unter Druck kamen, über neue Mehrwertdienste die Umsatz- und Renditenentwicklung zu stabilisieren oder zu steigern.

- Enorme Fortschrittsraten bei der Computer-Produktion, insbesondere bei Chips, die immer leistungsfähiger und zugleich dank statischer und dynamischer Skalenvorteile immer preiswerter wurden; auch Speichermedien erlebten eine rasante Weiterentwicklung.
- Die in den OECD-Länder bald flächendeckende Telekom- bzw. Internetvernetzung schafft in Verbindung mit flexibler computergesteuerter Produktion neue Möglichkeiten, durch individuelle Produktdifferenzierungen die Durchschnittserlöse zu erhöhen. Zugleich steigt die Markttransparenz.
- Die „Intelligenz" immer schnellerer und weitläufiger vernetzter Computer konnte durch zunehmend leistungsfähige Software enorm gesteigert werden, wobei die steigenden Ausgaben für Software – wo die Grenzkosten der Produktion nahe Null liegen – in den USA schon bald die Hardware-Ausgaben übertreffen dürften: Die Zahl der Software-Ingenieure überstieg in 2000 in den USA erstmals die Zahl aller anderen Ingenieure (Maschinenbau, Elektrotechnik, Bauwirtschaft) – dies ist Teil des harten Kerns des Phänomens der New Economy insofern, als ingenieurmäßiges Wissen sich zunehmend in sehr preiswert vervielfältigbaren Softwarepaketen niederschlägt.
- Telekommunikation und Softwarenutzung – Stichwort Standardisierung – weisen Netzwerkeffekte auf: Netzwerkeffekte sind positive Externalitäten auf der Nachfrageseite, die das Marktwachstum begünstigen und u. a. bei der Telekommunikation und im PC-Bereich die Nutzung von Skalenvorteilen erleichtern.

Im Vergleich mit anderen historischen Phasen hoher Innovationsdynamik ist der erstgenannte Punkt ein New-Economy-spezifischer Negativfaktor mit Blick auf eine potentielle Wachstumsbeschleunigung, während die beiden letztgenannten Punkte als positive Spezifika der New Economy anzusehen sind. Grenzkosten der Softwareproduktion nahe Null sind mit Blick auf die Kosten globaler Standardsetzung und Wissensdiffusion positiv, allerdings wirkt diese Kostenspezifik partiell auch negativ, sofern es zu internationalen Copyright-Verletzungen kommt.

An den Börsen für junge Unternehmen haben insbesondere expandierende Medien- und Internetfirmen in den 90er Jahren für eine vorübergehende Euphorie in den USA und Westeuropa gesorgt. Ein zeitweiliger Börsenboom an der US-Technologiebörse Nasdaq, wo New-Economy-Firmen zeitweilig enorme Kursgewinne realisierten, wich in 2001 einem starken Kurseinbruch mit zahlreichen Konkursen: Der Nasdaq-100-Index stürzte von einem Höchststand von 4.704 am 27. März 2000 innerhalb von 18 Monaten auf 1.127 Punkte am 21. September 2001 und steht im Frühjahr 2002 bei etwa 1.500. In Deutschland war die Entwicklung am Neuen Markt ähnlich wie in den USA. Dies ist aber kein Indiz, dass Wachstumspotentiale der New Economy irrelevant sind.

Für Deutschland, das in den Jahren 1993 – 2000 an das Ende der westeuropäischen Wachstumsliga gerückt ist, dürfte das New-Economy-Thema von besonderer wirtschaftspolitischer Brisanz sein. Dies gilt jedenfalls dann, wenn die Innovationsdynamik im I&K-Sektor wachstumspolitisch wirklich von grundsätzlicher Bedeutung ist und wenn in Deutschland bzw. der EU bislang nicht realisierte Ansatzpunkte der Politik – oder der Tarifvertragsparteien – festzustellen sind, die eine Wachstumsbeschleunigung ermöglichen könnten.

In der nachfolgenden Analyse sollen einige Spezifika des I&K-Sektors bzw. der New Economy aufgezeigt werden. Zudem ist auf den neueren Stand der Produktivitätsdebatte in den USA und der EU einzugehen. Die Vorgehensweise ist im weiteren so, dass im Anschluss an einige theoretische und empirische Aspekte (Abschnitt B) im Schlussteil der Analyse wirtschaftspolitische Schlussfolgerungen für Deutschland und die EU gezogen werden.

B. Theoretische Aspekte zur Verbindung von I&K-Dynamik und Produktivität

I. Theoretische Basis der I&K-Analyse

Aus ökonomischer Sicht gibt es eine Reihe von Ansatzpunkten für eine Verbindung des I&K-Sektors mit dem gesamtwirtschaftlichen Wachstum bzw. dem Produktivitätsanstieg (siehe Abbildung 1):

- Der technische Fortschritt im I&K-Sektor ist – dies ist in der Literatur unbestritten (man denke u. a. an Moore's Law) – in den 90er Jahren relativ hoch gewesen. Dabei steht der computerproduzierende Sektor im Vordergrund der Betrachtung, wo der hohe technische Fortschritt sich in den USA in den 90er Jahren zeitweise in jährlichen Preissenkungen von rund 25 % widerspiegelte. Die USA, Japan, Korea sowie Großbritannien, Irland, Niederlande und Deutschland haben hier unter den OECD-Ländern eine relativ starke Position als PC-Hersteller, wobei kleine Länder wie Irland, Korea und Niederlande für die Realisierung von Skaleneffekten auf freien Zugang zum Weltmarkt angewiesen sind. Zusätzlich könnte auch der I&K-Handel bzw. der Import von PCs und Software eine wichtige Rolle spielen, sofern diese inkorporierten technischen Fortschritt in hohem Maß darstellen – hiervon ist auszugehen.
- Ein eigenständiger hoher Produktivitätseffekt könnte von I&K-Anwendern kommen, wobei außerhalb des Computersektors I&K-basierter technischer Fortschritt sich mit anderen Fortschrittsimpulsen überlagert. Die Frage, ob auch in der Anwendung von I&K-Produkten hohe Wachstumsraten der totalen Faktorproduktivität erzielt werden, ist jenseits von Fallstudien auf Basis einzelner Firmen, nicht ohne weiteres zu beantworten. Geht es um reine Anwendungseffekte, so müsste sich ein starker Anstieg der Faktorproduktivität gerade auch in jenen

ländermäßigen Grenzfällen zeigen, wo ein Land keinen signifikanten eigenen computerproduzierenden Sektor hat, sondern PCs und Großrechner nur importiert.

- Die Akkumulation von komplementärem Humankapital könnte für die Erschließung von Produktivitätswachstum wesentlich sein, sofern die Nutzung moderner Rechner und komplexer Software nur durch qualifizierte Arbeit optimal möglich ist, und zugleich sind mit modernen PC- und Internettechnologien neuartige (Weiter-)Bildungsangebote – inklusive e-learning – möglich. In der Tat ist trotz der werbeseitig gern betonten Plug-and-play-Technologien (die selten die Versprechen reibungslos einlösen) sowohl innovative Software wie auch Hardware besonders auf qualifizierte Arbeitnehmer angewiesen. Mit Blick auf die USA ist es bemerkenswert, dass die USA in den 90er Jahren mehr als zwei Mio. neue Arbeitsplätze im Bildungsbereich geschaffen haben. Hingegen hat die Zahl der Beschäftigten im Bildungssektor in Deutschland im selben Zeitraum leicht abgenommen.
- Der Telekommunikationssektor – inklusive Internet – ist dank der EU-Liberalisierung zunehmend von Wettbewerb gekennzeichnet, was innovations- und teilweise auch investitionsförderlich ist, also Investitionen in den Netzausbau stimuliert und damit die Entfaltung von in der Telekommunikation und beim Internet wichtigen Netzwerkeffekten fördert. Allerdings ist nicht in allen EU-Ländern gesichert, dass die Regulierungsbehörde wettbewerbsschädliche Quersubventionierung, marktmachterhöhende Produktbündelung durch die Anbieter und wettbewerbswidrige Kampfpreise auf Seiten des Ex-Monopolisten zu verhindern weiß. In Deutschland gibt es hier jedenfalls erhebliche Probleme (*Monopolkommission*, 2002; *Bunte / Welfens*, 2001); in den EU-Ländern insgesamt sind aus Sicht der Europäischen Kommission bzw. auf Basis eines neueren Berichts (*European Commission*, 2002) vor allem im Ortsnetz erhebliche Wettbewerbsprobleme festzustellen. Eine suboptimale Nutzung mobiler und terrestrischer Telekommunikationsnetze beeinträchtigt unmittelbar die Wachstumschancen, die sich vor dem Hintergrund ökonometrischer Wachstumsanalysen mit einer um die Telekommunikationsnutzung erweiterten Produktionsfunktion zeigen (*Welfens / Jungmittag*, 1998; *Welfens / Jungmittag*, 2002a): Der Telekommunikationsnutzung, die eine beschleunigte Wissensdiffusion – ggf. auch verbesserte Koordination zwischen Firmen – erlaubt, kommt ein signifikanter Einfluß auf die gesamtwirtschaftliche Produktion (ohne Sektor Wohnungsvermietung und Landwirtschaft) zu. Von daher bedeuten sinkende Telekomnutzungspreise und technologische Innovationen im Netzbetrieb positive Wachstumsimpulse. *Welfens / Jungmittag* (2002b) zeigten zudem anhand eines um internationale Telekomnutzung erweiterten Gravitationsmodells für den Außenhandel von OECD-Ländern, dass sinkende internationale Telekomkosten signifikant zu mehr Außenhandel beitragen. Sofern eine erhöhte Handelsintensität das Wachstum begünstigt, ist von indirekten Wachstumseffekten der Telekomliberalisierung auszugehen.

– Schließlich ist ein Anstieg der Arbeitsproduktivität insbesondere von einer Erhöhung der Kapitalintensität zu erwarten. In den USA werden seit Mitte der 90er Jahre Softwareausgaben bei den Unternehmen aktiviert und daher wie Investitionen auch in der Volkswirtschaftlichen Gesamtrechnung behandelt. In den meisten EU-Ländern, so auch in Deutschland, hat man bislang Software nicht wie Investitionen behandelt, was bei der Datenanalyse bzw. einem transatlantischen Vergleich zu Problemen führen kann.

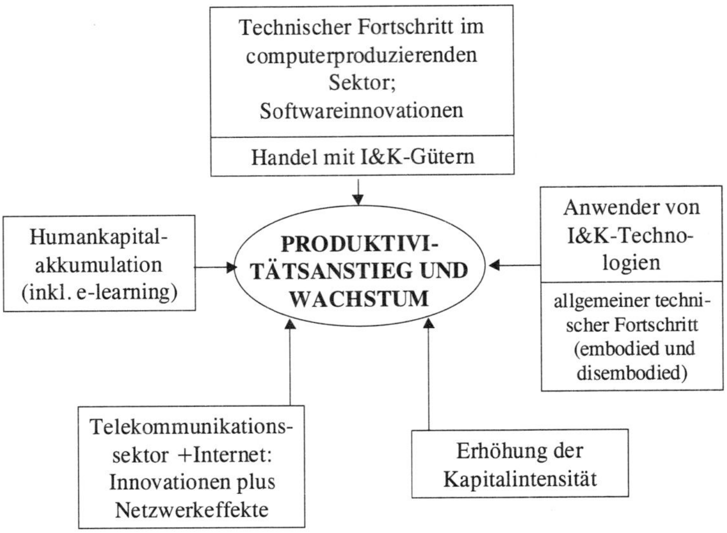

Abbildung 1: I&K-Sektor und Produktivitätswachstum bzw. Outputwachstum

II. Befunde zur Produktivitätsdebatte in den USA und Europa

Die USA, Japan und die EU wiesen in den 90er Jahren unterschiedliche Wachstumstrends auf. Während das US-Wachstum einen deutlich, das in Westeuropa einen leicht steigenden Trend aufwies, fiel es in Japan deutlich (Abbildung 2). Ein nachhaltiger Anstieg der US-Investitionsquote (Abbildung 3) in den 90er Jahren trug maßgeblich zur Wachstumsbeschleunigung in den USA bei. Auf Pro-Kopf-Basis ist die US-Wachstumsbeschleunigung etwas weniger beeindruckend, als wenn einfach nur das Wachstum des realen Bruttoinlandsprodukts betrachtet wird: Die USA hatten ein Bevölkerungswachstum von rund 1 % p.a., während die EU-Bevölkerung fast stagnierte.

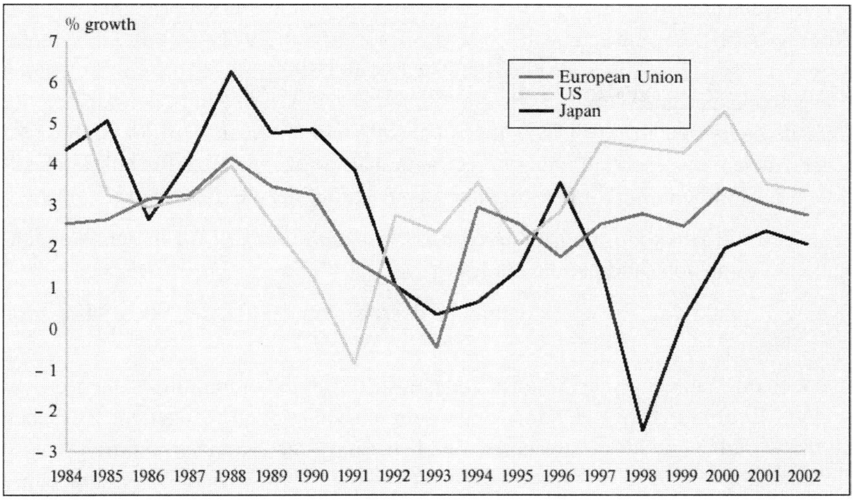

Quelle: OECD / EITO (2001).

Abbildung 2: Wachstumsrate des realen Sozialprodukts in den USA, EU, Japan

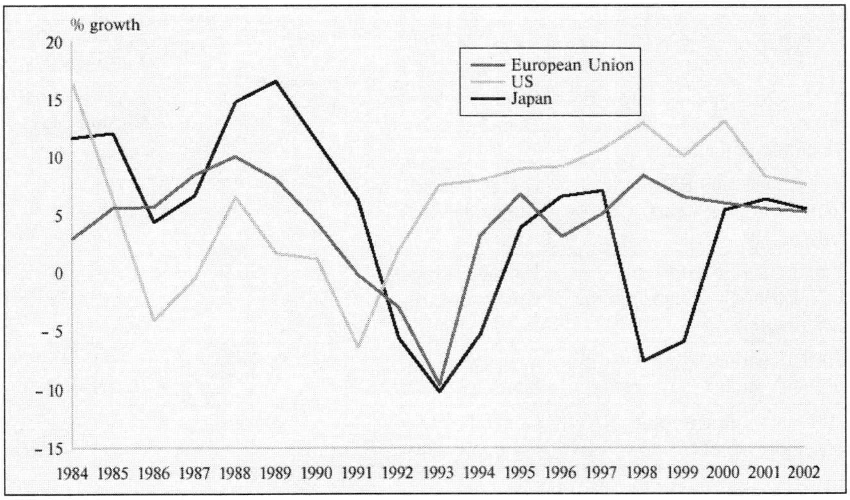

Quelle: OECD / EITO (2001).

Abbildung 3: Investitionsquoten in den USA, EU, Japan

Die Wachstumsrate der Arbeitsproduktivität stieg in den USA von einem jahresdurchschnittlichen Zuwachs von 1,5 % p.a. im Zeitraum 1974 – 95 auf 2,5 % in der Periode 1995 – 2000. Das Produktivitätswachstum stieg im Vergleich der beiden Betrachtungsperioden um 2 / 3. Es gibt keinen Zweifel, dass ein hoher Anstieg der I&K-Investitionen in den USA, aber auch in Westeuropa in den 90er Jahren zu einer Wachstumsbeschleunigung beigetragen hat. Starke Anreize für hohe Investitionen in Computer und Software gingen vom Verfall der PC-Preise aus.

Es gibt mit Blick auf die *Produktivitätsentwicklung in den USA* in den 90er Jahren eine Reihe von Studien, die eindeutig

- eine Produktivitätsbeschleunigung in der zweiten Hälfte der 90er Jahre feststellen,
- dabei im Rahmen einer Wachstumsanalyse (Growth Accounting) einen erhebliche Einfluß des I&K-Sektors beim Produktivitätsschub feststellen: Zwischen 48 % und 74 % des Zuwachses der Erhöhung der Arbeitsproduktivität wird dabei der Wirkung der Informationstechnologie bzw. des I&K-Sektors zugesprochen („Anti-Gordon-These").

Tabelle 1

Schätzungen zum Beitrag des I&K-Sektors zum Produktivitätsfortschritt in den USA

Name der Studie	Autor(en)	Auf IT-Einsatz zurückzuführender Anteil des Produktivitätswachstums	Zeitraum
Computers, Obsolescence, and Productivity	Karl Whelan	73,7 %	1974–1995; 1996–1998
The Resurgence of Growth in the Late 1990's: Is Information Technology the Story?	Stephen Oliner, Daniel E. Sichel	62 %	1991–1995; 1996–2000
The Budget and Economic Outlook: Fiscal Years 2001–2010	Congressional Budget Office	54,5 %	1974–1999; 1996–1999
Raising the Speed Limit: U.S. Economic Growth in the Information Age	Dale W. Jorgensen, Kevin J. Stiroh	50 %	1990–1995; 1995–1998
2001 Economic Report of the President	Council of Economic Advisers	49 %	1973–1995; 1995–2000
2000 Economic Report of the President	Council of Economic Advisers	48 %	1973–1995; 1995–1999

Quelle: http://www.itic.org (*Stiroh*).

Die Wachstumsrate der Arbeitsproduktivität hat sich nach Angaben des Konferenz-Boards in den USA von 1,1 % p.a. in der ersten Hälfte der 90er Jahre auf

2,5 % im Zeitraum 1995 – 99 erhöht, wobei die Anwendung von I&K-Technologien die Arbeitsproduktivität um 1,4 % p.a. gesteigert haben soll; der Produktivitätszuwachs bei der I&K-Produktion machte 0,7 Prozentpunkte aus.

In einer neueren Analyse kommt der Council of Economic Advisers (*CEA*, 2002) zu der Einschätzung, dass die Zunahme des Arbeitsproduktivitätswachstums von 1,39 % p.a. im Zeitraum 1973 – 95 auf 2,6 % p.a. in der Periode 1995 – 2001 zyklusbereinigt für einen Anstieg der strukturellen Arbeitsproduktivität von 1,37 % p.a. in 1973 – 95 auf 3,07 % im Zeitraum 1995 – 2001 steht. Der Anstieg um 1,7 Prozentpunkte wird dabei im Rahmen des Growth Accounting zerlegt (siehe Tabelle 1) in einen Zuwachsbeitrag durch erhöhten Kapitaleinsatz von 0,57 Prozentpunkten, wobei I&K-Kapital für 0,60 Punkte und andere Kapitaldienste für -0,03 Prozentpunkte standen.

Tabelle 2

Erklärung des Wachstums der Arbeitsproduktivität* in den USA (Privatunternehmen ohne Landwirtschaft, durchschnittliche jährliche Wachstumsraten)

	1973–1995	1995–2001**	Änderung (Prozentpunkte)
Produktivitätswachstumsrate (Prozent)	1,39	2,60	1,21
Wachstumsbeiträge in Prozentpunkten:			
abzüglich: Konjunkturzykluseffekt	0,02	-0,46	-0,48
verbleibt: Strukturelle Arbeitsproduktivität	1,37	3,07	1,70
abzüglich: Kapitaldienstleistungen	0,72	1,29	0,57
Informationskapitaldienste	0,41	1,01	0,60
Andere Kapitaldienstleistungen	0,31	0,28	-0,03
Arbeitsqualität	0,27	0,31	0,04
verbleibt: Strukturelle TFP	0,37	1,44	1,07
abzüglich: Computersektor-TFP	0,18	0,35	0,16
verbleibt: Strukturelle TFP ohne Computersektor-TFP	0,19	1,09	0,90

* Auf Stundenbasis.
** Die Produktiviät für 2001 ist aus den ersten drei Quartalsdaten geschätzt worden.

Quelle: CEA (2002, 61).

Die Verbesserung der Arbeitsqualität trug 0,04 Prozentpunkte zum Wachstumsanstieg in den USA bei. Das verbleibende Residuum ist die „Structural Total Factor Productivity", die für 1,07 Prozentpunkte Zuwachs in der jahresdurchschnittlichen Wachstumsrate der Arbeitsproduktivität steht. Die Erhöhung der totalen

Faktorproduktivität im Computersektor betrug 0,16 Prozentpunkte zwischen den beiden Perioden, so dass der Beitrag des computerproduzierenden Sektors auf 0,35 % p.a. im Zeitraum 1995–2001 anstieg. Der Wachstumsbeitrag der totalen Faktorproduktivität in anderen Sektoren stieg von jahresdurchschnittlich 0,19 Prozentpunkte im Zeitraum 1973–95 auf 1,09 Prozentpunkte im Zeitraum 1995–2001. Dieser starke Anstieg der allgemeinen totalen Faktorproduktivität wird vom Council of Economic Advisers nicht näher erklärt; sein Fazit lautet (*CEA*, 2002, 60): „... structural labor productivity growth and TFP growth remained strong through 2001. This growth argues that the New Economy remains alive and well."

Diesen Einschätzungen steht die *Gordon*-Kritik gegenüber, die keine grundlegende Rolle des I&K-Sektors bei der Produktivitätserhöhung feststellt, soweit nicht auf die Erhöhung der Produktivität im computerproduzierenden Sektor selbst abgestellt wird. Allerdings dürfte *Gordon* mit dieser Einschätzung eine Minderheitenposition in der Ökonomie darstellen.

Im übrigen hat der CEA in seiner Analyse die Rolle des Handels vernachlässigt, wobei für die USA als großer Importeur von Computern der Einfluß des Handels nicht vernachlässigt werden darf: Erstens geht es um den Handel mit Computern, der die Bestandsentwicklung bei Computern beeinflusst, zweitens dürften leistungsfähigere Kommunikationstechnologien gerade die internationalen Informations- und Transaktionskosten erheblich vermindern und damit auch die Importkonkurrenz verstärken. Zum ersten Punkt: Die Zunahme an in der Wirtschaft installierten Computern ergibt sich als Summe aus Computeroutput Y^C plus Nettoimport von Computern J^C. Die in den 90er Jahren starke Zunahme der totalen Faktorproduktivität außerhalb des Computersektors dürfte wesentlich auf die verstärkte Nutzung von Computern einerseits und moderner Software bzw. des Internets andererseits zurückzuführen sein. Zum zweiten Punkt: Es sei darauf hingewiesen, dass *Mann* (1998) in einer vergleichenden empirischen Untersuchung zur Rolle der Importkonkurrenz für die USA bzw. Deutschland nur im Fall der USA einen positiven Effekt erhöhter sektoraler Importpenetration auf die jeweilige sektorale Fortschrittsrate findet, und zwar bei einem Anstieg der Importkonkurrenz in den 80er Jahren im Vergleich zu den 70er Jahren. Da die Importkonkurrenz in den USA und der EU (vor allem wegen steigender Exporte von Schwellenländern) in den 90er Jahren weiter gestiegen ist, könnte der wachsende Außenhandel bzw. die verschärfte Importkonkurrenz – annahmegemäß durch sinkende internationale Informations- und Transaktionskosten stimuliert – zum Produktivitätsfortschritt insbesondere auch außerhalb des Computersektors beigetragen haben. Die für Deutschland und die USA unterschiedlichen Befunde von *Mann* zur Rolle der Importkonkurrenz deuten darauf hin, dass in den USA die Verbindung von starkem Kapitalmarktdruck und steigender Importkonkurrenz – ggf. in weiterer Verbindung mit flexiblen Arbeitsmärkten, die effizienzsteigernde Restrukturierungen bei Unternehmen erleichtern – zu deutlichen und erfolgreichen Anstrengungen zur Steigerung der Produktivität führt, während dies in Deutschland aus diversen Gründen so nicht beobachtet werden kann. Eine bislang eher schwache Rolle der

Börsen bzw. die Dominanz der Kreditfinanzierung bei Unternehmen in Deutschland, aber auch Arbeitsmarktrigiditäten könnten für diesen Deutschland-Befund eine Rolle spielen. Hier sind weitere Untersuchungen erforderlich.

Mit Blick auf die EU-Länder bzw. ausgewählte Länder der Euro-Zone deuten die Analyseergebnisse (*Schreyer*, 2000; *Röger*, 2002; *Welfens*, 2002) nur für wenige Länder auf einen starken Wachstumseinfluss des I&K-Sektors. In Finnland, Schweden, den Niederlanden und Großbritannien sowie in Irland kommt diesem Sektor eine deutlich wachstumsförderliche Rolle zu; andere EU-Länder treten hier nicht hervor, insbesondere auch Deutschland nicht.

In einer – noch unveröffentlichten – Studie des RWI (*Gordon*, 2002) für Deutschland wird eine wachstumsförderliche Rolle des I&K-Sektors gesehen, und zwar soweit die hohe Technologiedynamik dieses Sektors die Investitionsquote zu erhöhen hilft. Das Potential für eine nachhaltige Wachstumsbeschleunigung durch den I&K-Sektor wird als gering eingeschätzt.

Die *Gordon* (2002) entnommenen Ergebnisse der Wachstumsdekomposition weisen diesbezüglich auf eine bereits stattfindende divergierende Entwicklung (beschleunigter Anstieg in den USA vs. Stagnation in Deutschland) des auf I&K zurückzuführenden Wachstumsbeitrags hin (vgl. Tabelle 3). So stieg in den USA das vom I&K-Kapitalbestand ausgehende BIP-Wachstum von durchschnittlich jährlich 0,42 % im Zeitraum 1990–1995 auf durchschnittlich 0,92 % p.a.; in Deutschland stieg der entsprechende Wachstumsbeitrag um lediglich einen hundertstel Prozentpunkt von 0,44 auf 0,45 %. Auch der Wachstumsbeitrag der I&K-Komponenten Software und Kommunikationskapital ging in Deutschland im betrachteten Zeitraum leicht zurück (von 0,11 auf 0,09 % bei Software bzw. von 0,17 auf 0,06 % beim Kommunikationskapital), während hier in den USA ein deutlicher Anstieg zu verzeichnen war (von 0,21 auf 0,32 % bzw. von 0,04 auf 0,12 %). Der der Hardware zuzuordnende Wachstumsbeitrag stieg in den USA von 0,17 % jahresdurchschnittlich 1990–95 auf 0,48 % in 1995–2000; in Deutschland hingegen nur von 0,16 auf 0,30 %. Gleichzeitig fällt jedoch auf, daß der Wachstumsbeitrag des I&K-Kapitals bezogen auf das Gesamtwachstum des BIP in der zweiten Hälfte der Dekade 1990–99 rückläufig war im Vergleich zur ersten Hälfte dieses Jahrzehnts und der starke Anstieg des Wirtschaftswachstums in den USA wie auch der schwache Anstieg in Deutschland mindestens im gleichen Maße anderen Faktoren zuzuordnen ist. Die Vermutung, daß der starke Anstieg der totalen Faktorproduktivität in den USA Folge von bzw. Indiz einer das Wachstum beflügelnden Wirkung der I&K-Technologien sei, müßte empirisch belegt werden.

Aus verschiedenen theoretischen und empirischen Analysen bzw. Gründen heraus sind die EIIW-Studien zur New Economy – von *Jungmittag* und *Welfens* – eher optimistisch, was die Möglichkeiten einer Wachstumsbeschleunigung und einer Erhöhung der Beschäftigung durch Internetexpansion, d. h. höhere Internet- bzw. Serverdichte und längere Internetnutzungszeiten, betrifft. Die schlechte Datenlage in Deutschland bzw. der EU erschwert aber insgesamt eine konzise Diskussion des New-Economy-Potentials in Europa.

Tabelle 3: **Wachstumszerlegung (Deutschland, USA)**

		1980/90		1990/00		1990/95		1995/00	
Zeile		USA	Deutschland	USA	Deutschland	USA	Deutschland	USA	Deutschland
1	BIP Wachstum insgesamt	3.35	2.43	3.65	2.33	2.65	2.15	4.64	2.52
	Prozentpunkte absolut:								
2	Beitrag des Arbeitsangebotswachstums zu 1	1.40	0.26	0.99	0.03	0.76	-0.44	1.21	0.41
3	Beitrag der Kapitalintensivierung zu 1 (Zeilen 5+9)	1.08	0.99	1.19	1.37	0.80	1.54	1.55	1.21
4	Beitrag der totalen Faktorproduktivität (Zeile 1 minus (Zeilen 2 plus 3))	0.87	1.18	1.47	0.93	1.09	1.05	1.88	0.90
5	Beitrag des IKT-Kapitals zu 3 (Zeilen 6+7+8)	n. v.	n. v.	0.68	0.44	0.42	0.44	0.92	0.45
6	Beitrag der Hardware zu 5	n. v.	n. v.	0.33	0.23	0.17	0.16	0.48	0.30
7	Beitrag der Software zu 5	n. v.	n. v.	0.27	0.10	0.21	0.11	0.32	0.09
8	Beitrag des Kommunikationskapitals zu 5	n. v.	n. v.	0.08	0.11	0.04	0.17	0.12	0.06
9	Beitrag des sonstigen Kapitalstocks zu 3	n. v.	n. v.	0.51	0.93	0.38	1.10	0.63	0.76
	Beiträge zum Gesamtwachstum in % von Zeile 1:								
2a	Beitrag des Arbeitsangebotswachstums zu 1	41.8	10.7	27.1	1.3	28.7	-20.5	26.1	16.3
3a	Beitrag der Kapitalintensivierung zu 1 (Zeilen 5+9)	32.2	40.7	32.6	58.8	30.2	71.6	33.4	48.0
4a	Beitrag der totalen Faktorproduktivität	26.0	48.6	40.3	39.9	41.1	48.8	40.5	35.7
5a	Beitrag des IKT-Kapitals zu 3 (Zeilen 6+7+8)			18.6	18.9	15.8	20.5	19.8	17.9
6a	Beitrag der Hardware zu 5			9.0	9.9	6.4	7.4	10.3	11.9
7a	Beitrag der Software zu 5			7.4	4.3	7.9	5.1	6.9	3.6
8a	Beitrag des Kommunikationskapitals zu 5			2.2	4.7	1.5	7.9	2.6	2.4
9a	Beitrag des sonstigen Kapitalstocks zu 3			14.0	39.9	14.3	51.2	13.6	30.2
	Veränderung der prozentualen Beiträge zum Gesamtwachstum in Prozentpunkten, 1995/00 zu 1990/95:								
2b	Beitrag des Arbeitsangebotswachstums zu 1							-2.6	36.7
3b	Beitrag der Kapitalintensivierung zu 1 (Zeilen 5+9)							3.2	-23.6
4b	Beitrag der totalen Faktorproduktivität							-0.6	-13.1
5b	Beitrag des IKT-Kapitals zu 3 (Zeilen 6+7+8)							4.0	-2.6
6b	Beitrag der Hardware zu 5							3.9	4.5
7b	Beitrag der Software zu 5							-1.0	-1.5
8b	Beitrag des Kommunikationskapitals zu 5							1.1	-5.5
9b	Beitrag des sonstigen Kapitalstocks zu 3							-0.8	-21.0

Quelle: Gordon (2002) und eigene Berechnungen.

III. Mittelfristige Wachstumsperspektiven in USA und EU

In den 90er Jahren sind in den USA und vielen EU-Ländern die I&K-Investitionen stark gewachsen. Die Ausgaben für Computer, Software und Telekomausrüstungsgüter wuchsen in der zweiten Hälfte der 90er Jahre in den USA mit etwa 20 % p.a., was etwa das Fünffache des realen Wachstums darstellte. Dieser Investitionsboom sorgte zunächst von der Nachfrageseite her für hohes gesamtwirtschaftliches Wachstum. Hohe Investitionen in Hard- und Software werden mittelfristig einen erhöhten Kapitalbestand (definiert im weiteren Sinn, d. h. unter Einschluss von Software) bzw. eine erhöhte Kapitalintensität bedeuten, wodurch die Arbeitsproduktivität steigt.

Wenn man die längerfristigen Wachstumsimpulse vom I&K-Sektor analysieren will, dann ist im wesentlichen auf vier Punkte abzustellen:

- Innovationsdynamik des Telekomsektors und des Computersektors, gemessen etwa an internationalen Patentanmeldezahlen; in Westeuropa sind seit Mitte der 90er Jahre – vermutlich in Antizipation von Privatisierung und Liberalisierung – die Patentanmeldezahlen beim Europäischen Patentamt gerade im Telekommunikationsbereich deutlich angestiegen.
- Die Entwicklungsperspektiven der Mobiltelekommunikation, wo neue Übertragungstechniken – etwa i-Mode und UMTS – eine Fülle neuer digitaler mobiler Dienstleistungen zu vermarkten erlauben werden. Dies ist ein Bereich, wo die EU-Länder Anfang des 21. Jahrhunderts auf Basis ihrer bisherigen einheitlichen GSM-Technologie deutlich vor den USA (aber hinter Japan mit 30 Mio. i-Mode-Nutzern in 2001) liegen. In den USA gibt es nicht nur mehrere konkurrierende Mobilfunkstandards, es gibt auch eine Frequenzknappheit, da digitale TV-Sender Teile des Frequenzspektrums nicht abgeben wollen, und weil es langwierige gerichtliche Auseinandersetzungen um das Problem einer brachliegenden Mobilfunklizenz bei Nextwave gibt, die der effektiven und effizienten Nutzung knapper Frequenzen entgegenstehen.
- Die Entwicklung der relativen PC-Preise bzw. das Wachstum der Computer- und Softwareindustrie: Ein anhaltend starker Verfall, für den angesichts der hohen Innovationsrate in der Chip-Industrie einiges spricht, wird die Computerisierung der Wirtschaft weiter beschleunigen, damit aber auch den Grad an Vernetzung einerseits und die Bedeutung des Internets andererseits steigern. Mehr noch, die führenden PC-Hersteller und die großen Softwareanbieter – letztere sind bis auf sehr wenige Ausnahmen aus der EU bzw. Japan vor allem US-Firmen – werden hier von anhaltendem Nachfragewachstum profitieren. Eine beträchtliche Preiselastizität der Nachfrage in Verbindung mit einer Einkommenselastizität von über 1 bedeutet für die Hard- und Softwarebranche gute mittelfristige Wachstumsaussichten.
- Es gibt eine New-Economy-spezifische Innovationsdynamik, die stark auf den Elementen Vernetzung und Standardisierung beruht. Inwieweit Probleme bei der

Patentierung von Software und innovativen digitalen Diensten sich als hinderlich für den technischen Fortschritt erweisen, bleibt abzuwarten.

Sicherlich haben die USA in den 90er Jahren eine Führungsposition im I&K-Sektor erreicht, weil sie innovationsstarke Telekom-, Computer- und Softwareunternehmen aufweisen und zugleich durch einen dynamischen Bildungsmarkt in Verbindung mit einem flexiblen Arbeitsmarkt die Chancen der digitalen Revolution gut nutzten. Das US-Wirtschaftwunder der 90er Jahre hat allenfalls eine Achillesferse in der Form eines hohen Leistungsbilanzdefizits, das kaum dauerhaft finanziert werden kann, sobald Zweifel an nachhaltig hohen Renditen in der Wirtschaft auftauchen. Der Enron-Bilanzierungsskandal hat bereits zu einer Verunsicherung in- und ausländischer Investoren geführt. Das hohe Leistungsbilanzdefizit erhöht auch den Protektionsdruck in den USA, so dass auch aus diesem Grund eine mittelfristige Dollarabwertung unvermeidlich scheint.

C. Wirtschaftspolitische Optionen für mehr Wachstum in Deutschland

I. Ökonomisch rationale Strategieoptionen für Wachstumspolitik in der New Economy

Eine ökonomisch rationale Strategieoption für Wachstumspolitik in der New Economy in Deutschland bzw. Euroland wird sinnvollerweise von den theoretischen Ansatzpunkten in Abb. 4 und ersten vorliegenden empirischen Untersuchungen ausgehen. Demnach gibt es für die Wirtschaftspolitik sieben Ansatzpunkte zur Wachstumsförderung, wenn es um die besondere Berücksichtigung des I&K-Potentials geht:

- Die F&E-Förderung muß im Rahmen der F&E-Politik angemessen erhöht und in ihren Projektschwerpunkten verstärkt auf den I&K-Sektor ausgerichtet werden. Während die Bundesregierung und auch einige Länderregierungen zu Beginn des 21. Jahrhunderts in der Tat etwas stärker als früher den I&K-Sektor betonen, kann von einer angemessenen Dimensionierung keine Rede sein. Schließlich ist die F&E-Quote in Deutschland ja unter Finanzminister Waigel (gelernter Jurist) von 2,9 % in 1989 auf 2,3 % in 1998 gefallen, und seither hat sein Nachfolger, der gelernte Germanist Hans Eichel (mit anerkennenswertem politischen Durchsetzungsvermögen), die staatliche F&E-Förderung nur in homöopathischen Dosierungen erhöht. Deutschland liegt weit hinter dem OECD-Spitzenreiter bei der F&E-Quote, nämlich Schweden, das in 2000 rund 4 % erreichte.
- In der Handelspolitik ist für weitgehenden Freihandel mit I&K-Gütern und digitalen Dienstleistungen zu sorgen. Hier haben Bundesregierung und EU dank der WTO-Disziplin und den positiven Nachkriegserfahrungen mit Handelsliberali-

sierung keine größeren Versäumnisse. Allenfalls kann man mit Blick auf die WTO und einige wichtige Mitgliedsländer fragen, weshalb die wichtige Frage auf der Konferenz von Doha in 2001 nicht geklärt werden konnte, welche Internet-Dienste unter das strenge Regime des GATT fallen sollen – wobei Internetgüter als Waren aufgefasst werden – oder unter das weniger umfassende GATS mit seinem schwächeren Regelpaket für Dienstleistungen.

– Bei der Telekomregulierung gilt es, im Rahmen einer wettbewerbsförderlichen asymmetrischen Regulierung, die massive Quersubventionierung und wettbewerbswidrige Kampfpreise des Ex-Monopolisten unterbindet sowie reibungslose Netzzusammenschaltung und diskriminierungsfreien Zugang im Ortsnetz gewährt, investitionsförderliche Rahmenbedingungen in einem wettbewerbsintensiven Telekom- und Kabel-TV-Markt zu sichern. In Deutschland hat Minister Waigel im Kontext einer strategisch verfehlten Privatisierungspolitik die separate Privatisierung von Festnetz und Kabel-TV-Netz versäumt. Immerhin hat die Regulierungsbehörde sich bemüht, für funktionsfähigen Wettbewerb auf Telekommunikationsmärkten zu sorgen.

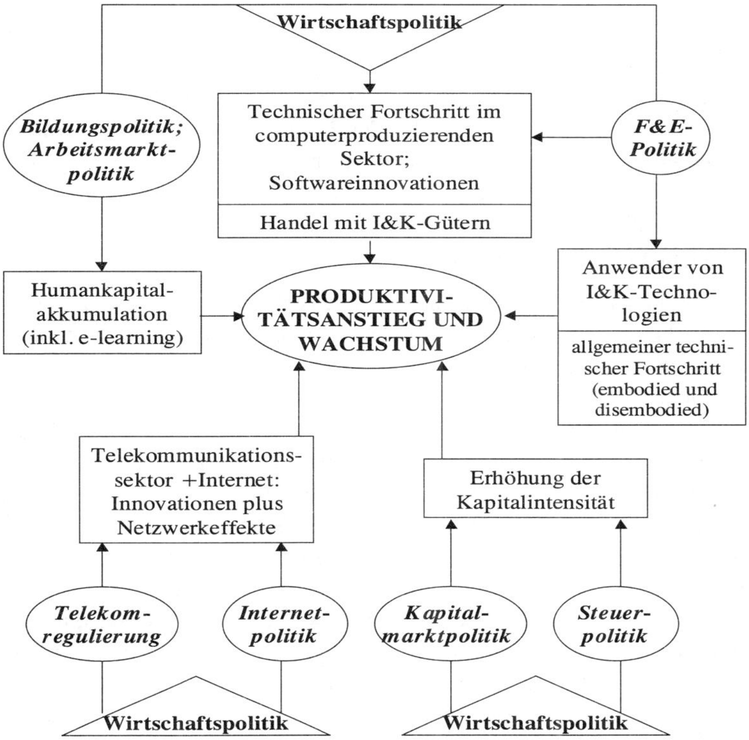

Abbildung 4: Wirtschaftspolitische Ansatzpunkte in der Wachstumspolitik unter besonderer Berücksichtigung des I&K-Sektors

- Das Internet ist ein traditionell wenig regulierter Bereich – allerdings ein Feld, bei dem der Ortsnetzzugang und damit wiederum die Telekomregulierung außerordentlich wichtig ist. Die DT AG als Ex-Monopolist hat ihren in 2000 angebotenen Internet-Pauschaltarif von DM 79,– zurückgezogen, nachdem die Regulierungsbehörde einen Großhandelspauschaltarif verlangt hatte; statt dessen wird die Scheinalternative eines DSL-Pauschaltarifs angeboten, wobei breitbandiges (schnelles) DSL – eine Art Turbo fürs Festnetz – in weiten Teilen der Neuen Länder nicht angeboten werden kann, da es auf die verlegten Glasfasernetze kurzfristig nicht portierbar ist. In Deutschland gestattet der Bund der DT AG beim Internet eine Art Technologiediktatur, die zugleich vor allem Ostdeutschland wesentliche Chancen digitaler Entwicklung vorenthält. Damit sind Bund und DT AG unmittelbar für das Fehlen von etwa 400 000 neuen Arbeitsplätzen verantwortlich, die nach einer Studie (*Welfens / Jungmittag*, 2000) bei einer preiswerten Flat rate aufgrund positiver Wissensdiffusions- und Innovationseffekte mittelfristig zu erwarten wären. Die USA, Spanien, Großbritannien, Brasilien, Niederlande, Australien und Kanada haben niedrige Ortsnetztarife oder günstige Internet-Pauschaltarife, so dass Deutschland hier im internationalen Vergleich zurückfällt.

- Soweit die Wirtschaftspolitik Wachstum und Produktivität über eine hohe Investitionsquote fördern will, sind vor allem eine Steuersenkungspolitik und eine angemessene Kapitalmarktpolitik wesentlich. Die rot-grüne Bundesregierung hat durchaus bei der Steuerpolitik und bei der Reform der Rentenversicherung einige Weichen in diesem Sinne gestellt. Nicht zu übersehen sind allerdings grobe handwerkliche Fehler bei der Körperschaftssteuerreform und das Problem einer nach wie vor überdimensionierten und teilweise absurden steuerlichen Förderung von Schiffsneubauten in aller Welt und von Neubaumaßnahmen andererseits.

- In der Bildungspolitik käme es auf Weichenstellungen für eine Bildungs- bzw. Weiterbildungsoffensive gerade im Hochlohnland Deutschland an; denn via Internet und moderne PC- und Telekommunikationsnetzwerke wird Wisseninternational mobiler, so daß bei einfachen Technologien, bei denen „tacit knowledge“ keine große Rolle spielt, eine beschleunigte Betriebsverlagerung in Niedriglohnländer zu erwarten ist. In Deutschland sorgt ein traditionell eher inflexibles staatliches Bildungssystem in Verbindung mit fehlenden Spielräumen zur Erhöhung der Staatsausgaben für eine Bildungslücke, deren Überwindung allenfalls durch unkonventionelle Reformen möglich scheint. In der Arbeitsmarktpolitik wären differenzierte, flexible – auch internetgestützte – Weiterbildungsprogramme sinnvoll, aber die Bundesanstalt für Arbeit hat mit Blick auf New-Economy-Berufsbilder nur wenig anzubieten. Im internationalen Vergleich geringe vertikale Lohndifferenzierung (nach Qualifikationsstufen) sorgt einerseits für relativ schwache Anreize zur Qualifizierung in den Unternehmen, wobei diese tendenziell wegen sinkender Betriebszugehörigkeitsdauer im Zuge der Globalisierung ihrerseits weniger Interesse an kostspieligen Weiterbildungsprogrammen haben als früher.

Zu den schwierigsten Problemen gehören die Defizite der Bildungs- und der Forschungspolitik, für die Bund und Länder jeweils Teilverantwortung haben. Die Qualität des Bildungssystems in Deutschland ist, wie die PISA-Studie in 2001 neuerlich unterstrich, relativ schwach; jedenfalls hat Deutschland nicht länger eine europaweite Spitzenstellung inne, wie dies in den 70er und 80er Jahren noch angenommen werden konnte. Auffallend ist dabei auch, dass Deutschland eine im EU-Vergleich geringe Bildungsausgabenquote hat. Die mittelfristige Finanzierungsbeschränkung von Seiten des Maastrichter Vertrags schränkt die staatlichen Handlungsspielräume hier ein.

Die F&E-Quote ist im internationalen Vergleich zu gering, zumal sich seit dem Ende des Kalten Kriegs die zivile Innovationskonkurrenz weltweit erhöht hat und die Schumpeterschen Renten gerade in den Märkten für mittlere Technologien gefallen sind – hier sind deutsche Unternehmen deutlich spezialisiert; die F&E-Quote insbesondere ist weit entfernt von Schweden mit einem OECD-Spitzenwert von etwa 4 % in 2000. Auch bei den staatlichen F&E-Ausgaben ist angesichts der Konsolidierungsnöte nur minimaler Expansionsspielraum vorhanden, so dass man um so mehr über eine Effizienzsteigerung der Forschungsförderung nachdenken müsste.

Während in Schweden Unternehmen gebrauchte PCs sehr preiswert – und mit Steuerrabatt – an Mitarbeiter abgeben dürfen, möchte der Fiskus in Deutschland möglicherweise derartige Aktionen als geldwerten Vorteil besteuern. Schweden hat sich zu einer flächendeckenden breitbandigen Verkabelung entschlossen, in den USA fordert die Wirtschaft von Präsident Bush ein ähnliches Programm. In Deutschland gibt es keine ähnliche Diskussion.

Es dürfte in Deutschland Tausende von Unternehmen und Hunderttausende Haushalte geben, die ihre Hard- und Software bislang nicht optimal nutzen – denen die Einweisung durch qualifizierte Fachberater fehlt. So gesehen ist es geradezu absurd, dass etwa in Nordrhein-Westfalen von RWE 12 000 Mitarbeiter mit 51 Jahren in den Vorruhestand geschickt werden; dieser Frühverrentungsskandal auf Kosten der Beitragszahler der Arbeitslosenversicherung und der Stromkunden in einem effektiven Monopolmarkt zeigt nur, wie teilnahmslos der Staat die Dinge einerseits im Arbeitsmarkt treiben lässt, wenn nur die Kosten der Quasi-Reduzierung der Arbeitslosigkeit diffus über Millionen von Haushalten verteilt werden können. Andererseits zeigt sich, wie wenig die Anwenderlücke im Mittelstand und bei den Haushalten von Seiten des Staates als Problem wahrgenommen wird – es hätte wohl nur geringer Weiterbildungsmaßnahmen (und einiger Organisationskraft auf Seiten des Managements) bedurft, um für das neue Unternehmen eine profitable neue PC-Servicegesellschaft zu gründen.

II. Politische Rationalität: Wachstumspolitik als subjektbasierte Strategie?

Der Staat bzw. die Regierung hat aus steuer-, beschäftigungs- und machtpolitischen Interessen heraus ein latentes Interesse am Wirtschaftswachstum; bei 0,6 % Wachstum in 2001 – im Zuge einer Rezession – und absehbar etwa 1 % Wachstum in 2002 ist die Überwindung der Wachstumsschwäche Deutschlands dringlich. Wenn man längerfristig 3 % erreichen könnte, wäre dies ein gutes Ergebnis für Deutschland (und damit auch für die Eurozone), obwohl man damit einen vollen Prozentpunkt vom US-Durchschnittswert für den Zeitraum 1993–2000 entfernt wäre. Allerdings hat die rot-grüne Regierung bislang keine wachstumspolitische, notwendigerweise langfristige Strategie, die im übrigen durchaus Teil einer allgemeinen Modernisierungsphilosophie sein könnte.

Auf Seiten der Bundesregierung hofft man offenbar darauf, dass die Innovations- und Exportdynamik der traditionellen Industriebranchen zusammen mit marginalen Reformprojekten – und positiven Wachstumsimpulsen aus den USA – zu anhaltendem Wachstum führt. Exporterfolge der Chemie-, Automobil- und Maschinenbauindustrie waren in der Tat auch in den 90er Jahren zu verzeichnen, aber im Zuge der EU-Osterweiterung ist eine beschleunigte Verlagerung von Betrieben in der PKW-Industrie nach Osteuropa absehbar. Es ist unklar, wie es gelingen kann, hier kompensatorisches Wachstum des Dienstleistungssektors anzustoßen, ohne dass man die Chancen der Internetwirtschaft bzw. des I&K-Sektors und der digitalen Revolution im Rahmen einer expliziten Wachstumspolitik nutzt.

Eine eigenständige Wachstumspolitik würde institutionell am Stabilitäts- und Wachstumsgesetz einerseits und dem Stabilitäts- und Wachstumspakt andererseits, theoretisch wesentlich an der Neuen Wachstumstheorie ansetzen, die die Bedeutung von Außenhandel mit differenzierten Produkten, Innovation, Bildung und Netzwerkeffekten – hier sind Telekommunikation und Internet wesentlich – betont. Wichtig ist hier eine langfristige Konzeption.

Was die Entwicklungsdynamik der New Economy bzw. des I&K-Sektors angeht, so ist festzustellen, dass in Deutschland die Nutzung des digitalen Fortschritts einen geringen Stellenwert auf der politischen Agenda hat und zudem im Telekombereich durch einen Interessenkonflikt auf Seiten des Bundes behindert wird:

- Die Schulen sind seit Ende 2001 – zwei Jahre später als in Irland und Finnland – endlich alle am Netz, aber nur in technischer Hinsicht. Weder gibt es massive Weiterbildungsaktivitäten für Lehrer im Internetbereich noch haben sich Bund und Länder entschließen können, Sondermittel für die Einstellung von Systembeauftragten an den gut 40.000 Schulen in Deutschland bereitzustellen; die in vielen Schulen übliche traditionelle minimale Deputatserleichterung für Lehrer, die kleine Rechnernetzwerke in der Vor-Internet-Zeit betreuten, ist völlig unzureichend, um das Funktionieren und die optimale Nutzung großer PC-Netzwerke mit Internetanschluss sicherzustellen. Bislang ist es dem Staat nicht gelungen, das Internetzeitalter zu einer Periode eines Bildungsbooms mit wachsender Zahl von Lehrenden und Lernenden zu machen. Dies steht im Gegensatz zu den USA, wo in den 90er Jahren die Zahl der Jobs im Bildungsbereich um 2 Millionen anstieg.

- Die rot-grüne Regierung hat ein kleines Projekt E-governance aufgelegt, was eine gewisse Wertigkeit des digitalen Verwaltungsfortschritts auf der Kanzleragenda anzeigt. Das Projekt hat aber bei einer ersten Evaluation durch die Bertelsmann-Stiftung keine überdurchschnittlichen Indikatorwerte gezeigt.
- Ein wichtiger Interessenkonflikt besteht bei der Deutschen Telekom AG (DTAG), die auch in 2002 noch zu über 40 % im Eigentum des Bundes ist und somit de facto ein Staatsunternehmen ist. Der Ex-Vorstandsvorsitzende Ron Sommer dürfte an einigen Tagen mehr Telefongespräche mit dem Kanzleramt, dem Wirtschaftsministerium und dem Finanzministerium geführt haben als mit Mitarbeitern und Analysten; dabei bemühte sich Ron Sommer erkennbar um politischen Schutz gegen Wettbewerber bzw. um günstige Regulierungsbedingungen für den Ex-Monopolisten. Da die rot-grüne Regierung selten im Rahmen einer langfristigen Strategie gesamtwirtschaftliche Interessen und damit auch allgemeine Wachstumschancen im Auge hat, sondern Gemeinwohl sonderbarerweise mit dem Schutz von Großunternehmen wie Volkswagen oder Deutsche Telekom – beides Unternehmen mit Staatsanteilen – zu assoziieren scheint, ist bei der DTAG der Interessenkonflikt bislang nicht durch Vollprivatisierung aufgelöst worden. Der stärkste Interessenkonflikt liegt bei Finanzminister Eichel, der einerseits Eigentümerinteressen des Staats vertritt und damit an einem hohen Aktienkurs der DTAG interessiert ist, der sich ggf. auch durch Monopolpreise oder wettbewerbswidrige Kampfpreise sichern lässt; der Finanzminister hat andererseits aber im Interesse hohen Wachstums bzw. hoher Steuereinnahmen ein Interesse daran, dass 99 % der Wirtschaft, nämlich die Nicht-DTAG-Unternehmen mit ihrer Wertschöpfung, innovative und preiswerte Telekomdienstleistungen nutzen können. Letzteres ist aber nur über eine volle DTAG-Privatisierung und (echten) Wettbewerb zu erreichen.

Nach dem Reformstau der Regierung Kohl ist die folgende rot-grüne Bundesregierung wachstumspolitisch – wenn man von einer teilweise sinnvollen Steuerreform und der Rentenreform absieht – vor allem durch Strategielosigkeit in der Wirtschaftspolitik sowie das Beschreiten von wachstums- und arbeitsmarktpolitischen Sackgassen aufgefallen. Konzeptionelle Schwächen sind auch in Regierungen von relativ wachstumsschwachen Bundesländern auszumachen.

Zwar kommt der rot-grünen Regierung das Verdienst zu, den Reformstau in Deutschland überwunden zu haben, aber negativ fällt in der Wirtschaftspolitik auf, dass die Regierung keine strategischen Ziele – wie etwa preiswerte innovative Telekomdienste zum Nutzen der Haushalte und zur Steigerung der Wettbewerbsfähigkeit aller Unternehmen – hat, sondern vor allem auf „selektive Subjektförderung“ setzt: Politischer Rückenwind für die Deutsche Telekom AG, VW oder Opel bedeuten eine Förderung von Großunternehmen, über die wiederum die Wirtschaftsexpansion insgesamt angestoßen werden soll. Das Thema New Economy stand bei der Regierung nur im Vorfeld der Bundestagswahl 1998, als der Software-Unternehmer Stollmann als Kandidat für das Amt des Wirtschaftsministers diskutiert wurde, auf der Modernisierungsagenda oben.

Das volle Potential der I&K-Dynamik wird sich in Deutschland nur erschließen lassen, wenn der Staat Wachstumspolitik betreibt und in Verbindung mit den Tarifvertragsparteien in der Arbeitsmarktpolitik für mehr Flexibilität der Beschäftigungsverhältnisse sorgt und die I&K-bezogenen regionalen Netzwerke stimuliert. Das Silicon-Valley-Modell vernetzter innovativer Unternehmen funktioniert in Stockholm (Clusterkern Ericsson) ebenso wie bei Nokia in Finnland; in Deutschland ist nur in der Medienbranche in Köln ein dynamisches neues Netzwerk entstanden, zudem in München um die Kirch-Gruppe, deren ökonomische Eigenständigkeit aber nicht gesichert ist. Eine dynamische universitätsbasierte Gründerszene gibt es im I&K-Bereich in Deutschland – anders als in den USA – allenfalls in Ansätzen. Dabei bietet die New Economy, in der Wissen als Produktionsfaktor an Bedeutung gewinnt, dem Universitätsbereich neue Chancen. Vermutlich ist das Fehlen privater Universitäten ein wichtiger Grund für die geringen universitären Innovations- und Gründerimpulse im I&K-Bereich in Deutschland.

Häufig wird argumentiert, dass die Digitale Wirtschaft in starkem Maß auch eine Wissensgesellschaft sein werde, jedenfalls in dem Sinn, dass Wissen ein zunehmend wichtiger Produktionsfaktor wird. Demnach könnte man erwarten, dass der Einfluß der Wissenschaft in der Wirtschaft, aber auch in der Politik steigt. Während der Einfluß der Wissenschaft in der Wirtschaft absehbar in Form langfristig steigender F&E-Quoten wohl zunehmen wird, so dürfte doch der Einfluss der Wissenschaft in der Politik tendenziell eher zurückgehen: Denn die Digitale Wirtschaft wird eine gesellschaftliche Entwicklung hin zur Mediakratie (Verbindung von Medien und Demokratie) vorantreiben, bei der die Rolle digitaler Medien – vor allem TV und Internet – für die Öffentlichkeit und damit auch für die Politik weiter an Bedeutung gewinnt. Typischerweise öffentlichkeitsferne Wissenschaftler bzw. Experten haben in der TV-Gesellschaft tendenziell reduzierte Einflusschancen; in der Politik ist umgekehrt die hohe Bedeutung telegener Auftritte zunehmend wichtig, Fachkompetenz – zumal im Bundesfinanzministerium – ist ein seit den 80er Jahren selten erlebtes Phänomen. Nicht auszuschließen ist, dass das Internetmedium Wissenschaftlern zu einem neuen Diskussions-, Diffusions- und Einflusskanal verhilft.

Das Internet hat möglicherweise noch eine besondere wirtschaftpolitische Relevanz insofern, als die Standorttransparenz einerseits und die internationale Unternehmensmobilität andererseits erhöht wird. Die daraus resultierende verschärfte Standortkonkurrenz setzt die Wirtschaftspolitik unter verschärften Lerndruck. Während in der EU offenbar vor allem kleinere offene Volkswirtschaften in den 90er Jahren wachstums- und beschäftigungsförderliche Reformen einleiteten – eben weil hoher Weltmarktdruck und verschärfte Konkurrenz gerade bei kleinen Ländern stark wirkten –, ist die Bereitschaft zu Reformen in den großen Ländern Kontinentaleuropas eher gering. Mit der Wiedervereinigung ist die vergrößerte Bundesrepublik Deutschland so gesehen in einer Position, die Lernprozesse in Politik und Wirtschaft wohl erschwert.

Auch wenn die Bedeutung des I&K-Sektors in den USA und Westeuropa erst ansatzweise erfasst ist, so fällt doch bei einer transatlantischen Vergleichsbetrachtung auf, dass die Wirtschaftspolitik in Deutschland wenig Impulse für einen wachstums- und beschäftigungsförderlichen Strukturwandel auf der Basis einer Expansion des I&K-Sektors gesetzt hat. Ein relativer Rückstand bei der staatlichen Forschungsförderung, fehlende Arbeitsmarktflexibilisierung – gerade für junge technologieorientierte Unternehmen wesentlich – und ein enormer Rückstand bei den Hochschulausgaben relativ zum Bruttoinlandsprodukt (Deutschland in 2000: 1,0 %, USA 2,3 %) haben die bislang geringe Expansionsdynamik im Bereich der New Economy in Deutschland mitverursacht.

Anhang

Tabelle A1

I&K-Sektoren in Europa und den USA, Wertschöpfung (% des BIP)

	1992	1995	1996	1997	1998	1999	95/99 (% p.a.)
B		3,3	3,5	3,5	3,8	4,1	8,6
D	3,5	3,4	3,3	3,6	3,7	3,9	5,1
E		2,8	3,0	3,2	3,4	3,6	12,6
F	3,9	3,8	3,9	4,0	4,1	4,3	6,2
IRL		6,5	6,7	7,5	7,3	7,6	17,8
I	3,4	3,3	3,3	3,3	3,5	3,7	10,3
NL		4,3	4,4	4,5	4,7	5,0	7,9
A		4,7	4,4	4,2	4,4	4,8	1,0
P		3,4	3,5	3,7	4,0	4,3	12,5
FIN		4,3	4,6	5,5	5,5	5,8	21,4
S		4,3	4,8	5,4	5,9	6,5	16,3
UK	5,0	5,2	5,2	5,2	5,4	5,6	7,3
EU11	3,8	3,6	3,7	3,8	4,0	4,2	7,7
US	5,0	5,3	5,5	6,1	6,4	6,8	12,9

Quelle: CSFB.

Tabelle A2

Ausgaben für I&K-Technologie (% des BIP)

	1992	1993	1994	1995	1996	1997	1998	1999	2000
B	5,4	5,5	5,4	5,4	5,7	6,2	6,1	6,7	7,1
Dk	6,1	6,4	6,1	6,2	6,4	6,7	6,6	7,0	7,3
D	5,3	5,5	5,2	5,1	5,2	5,6	6,2	6,6	7,0
EL	2,4	2,3	3,7	3,8	3,9	4,1	4,8	5,5	5,9
E	3,8	3,8	3,7	3,7	3,9	4,1	4,5	5,0	5,3
F	5,7	6,0	5,7	5,8	6,0	6,5	7,0	7,6	8,0
IRL	5,4	5,2	5,8	5,7	5,8	5,5	5,3	5,3	5,2
I	3,6	3,8	4,1	4,1	4,1	4,3	4,9	5,5	5,9
NL	6,4	6,4	6,3	6,3	6,6	7,0	7,3	7,8	8,1
A	4,9	5,1	4,5	4,6	4,7	5,2	5,7	6,2	6,5
P	2,7	2,9	4,4	4,8	4,9	5,1	5,8	6,1	8,3
FIN	4,6	5,1	5,5	5,5	5,9	6,0	6,3	6,8	7,0
S	7,4	8,3	7,6	7,5	7,4	8,1	9,0	9,6	10,1
UK	7,1	7,4	7,2	7,8	7,8	7,8	7,5	8,0	8,4
EUR-12	4,9	5,1	5,0	5,1	5,2	5,5	6,0	6,5	6,9
EU-15	5,3	5,5	5,4	5,5	5,6	6,0	6,4	6,9	7,2
US	7,1	7,3	7,4	7,5	7,7	7,7	8,0	8,1	8,3

Quelle: EITO Observatory (2000).

Literatur

Ark, B. van (2001): The Renewal of the Old Economy: An International Comparative Perspective, STI Working Paper 2001 / 5, Paris: OECD.

Bunte, H.-J. / *Welfens*, P.J.J. (2001): Wettbewerbsdynamik und Marktabgrenzung auf Telekommunikationsmärkten, Heidelberg: Springer.

Council of Economic Advisors (2002): Economic Report of the President, Washington, D.C.

EITO (2000): European Information Technology Observatory 2000. European Economic Interest Grouping (EEIG), Frankfurt / M.

– (2001): European Information Technology Observatory 2001. European Economic Interest Grouping (EEIG), Frankfurt / M.

European Commission (2002): http://www.europa.eu.int / comm / dgs / competition / index_en.htms.

Gordon, R.J. (1999): Has the „New Economy" Rendered the Productivity Slowdowns Obsolete?, Northwestern University, revised version, June 14, 1999, www.econ.northwestern.edu / faculty-frame.html.

– (2002): New Economy – An Assessment from a German Viewpoint. RWI-Studie im Auftrag des Bundesministeriums für Wirtschaft und Forschung, erscheint demnächst.

Jorgensen, D.W. / *Stiroh*, K.J. (2000): Raising the Speed Limit: U.S. Economic Growth in the Information Age, Brookings Papers on Economic Activity, 125 – 235.

Jungmittag, A. / *Welfens*, P.J.J. (1998): Telecommunication, Innovation and the Long-Term Production Function: Theoretical Analysis and a Cointegration Analysis for West Germany 1960 – 1990, Discussion Paper No. 52 of the EIIW at the University of Potsdam.

Klodt, H. (2001): The Essence of the New Economy, Kiel Discussion Paper 375, Kiel Institute for World Economics.

Mann, C.L. (1998): Globalization and Productivity in the United States and Germany, in: Black, S., ed., Globalization, Technological Change, and Labor Markets, Dordrecht: Kluwer, 17 – 44.

Monopolkommission (2001): Zweiter Bericht zum Wettbewerb in der Telekommunikation.

Röger, W. (2002): Structural Changes and New Economy in the EU and the US, in: Audretsch, D. / Welfens, P.J.J., eds., The New Economy and Economic Growth in Europe and the US, Heidelberg, New York: Springer (forthcoming).

Schreyer, P. (2000): The Contribution of Information and Communication Technology to Output Growth: A Study of the G-7 Countries, STI Working Paper 2002 / 2, Paris.

Stiroh, K.J. (2001): Information Technology and the U.S. Productivity Revival: What Do the Industry Data Say?, Federal Reserve Bank of New York, mimeo.

Welfens, P. J. J. (2002): Interneteconomics.net. Macroeconomics, Deregulation and Innovation, Heidelberg and New York: Springer; siehe auch *www.euroeiiw.de*.

Welfens, P. J. J. / *Jungmittag*, A. (2000): Auswirkungen einer Internet Flatrate auf Wachstum und Beschäftigung in Deutschland. EIIW Diskussionsbeitrag Nr. 75, Universität Potsdam.

– (2002a): Internetdynamik, Telekomliberalisierung und Wirtschaftswachstum, Heidelberg and New York: Springer.

– (2002b): Europäische Telekomliberalisierung und Außenhandel: Theorie, Gravitationsansatz und Implikationen, in: Jahrbücher für Nationalökonomie und Statistik, Sonderheft, Jan. 2002.

Struktureller Wandel, „new economy“ und Beschäftigungsentwicklung: Welche Rolle spielen die institutionellen Rahmenbedingungen auf dem Kapitalmarkt?

Von *Norbert Berthold*, Würzburg, und *Rainer Fehn*, München

Abstract

This paper analyzes the real effects of differences in structures on financial markets, especially concerning employment growth and quasi-equilibrium unemployment. It argues that due to substantial changes in the economic environment a vibrant venture capital market has become an important prerequisite for financing structural change and thus for achieving employment growth and for keeping unemployment low in the ongoing transition to the „new economy“. It furthermore points out the crucial importance of the legal setup on the capital market in particular concerning investor protection against appropriation by the management of firms. However, a thriving venture capital market promotes competition by new firms and outsiders and is therefore at odds with the corporatist politicoeconomic equilibrium in continental European countries involving extensive protection of insiders on labor as well as on financial markets.

A. Einleitende Bemerkungen

Schon *Schumpeter* (1911) hat darauf hingewiesen, daß ein gut funktionierender Kapitalmarkt und damit eine verbesserte Kapitalallokation ein höheres Wirtschaftswachstum zur Folge haben sollte, weil er sich positiv auf den Prozeß der schöpferischen Zerstörung auswirkt, dessen reibungsloses Funktionieren gerade in Phasen starken strukturellen Wandels ein Schlüsselelement für Wachstum und Wohlstand von Nationen ist. Auf der mikroökonomischen Ebene erfordert struktureller Wandel eine Vielzahl von einzelwirtschaftlichen Entscheidungen, Produktionseinheiten zu gründen, fortzuführen oder aufzugeben. Die Ausgestaltung der institutionellen Rahmenbedingungen allgemein, aber insbesondere auch auf dem Kapitalmarkt entscheidet maßgeblich darüber, ob dieser Prozeß effizient und damit langfristig wachstums- und wohlfahrtssteigernd verläuft. Sollte dies nicht der Fall sein, dann können sich daraus außerordentlich negative makroökonomische Konsequenzen ergeben. Eine solche Volkswirtschaft hinkt dann technologischen Entwicklungen hinterher, sie tut sich schwer mit einer sich rasch verändernden Umwelt und sie kann leicht in ökonomische Stagnation verfallen. Die Beschäftigungsentwicklung und damit insbesondere das Niveau an struktureller (quasi-gleichgewichtiger) Arbeitslosigkeit sind wichtige Indikatoren, ob eine solche Situation der Tendenz nach gegeben ist oder nicht.

Nicht zuletzt aufgrund der rasch voranschreitenden Globalisierung durchlaufen die hochentwickelten Volkswirtschaften eine Phase radikalen strukturellen Wandels und müssen mit einem unsichereren und volatileren wirtschaftlichen Umfeld zurechtkommen. Der sektorale strukturelle Wandel verläuft seit längerem schon dahingehend, daß der Dienstleistungssektor zu Lasten des industriellen Sektors expandiert. Außerdem hat aber gerade in den letzten Jahren die sogenannte „new economy" massiv an Bedeutung gewonnen, also all diejenigen Bereiche, wie etwa die biotechnologischen Industrien, in denen die neuartigen Informationstechnologien eine maßgebliche Rolle spielen. Die Unternehmen versuchen sich an diese Datenänderungen anzupassen, etwa indem sie die Arbeitsorganisation verändern. Die traditionelle „fordistisch-tayloristische" Arbeitsorganisation mit einer sehr hohen Spezialisierung der einzelnen Mitarbeiter wird zunehmend verdrängt von der sogenannten „holistischen" Arbeitsorganisation, in welcher die Team- und Kommunikationsfähigkeit der Mitarbeiter eine wesentliche Rolle spielt und in welcher sie ein breites Set an unterschiedlichen, häufig aber zueinander komplementären Aufgaben bewältigen müssen.

Diese Phase anhaltenden und massiven strukturellen Wandels ist insbesondere an den Arbeitsmärkten der großen kontinentaleuropäischen Länder nicht spurlos vorüber gegangen. Die strukturell bedingte Sockelarbeitslosigkeit ist über die Konjunkturzyklen hinweg deutlich angestiegen. Darüber hinaus ist die politisch besonders problematische Langzeitarbeitslosigkeit immer weiter angewachsen. So ist in Deutschland mittlerweile rund jeder zweite Arbeitslose über ein Jahr aus dem regulären Erwerbsleben ausgeschieden. Für diese Gruppe von Arbeitslosen ist es besonders unwahrscheinlich, daß sie jemals wieder einer regulären Erwerbstätigkeit werden nachgehen können. Im internationalen Vergleich fällt insbesondere auch das enttäuschende Wirtschafts- und Beschäftigungswachstum auf, welches Deutschland und zahlreiche andere kontinentaleuropäische Länder, aber auch etwa Japan, ab Mitte der 80er Jahre nur erzielen konnten (Tabelle 1). Dies deutet darauf hin, daß es diesen Ländern weniger gut als insbesondere den angelsächsischen Ländern gelungen ist, Ressourcen von schrumpfenden Branchen in die expandierenden Bereiche des Dienstleistungssektors und der „new economy" umzulenken.

Dieses Defizit hängt zumindest in Deutschland zu einem erheblichen Teil mit der hierzulande verfolgten Politikstrategie zusammen, welche sich eher als defensiv charakterisieren läßt. Zum einen wird versucht, Arbeitsplätze in niedergehenden Sektoren möglichst lange durch Subventionen und rigide Arbeitsmarktregulierungen zu erhalten, wie etwa einen großzügig ausgebauten Bestandsschutz für die

Arbeitsplatzbesitzer. Zum anderen gewährt sie denjenigen, die trotzdem ihren Arbeitsplatz verloren haben, eine umfassende und zeitlich so gut wie unbegrenzte Abfederung durch den Sozialstaat. Die zentralen Politikinstrumente in diesem Zusammenhang sind die Arbeitslosenversicherung, die Arbeitslosenhilfe, die Sozialhilfe und Frühverrentungen ohne entsprechende Rentenkürzungen. Eine offensive Strategie müßte hingegen darauf abzielen, vor allem möglichst günstige institutionelle Rahmenbedingungen für die Schaffung neuer Arbeitsplätze herzustellen, um so anhaltende Beschäftigungseinbußen zu vermeiden. Gerade in Phasen radikalen strukturellen Wandels ist eine solche offensive Strategie einem tendenziell strukturkonservierenden Ansatz überlegen.

Tabelle 1

Wirtschafts- und Beschäftigungswachstum im Vergleich (ø 1986 – 2001 in %)

Land	Wirtschaftswachstum	Beschäftigungswachstum
Australien	3,39	1,75
USA	3,12	1,43
Kanada	2,73	1,49
Niederlande	2,87	1,96
Schweiz	1,48	0,95
Neuseeland	2,06	1,06
Japan	2,34	0,69
Irland	6,41	2,79
Norwegen	2,77	0,45
Portugal	3,46	0,76
Deutschland	2,06	0,12
UK	2,61	0,79
Dänemark	1,95	0,21
Spanien	3,23	1,61
Österreich	2,53	0,61
Frankreich	2,25	0,59
Belgien	2,39	0,59
Italien	1,99	0,03
Finnland	2,46	–0,24
Schweden	2,01	–0,18

Quellen: *Garibaldi / Mauro* (1999) und *OECD*.

Die Auswirkungen der institutionellen Rahmenbedingungen auf dem Kapitalmarkt sind in diesem Zusammenhang bislang kaum beachtet worden. Dies ist insofern verwunderlich, weil sich die Frage stellt, wie der strukturelle Wandel finanziert werden soll, wenn man davon ausgeht, daß vor allem Unternehmensneugründungen und kleine Unternehmungen ihn vorantreiben und nicht etwa große Industriekonglomerate. Es gibt eine ganze Reihe von intuitiven und auch empirischen Hinweisen dahingehend, daß gerade Investitionen, Innovationen und Unternehmensneugründungen und damit gut funktionierende Kapitalmärkte wichtig sind, um das Beschäftigungswachstum in den beschäftigungspolitisch erfolgreichen Ländern während der letzten rund zwei Jahrzehnte erklären zu können. Sieht man sich etwa das Beschäftigungswachstum in den USA näher an, dann wird schnell klar, daß die USA es besser vermochten, neue Unternehmungen zu gründen und zu Wachstum zu verhelfen und dadurch den anstehenden strukturellen Wandel hin zum Dienstleistungssektor und hin zur „new economy" zu meistern. Dadurch wurden nicht nur gering bezahlte, sondern auch hoch entlohnte Arbeitsplätze in großem Umfang geschaffen.

Der Einfluß der institutionellen Strukturen des Kapitalmarktes auf das Wirtschafts- und Beschäftigungswachstum scheint insbesondere vom jeweiligen Entwicklungsstand der betroffenen Volkswirtschaft abzuhängen.[1] Ein bankendominierter Kapitalmarkt wie in vielen Ländern Kontinentaleuropas oder auch Japan ist vor allem in früheren Stadien des Wachstumsprozesses von Vorteil, während in hochentwickelten Volkswirtschaften eher ein florierender Aktien- und vor allem Risikokapitalmarkt wie in den meisten angelsächsischen Ländern wachstums- und beschäftigungsfördernd ist. Unternehmungen wie etwa Apple, Compaq, Digital Equipment Corporation, Intel, Microsoft und Sun Microsystems sind alle in der Gründungsphase durch Risikokapitalgeber nicht nur mit finanziellen Mitteln, sondern auch mit entsprechender unternehmerischer Beratung unterstützt worden. Generell läßt sich empirisch feststellen, daß risikokapitalunterstützte Unternehmungen in den USA in den 90er Jahren in bezug auf die Beschäftigung weitaus schneller als die Gruppe der Fortune 500 Unternehmungen gewachsen sind und auch die allgemeine Referenzgruppe schnell wachsender Unternehmungen in bezug auf die Beschäftigung deutlich hinter sich gelassen haben. Im Prinzip gilt das gleiche auch für Europa, nur daß hierzulande der Risikokapitalmarkt nach wie vor weitaus weniger weit entwickelt ist und daher von ihm auch nur geringere positive Beschäftigungseffekte ausgehen.[2] Während aber Unternehmensgründer und junge, innovative Unternehmungen in der Gründungs- und anfänglichen Wachstumsphase stark auf die Unterstützung durch Risikokapitalgeber, und damit eine bis vor kurzem spezifisch angelsächsische Kapitalmarktinstitution angewiesen war, haben traditionelle Großunternehmen gerade im industriellen Sektor dies in der Regel gar

---

1 Vgl. *Rajan / Zingales* (1998); *Carlin / Mayer* (1999); *Beck / Levine / Loayza* (1999); *Tsuru* (2000) und *Wurgler* (2000).

2 Vgl. u. a. *CESifo* (2002), *Albach / Köster* (1997) und *BMWI* (1997).

nicht nötig, weil sie bisweilen aufgrund ihrer erheblichen „free cash flows" eher den Charakter einer Bank haben.

Der Beitrag geht der Frage nach, ob die institutionellen Strukturen auf den kontinentaleuropäischen Kapitalmärkten die mangelnde Wachstums- und Beschäftigungsdynamik hierzulande in der Phase radikalen strukturellen Wandels hin zur „new economy" mitverursacht haben. Zu diesem Zweck ist er wie folgt aufgebaut. Zunächst einmal wird dargestellt, daß die für die externe Finanzierung von Unternehmungen relevanten institutionellen Rahmenbedingungen auf dem Kapitalmarkt sich zwischen den OECD Ländern erheblich unterscheiden. Darauf aufbauend wird erläutert, über welche Kanäle sich diese institutionellen Unterschiede im strukturellen Wandel auf die Beschäftigungsperformance auswirken. Anschließend wird die für die Arbeitsmarktperformance wichtige Entwicklung des Risikokapitalmarktes im internationalen Vergleich analysiert. In einem letzten Schritt werden einige wirtschaftspolitische Schlußfolgerungen gezogen.

B. Kapitalangebot und gesetzlicher Schutz von externen Kapitalgebern

Eine der Schlüsselfragen in der „corporate finance"-Literatur ist die auf den ersten Blick trivial anmutende Frage, warum externe Kapitalgeber von Unternehmungen jemals ihr Geld teilweise oder sogar ganz inklusive vereinbarter Zins- oder Dividendenzahlungen zurückerhalten. Warum unterliegen also die Insider von Unternehmungen, das heißt vor allem das Management, aber auch die Arbeitnehmer, nicht regelmäßig der Versuchung, die externen Kapitalgeber auszubeuten, weil diese ja nur unter Inkaufnahme erheblicher Kosten das Kapital wieder aus der Unternehmung herausholen können, nachdem es einmal dort investiert worden ist? *La Porta u. a.* haben in einer Reihe von Papieren zu dieser Problemstellung in den letzten Jahren gezeigt, daß das Verhalten der Unternehmensinsider entscheidend vom gesetzlichen Schutz von externen Kapitalgebern beeinflußt wird, und daß sich dieser gesetzliche Schutz deutlich über die Ländergrenzen hinweg unterscheidet.[3]

Um diese Fragestellung zu formalisieren, haben *La Porta u. a.* (1999b) ein einfaches, aber intuitiv plausibles Modell vorgeschlagen, welches als Ausgangspunkt für die hier eigentlich interessierende, umfassendere Fragestellung geeignet ist, nämlich wie sich die unterschiedlichen institutionellen Strukturen auf den Kapitalmärkten über die Ländergrenzen hinweg auf die Beschäftigungsentwicklung aus-

---

[3] Vgl. *La Porta u.a.* (1997), (1998), (1999a) und (1999b); siehe zu den folgenden Ausführungen auch *Fehn* (2001). Ein offensichtliches Argument, welche derartige Ausbeutungshandlungen der Unternehmensinsider begrenzt, ist deren Interesse an zukünftigen Kapitalzuflüssen. Dies gilt aber in allen Ländern gleichermaßen, so daß es kaum geeignet ist, die erheblichen länderspezifischen Unterschiede im diesbezüglichen Verhalten der Unternehmensinsider zu erklären.

wirken. In ihrem Mikromodell gibt es einen Unternehmer, welchem der Anteil α an den „cash flows" der Unternehmung laut Vertrag mit dem Kapitalgeber zusteht. Er beabsichtigt eine Investition im Umfang I durchzuführen, deren erwartete Rendite R beträgt, so daß der erwartete Zahlungsstrom nach Ablauf der Laufzeit des Investitionsprojektes RI lautet. Der Unternehmer verfügt über keine eigenen Mittel und muß daher das Investitionsprojekt extern finanzieren. Die Gruppe an möglichen externen Kapitalgebern weiß jedoch, daß der Unternehmer ex post in der Lage ist, den Anteil s der Gewinne sich vorab selbst einzustecken oder in der Unternehmung vorab selbst zu verkonsumieren, so daß nur der Restbetrag $(1 - s)RI$ gemäß der vertraglichen Abmachung für die Aufteilung der „cash flows" zugeteilt wird. Je besser nun aber der durch k gemessene gesetzliche Schutz der externen Kapitalgeber vor einer solchen Ausbeutungshandlung durch den Unternehmer ausfällt, desto teurer wird es für den Unternehmer, sich derart vertragswidrig zu verhalten. Zur Vereinfachung nehmen *La Porta u. a.* eine quadratische Funktion an, welche die Kosten c des „Diebstahls" für den Unternehmer beschreibt:

$$c(k, s) = 0.5ks^2 \; . \tag{1}$$

Weiterhin wird angenommen, daß der Unternehmer schlicht und ergreifend den Wert der ihm aus dem Projekt zufließenden Zahlungsströme maximiert, also die ihm vertraglich zustehenden Anteile an den „cash flows" zuzüglich des vorab entwendeten Anteils, aber auch abzüglich der dadurch anfallenden Kosten:

$$U_E = \alpha(1 - s)RI + sRI - 0.5ks^2RI \; . \tag{2}$$

Es wird außerdem zur Vereinfachung angenommen, daß die normalisierte Kapitalrendite für externe Investoren gerade null beträgt. Der maximale Umfang an externem Kapital $F(\alpha)$, welches der Unternehmer erhält, ist dann für unterschiedliche Niveaus von α gerade so groß, daß die erwartete Rendite für die externen Kapitalgeber unter Berücksichtigung der vertragswidrigen Vorabentwendung von „cash flows" durch den Unternehmer gerade null beträgt:

$$F(\alpha) = (1 - \alpha)(1 - s^*)RI = (1 - \alpha)\left(1 - \frac{1 - \alpha}{k}\right)RI \; , \tag{3}$$

wobei $s^* = (1 - \alpha)/k$ den aus Sicht des Unternehmers optimalen Umfang an vorab unterschlagenen „cash flows" für die unterstellte quadratische Kostenfunktion bezeichnet.

Abbildung 1 stellt den buckelförmigen Verlauf von $F(\alpha)$ grafisch dar. Ein höherer Anteil α des Unternehmers an der Unternehmung übt zwei gegensätzliche Effekte auf das ihm maximal zur Verfügung stehende externe Kapitalangebot $F(\alpha)$ aus. Der direkte negative Effekt besteht darin, daß nur noch ein geringerer Anteil der „cash flows" für die externen Kapitalgeber zur Verfügung steht, so daß deren

Bereitschaft sinkt, dem Unternehmer Mittel bereitzustellen. Es gibt jedoch noch einen indirekten positiven Effekt, weil mit wachsendem α auch der für den Unternehmer optimale Umfang an vorweg vertragswidrig entwendeten „cash flows“ zurückgeht, wovon die externen Kapitalgeber profitieren. Die maximale Kapitalmenge, welche der Unternehmer in diesem einfachen Modell von den externen Kapitalgebern erhält, beträgt $(kRI)/4$. Dieser Betrag hängt eindeutig und wie auch intuitiv zu erwarten positiv vom Umfang des gesetzlichen Schutzes für externe Kapitalgeber k ab. Daraus folgt, daß die externen Finanzierungsmöglichkeiten von Unternehmungen um so besser und damit das realisierbare Set an extern finanzierten Investitionsprojekten um so größer ausfällt, desto besser externe Kapitalgeber durch die Ausgestaltung der Gesetze und durch deren effektive Durchsetzung vor einer partiellen ex post Enteignung durch die Unternehmensinsider geschützt sind.

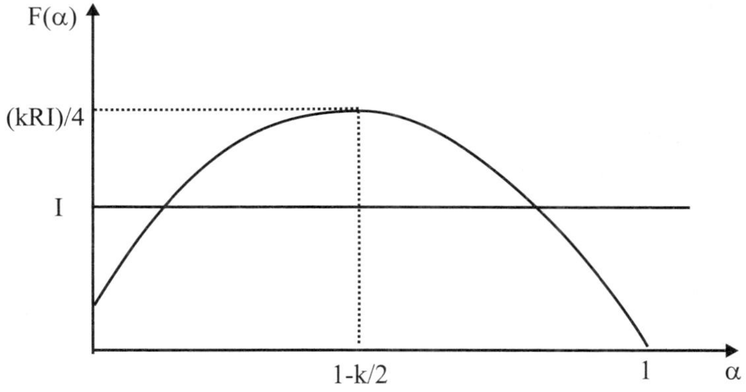

Quelle: *La Porta u. a.* (1999b, 15).

Abbildung 1: Externes Kapitalangebot bei Enteignungsproblemen

Aus diesen einfachen Modellüberlegungen folgt, daß der gesetzlich eingeräumte Schutz von externen Kapitalgebern vor ex post Enteignungshandlungen durch die Unternehmensleitung und dessen effektive Durchsetzung wichtig ist für den Umfang an Investitionsprojekten, welche über den regulären Kapitalmarkt und externe Kapitalgeber finanziert werden können. Von daher ist es wenig überraschend, daß eine ganze Reihe von empirisch orientierten Beiträgen in der „corporate finance“-Literatur während der letzten Jahre der Frage nachgegangen sind, wie der effektive gesetzliche Schutz von externen Kapitalgebern sich über die Ländergrenzen hinweg unterscheidet, und ob davon die reale wirtschaftliche Aktivität beeinflußt wird.[4]

---

4 Vgl. *La Porta u.a.* (1997), (1998), (1999a), (1999b), *Carlin / Mayer* (1999) und *Wurgler* (2000).

Die Ergebnisse zeigen, daß zwischen den entwickelten Volkswirtschaften in diesem Punkt tatsächlich erhebliche Differenzen bestehen, und daß die gesetzliche Tradition in diesem Zusammenhang eine wichtige Rolle spielt. Dabei lassen sich vier Ländergruppen unterschiedlicher gesetzlicher Herkunft unterscheiden. Auf der einen Seite stehen die angelsächsischen „common law"-Länder. Von der gesetzlichen Tradition deutlich davon zu unterscheiden sind die Länder mit einer zivilrechtlichen Tradition, welche sich wiederum in drei Gruppen unterteilen lassen: eine deutsche, eine französische und eine skandinavische Ländergruppe.[5] Diese Einteilung der Länder bezieht sich darauf, daß die Gesetzgebung und deren Durchsetzung auf Finanzmärkten jeweils gemeinsame Wurzeln aufweisen, welche häufig bis ins letzte Jahrhundert zurückreichen. Diese Gemeinsamkeiten können zum einen kolonialen Ursprung haben oder aber auch dadurch entstanden sein, daß in der wirtschaftlichen Entwicklung aufholende Länder mehr oder wenig die Gesetzgebung von wirtschaftlichen Vorreitern einfach übernommen haben, wie es zum Teil die ostasiatischen Länder mit der deutschen Gesetzgebung auf den Finanzmärkten gemacht haben. Es ist außerdem wichtig, zwischen dem effektiven gesetzlichen Schutz von Eigen- und Fremdkapitalgebern zu unterscheiden. Zum einen werden jeweils ganz verschiedene gesetzliche Schutzmaßnahmen angewandt, und zum anderen variiert das Niveau an effektivem gesetzlichem Schutz innerhalb eines Landes häufig stark, je nachdem, ob es sich um Eigen- oder um Fremdkapitalgeber handelt. Dies hat zur Folge, daß die Rangfolge der Länder und Ländergruppen in bezug auf das effektive gesetzliche Schutzniveau unterschiedlich ausfällt, wenn Eigen- oder Fremdkapitalgeber betrachtet werden.

Die folgenden Tabellen 2 und 3 zeigen die Ergebnisse der ausführlichen Analyse dieser Fragestellung durch *La Porta u. a.*, welche mittlerweile weithin als „stylized facts" in der „corporate finance"-Literatur angesehen werden. Es stellt sich heraus, daß vor allem die angelsächsischen Länder Eigenkapitalgeber deutlich besser als alle anderen Ländergruppen vor Ausbeutung durch die Unternehmensinsider schützen. Dies paßt gut zu der wohlbekannten Tatsache, daß nicht nur die Kapitalisierung des Aktienmarktes und auch des Risikokapitalmarktes relativ zum Volkseinkommen, sondern auch die Anzahl an Unternehmungen und an Börsenneuzulassungen von Unternehmungen („initial public offerings") relativ zur Bevölkerung in den angelsächsischen Ländern am höchsten ausfällt. Der bessere gesetzliche Schutz von Aktionären im allgemeinen und von Minderheitsaktionären im besonderen in den angelsächsischen Ländern steht auch in Einklang damit, daß in den angelsächsischen Ländern eine weitaus größere Streuung bei den Eigentümern der Unternehmungen gegeben ist, und daß die durch Tobin's Q gemessene Bewertung der Unternehmungen relativ zu ihren Fundamentaldaten höher als in allen anderen Ländern ausfällt. Hingegen lassen Länder, die in der französischen Rechtstradition stehen, sowohl Eigen- als auch Fremdkapitalgebern in der Regel den geringsten Schutz zuteil werden. Die deutschen und skandina-

---

[5] Die genaue Zuordnung der Länder geht aus Tabelle 3 hervor.

vischen Länder sind grundsätzlich zwischen den angelsächsischen und den französischen Ländern einzuordnen.

Tabelle 2

Gesetzliche Herkunft und externer Kapitalmarkt im Überblick

	Anzahl an Unt. / Bev.	IPO / Bev.	Schulden-finanzierung Unt. / BSP	Umfang Aktionärsrechte[1]	Rechte FK-geber[2]	Tobin's Q
English-Law ø[3]	61,66	3,01	0,75	4,3	2,4	1,2552
EL-OECD ø[4]	43,20	2,29	0,78	4,5	1,8	1,2812
EL-Non-OECD ø[5]	98,59	4,21	0,63	4,0	3,7	1,2032
French-Lawø[6]	12,71	0,29	0,63	2,0	1,2	1,1518
German-Law ø[7]	17,30	0,15	0,97	2,2	2,4	1,1536
Scandinavian-Law ø[8]	27,27	2,14	0,57	3,0	2,0	1,1202

[1] Aktionärsrechte: Ein Index, welcher die aggregierten Aktionärsrechte widerspiegelt. Der Index wird gebildet indem 1 hinzuaddiert wird, wenn:
1. ein Land Aktionären erlaubt, per Post ihre Stimme in der Hauptversammlung abzugeben;
2. Aktionäre nicht ihre Anteile vor der Hauptversammlung hinterlegen müssen;
3. kumulatives Abstimmen erlaubt ist;
4. gesetzliche Mechanismen zum Schutz von Minderheitsaktionären vorhanden sind; oder
5. wenn der für die Einberufung einer außerordentlichen Hauptversammlung erforderliche Mindestanteil am Aktienkapital kleiner oder gleich 10 Prozent ist. Der Index liegt zwischen 0 und 5.

[2] Kreditgeberrechte: Ein Index, welcher die aggregierten Kreditgeberrechte widerspiegelt. Der Index wird gebildet indem 1 hinzuaddiert wird, wenn:
1. das Land für die Reorganisation von Unternehmungen in Krisensituationen gesetzliche Restriktionen auferlegt, wie etwa die Zustimmung der Kreditgeber oder eine Minimumdividende;
2. Kreditgeber mit Sicherheiten ihre Sicherheiten in Besitz nehmen können, sobald die Reorganisation der Unternehmung gebilligt ist („no automatic stay“);
3. der Kreditnehmer nicht die Leitung der Unternehmung behält bis die Reorganisation abgewickelt worden ist;
4. Kreditgeber mit Sicherheiten grundsätzlich als erste in der Rangfolge bei der Verteilung von Erlösen aus der Zerschlagung bankrotter Unternehmungen stehen. Der Index liegt zwischen 0 und 4.

[3] bedeutet Durchschnitt.

[4] „English-Law“-OECD-Länder: Australien, Kanada, Irland, Neuseeland, UK und USA.

[5] „English-Law“-Nicht-OECD Länder: Hong Kong, Israel und Singapur.

[6] „French-Law“-Länder: Belgien, Frankreich, Griechenland, Italien, Mexiko, Niedelande, Portugal und Spanien.

[7] „German-Law“-Länder: Österreich, Deutschland, Japan, Südkorea und Schweiz.

[8] „Scandinavian-Law“-Länder: Dänemark, Finnland, Norwegen und Schweden.

Quellen: *La Porta u. a.*, (1997), (1998), (1999b) und eigene Berechnungen.

Tabelle 3

Gesetzliche Herkunft von Ländern und externer Kapitalmarkt

Land	Anzahl an Unt. / Bev.	IPO / Bev.	Schulden-finan-zierung Unt. / BSP	Umfang Aktionärs-rechte	Rechte FK-geber	Tobin's Q
			„English-Law" OECD			
Australien	63,55	–	0,76	4	1	1,2345
Kanada	40,86	4,93	0,72	5	1	1,1510
Irland	20,00	0,75	0,38	4	1	1,2862
Neuseeland	69,00	0,66	0,90	4	3	1,1949
UK	35,68	2,01	1,13	5	4	1,4257
USA	30,11	3,11	0,81	5	1	1,3950
Durchschnitt ø	43,20	2,29	0,78	4,5	1.8	1,2812
			„English-Law" Nicht-OECD			
Hong Kong	88,16	5,16	–	5	4	1,0424
Israel	127,60	1,80	0,66	3	4	1,1672
Singapur	80,00	5,67	0,60	4	3	1,4001
Durchschnitt ø	98,59	4,21	0,63	4,0	3.7	1,2032
			„French-Law"			
Belgien	15,50	0,30	0,38	0	2	1,1021
Frankreich	8,05	0,17	0,96	3	0	1,0904
Griechenland	21,60	0,30	0,23	2	1	1,4218
Italien	3,91	0,31	0,55	1	2	1,0156
Mexiko	2,28	0,03	0,47	1	0	1,3365
Niederlande	21,13	0,66	1,08	2	2	1,2213
Portugal	19,50	0,50	0,64	3	1	0,9577
Spanien	9,71	0,07	0,75	4	2	1,0691
Durchschnitt ø	11,81	0,28	0,58	2,2	1.2	1,1445
			„German-Law"			
Österreich	13,87	0,25	0,79	2	3	1,1088
Deutschland	5,14	0,08	1,12	1	3	1,2359
Japan	17,78	0,26	1,22	4	2	1,3020
Südkorea	15,88	0,02	0,74	2	3	1,0663
Schweiz	33,85	–	–	2	1	1,0550
Durchschnitt ø	17,30	0,15	0,97	2,2	2.4	1,1536
			„Scandinavien-Law"			
Dänemark	50,40	1,80	0,34	2	3	1,1671
Finnland	13,00	0,60	0,75	3	1	1,0812
Norwegen	33,00	4,50	0,64	4	2	1,1450
Schweden	12,66	1,66	0,55	3	2	1,0875
Durchschnitt ø	27,27	2,14	0,57	3,0	2.0	1,1202

Quellen: *La Porta u. a.*, (1997), (1998), (1999b) und eigene Berechnungen.

Einen relativ zu den angelsächsischen Ländern interessanten Fall stellen diejenigen Länder dar, die in der deutschen Rechtstradition zur Gesetzgebung auf dem Kapitalmarkt stehen. Der gesetzliche Schutz von Eigenkapitalgebern fällt zwar in den „German law"-Ländern weitaus schwächer aus, hingegen ist derjenige von Fremdkapitalgebern genauso hoch einzuschätzen wie in der angelsächsischen Ländergruppe insgesamt, und substanziell höher als bei den angelsächsischen OECD-Ländern. Erneut ergibt sich ein intuitiv einleuchtender Bezug zu den realen Gegebenheiten auf dem Kapitalmarkt, sind doch die Länder der deutschen Ländergruppe traditionell durch eine herausgehobene Stellung des Bankensektors und durch eine gewisse Dominanz der Fremdkapital- gegenüber der Eigenkapitalfinanzierung gekennzeichnet.

C. Unvollkommene Kapitalmärkte und relative Veränderungen in der Arbeitsmarktperformance

Wie die Tabellen 2 und 3 zeigen, sind die angelsächsischen Länder, welche vor allem im Verlauf der 90er Jahre eine deutlich überlegene Wachstums- und Beschäftigungsperformance aufweisen, nur relativ zu den französischen und skandinavischen Ländern durch eine klar günstigere institutionelle Ausgestaltung des Kapitalmarktes gekennzeichnet, wenn man den effektiven gesetzlichen Schutz von Fremd- und Eigenkapitalgebern vor ex post Ausbeutung durch die Unternehmensinsider, Unternehmensleitung und Arbeitnehmer als Maßstab heranzieht. Damit erscheint es von vornherein plausibel anzunehmen, daß die institutionelle Ausgestaltung des Kapitalmarktes in den angelsächsischen Ländern deren Wachstums- und Beschäftigungsperformance relativ zu derjenigen in den französischen und skandinavischen Ländern verbessert bei gegebenen sonstigen für die Beschäftigungsperformance relevanten institutionellen Rahmenbedingungen, wie etwa der Flexibilität des Arbeitsmarktes und der Großzügigkeit des Sozialstaates.

Hingegen ist dies relativ zu der deutschen Ländergruppe zunächst einmal unklar. Die deutschen Länder schneiden bei der Fremdkapitalfinanzierung von den institutionellen Rahmenbedingungen her tendenziell am besten ab. Dies paßt gut zu dem empirischen Faktum, daß sie bis weit in die 70er Jahre hinein eine deutlich bessere Arbeitsmarktperformance als die angelsächsischen Länder vorzuweisen hatten. Für den Vergleich zwischen der angelsächsischen und der deutschen Ländergruppe stellt sich also die Frage, was sich in der Zwischenzeit verändert hat, daß es zu einer derartigen Umkehr der Rangfolge kommen konnte. Im Zusammenhang mit der institutionellen Ausgestaltung des Kapitalmarktes kommen dafür grundsätzlich zwei eng miteinander verwobene Ursachenkomplexe in Frage. Zum einen könnte sich das ökonomische Umfeld dergestalt verändert haben, daß die institutionelle Ausgestaltung des Kapitalmarktes in den angelsächsischen Ländern dazu besser paßt als früher. Denkbare Gründe dafür sind eine größere Volatilität des wirtschaftlichen Umfelds sowie die Art und Geschwindigkeit des strukturellen Wandels.

Zum anderen kommen Veränderungen in den Rahmenbedingungen auf dem Kapitalmarkt selbst dafür in Betracht, welche sich zugunsten der angelsächsischen Länder ausgewirkt haben könnten. Insbesondere gilt es hier den vor allem in den angelsächsischen Ländern während der letzten zwei Jahrzehnte rasant wachsenden Markt für Risikokapital mit in die Überlegungen einzubeziehen.

I. Verändertes wirtschaftliches Umfeld

Die hochentwickelten Volkswirtschaften durchlaufen seit einiger Zeit schon eine erneute Phase radikalen strukturellen Wandels. Dies bedeutet aber, daß der institutionellen Ausgestaltung des Kapitalmarkts eine erhöhte Bedeutung zukommt, weil er in der Lage sein muß, diesen Strukturwandel möglichst reibungslos zu finanzieren. Eine Periode radikalen strukturellen Wandels ist zwangsläufig mit einer höheren Zerstörungsrate bei alten Arbeitsplätzen verbunden, die sich etwa durch restriktivere Kündigungsschutzregelungen allenfalls verzögern, nicht aber dauerhaft verhindern läßt. Je rigider die Arbeitsmärkte aber ausgestaltet sind, desto langsamer vollzieht sich die Schaffung neuer, dauerhaft überlebensfähiger Arbeitsplätze, so daß sich rigide Arbeitsmärkte in längerfristiger Betrachtungsweise in einer solchen Situation negativ auf die Beschäftigungssituation auswirken.

Flexible und funktionsfähige Kapitalmärkte, welche sich dadurch auszeichnen, daß sie eine externe Finanzierung über den Kapitalmarkt auch von jungen Unternehmungen in sich erst entwickelnden Sektoren erlauben, können wenig dazu beitragen, die Zerstörung alter Arbeitsplätze zu verhindern. Handelt es sich um einen säkularen strukturellen Wandel, dann werden diese Arbeitsplätze auf jeden Fall sukzessive unrentabel und ein funktionsfähiger Kapitalmarkt zeichnet sich gerade dadurch aus, daß er diese nicht durch Überbrückungsfinanzierungen künstlich länger am Leben erhält, sondern daß die finanziellen Mittel zügig abgezogen und rentablen Verwendungen zugeführt werden. Ein flexibler und funktionsfähiger Kapitalmarkt treibt also den strukturellen Wandel selbst voran, indem die dort handelnden Akteure frühzeitig die Zeichen der Zeit erkennen und die finanziellen Mittel aus den alten Unternehmungen / Sektoren abziehen und in neue Unternehmungen / Sektoren umlenken. Dies wirkt sich über eine erhöhte Rate bei der Schaffung neuer Arbeitsplätze positiv auf die Situation am Arbeitsmarkt aus. Rigide Kapitalmärkte sind gerade nicht in der Lage, diese Lenkungsfunktion adäquat auszuüben, so daß sie die Rate der Schaffung neuer, dauerhaft überlebensfähiger Arbeitsplätze negativ beeinflussen, ohne daß sie die Zerstörungsrate bei alten Arbeitsplätzen in entsprechendem Umfang abbremsen könnten. Per saldo wirken sich rigide Kapitalmärkte also in einer Phase radikalen strukturellen Wandels eindeutig negativ auf die Beschäftigungsperformance aus.

Dieser negative Effekt tritt nicht auf bzw. ist gering in Zeiten einer ruhigen und stabilen wirtschaftlichen Entwicklung, in denen es primär um Qualitätsverbesserungen und / oder um Kostensenkungen / Ausnutzung von Skaleneffekten bei der

Produktion grundsätzlich bereits bekannter Produkte in schon existierenden Unternehmungen geht. Diese Investitionsarten werden gemäß der „pecking order“-Hypothese ohnehin in erster Linie über einbehaltene „cash flows“ finanziert, so daß die externe Finanzierung von Unternehmungen eine geringere Rolle spielt. Außerdem lassen sich diese Investitionsarten auch relativ gut über die Aufnahme von Krediten finanzieren, bei denen ja gerade die Länder mit einer deutschen Rechtstradition auf dem Kapitalmarkt einen komparativen institutionellen Vorteil aufweisen. Zum einen ist das Ausfallrisiko recht gering, und zum anderen ist eine einigermaßen wertstabile Besicherung relativ leicht möglich. Darüber hinaus erfreuen sich etablierte Unternehmungen ganz im Gegensatz zu Newcomern in neuen Sektoren einer hohen Kreditwürdigkeit, so daß sie Investitionsprojekte im Gegensatz zu jungen und kleinen Unternehmungen relativ problemlos über Fremdkapital finanzieren können.

Das veränderte ökonomische Umfeld ist daher möglicherweise eine wichtige Komponente, um zu erklären, in welchem Zusammenhang die deutliche Veränderung der Beschäftigungsperformance der angelsächsischen relativ zu den deutschen Ländern mit den institutionellen Rahmenbedingungen auf dem Kapitalmarkt steht.[6] Die Länder mit einer deutschen Rechtstradition auf dem Kapitalmarkt und dabei insbesondere Deutschland und Japan haben nicht nur im Laufe der 70er Jahre ihren wirtschaftlichen Aufholprozeß der Nachkriegsphase weitgehend abgeschlossen, der ganz entsprechend der neoklassischen Wachstumstheorie mit überdurchschnittlichen Wachstumsraten des Outputs und damit auch der Beschäftigung einherging, sondern sie sind auch in eine Phase radikalen strukturellen Wandels eingetreten. In stilisierter Form vollzieht sich seit der zweiten Hälfte der 70er Jahre ein massiver Strukturwandel weg vom industriellen Sektor hin zum Dienstleistungssektor und spätestens seit den 90er Jahren auch hin zum informationstechnologischen und biotechnologischen Sektor. Diese Entwicklung wird seit einiger Zeit als Übergang hin zur „new economy“ bezeichnet. Besonders die Produktion von weitgehend standardisierten industriellen Gütern, bei der ein großer fixer Kapitalstock und Skalenerträge eine wichtige Rolle spielen, wird in hochentwikkelten Industrieländern zunehmend obsolet. Darüber hinaus ist das wirtschaftliche Umfeld volatiler und unsicherer geworden, was bedeutet, daß die Häufigkeit und Größe von Schocks zugenommen hat. Es stellt sich aber die Frage, welches institutionelle Setting auf dem Kapitalmarkt besser zu einem derart veränderten wirtschaftlichen Umfeld paßt.

In den Ländern mit einer deutschen Rechtstradition ist der gesetzliche Schutz von Kreditgebern vor ex post Ausbeutung durch die Unternehmensinsider relativ gut ausgebaut, was sich insbesondere in engen Banken-Firmen Beziehungen und einer dominierenden Stellung von Großbanken auf dem Kapitalmarkt widerspiegelt.[7] Diese Länder weisen daher einen komparativen institutionellen Vorteil bei

6 Vgl. *Fehn* (2001).

7 Vgl. *Edwards / Fischer* (1994).

der Finanzierung von Investitionen durch Kreditvergabe vor allem von Banken auf. Derartige institutionelle Rahmenbedingungen sind aber vor allem in einem relativ stabilen wirtschaftlichen Umfeld von Vorteil, in dem sich die Länder entlang eines recht gut prognostizierbaren technologischen Entwicklungspfades bewegen und in dem vor allem ein großes Volumen von Investitionen in fixen Kapitalstock wichtig für die gesamtwirtschaftliche Performance ist. Vergangene Gewinne sind dann ein recht zuverlässiger Indikator für zukünftigen Erfolg, so daß das Informationsproblem relativ leicht zu lösen ist, welche Unternehmungen vom Kapitalmarkt für ihre geplanten Investitionen finanzielle Mittel zur Verfügung gestellt bekommen sollen und welche nicht. In diesem Zusammenhang ist wichtig, daß Kreditgeber sich gerade bei Investitionen in fixen Kapitalstock vor ex post Ausbeutung durch die Unternehmer / Manager gut durch Sicherheiten schützen können, weil insbesondere der Kapitalstock selbst dann als Sicherheit dienen kann. Solche Investitionen in fixen Kapitalstock können vor allem beschäftigungssteigernd wirken und Arbeitslosigkeit abbauen helfen, indem sie die Grenzproduktivität der Arbeitnehmer erhöhen, wenn die Reallöhne der Arbeitnehmer hinter dem erzielten Anstieg der Grenzproduktivität zurückbleiben. Letztere Bedingung ist am ehesten dann erfüllt, wenn das institutionelle Umfeld auf dem Arbeitsmarkt den Insidern eine geringe Verhandlungsmacht einräumt. Je sklerotisierter aber die Arbeitsmärkte etwa aufgrund einer langanhaltenden Prosperitätsphase und wachsender Gewerkschaftsmacht werden, desto unwahrscheinlicher wird es, daß ein Land über diesen Kanal zu einem nachhaltigen Abbau von Arbeitslosigkeit kommen kann.

Es ist somit wenig überraschend, daß Länder wie etwa Deutschland oder Japan, welche einen umfassend ausgebauten gesetzlichen Schutz von Kreditgebern aufweisen und in denen die Macht der Interessengruppen in den ersten Nachkriegsjahrzehnten noch gering war[8] durch eine hohe Quote an Investitionen in fixen Kapitalstock und eine gute wirtschaftliche Performance während der ersten drei Nachkriegsjahrzehnte gekennzeichnet waren.[9] Es ist jedoch mehr als fraglich, ob eine solche institutionelle Ausgestaltung des Kapitalmarktes auch für das derzeitige institutionelle Umfeld mit einem rapiden strukturellen Wandel und mit großen wirtschaftlichen Unsicherheiten ähnlich gut geeignet ist. Insbesondere die einst recht enge Korrelation zwischen vergangenen Gewinnen und zukünftigen Investitionsmöglichkeiten ist heute weniger zwingend. Eines der Kernprobleme, nämlich den anstehenden Strukturwandel möglichst rasch und reibungslos zu finanzieren, besteht daher heutzutage darin, sogenannte „free cash flows“ aus etablierten Unternehmungen herauszuziehen, die über eher wenig gesamtwirtschaftlich sinnvolle Investitionsprojekte verfügen, und sie über den Kapitalmarkt an junge bzw. kleine oder auch mittelgroße Unternehmungen mit innovativen Ideen weiterzuleiten, die möglicherweise in ganz neuen Sektoren tätig sind. Diese Unternehmungen sind am

---

[8] Vgl. *Olson* (1985).

[9] Vgl. *Carlin / Mayer* (1999).

ehesten dazu geeignet, den anstehenden strukturellen Wandel voranzutreiben und Beschäftigungswachstum zu ermöglichen. Sie sind aber eben auch am stärksten von Rationierungsproblemen auf dem Kapitalmarkt betroffen. Eine starke gesetzlich eingeräumte Stellung der Aktionäre und insbesondere auch von Kleinaktionären gegenüber dem Management etablierter Großunternehmungen ist daher in dem gegenwärtigen wirtschaftlichen Umfeld von besonderem Vorteil, weil es dann eher dazu gezwungen werden kann, „free cash flows" auszuschütten, so daß die Mittel über den Kapitalmarkt tatsächlich nach Rentabilitätskriterien alloziiert werden können.[10]

Investitionen in fixen Kapitalstock sind heutzutage aus einer Reihe von Gründen kein vielversprechender Weg, um zu mehr Beschäftigung zu gelangen. Erstens findet diese Art von Investitionen zum großen Teil im industriellen Sektor statt, wo aufgrund der bereits erwähnten Richtung des strukturellen Wandels in den hochentwickelten Industrieländern bestenfalls eine stagnierende Beschäftigung erreicht werden kann. Dieser strukturelle Wandel wird insbesondere durch die Globalisierung vorangetrieben, weil die sogenannten Schwellenländer einen Vorteil bei der Nachahmung von weitgehend standardisierten Industriegütern aufweisen. Zweitens findet diese Art von Investitionen großteils in bereits etablierten Unternehmungen statt, in denen die Insider eine gut abgesicherte Stellung innehaben, so daß sie eine steigende Grenzproduktivität der Arbeit weitgehend in Lohnerhöhungen für sich selbst ummünzen können und eben nicht in die ansonsten möglichen Beschäftigungszuwächse.[11] Investitionen in fixen Kapitalstock stellten in den beiden zentralen Ländern mit deutscher Rechtstradition Deutschland und Japan einen wichtigen Faktor für Beschäftigungswachstum in der Nachkriegszeit dar, weil es damals zum einen in erster Linie um die kostengünstigere Nachahmung der Produktion von Gütern der damals führenden Industrieländer, also insbesondere der USA ging, und weil zum anderen die Verhandlungsmacht der Insider auf dem Arbeitsmarkt noch bei weitem nicht so stark ausgebaut war. Je mehr ein Land aber selbst in die Spitzengruppe der Länder in bezug auf die wirtschaftliche Entwicklung aufrückt, desto weniger sind Investitionen in fixen Kapitalstock dazu geeignet, Arbeitslosigkeit abzubauen. Es ist also zunehmend fraglich, ob das einstmals relativ erfolgreiche institutionelle Setting auf dem Kapitalmarkt in Deutschland oder auch Japan nach wie vor vorteilhaft ist.[12]

---

10 Vgl. *Hubbard* (1998), *Hellwig* (2000) und *Wurgler* (2000).

11 Vgl. *Lindbeck* (1996).

12 Es stellt sich allerdings die Frage, warum der bankenbasierte deutsche Kapitalmarkt relativ gut in der Lage war, den massiven strukturellen Wandel während der zweiten Hälfte des 19. Jahrhunderts bis hin zum 1. Weltkrieg zu finanzieren. *Siebert/Stolpe* (2001) argumentieren, daß die Kreditlastigkeit des deutschen Kapitalmarktes sich erst im Laufe des 20. Jahrhunderts im Zuge der schweren Finanzkrisen zwischen den Weltkriegen und nach dem 2. Weltkrieg entwickelt hat. Die damals dominierenden Privatbanken hätten demzufolge vor dem 1. Weltkrieg ähnlich wie heutzutage Risikokapitalgeber agiert und Unternehmensgründungen und innovative Projekte auch massiv mit risikotragendem Eigenkapital unterstützt.

In hochentwickelten Industrieländern ist es aus Beschäftigungssicht vor allem wichtig, daß das institutionelle Umfeld auf dem Kapitalmarkt dazu geeignet ist, Forschungs- und Entwicklungsinvestitionen, radikale Produktinnovationen sowie Unternehmensgründungen zu finanzieren. Dies ist vor allem dann der Fall, wenn sich das Beschäftigungswachstum nicht auf den Bereich niedrig entlohnter Dienstleistungen beschränken soll. Die Struktur der getätigten Investitionen gewinnt dann gegenüber dem reinen Volumen an Bedeutung. Dies gilt insbesondere, wenn man die These vom Innovationsdefizit als wichtige Ursache für die kontinentaleuropäische Beschäftigungsmisere ernst nimmt.[13] Inkrementale oder auch Prozeßinnovationen in Bereichen, in denen die technologischen Durchbrüche zeitlich weit zurückliegen, sind dann kaum mehr vielversprechende Bereiche, um Wirtschafts- und Beschäftigungswachstum zu erzielen. Dieses findet in den hochentwickelten Industrieländern hauptsächlich in dem weitgefächerten Dienstleistungssektor sowie bei der Produktion von neuartigen, häufig technisch anspruchsvollen Gütern oder auch von Nischenprodukten statt. Darüber hinaus gewinnen wie schon erwähnt die Investitionen im informationstechnologischen und auch im biotechnologischen Bereich zunehmend an Bedeutung. Ähnlich zum Dienstleistungssektor ist es aber auch bei Forschungs- und Entwicklungsinvestitionen, radikalen Produktinnovationen und Unternehmensgründungen sowie bei Investitionen im informations- und biotechnologischen Bereich so, daß der Investitionsgegenstand selber im Krisenfall kaum als verwertbare Sicherheit dienen kann, weil es sich häufig um sogenannte „intangible assets" handelt.[14] Bei all diesen Arten von Investitionen sind außerdem die Probleme asymmetrischer Informationsverteilung besonders gravierend und nur ein recht geringer Teil der Projekte ist letztlich tatsächlich von Erfolg gekrönt. Dann sind allerdings die erzielten Renditen in der Regel recht hoch und fallen deutlich höher aus als die allgemeine Marktrendite.

Damit liegen aber die Voraussetzungen auf der Hand, die ein Kapitalmarkt erfüllen muß, um sich bei dem derzeitigen ökonomischen Umfeld positiv auf die Beschäftigungsentwicklung auszuwirken. Erstens muß er dazu geeignet sein, Probleme asymmetrischer Informationsverteilung zwischen Kapitalgeber und Kapitalnehmer in den Griff zu bekommen. Zweitens muß er in der Lage sein, Investitionsprojekte auch ohne umfassende Besicherung zu finanzieren.[15] Drittens muß er

---

13 Vgl. *Audretsch* (1995), *Becker / Hellmann* (1999) und *Carlin / Mayer* (1999).

14 Dies gilt vor allem auch für die immer wichtiger werdenden Investitionen in das Humankapital der Mitarbeiter. Vgl. *Schertler* (1999) und *Gompers/Lerner* (1999a, 143); *Hellwig* (2000) weist darauf hin, daß die deutschen Banken im Bankrottfall im Schnitt 80 % ihrer Forderungen über die Verwertung von Sicherheiten sich zurückholen, so daß der Bankrottfall nicht gerade eine totale Katastrophe darstellt. Daher ist auch der Kontrollanreiz von Banken in Deutschland relativ gering, obwohl dies doch angeblich einer der Hauptvorteile des deutschen Kapitalmarktmodells sein soll. *Hall* (1999) präsentiert empirische Evidenz dafür, daß die Bedeutung von „intangible assets" im Lauf der Zeit gestiegen sein muß, weil der Wert der „fundamentals" relativ zu der Kapitalmarktbewertung in den USA immer weiter auseinanderfällt.

15 Vgl. *Guiso* (1997), *Brown* (1997), *Harhoff* (1997) und *Weigand / Audretsch* (1999).

nicht nur dazu geeignet sein, für eine Vielzahl an Projekten zunächst einmal eine Anschubfinanzierung zu ermöglichen, sondern auch, sich schnell aus solchen Projekten zurückzuziehen, deren Scheitern schon weitgehend absehbar ist. Viertens ist es von Vorteil, wenn die institutionellen Rahmenbedingungen auf dem Kapitalmarkt es den Finanziers relativ leicht machen, von erfolgreichen Projekten auch tatsächlich finanziell zu profitieren, etwa indem eine neugegründete Unternehmung nach einigen erfolgreichen Jahren im Rahmen eines IPO ohne größere institutionelle Barrieren an die Börse gebracht werden kann.

Es liegt fast auf der Hand, daß diese Bedingungen eher in angelsächsischen Ländern als in Ländern mit deutscher Rechtstradition erfüllt sind. Dort stellen die institutionellen Rahmenbedingungen auf dem Kapitalmarkt weitaus stärker auf Eigen- und Risikokapitalfinanzierung ab, und der effektive gesetzliche Schutz von Eigen- und Risikokapitalgebern vor ex post Ausbeutung durch die Unternehmensinsider ist höher als in Ländern mit deutscher Rechtstradition.[16] Gerade die Anbieter von Risikokapital partizipieren voll auch am Erfolg von Projekten und sie lassen sich häufig weitgehende Kontroll- und Mitspracherechte einräumen, welche sie aufgrund ihrer in der Regel guten Branchenkenntnisse auch entsprechend nutzen können. Sie sind daher am ehesten bereit, auch eine Vielzahl hochriskanter Projekte zu finanzieren, von denen dann zwar viele scheitern, aber eben auch einige erhebliche Überrenditen abwerfen.

Bankenbasierte Kapitalmärkte mit einem guten gesetzlichen Schutz von Fremdkapitalgebern, nicht aber von Eigenkapitalgebern, und mit einem unterentwickelten Risikokapitalmarkt werden aber darüber hinaus auch stärker negativ von einem volatileren wirtschaftlichen Umfeld getroffen.[17] Häufigere und größere Schocks treffen Kreditgeber asymmetrisch. Sie erhöhen einerseits die Wahrscheinlichkeit, daß Unternehmungen Bankrott gehen und bei unvollständiger Besicherung ein erheblicher Teil der Kredite unwiederbringlich verloren ist. Andererseits sind aber bei Kreditfinanzierung die Zahlungen von der Unternehmung an den Kapitalgeber auf die Tilgung und die vorab vereinbarten Zinsen beschränkt, so daß der Kapitalgeber von einer positiven Entwicklung nach oben hin nur begrenzt profitiert. In Ländern wie in Deutschland mit einem lange zurückreichenden institutionellen Bias zugunsten von Kreditfinanzierung ist folglich davon auszugehen, daß die zu beobachtende steigende Volatilität des wirtschaftlichen Umfeldes sich negativ auf die Finanzierung von Investitionsprojekten und folglich auch auf die Arbeitsnachfrage auswirkt.[18]

---

16 Vgl. *Black / Gilson* (1998), *Hellmann / Puri* (1999), *La Porta u. a.* (1999a), *Tsuru* (2000) und *Wurgler* (2000).

17 Vgl. *Fehn* (2000).

18 Neuere empirische Evidenz deutet in der Tat darauf hin, daß es eine negative Beziehung zwischen der Beschäftigung auf Unternehmensebene und dem Verhältnis von Eigen- zu Fremdkapital gibt; vgl. *Funke / Maurer / Strulik* (1999).

Ein gut ausgebauter gesetzlicher Schutz von Eigenkapitalgebern und vor allem ein florierender Risikokapitalmarkt könnte von daher im Lauf der letzten zwei Jahrzehnte für die gesamtwirtschaftliche Performance und insbesondere auch die Beschäftigungsentwicklung an Bedeutung gewonnen haben. Die institutionelle Ausgestaltung des Kapitalmarktes leistet also möglicherweise einen Beitrag, um zu erklären, warum in Zeiten einer gestiegenen Volatilität des wirtschaftlichen Umfeldes und umwälzender struktureller Veränderungen die Länder mit deutscher Rechtstradition mit ihrem Bias hin zur Kreditfinanzierung gegenüber den angelsächsischen Ländern, welche einen komparativen Vorteil bei der Eigen- und Risikokapitalfinanzierung aufweisen, in bezug auf die gesamtwirtschaftliche Performance, aber auch insbesondere im Hinblick auf die Beschäftigungsentwicklung zurückgefallen sind.

Neuere empirische Studien zeigen auch dementsprechend, daß sich Risikokapital nicht nur positiv auf die Innovationstätigkeit und die Häufigkeit von Unternehmensgründungen auswirkt[19], sondern daß ein größeres Volumen an Risikokapitalinvestitionen relativ zum BIP über die OECD Länder hinweg gesehen im relevanten Zeitraum 1986–1999 systematisch hilft, die Arbeitsmarktperformance dieser Volkswirtschaften zu verbessern.[20] Dies gilt sowohl hinsichtlich der standardisierten Arbeitslosenrate als auch hinsichtlich der Beschäftigungsentwicklung. Dieses Ergebnis bleibt auch dann der Tendenz nach bestehen, wenn man die üblichen Arbeitsmarktinstitutionen wie etwa die Ausgestaltung der Arbeitslosenversicherung oder auch des Kündigungsschutzes mit als erklärende Variablen in die Schätzungen einbezieht, so daß von der Höhe der Risikokapitalinvestitionen tatsächlich den theoretischen Überlegungen entsprechend zumindest während dieser Phase radikalen strukturellen Wandels ein unabhängiger positiver Impuls auf den Arbeitsmarkt auszugehen scheint. Neben diesen empirischen Ergebnissen für die Auswirkungen auf die Arbeitsmarktperformance auf der Makroebene liegen mittlerweile auch erste Resultate auf der Mikroebene vor, welche ebenfalls in diese Richtung deuten.[21] Von Risikokapitalgebern mit Kapital und unternehmerischer Beratung unterstützte Jungunternehmen entwickeln sich in Deutschland tendenziell besser als vergleichbare Unternehmungen ohne Unterstützung durch einen Risikokapitalgeber. Dies gilt insbesondere in bezug auf das hier vor allem interessierende Beschäftigungswachstum. Insgesamt läßt sich also festhalten, daß der Funktionsfähigkeit des Risikokapitalmarktes im Verlauf der letzten ca. 15 Jahre umwälzender struktureller Veränderungen insbesondere hin zur „new economy" eine gestiegene Bedeutung für die Arbeitsmarktperformance zukommt.

---

19 Vgl. *OECD* (1996), *Kortum / Lerner* (1998) und *Hellmann / Puri* (1999).

20 Vgl. *Belke / Fehn* (2000), *Belke / Fehn / Foster* (2002) und *Wasmer / Weil* (2000).

21 Vgl. *Engel* (2001).

II. Entwicklung des Risikokapitalmarktes

Ein volatileres wirtschaftliches Umfeld sowie umwälzende strukturelle Veränderungen können bei gegebenen institutionellen Rahmenbedingungen auf dem Kapitalmarkt, die sich aber wie gesehen zwischen den Ländergruppen erheblich unterscheiden, begründen helfen, warum sich die relative Beschäftigungsperformance in den letzten zwei Jahrzehnten erheblich zu Lasten Kontinentaleuropas und zugunsten der angelsächsischen Länder und insbesondere zugunsten der USA verschoben hat. Es stellt sich aber darüber hinaus die Frage, ob es nicht bei den institutionellen Rahmenbedingungen auf dem Kapitalmarkt selbst während der letzten zwei bis drei Jahrzehnte zu Veränderungen kam, welche die günstigere Beschäftigungsentwicklung in den angelsächsischen Ländern und vor allem in den USA mitverursacht haben könnten. Wie die ausführlichen diesbezüglichen Studien von *La Porta u. a.*[22] aber zeigen, beruhen die allgemeinen institutionellen Rahmenbedingungen auf dem Kapitalmarkt in den hochentwickelten OECD-Ländern auf langen Rechtstraditionen, so daß gravierende Strukturbrüche hier zunächst einmal nicht zu erwarten sind. Insbesondere der wichtige Schutz von Eigen- und Fremdkapitalgebern vor ex post Ausbeutung durch die Unternehmer / Manager erweist sich als relativ stabil im Zeitablauf.[23]

Aufgrund des schon seit langem weitaus besseren Schutzes von risikotragenden Eigenkapitalgebern vor Ausbeutung durch die Insider der Unternehmungen, ist es wenig überraschend, daß die Risikokapitalmärkte in den angelsächsischen Ländern und insbesondere in den USA weitaus früher als in den kontinentaleuropäischen Ländern in eine sprunghafte Wachstumsphase eingetreten sind. Wie aber bereits die Überlegungen zum volatileren wirtschaftlichem Umfeld und zum strukturellen Wandel nahe legten, ist ein funktionsfähiger Risikokapitalmarkt möglicherweise gerade in dem veränderten wirtschaftlichen Umfeld wichtiger für eine gute Wachstums- und Beschäftigungsperformance geworden. Risikokapital ist vor allem bei hochriskanten Investitionen wie Unternehmensneugründungen, Forschungs- und Entwicklungsinvestitionen und der Finanzierung von radikalen Produktinnovationen von großer Bedeutung. Diese Investitionstypen sind aber gerade wichtig, um zu verhindern, daß der sich rasant vollziehende strukturelle Wandel nicht durch ein Übergewicht der Zerstörung von Arbeitsplätzen gegenüber der Schaffung von neuen Arbeitsplätzen gekennzeichnet ist. Ebenso ist Risikokapitalfinanzierung besser als Fremdkapitalfinanzierung dazu geeignet, die Auswirkungen eines volatileren wirtschaftlichen Umfeldes so weit möglich vom Arbeitsmarkt fernzuhalten. Risi-

---

22 Vgl. *La Porta u. a.* (1997), (1998), (1999a) und (1999b).

23 Ganz langfristig gesehen ist die Entwicklung der Kapitalmärkte aber keineswegs linear. Vielmehr war der Entwicklungsstand der Kapitalmärkte in vielerlei Hinsicht 1913 weiter fortgeschritten als etwa 1980. 1913 waren die Kapitalmärkte in den angelsächsischen „common law"-Ländern auch im Gegensatz zu heute keineswegs weiter entwickelt als in den „civil law"-Ländern. Es ist also zu Umkippeffekten gekommen, und dies spricht dafür, daß neben der Rechtstradition auch politökonomische Argumente eine wichtige Rolle spielen; vgl. *Rajan / Zingales* (2001).

kokapitalgeber partizipieren voll auch nach oben am Erfolg von Projekten, so daß sie im Gegensatz zu Fremdkapitalgebern nicht asymmetrisch von einem volatileren wirtschaftlichen Umfeld getroffen werden. Die negativen Auswirkungen des veränderten wirtschaftlichen Umfeldes fallen daher um so geringer aus, je stärker Risikokapital- gegenüber Fremdkapitalfinanzierung vorherrscht. Es gilt daher zu untersuchen, wie sich die Risikokapitalmärkte im internationalen Vergleich entwickelt haben und von welchen institutionellen Faktoren die Entwicklung des Risikokapitalmarktes vor allem abhängt.

Die Größe und Funktionsfähigkeit des Risikokapitalmarktes unterscheidet sich erheblich zwischen den OECD-Ländern, wobei die angelsächsischen Länder und dabei insbesondere die USA eine systematische Überlegenheit aufweisen. Wie Tabelle 4 zeigt, ist der offizielle Risikokapitalmarkt dort nicht nur insgesamt vom Volumen her weitaus größer, sondern es gelingt auch besser, über Risikokapital Unternehmensgründungen und Investitionen in „high tech" zu finanzieren. Deutschland hat zwar im Verlauf der zweiten Hälfte der 90er Jahre gegenüber den USA aufgeholt, es weist aber in allen drei Kategorien nach wie vor einen erheblichen Rückstand auf. Insgesamt gilt, daß die kontinentaleuropäischen Länder gegenüber den angelsächsischen Ländern, vor allem aber relativ zu den USA, in der Entwicklung des Risikokapitalmarktes hinterherhinken. Es liegt aber die Vermutung nahe, daß gerade Unternehmensgründungen und „high tech"-Investitionen für die Beschäftigungsentwicklung während der letzten beiden Jahrzehnte besonders wichtig waren. Darüber hinaus ist in den angelsächsischen Ländern aber auch der inoffizielle Risikokapitalmarkt weitaus stärker entwickelt, in dem sogenannte „business angels" den Ton angeben, also oftmals erfahrene und vermögende Unternehmer, die selbst höchst erfolgreich waren. Sie sind daher besonders dazu befähigt, Jungunternehmer bei unternehmerischen Entscheidungen zu beraten.[24]

Nachdem in der „corporate finance"-Literatur die Bedeutung des Risikokapitalmarktes für die reale Aktivität während der letzten Jahre zunehmend erkannt wurde, wurde diesem Markt wachsende Aufmerksamkeit geschenkt. Hier wird der amerikanischen Definition von Risikokapital gefolgt, also Investitionen von spezialisierten Risikokapitalgebern („venture capital funds") in Unternehmungen mit hohem Wachstumspotential, aber auch hohem Risiko. Diese Unternehmungen benötigen externes Kapital, um die Unternehmensgründung, den Unternehmensaufbau, die Entwicklung eines neuen Produktes oder ganz einfach die Expansion der Unternehmung zu finanzieren. Die geplanten Investitionen sind dergestalt, daß vor allem Fremdkapital keine geeignete Finanzierungsform darstellt. In der amerikanischen ist im Gegensatz zur europäischen Definition die Finanzierung von Unternehmensübernahmen durch das Management („management buyout") nicht enthalten, obwohl dies eine wichtige Aktivität von sogenannten Risikokapitalgebern in Kontinentaleuropa darstellt.[25]

---

24 Vgl. *McKinsey* (1994) und *Levy* (1995).

25 Vgl. *Black / Gilson* (1998) und *Jeng / Wells* (2000).

Tabelle 4

Risikokapitalmärkte im Ländervergleich

Länder	**Insgesamt in Promill des BIP**			**„Early Stage" in Promill des BIP**			**Im „high tech"-Sektor in % des Gesamtvolumens**
	1986	1995	1999	1986	1995	1999	ø für 1995 – 1998
Australien	NV	1,336	0,600	NV	0,526	0,794	NV
Belgien	1,207	0,628	2,520	0,417	0,038	1,295	59,1
Dänemark	0,201	0,132	0,510	0,041	0,031	0,171	46,5
Deutschland	0,031	0,375	1,300	0,007	0,063	0,462	28,8
Finnland	NV	0,358	1,100	NV	0,096	0,594	29,6
Frankreich	0,194	0,336	1,180	0,032	0,027	0,362	24,1
Irland	0,425	0,557	0,920	0,194	0,026	0,506	49,0
Italien	0,021	0,295	0,490	0,011	0,071	0,148	7,0
Japan	NV	0,216	0,150	NV	0,047	0,030	NV
Kanada	0,206	0,855	2,530	0,082	0,376	1,113	NV
Neuseeland	NV	0,517	0,410	NV	0,062	0,084	NV
Niederlande	0,532	1,433	2,450	0,127	0,304	0,744	27,5
Norwegen	NV	1,337	1,200	NV	0,061	0,110	47,9
Österreich	0,014	0,007	0,280	0,014	0,002	0,095	24,1
Portugal	0,004	0,990	0,500	0,004	0,087	0,145	5,4
Schweden	0,313	0,158	1,850	0,034	0,043	0,363	20,7
Schweiz	0,068	0,105	1,540	0,050	0,004	0,755	43,1
Spanien	0,087	0,425	0,860	0,037	0,056	0,213	16,6
UK	0,793	1,033	1,880	0,194	0,042	0,203	23,6
USA	0,556	0,638	4,470	0,058	0,191	1,78	79,0

Quellen: *Bottazzi* und *Da Rin* (2001) und *EVCA* (2000).

Risikokapitalgeber agieren in der Regel als Finanzintermediäre auf Märkten, auf denen es für Geldgeber und Geldnehmer relativ schwierig bzw. teuer ist zusammenzufinden. Dafür können etwa schwerwiegende „moral hazard"- oder „adverse selection"-Probleme oder auch hohe Kosten des Sammelns von relevanten Informationen verantwortlich sein, so daß eine Finanzierung über Bankkredite nicht sinnvoll ist. Erstens fehlt es dann zumeist an entsprechend werthaltigen Sicherheiten. Zweitens restringiert Schuldenfinanzierung in der Anfangszeit des Projektes die Verwendung von Erlösen zu stark auf die Zahlung von fälligen Zinsen. Drittens sind gerade in Ländern wie Deutschland und Japan Geschäftsbanken häufig groß und bieten eine Vielzahl an Dienstleistungen an (Universalbanken), so daß ihnen tendenziell die branchenspezifische Expertise fehlt, um ein „start up" erfolgversprechend betreuen zu können. Risikokapitalfinanzierung ist hingegen gerade für die Finanzierung von Unternehmensgründungen gut geeignet, weil die Beteiligung des Kapitalgebers an der Unternehmung große Flexibilität bei der Ausgestaltung der Rückzahlungsströme ermöglicht. Außerdem sind Risikokapitalgeber in der Regel hochspezialisiert, so daß sie im Gegensatz zu einer typischen Universalbank Unternehmungen in der Gründungs- und Aufbauphase erfolgversprechend betreuen können und sie auch eher in der Lage sind, Unternehmer mit erfolgversprechenden Ideen zu identifizieren.

Obwohl Risikokapitalfinanzierung also einen wichtigen Weg darstellt, um Finanzierungsbeschränkungen zu umgehen, ist es wichtig, sich zu vergegenwärtigen, daß Risikokapitalgeber keineswegs nur als reine Financiers agieren. Vielmehr sind drei weitere Aspekte zentral bei ihrer Tätigkeit und für ihre potentiell positiven Wachstums- und Beschäftigungswirkungen.[26] Erstens stehen sie ihren Portfoliounternehmen ähnlich wie Consulting-Firmen mit unternehmerischer Beratung zur Seite. Dies ist möglich, weil die Teilhaber einer Risikokapitalgesellschaft typischerweise über unternehmerische Erfahrung verfügen und sie schon wiederholt Unternehmungen der entsprechenden Branche erfolgreich durch die besonders schwierige Gründungs- und Anlaufphase geführt haben. Sie sind deshalb dazu befähigt, gerade „high-tech"-Firmen bei der Bewältigung der typischen Probleme zu helfen, die anfallen, wenn diese aus der Entwicklungsphase von Prototypen heraustreten und es darum geht, in größeren Stückzahlen zu produzieren sowie das Marketing und die Distribution voranzutreiben. Außerdem sind sie häufig bei der ebenfalls wichtigen Suche nach geeignetem Personal behilflich.

Zweitens zeichnen sich Risikokapitalgeber typischerweise dadurch aus, daß sie die Aktivitäten ihrer Portfoliounternehmungen genau überwachen, um sich dadurch vor unliebsamen Überraschungen und Fehlentwicklungen so weit es geht zu schützen.[27] An einem solchen intensiven „monitoring" haben sie nicht nur ein finanzielles Interesse aufgrund ihrer Teilhaberschaft, sondern sie verfügen gerade auch im Gegensatz zu Universalbanken über das dafür notwendige sektorspezifische Wissen. Außerdem verlangen Risikokapitalgeber typischerweise von ihren Portfoliounternehmungen, daß sie ihnen weitgehende Eingriffsrechte in die unternehmerischen Entscheidungen zubilligen, welche relativ zum finanziellen Engagement des Risikokapitalgebers überproportional groß sind. Diese vertragliche Abmachung gewinnt auch dadurch an Glaubwürdigkeit, daß die Risikokapitalgeber üblicherweise die finanziellen Mittel in Stufen auszahlen, so daß sie immer wieder die Möglichkeit haben, de facto aus dem Projekt auszusteigen. Dies dient als wirksames Instrument, um die Unternehmer vor einem Mißbrauch der ihnen zur Verfügung gestellten Mittel abzuschrecken. Die Risikokapitalgeber erhalten im Gegenzug für ihr finanzielles Engagement häufig entweder festverzinsliche Forderungen,

---

26 Vgl. *Black / Gilson* (1998) und *Repullo / Suarez* (1999); eine ausführliche vertragstheoretische Analyse der optimalen Aufteilung der Kontrollrechte in Risikokapitalfinanzierungsverträgen bietet *Hellmann* (1998).

27 Vgl. etwa *Keuschnigg* (1998).

die in Eigenkapitaltitel umgewandelt werden können, oder umwandelbare Vorzugsaktien, die mit demselben Stimm- und Mitspracherechten ausgestattet sind, als wären sie schon in normale Inhaberaktien umgewandelt worden. Schließlich erhalten die Risikokapitalfirmen in der Regel eine überproportionale personelle Vertretung in der Unternehmensleitung, manchmal sogar die absolute Mehrheit in den entsprechenden Gremien oder ein Vetorecht bei wichtigen strategischen Unternehmensentscheidungen.

Drittens, und dies wird häufig vernachlässigt, gewinnen die Portfoliounternehmungen dadurch, daß sie von dem Risikokapitalgeber unterstützt werden, an Reputation. Dieses übertragene „Reputationskapital" ist gerade für junge Unternehmungen wichtig, die an den Märkten noch weitgehend unbekannt sind. Der Vorgang ist in Analogie dazu zu sehen, daß auch Investmentbanken ihren Mandanten Glaubwürdigkeit auf den Märkten verschaffen. Dieses „Reputationskapital" hat zur Folge, daß die ja eigentlich am Markt noch weitgehend unbekannten Unternehmungen eher qualifiziertes Personal, Zulieferer und Kunden finden, die sich alle auf die Einhaltung von einmal eingegangenen Verträgen verlassen können müssen. Der Risikokapitalgeber haftet aber eben indirekt mit seiner Reputation ebenfalls für die Einhaltung der Verträge durch seine Portfoliounternehmungen. Dabei ist es wichtig zu beachten, daß der Risikokapitalgeber potentiell im Unterschied zu seiner neugegründeten Portfoliounternehmung auf den Märkten ein wiederholtes Spiel spielt und er somit ein ureigenes Interesse an der Wahrung seiner Reputation aufweist.

Die Bedeutung gerade dieses letzten Arguments des „Reputationskapitals" wird dadurch unterstrichen, daß junge Unternehmungen, die von Risikokapitalgebern unterstützt worden sind, empirisch nicht die bei IPOs im allgemeinen übliche unterdurchschnittliche Entwicklung des Aktienkurses aufweisen, wobei dieser positive Reputationseffekt vor allem bei Unternehmensgründungen zu Buche schlägt. Je länger eine Portfoliounternehmung schon erfolgreich am Markt tätig ist und sich daher eine eigene positive Reputation am Markt aufgebaut hat, desto kleiner wird die diesbezügliche Rolle des Risikokapitalgebers und ab einem bestimmten kritischen Zeitpunkt ist es ökonomisch sinnvoller, wenn sich die Wege trennen und der Risikokapitalgeber neue Unternehmensgründungen betreut. Alle drei Punkte, unternehmerische Beratung, Überwachung und „Reputationskapital", sprechen aber dafür, daß es sich bei Risikokapitalfinanzierung um eine hybride Zwischenform handelt zwischen einer anonymen Kapitalmarktfinanzierung und einem auf enge Beziehungen zwischen Kapitalnehmer und Kapitalgeber abstellenden Finanzsystem.[28]

Um die wie gesehen erheblichen Unterschiede zwischen den hochentwickelten OECD-Ländern in der Entwicklung des Risikokapitalmarktes zu erklären, ist es wichtig herauszufinden, von welchen institutionellen Faktoren die Entwicklung des Risikokapitalmarktes in erster Linie abhängt. Dabei läßt sich wie üblich danach unterscheiden, ob diese Faktoren das Angebot oder die Nachfrage nach Risi-

28 Vgl. *Kaplan / Strömberg* (2000) und *Tsuru* (2000).

kokapital beeinflussen. *Jeng / Wells* (2000) haben in einer umfangreichen Panel Analyse herausgefunden, daß vor allem drei institutionelle Faktoren die länderspezifischen Unterschiede und die Entwicklung im Zeitablauf innerhalb der Länder erklären können. Dies sind erstens die Bedeutung von privaten Pensionsfonds als institutionelle Anleger am Kapitalmarkt, zweitens die Flexibilität des Arbeitsmarktes und drittens die Möglichkeit eine junge Unternehmung über einen IPO an die Börse zu bringen.[29]

Private Pensionsfonds spielen offensichtlich eine wichtige Rolle bei der Entwicklung des Risikokapitalmarktes gerade in den USA. Sie sind dort der bei weitem wichtigste Anbieter von Risikokapital mit einer Quote, die zwischen vierzig und fünfzig Prozent des gesamten Angebots an Risikokapital schwankt. Dies ist nicht zufällig so, sondern vielmehr sprechen eine Reihe von Gründen dafür, daß gerade private Pensionsfonds besonders dazu geeignet sind, Risikokapitalunternehmungen („venture capitalists") zu finanzieren. Erstens können die Risikokapitalunternehmungen dadurch schon an recht große finanzielle Beträge gelangen, wenn sie nur mit einigen wenigen Pensionsfonds ins Geschäft kommen. Zweitens können sie dadurch den zeitlichen Aufwand begrenzen, der notwendig ist, um ihre Finanziers über den Stand ihrer finanziellen Engagements zu informieren. Drittens weisen die Pensionsfonds sehr langfristige Verbindlichkeiten auf und verwalten große Finanzvolumina, so daß sie eher als andere Investoren in der Lage sind, einen Teil ihrer finanziellen Mittel in hochriskante Anlagen zu investieren, die aber im Erwartungswert eine hohe Rendite versprechen.

Der umfangreiche Einstieg von Pensionsfonds in die Finanzierung von Risikokapitalgesellschaften ist allerdings auch in den USA erst durch die entsprechende Entscheidung des Arbeitsministeriums von 1979 möglich geworden. Seitdem ist geklärt, daß die Vorschrift, nach der die Pensionsfonds gemäß dem „prudent man"-Prinzip investieren müssen, damit vereinbar ist, daß die Pensionsfonds einen gewissen Teil ihres Vermögens in hochriskante Anlagen wie etwa Risikokapital investieren. Vor 1979 hat der „Employment Retirement Income Security Act" (ERISA) dies Pensionsfonds im Prinzip untersagt.[30] Es kann von daher nicht überraschen, daß der Einfluß von Pensionsfonds auf das Wachstum des Risikokapitalmarktes in

---

29 Diese empirischen Ergebnisse von *Jeng / Wells* (2000) werden im Großen und Ganzen von *Black / Gilson*, (1998) und von *Gompers / Lerner* (1999b) bestätigt. Andere potentiell wichtige Einflußfaktoren sind Steuern, wie etwa die Besteuerung von Kapitalgewinnen bei Beteiligungsveräußerungen und die Besteuerung von Aktienoptionen sowie die betriebliche Mitbestimmung. Aufgrund von Datenproblemen ist es allerdings recht schwierig, länderübergreifende Vergleiche in bezug auf Grenzsteuersätze zu machen. Allerdings ist davon auszugehen, daß die Senkung der „capital gains tax" 1978 von 49 % auf 28 % sowie deren weitere Reduktion auf 20 % Anfang der 80er Jahre das Wachstum des Risikokapitalmarktes in den USA beflügelt hat. 1986 ist die Kapitalzuwachssteuer allerdings wieder auf 28 % angehoben worden. Die gesetzlich eingeräumten Mitbestimmungsrechte von Arbeitnehmern sind ein primär deutsches Phänomen, so daß es ebenfalls schwierig bis unmöglich ist, sie in einer derartigen Panel Analyse zu berücksichtigen.

30 Vgl. *Kortum / Lerner* (1998).

der Panel-Studie von *Jeng / Wells* (2000) wesentlich größer ist in der „within“-Spezifikation, welche Veränderungen im Zeitablauf zu erklären versucht, als in der „between“-Spezifikation, welche darauf abstellt, Unterschiede zwischen den Ländern zu erklären.

Schon die ökonomische Intuition legt nahe, daß neben diesem angebotsseitigen Argument weitere nachfrageseitige Faktoren eine Rolle spielen müssen, weil bei globalisierten Kapitalmärkten sonst schwer verständlich wäre, warum letztlich das angebotene Risikokapital nicht dorthin fließt, wo es nachgefragt wird.[31] Die Nachfrage nach Risikokapital hängt aber empirisch wiederum entscheidend von der Flexibilität der Arbeitsmärkte ab, so daß von daher verständlich wird, warum nicht weitaus mehr ausländisches Risikokapital in die kontinentaleuropäischen Länder fließt.[32] Vor allem strenge Kündigungsschutzregelungen wirken sich negativ auf das Wachstum des Risikokapitalmarktes aus, weil Arbeit dadurch zu einem quasifixen Produktionsfaktor wird und somit das Einstellen von Arbeitnehmern riskanter wird. Gerade bei Unternehmensgründungen und kleineren Unternehmungen ist es höchst problematisch, wenn der Unternehmensleitung vom Gesetzgeber die Flexibilität genommen wird, sich zügig an veränderte ökonomische Rahmenbedingungen anzupassen. Rigide Reallöhne und Lohnstrukturen machen es ebenfalls weniger attraktiv, eine Unternehmung zu gründen und wirken sich daher ebenso negativ auf die Nachfrage nach Risikokapital aus. Es ist außerdem in einem institutionellen Umfeld mit einem rigiden Arbeitsmarkt weitaus problematischer eine größere Unternehmung zu verlassen, in der man sich Senioritätsrechte erworben hat, um als Unternehmensgründer sein Glück zu versuchen. Sollte das Projekt weniger erfolgreich sein als erwartet oder gar scheitern, dann wird es für einen solchen ehemals erfolgreichen Angestellten, aber eben nicht erfolgreichen Unternehmensgründer, äußerst schwer werden, in einem rigiden Arbeitsmarkt eine in bezug auf Bezahlung, Status und Arbeitsplatzsicherheit vergleichbare Position als angestellter Arbeitnehmer wieder zu erlangen. Insgesamt ist es daher ökonomisch plausibel, daß sich rigide Arbeitsmärkte von der Nachfrageseite her empirisch negativ auf das Wachstum des Risikokapitalmarktes auswirken.

Es ist offensichtlich, daß rigide Arbeitsmärkte primär in der Anfangsphase des Lebenszyklus einer Unternehmung ein Problem darstellen. Es ist daher wenig überraschend, daß sich rigide Arbeitsmärkte in der Untersuchung von *Jeng / Wells* (2000) vor allem statistisch signifikant negativ auf die Nachfrage nach Risikokapital bei „early stage“-Investitionen auswirken. Allerdings muß einschränkend darauf hingewiesen werden, daß Kündigungsschutzregelungen typischerweise erst mit wachsender Beschäftigungsdauer und wachsender Betriebsgröße die unternehmerische Dispositionsfreiheit ernsthaft einschränken, so daß sie in erster Linie das Wachstum von „start up“-Unternehmungen behindern. Darüber hinaus sind gesetzliche Verpflichtungen zu Abfindungszahlungen im Bankrottfall insofern wenig

---

31 Vgl. *Black / Gilson* (1998).

32 Vgl. *Jeng / Wells* (2000) und *Becker / Hellmann* (1999).

relevant, als sie nur den Pool an unbesicherten Forderungen gegenüber dem verbleibenden Vermögensbestand der Unternehmung erhöhen. Von daher ist wahrscheinlich der letztgenannte Aspekt am wichtigsten. Hochregulierte Arbeitsmärkte mit substantiellen Senioritätskomponenten in der Entlohnung und in der Regel auch recht attraktiven Karrieremöglichkeiten im öffentlichen Sektor wirken systematisch abschreckend auf erfolgreiche Angestellte oder auch Universitätsabsolventen, sich als Unternehmer selbständig zu machen und reduzieren daher die Nachfrage nach Risikokapital, weil es ganz einfach im Ergebnis weniger Unternehmer bezogen auf die Bevölkerung gibt.

Der dritte und empirisch wichtigste institutionelle Faktor in der Panel-Analyse von *Jeng / Wells* (2000) sind IPOs. Günstige institutionelle Rahmenbedingungen für IPOs wirken sich sowohl auf das Angebot als auch auf die Nachfrage nach Risikokapital positiv aus, wobei wenig überraschend ist, daß dieser Effekt auch bei Risikokapitalinvestitionen in späteren Phasen des Lebenszyklus einer Unternehmung empirisch gewichtig ist. Das Hauptrisiko von Investoren und damit auch von Risikokapitalgebern ist die Gefahr, ihr Geld nicht zurückzuerhalten. Ein zuverlässiger „exit"-Mechanismus, also in der Regel der Gang an die Börse mittels eines IPO, ist daher eine Grundvoraussetzung für einen funktionierenden Risikokapitalmarkt. Fehlt dieser, dann schrecken potentielle Risikokapitalgeber aufgrund der Gefahr des Mausefalleneffektes davor zurück, sich zu engagieren, so daß das Angebot an Risikokapital negativ beeinflußt wird. Es ist daher ökonomisch plausibel, daß Länder ohne einen zuverlässigen „exit"-Mechanismus in der Entwicklung des Risikokapitalmarktes deutlich hinterherhinken.

Allerdings ist ein funktionierender Markt für IPOs auch für die Nachfrage nach Risikokapital, also aus Sicht insbesondere von Unternehmensgründern, aus zwei Gründen von Bedeutung.[33] Erstens sehen die vertraglichen Vereinbarungen mit den Risikokapitalgebern häufig vor, daß zumindest ein Teil der Vergütung der Unternehmensleiter über Aktien bzw. Optionen auf Aktien erfolgt, so daß sich bei einem funktionierenden Markt für IPOs ein starker monetärer Anreiz für die Unternehmensleitung ergibt, ein hohes Arbeitsleid in Kauf zu nehmen und sich anzustrengen. Zweitens gewährt ein solcher IPO-Markt de facto der Unternehmensleitung, also in der Regel den Unternehmensgründern, eine „call"-Option auf die Kontrolle über die Unternehmung, weil der Risikokapitalgeber mit dem Börsengang üblicherweise sein Engagement beendet. Er gibt also seine weitgehenden Kontrollrechte auf und macht Kasse.

Dies ist ein zentraler Bestandteil des impliziten vertraglichen Arrangements zwischen Unternehmensgründern und Risikokapitalgeber. Die Unternehmensgründer sind stark daran interessiert, die Kontrolle über die Unternehmensleitung zu behalten bzw. wiedererlangen zu können. Zu dem Zeitpunkt, an dem sie sich um eine Risikokapitalfinanzierung bemühen, können sie dieses Interesse gegenüber dem Risikokapitalgeber aber zunächst einmal in der Regel nicht durchsetzen, weil

33 Vgl. *Black / Gilson* (1998).

sie ansonsten keine Finanzierung erhalten. Andernfalls wäre für die Risikokapitalgeber das Risiko zu groß, aufgrund von Managementfehlern oder gar Betrug ihr eingesetztes Kapital zu verlieren. Risikokapitalgeber bestehen daher in der Regel darauf, daß ihnen erhebliche Kontroll- und Überwachungsrechte eingeräumt werden. Die Situation beginnt sich allerdings mit wachsender Lebensdauer und zunehmendem Erfolg der Unternehmung zu ändern. Die Unternehmensleitung stellt dann sukzessive unter Beweis, daß sie erfolgreich am Markt agieren und mit anderer Leute Geld wirtschaften kann. Die positiven Management- und Reputationseffekte, welche der Unternehmensgründung durch den Risikokapitalgeber zuteil werden, fangen dann an abzunehmen. Es wird zunehmend wahrscheinlicher, daß der Unternehmenswert dadurch maximiert wird, daß die Risikokapitalgeber sich zurückziehen und ihre Kontroll- und Überwachungsrechte wieder an die Unternehmensgründer zurückgeben. Dies ist aber zuverlässig in erster Linie über einen IPO möglich, weil der alternative Weg, die Unternehmung als Ganzes einfach zu verkaufen, leicht mit einem Totalverlust der Kontrollrechte für die Unternehmensgründer verbunden ist.

Ein IPO steht risikokapitalgestützten Unternehmensgründungen als „exit“-Mechanismus allerdings nur dann zur Verfügung, wenn das entsprechende „start up“ sich bis dahin als erfolgreich erwiesen hat. Dies ist der Fall, weil ein IPO in der Regel nur dann möglich ist, wenn eine bekannte Investment Bank bereit ist, sich mit ihrer Reputation und ihrem Kapital an dem IPO zu beteiligen. Die Investment Bank spielt also bei dem IPO eine zentrale Rolle als Informationsintermediär. Sie signalisiert den Märkten und insbesondere den Akteuren am Aktienmarkt, daß die Unternehmensgründung sich bis dato als Erfolg herausgestellt hat, so daß der Kauf von Unternehmensanteilen im Rahmen des IPO eine gute Chance hat, sich für die breite Anlegerschaft als rentabel zu erweisen. Sie hilft also, die erheblichen diesbezüglichen Informationsasymmetrien abzubauen. Die Investment Bank spielt also letztlich eine ganz ähnliche Rolle wie der Risikokapitalgeber, nur in einem späteren Stadium des Lebenszyklus der Unternehmensgründung.[34]

Es stellt sich aber die Frage, ob der Risikokapitalgeber sich ex ante wirklich glaubwürdig binden kann, daß er im Erfolgsfall seine Kontrollrechte wieder abgeben wird und dem IPO zustimmen wird. Man könnte meinen, daß er der Versuchung ausgesetzt ist, seine ihm eingeräumten weitgehenden Entscheidungs- und Kontrollrechte zu mißbrauchen. Konkret könnte er vor dem IPO versuchen, die bis dahin in der Unternehmung erwirtschafteten Quasi-Renten abzuschöpfen so weit es seine relativ große ex post Verhandlungsmacht zuläßt. Ein solches Verhalten wäre jedoch für den Risikokapitalgeber kontraproduktiv, weil für ihn ja eine Risikokapitalfinanzierung kein einmaliges Unterfangen ist, aus dem er maximale

---

[34] Die jüngsten Erfahrungen mit dem Neuen Markt in Deutschland zeigen allerdings, daß die deutschen (Groß-) Banken ihre Kontrollfunktion bei den von ihnen betreuten IPOs nicht gerade sorgfältig wahrgenommen haben. Der dadurch entstandene Reputationsverlust könnte sich nachhaltig negativ auf das Wachstum des Neuen Marktes und den damit einhergehenden gesamtwirtschaftlichen Chancen auswirken.

Renten abschöpfen will. Vielmehr spielt der Risikokapitalgeber ein wiederholtes Spiel mit unbekanntem Endzeitpunkt, so daß er entscheidendes Interesse an einer guten Reputation am Markt für Risikokapitalfinanzierungen hat. Dies ist zumindest so lange der Fall, wie Endrundeneffekte noch nicht eintreten, etwa weil der Risikokapitalgeber sein Ausscheiden aus dem Markt plant oder es für ihn aufgrund seiner schlechten Geschäftsentwicklung absehbar ist.

Der Risikokapitalgeber hat daher aber normalerweise gerade keinen Anreiz, die implizite Vereinbarung mit seiner Portfoliounternehmung zu brechen und sie daran zu hindern, ihre „call"-Option auf den IPO auszuüben, obwohl sie sich als erfolgreich herausgestellt hat und sie eine ihren Börsengang betreuende renommierte Investment Bank gefunden hat. Der Risikokapitalgeber würde sich selbst schädigen, wenn bekannt würde, daß er erfolgreiche „start ups" aufgrund von kurzfristigen Rentenabschöpfungsüberlegungen in ihrer weiteren Entwicklung behindern würde. Ganz im Gegenteil ist es für seine zukünftigen Geschäftsaussichten höchst vorteilhaft, wenn er nachweisen kann, daß er schon zahlreiche Unternehmensgründungen in der Vergangenheit erfolgreich betreut und mit einem gelungenen Börsengang abgeschlossen hat. Dies steigert seine Chancen, daß vielversprechende „start ups" sich in Zukunft an ihn wenden werden. Dieses Reputationsargument in einem Spiel mit de facto unendlichem Zeithorizont ist also ausschlaggebend dafür, warum die implizite Vereinbarung zwischen Risikokapitalgeber und Portfoliounternehmung tragfähig ist.

Es ist in diesem Zusammenhang wichtig zu beachten, daß sich gerade in den USA Risikokapitalgeber nicht nur auf bestimmte Sektoren spezialisieren, sondern daß auch eine starke geographische Konzentration der Aktivitäten der Risikokapitalgeber in den USA im Nordosten und in Nordkalifornien festzustellen ist. Dies verstärkt die Stabilität des Reputationsgleichgewichts, weil eine gegenseitige Überwachung leichter möglich ist und ein etwaiges Fehlverhalten einer der beiden Vertragsparteien schnell allgemein am Markt bekannt wird und die Chancen des Risikokapitalgebers deutlich verschlechtert, als „lead investor" bei vielversprechenden zukünftigen „start ups" engagiert zu werden.[35] Insgesamt läßt sich also festhalten, daß ein reibungslos funktionierender IPO-Markt eine Voraussetzung für einen sich dynamisch entwickelnden Risikokapitalmarkt darstellt. Die tatsächliche Anzahl an IPOs spiegelt die Bedeutung dieses Mechanismus nur unzureichend wider, weil allein die glaubwürdige Möglichkeit eines späteren Börsengangs im Erfolgsfall zu vermehrten risikokapitalfinanzierten Unternehmensgründungen führt. Allerdings ist die Tragfähigkeit dieser Überlegungen um so größer, je besser auch der allgemeine Aktienmarkt in einem Land funktioniert. Bankendominierte Kapitalmärkte mit nach wie vor im Vergleich zu den angelsächsischen Ländern relativ kleinen Handelsvolumina auf den Märkten für risikotragendes Eigenkapital, wie etwa in Deutschland oder Japan, sind von daher eher hinderlich für die Entwicklung des Risikokapitalmarktes.

---

35 Vgl. *Black / Gilson* (1998), *Becker / Hellmann* (1999) und *Gompers / Lerner* (1999b).

Es kann folglich auch nicht überraschen, daß die angelsächsischen Länder allgemein, besonders aber die USA und Großbritannien, deutliche Vorreiter in der Entwicklung des Risikokapitalmarktes unter den OECD-Länder sind. Nicht nur das Volumen an Risikokapitalinvestitionen ist nach wie vor weitaus höher, sondern vor allem in den USA ist sowohl die Struktur des Risikokapitalangebots als auch der durchgeführten Risikokapitalinvestitionen vielversprechender hinsichtlich positiver Wachstums- und Beschäftigungseffekte. Das Risikokapitalangebot wird hierzulande übermäßig stark von Banken und Staat geprägt, was es unwahrscheinlich macht, daß vor allem aggressiv in neue Märkte drängende Jungunternehmer mit innovativen Ideen und relativ guten Erfolgsaussichten finanziert werden. Dementsprechend fällt bei der Struktur der durchgeführten Risikokapitalinvestitionen auch negativ auf, daß ein Bias zugunsten von „expansion investments" und von „management buyouts" sowie zugunsten von Handel und konsumnahen Dienstleistungen besteht. Dies sind aber im Gegensatz zu „early stage" und „high tech investments" eher weniger die Bereiche, die den strukturellen Wandel vorantreiben und von denen man sich nachhaltige positive Wachstums- und Beschäftigungseffekte erwarten kann.[36]

D. Wirtschaftspolitische Schlußfolgerungen

Die Analyse hat gezeigt, daß die angelsächsischen Länder und dabei vor allem die USA im Verlauf der letzten rund 15 Jahre radikalen strukturellen Wandels systematisch von ihren speziellen institutionellen Rahmenbedingungen auf den Kapitalmärkten profitiert haben. Der ausgeprägtere gesetzliche Schutz von Eigenkapitalgebern vor Ausbeutung durch die Unternehmensinsider sowie sich sprunghaft entwickelnde Risikokapitalmärkte haben geholfen, den anstehenden strukturellen Wandel hin zur „new economy" und hin zur Dienstleistungsgesellschaft relativ zügig und reibungslos zu finanzieren. Dies ist neben zahlreichen anderen institutionellen Faktoren, wie etwa der Ausgestaltung der Arbeitsmarktordnung und des Sozialstaates, ein Grund dafür, warum es diese Länder tendenziell besser geschafft haben, der in Zeiten umwälzender struktureller Veränderungen unvermeidlich hohen Zerstörungsrate alter Arbeitsplätze eine ausreichend hohe Entstehungsrate neuer Arbeitsplätze in den expandierenden Sektoren entgegenzusetzen, so daß die strukturelle Arbeitslosigkeit entweder nicht gestiegen ist, oder wie in den USA im Verlauf der 90er Jahre sogar deutlich zurückgegangen ist. Einstmals recht erfolgreiche Länder wie Deutschland und Japan mit einem traditionellen Bias hin zur Kredit- und Innenfinanzierung von Unternehmungen und darüber hinaus einer engen Verflechtung zwischen Banken und Großindustrie sind deutlich zurückgefallen. Deren institutionelle Rahmenbedingungen auf dem Kapitalmarkt sind weitaus weniger gut geeignet, um strukturellen Wandel zu finanzieren und

36 Vgl. *Bottazzi / Da Rin* (2001) und *Schmidt* (1999).

über den Renditedruck auf den Kapitalmärkten verkrustete Produktionsstrukturen zügig aufzubrechen.

Die skizzierten institutionellen Unterschiede auf den Kapitalmärkten sind aber nur ein Baustein in einem umfassenden Geflecht an Regulierungen, welches Außenseiterkonkurrenz, also den Markteintritt von jungen Unternehmern mit potentiell innovativen Ideen, in korporatistisch verfaßten Ländern systematisch erschwert.[37] Gerade in Zeiten umfassenden strukturellen Wandels ist aber eine intensive Außenseiterkonkurrenz wichtig, um zügig in die expandierenden Bereiche vorzustoßen. Diese auf gesellschaftlichen Konsens und Harmonie bedachten Länder, welche häufig stärker auf explizite Absprachen zwischen gesellschaftlichen Gruppen wie etwa zwischen Arbeitgeberverbänden und Gewerkschaften als auf den Marktmechanismus setzen, zeichnen sich grundsätzlich dadurch aus, daß es im Vergleich zu den angelsächsischen Ländern für ein Individuum oder eine Unternehmung weitaus weniger wahrscheinlich ist, eine einmal errungene wirtschaftliche Stellung wieder zu verlieren. Das allseits bekannte dichte Dickicht an Arbeitsmarktregulierungen verschafft den Arbeitsplatzbesitzern zwar eine relativ komfortable und gesicherte Stellung, die Leidtragenden sind aber die Arbeitslosen, weil deren Einstellungschancen dadurch deutlich reduziert werden. Dies liegt insbesondere auch daran, daß es in einem solchen institutionellen Umfeld ganz einfach weniger attraktiv ist, unternehmerische Aktivitäten und damit Arbeitsnachfrage zu entfalten. Neben den Kapital- und Arbeitsmärkten sind aber auch die Gütermärkte in der Regel in korporatistisch orientierten Ländern stärker reguliert und behindern Außenseiterkonkurrenz eher als daß sie diese fördern, wie es aus gesamtwirtschaftlicher Sicht sinnvoll wäre[38]. Der Markteintritt junger Unternehmen ist auch aufgrund von strengeren Gütermarktregulierungen und staatlichen errichteten Zugangsbarrieren schwieriger als etwa in den USA, so daß es für etablierte Unternehmungen weniger wahrscheinlich ist, eine einmal erreichte Marktposition in kurzer Zeit wieder zu verlieren.

Dieses Dickicht an Regulierungen auf Arbeits-, Güter- und Kapitalmärkten ist in den korporatistisch orientierten Ländern ganz ohne Zweifel auch mit dem Ziel geflochten worden, die Unternehmensinsider, also die Arbeitslatzbesitzer aber auch das Management, vor einem allzu intensiven Wettbewerb zu schützen. Dadurch, daß man den Marktmechanismus zumindest schwächt, lassen sich insbesondere individuelle Einkommensschwankungen im Zeitablauf, aber auch die interpersonelle Einkommensdifferenzierung reduzieren. Letzteres gilt insbesondere dann, wenn ein Sozialstaat hinzukommt, welcher die Arbeitslosen großzügig alimentiert. Die Opportunitätskosten eines solchen institutionellen Arrangements in Form von Wachstums- und Beschäftigungseinbußen nehmen aber in Zeiten umwälzender struktureller Veränderungen und der Globalisierung enorm zu. Gesamtwirtschaftliche Dynamik entfaltende Direktinvestitionen fließen dann in diejenigen Länder,

37 Vgl. *Berthold / Hank* (1999).

38 Vgl. *CESifo* (2002).

welche höhere erwartete Kapitalrenditen bieten, die besten Köpfe in Wissenschaft, Technik und Management wandern tendenziell in Länder ab, in denen freiere Entfaltungsmöglichkeiten und höhere erwartete Einkommen locken bei allerdings auch größeren Einkommensrisiken. Dadurch steigt aber auch im Zeitablauf zunehmend der Druck in den korporatistischen Ländern, Strukturreformen in Richtung von mehr Flexibilität, Markt und Wettbewerb in Angriff zu nehmen. Die Erfahrung und die hier angestellten Überlegungen zeigen jedoch, daß nur umfassende Reformen erfolgversprechend sind, um aus dieser institutionellen Verflechtungsfalle zu entrinnen.

Literatur

Albach, H. / *Köster*, D. (1997): Risikokapital in Deutschland, Discussion Paper FS IV 97 – 17, Wissenschaftszentrum Berlin.

Audretsch, D. (1995): The Innovation, Unemployment, and Competitiveness Challenge in Germany, CEPR Discussion Paper 1152.

Becker, R. / *Hellmann*, T. (1999): The Attempted Genesis of Venture Capital in Germany: An Analysis of the „Deutsche Wagnisfinanzierungsgesellschaft“, mimeo, Stanford University.

Belke, A. / *Fehn*, R. (2000): Institutions and Structural Unemployment: Do Capital-Market Imperfections Matter? Center for European Studies Working Paper Series, Program for the Study of Germany and Europe, Working Paper No. 00.8, Harvard University, Cambridge MA.

Belke, A. / *Fehn*, R. / *Foster*, N. (2002): Venture Capital Investment and Labor Market Performance: A Panel Data Analysis, CESifo Working Paper 652.

Berthold, N. / *Hank*, R. (1999): Bündnis für Arbeit: Korporatismus statt Wettbewerb, Tübingen.

Black, B. / *Gilson*, R. (1998): Venture Capital and the Structure of Capital Markets: Banks versus Stock Markets, Journal of Financial Economics, Vol. 47: 243 – 277.

BMWI (1997): Wagniskapital, Gutachten des Wissenschaftlichen Beirats beim Bundesministerium für Wirtschaft, Bonn.

Bottazzi, L. / *Da Rin*, M. (2001): Venture Capital in Europe: Euro.nm and the Financing of European Innovative Firms, Paper presented at the 33rd Economic Policy Panel Meeting, Stockholm, April 6 – 7, 2001.

Brown, W. (1997): R&D Intensity and Finance: Are Innovative Firms Financially Constrained? Mimeo, LSE.

Carlin, W. / *Mayer*, C. (1999): Finance, Investment, and Growth, CEPR Discussion Paper 2233.

CESifo (2002): Report on the European Economy 2002, München.

Edwards, S. / *Fischer*, K. (1994): Banks, Finance, and Investment in Germany, Cambridge.

Engel, D. (2001): Höheres Beschäftigungswachstum durch Venture Capital? ZEW Discussion Paper No. 01 – 34.

European Venture Capital Association (2000): European Venture Capital Yearbook Pan-European Private Equity and Venture Capital Statistics.

Fehn, R. (2000): Capital-Market Imperfections, Greater Volatilities, and Rising Unemployment: Does Venture Capital Help? Jahrbuch für Wirtschaftswissenschaften – Review of Economics, Vol. 51 (1): 13 – 37.

– (2001): Schöpferische Zerstörung und struktureller Wandel: Wie beeinflussen Kapitalbildung und Kapitalmarktunvollkommenheiten die Beschäftigungsentwicklung? Habilitationsschrift (erscheint demnächst), Baden-Baden.

Funke, M. / *Maurer*, W. / *Strulik*, H. (1999): Capital Structure and Labour Demand: Investigations Using German Micro Data, Oxford Bulletin of Economics and Statistics, Vol. 61 (2): 199 – 215.

Garibaldi, P. / *Mauro*, P. (1999): Deconstructing Job Creation, IMF Working Paper WP / 99 / 109.

Gompers, P. / *Lerner*, J. (1999a): The Venture Capital Cycle, Cambridge, MA, London, England.

– (1999b): What Drives Venture Capital Fundraising? NBER Working Paper 6906.

Guiso, L. (1997): High-Tech Firms and Credit Rationing, CEPR Discussion Paper 1696.

Hall, R. (1999): The Stock Market and Capital Accumulation, NBER Working Paper 7180.

Harhoff, D. (1997): Are There Financing Constraints for R&D and Investment in German Manufacturing Firms, ZEW Discussion Paper 96 – 28, Mannheim.

Hellmann, T. (1998): The Allocation of Control Rights in Venture Capital Contracts, The Rand Journal of Economics, Vol. 29 (1): 57 – 76.

Hellmann, T. / *Puri*, M. (1999): The Interaction Between Product Market and Financing Strategy: The Role of Venture Capital, mimeo, Stanford University.

Hellwig, M. (2000): On the Economics and Politics of Corporate Finance and Corporate Control, Kapitel 3 in: Vives, X. (ed.), Corporate Governance, Cambridge.

Hubbard, G. (1998): Capital-Market Imperfections and Investment, Journal of Economic Literature, Vol. 36: 193 – 225.

Jeng, L.A. / *Wells*, P.C. (2000): The Determinants of Venture Capital Funding: Evidence across Countries, Journal of Corporate Finance, Vol. 6 (3): 241 – 289.

Kaplan, S. / *Strömberg*, P. (2000): Financial Contracting Theory Meets the Real World: An Empirical Analysis of Venture Capital Contracts, NBER Working Paper 7660.

Keuschnigg, C. (1998): Venture Capital: A Case for Investment Promotion, CEPR Discussion Paper 1887.

Kortum, S. / *Lerner*, J. (1998): Does Venture Capital Spur Innovation? NBER Working Paper 6846.

La Porta, R. u. a. (1997): Legal Determinants of External Finance, The Journal of Finance, Vol. 52 (3): 1131 – 1150.

– (1998): Law and Finance, Journal of Political Economy, Vol. 106 (6): 1113 – 1155.

– (1999a): Investor Protection and Corporate Governance, mimeo, Harvard University.

– (1999b): Investor Protection and Corporate Valuation, NBER Working Paper 7403, Cambridge / MA.

Levy, J. (1995): Some Considerations Relevant to Prefunded Pensions in France, in: Masson, P. (ed.), France – Financial and Real Sector Issues, IMF, Washington D.C.: 173 – 206.

Lindbeck, A. (1996): The West European Unemployment Problem, Weltwirtschaftliches Archiv 132 (4): 609 – 637.

Mc Kinsey (1994): Employment Performance, Washington D.C.

OECD (1996): Venture Capital and Innovation, OCDE / GD 96) 168, Paris.

Olson, M. (1985): Aufstieg und Niedergang von Nationen, Tübingen.

Rajan, R. / *Zingales*, L. (2001): The Great Reversals: The Politics of Financial Development in the 20th Century, CEPR Discussion Paper 2783.

Repullo, R. / *Suarez*, J. (1999): Venture Capital Finance: A Security Design Approach, CEPR Discussion Paper 2097.

Schertler, A. (1999): Venture Capital in offenen Volkswirtschaften – Ein theoretisches Modell, Kiel Working Paper 925, Kiel Institute of World Economics.

Schmidt, K. (1999): Anreizprobleme bei der Finanzierung von Wagniskapital, mimeo, Ludwig-Maximilians-Universität München.

Schumpeter, J. (1911): A Theory of Economic Development, Cambridge, MA.

Siebert, H. / *Stolpe*, M. (2001): Technology and Economic Performance in the German Economy, Kiel Working Paper No. 1035, Kieler Institut für Weltwirtschaft.

Tsuru, K. (2000): Finance and Growth, OECD Working Paper, ECO / WKP (2000)1.

Vinals, J. / *Jimeno*, J. (1996): Monetary Union and European Unemployment, CEPR Discussion Paper 1485.

Wasmer, E. / *Weil*, P. (2000): The Macroeconomics of Labor and Credit Market Imperfections, mimeo, Ecares und MIT.

Weigand, J. / *Audretsch*, D. (1999): Does Science Make a Difference? Investment, Finance and Corporate Governance in German Industries, CEPR Discussion Paper 2056.

Wurgler, J. (2000): Financial Markets and the Allocation of Capital, mimeo, Yale University.

Wahlen, Wirtschaftspolitik und Glück – der Clinton-Aufschwung 1993 bis 2000

Von *Ullrich Heilemann**, Essen

Abstract

The 1990s were one of the most prosperous periods in U.S. economic history. It made President Clinton to one of the most successful presidents and restored the economic supremacy the U.S. had held until the 1960s. But a comparison of long upswings in the 1960s and 1980s reveals that in many respects the 1990s were not much different from previous long upswings, certainly not from that in the 1960s. New was that even in the late phase of the cycle and with an unusual low rate of unemployment inflation was subdued, suggesting a new era of the Phillips curve or the NAIRU. The pivotal element of the „fabulous decade" was Clinton's stern curse of consolidation, the contractive consequences of which were balanced by a considerable backing from monetary policy and from financial markets. But good luck such as the productivity jump, wage restrain and the stability import caused by the Asian / Russia crisis were important too. Nevertheless, the long upswing came to an end too and the economy is now burdened with a number of imbalances (low saving rate, high indebtedness of both private households and the business sector, trade deficit). To which amount this hampers a quick recovery despite the unusual quick and massive interventions of fiscal and monetary policy waits to be seen.

Die 90er Jahre des vorangegangenen Jahrhunderts zählen zu den besten in der Wirtschaftsgeschichte der Vereinigten Staaten, und sie machen Präsident *Clinton* zu einem der erfolgreichsten Amtsinhaber. Waren die 80er Jahre noch von starken – eigenen wie fremden – Zweifeln an der Zukunftsfähigkeit des Landes geprägt, so lösten sich diese im Aufschwung der letzten Dekade fast vollständig auf. Im Gegenteil, das bescheidene Wachstum *Europas* und die Dauerkrise *Japans* verhalfen ihm wieder zu jener Suprematie, die es bis in die 60er Jahre besessen hatte. Dies ist ohne Frage eindrucksvoll, wenngleich nationale Erfolgsgeschichten dieser Art in den letzten Jahren keineswegs ungewöhnlich waren. Allerdings handelte es sich dabei meist um kleinere Volkswirtschaften wie z. B. die *Niederlande* oder *Dänemark*, für die sich in Deutschland durchaus vergleichbare Teilräume finden. Das analytische Interesse am amerikanischen Aufschwung gründet sich daher noch auf zwei weitere Faktoren: Die Rolle der *new economy* und die Renaissance der

---

* Für die Unterstützung bei den Schätzungen zum Politischen Konjunkturzyklus danke ich Frau cand. rer. pol. *Carolin Neuhaus*. Für kritische Hinweise bin ich *Werner Meißner, Alice Rivlin, Viktor Zarnowitz* sowie den Mitgliedern des Ausschusses verbunden.

makroökonomischen Feinsteuerung, genauer der Geldpolitik, die für sich und zusammengenommen Schlüssel zur *fabulous decade* sind.

Eine testierte Abschlussbilanz des Clinton-Aufschwungs steht noch aus. Der Präsidentschaftskandidat 2000 der Demokraten, *Al Gore*, führte einen insbesondere in die Zukunft gerichteten Wahlkampf, in dem zum Leidwesen vieler Demokraten und eines Teiles der *academic community* die ökonomischen Erfolge und ihre Ursachen im Hintergrund blieben. Ungeachtet des auch bei Ökonomen häufig dominierenden pathologischen Interesses liegen mittlerweile aber erste Bilanzierungen vor. Neben dem letztjährigen Bericht des *Council of Economic Advisers* (*CEA*) (2001) sind vor allem *Blinder / Yellen* zu nennen, die im Sommer 2000 eine Analyse der Makroökonomie der Clinton-Jahre vorlegten (*Blinder / Yellen* 2001, *Heilemann* 2001); größere Untersuchungen zur Makro-, Mikro-, Gesundheits- und Sozialpolitik sowie zur Rolle der Politikberatung und -implementation enthalten die von *Madrick* (2000), *Krueger / Solow* (2002) und *Frankel / Orszag* (2002) herausgegebenen Sammelwerke. Dabei fällt auf, dass sie sich mit Partialbetrachtungen begnügen und das Zusammenwirken der einzelnen Politikbereiche und Ereignisse weitgehend ignorieren. Zum Teil liegt dies in der Natur von Sammelwerken, andererseits war aber gerade das Zusammenspiel von Fiskal- und Geldpolitik bis zuletzt ein nicht zu übersehendes Kennzeichen der Goldenen Jahre, und ohne die guten makroökonomischen Resultate wären die sozialpolitischen Straffungen kaum durchzusetzen gewesen. Zu den Mängeln der genannten Untersuchungen gehört auch, dass sie sektoralen Entwicklungen kaum Beachtung schenken. Zwar findet die new economy – oft recht pauschal – nähere Beleuchtung, die quantitativ und funktional sehr viel gewichtigere *old economy* findet aber kaum Beachtung. Dabei hatten noch in den 80er Jahren viele die entscheidende Schwäche der amerikanischen Wirtschaft auf der sektoralen – Stichwort „Modell Japan“ – und keineswegs auf der makroökonomischen Ebene lokalisiert (*Heilemann et al.* 2000, S. 37).

Die vorliegende Arbeit versucht, wenn schon kein vollständiges, so doch ein breiteres, integrales Bild der Clinton-Jahre zu zeichnen. Im Mittelpunkt steht dabei die makroökonomische Politik, die sowohl was die Ergebnisse als auch was den Neuigkeitswert angeht, mehr Interesse verdient als die mikroökonomische Ebene. Gewiss war auch dort Bemerkenswertes zu registrieren. Aber das unterstreicht nur die Bedeutung einer guten makroökonomischen Entwicklung auch für diese Ebene, z. B. im Fall der Straffungen im Bereich der Sozialpolitik.

Die Gegenwart ist stets auch das Ergebnis der Vergangenheit. Für den hier betrachteten Zeitraum war dies in ganz besonderer Weise der Fall. Das gilt namentlich mit Blick auf die institutionellen Reformen wie den Übergang der Geldpolitik zur Zinssteuerung in den 80er Jahren oder den Schwenk zur Konsolidierungsorientierung der Finanzpolitik während der Amtszeit von Präsident *George Bush,* was übrigens in den genannten Studien gleichfalls kaum Erwähnung findet. Aber auch die Ursprünge der new economy liegen mit der staatlichen Forschungsförderung in den 60er Jahren lange zurück, desgleichen die Reform der Alterssicherung (z. B.

dem 401(k)-Plan) in den 70er Jahren, die die Grundlagen des Börsenbooms der 90er Jahre legten. All dies kann ebenso wie die parteipolitischen Konstellationen im Kongress, die für den finanzpolitischen Kurs der Clinton-Administrationen eine ausschlaggebende Rolle spielten, nur am Rande ins Bild genommen werden. Schließlich behinderten auch empirische Defizite ein umfassenderes Bild: Eine makroökono*metrische* Analyse war hier gewissermaßen nur aus zweiter Hand möglich, wichtige Daten etwa zur Produktivitäts- und Gewinnentwicklung sowie deren Interpretationen sind noch nicht über alle Zweifel erhaben. Letztlich dürfen auch Länge und Tiefe der gegenwärtigen Rezession bei der Wertung des Aufschwungs nicht außer Betracht bleiben.

Das Interesse am Clinton-Aufschwung gilt hier vor allem drei Fragen: Wie groß war der Beitrag der einzelnen Politikbereiche einerseits und der mehr oder weniger exogenen Entwicklungen – um nicht von Glück zu sprechen – andererseits für sich und zusammen genommen. Wie groß war dabei aus politökonomischer Perspektive der spezifische Beitrag der beiden Clinton-Administrationen, d. h. inwiefern standen sie in der Kontinuität bisheriger Demokratischer Administrationen, und wie hoch war ihr Beitrag zum ökonomischen Erfolg? Und: sind die Clinton-Jahre – ähnlich wie die frühen 60er Jahre – als Geburtstunde oder Prüffeld einer neuen makroökonomischen Konzeption anzusehen, zeichnet sich ein neues, gar international gültiges Paradigma ab?

Die Darstellung des Aufschwungs knüpft teilweise an eine frühere Arbeit (*Heilemann et al.* 2000) an, die bis zum Rezessionsbeginn im März 2001 (NBER-Klassifikation) um 2 Jahre aktualisiert wurde, deren Befunde bis zum Jahre 1998 aber dadurch nicht berührt werden. Der Einfluss der new economy[1] wird zwar zu berücksichtigen versucht, sie selbst bleibt jedoch im Hintergrund, was durchaus auch als Relativierung ihrer makroökonomischen Bedeutung zu verstehen ist. Im Folgenden also zunächst einige Befunde zu den makroökonomischen Erfolgen der „Clintonomics“ und den dahinter stehenden Vorstellungen (A), dem Kernpunkt, der Budgetkonsolidierung (B), einigen glücklichen Umständen (C), zum Erbe (D) und schließlich zu den Lektionen der fabelhaften Dekade (F).

A. Bilanz und wirtschaftspolitische Zielsetzungen

Als Clinton im Januar 2001 aus dem Amt schied, war er, gemessen am gesamtwirtschaftlichen[2] Leistungsausweis, einer der erfolgreichsten Präsidenten in der

1 Mit Blick auf die sorgfältige Beschreibung und Analyse der Internet-Ökonomie verdient dazu die Arbeit von *Cassidy* (2002) bislang die größte Beachtung, vor allem auch ihre Beleuchtung der Rolle der Geldpolitik für das Entstehen-lassen und seit 1997 die rapide Vergrößerung der spekulativen Blase an den Aktienmärkten.

2 Zur mikroökonomischen Bilanz vgl. z. B. die Ausführungen Clintons auf dem Parteitag der Demokraten am 14. August 2000 in Los Angeles (*Clinton* 2000) bzw. in *Pollin* (2000,

Geschichte der Vereinigten Staaten. Die Bilanz ist mit – jeweils im Jahresdurchschnitt – mehr als 4 vH BIP-Wachstum, mehr als 3,5 vH Einkommens- und knapp 2 vH Beschäftigungszuwachs eindrucksvoll (Tabelle 1), letzteres insbesondere aus europäischer Perspektive. Damit allein unterscheidet er sich indessen noch nicht allzu sehr von seinen demokratischen Vorgängern in den 60er (*Kennedy / Johnson*) und den republikanischen in den 80er Jahren (*Reagan / Bush*) – lange Aufschwungphasen gehen stets mit guter, eben „trendmäßiger" Entwicklung einher (Tabelle 2, Abbildung 1, 2)[3]. Exzellent, vor allem überraschend ist die Bilanz, was die Inflationsrate und den Haushaltssaldo des Bundes angeht: Erstere war mit 2,5 vH nur halb so hoch wie die seiner Vorgänger seit 1960, der Haushaltssaldo war nach drei Jahrzehnten 1998 zum ersten Mal wieder positiv. Modellrechnungen des *Congressional Budget Office* (*CBO* 2000) am Ende der Clinton-Ära – die allerdings auch in diesem Fall nicht zum Nennwert zu nehmen waren – rückten die vollständige Tilgung der Staatsschuld im Jahre 2010 / 13 in den Bereich des Möglichen. Nachfolger *Bush* setzte allerdings andere Prioritäten: Mit Verweis sowohl auf die Erfordernisse einer Redimensionierung des Staatsanteils als auch auf die einer Stimulierung der Konjunktur angesichts der Wachstumsabschwächung seit Sommer 2000 setzte er die – mit 1,6 bis 2,5 Bill. $ bzw. 80 bis 150 vH des projizierten Überschusses verteilt über 6 Jahre – „größte Steuersenkung" der amerikanischen Wirtschaftsgeschichte durch (kritisch: *Krugman* 2001, S. 90 ff., *Blinder / Yellen* 2001, S. 78; naturgemäß affirmativ: *CEA* 2002, S. 44 ff.).

Als mindestens ebenso bedeutsam – übrigens auch für Deutschland – könnte sich der überraschende „Sprung" der gesamtwirtschaftlichen Produktivität der letzten Jahre erweisen, der mittlerweile aber wegen verschiedener Revisionen nur mehr bei 0,5 vH anzusetzen ist[4] und sich als Folge der erhöhten Aufwendungen für Sicherheit weiter verringern dürfte (*CEA* 2002, S. 56). Die Meinungen, inwiefern es sich um eine dauerhafte Erhöhung handelt, gehen bislang aber noch weit auseinander (*RWI / Gordon* 2002). Einverständnis herrscht offenbar über den Ursprung der Produktivitätsverbesserung: Beschleunigung der *hardware*- und *software*-Investitionen in Informationstechnologie und über die Aufteilung auf Verbesserung der Totalen Faktorproduktivität und Kapitalintensivierung durch weitere Verbreiterung der Computeranwendung. Strittig ist vor allem die zyklische Komponente,

---

S. 20 ff.) sowie die entsprechenden Beiträge in *Krueger / Solow* (2002) und in *Frankel / Orszag* (2002).

[3] *Mankiw* (2001) weist darüber hinaus auf die deutlich niedrigere *Volatilität* von Inflations-, Arbeitslosen- und Wachstumsraten hin, die der Geldpolitik ihren Kurs erleichterten. Die von ihm vermuteten Wirkungen auf Politik und Wirtschaft haben allerdings zur Voraussetzung, dass dieser Veränderungen ex ante bekannt gewesen waren.

[4] Neben den genannten ungünstigeren makroökonomischen Bedingungskonstellationen waren auch Unterschiede in der Verbreitung der Computertechnologien verantwortlich. Zu nennen sind dabei die insgesamt erheblich geringere Akkumulation von Computersoftware und -hardware in Unternehmen sowie die kleinere Computer- und Halbleiterindustrie, die in den USA einen bedeutenden Anteil der Steuerung der Totalen Faktorproduktivität in den letzten Jahren hatte (*RWI / Gordon* 2002).

die nach Berücksichtigung der gestiegenen Produktion und Nutzung der Computer in Ansatz zu bringen ist. Die Beantwortung der Frage ist für die Beurteilung der weiteren Entwicklung von zentraler Bedeutung, sie wird jedoch durch widersprüchliche Aussagen der infrage kommenden Datenbasen erheblich erschwert. – Es fällt übrigens auf, dass die höhere Produktivitätssteigerung bislang ausschließlich mit Blick auf Inflation und Einkommenswachstum diskutiert wird. Die damit auch verbundene Anhebung der Wachstumsschwelle für Beschäftigungszunahme bzw. Abbau der Arbeitslosigkeit (*Okun's law*) um 0,5 vH-Punkte bleibt unbeachtet.

Tabelle 1

Clintons Bilanz – ausgewählte makroökonomische Indikatoren[1] der Vereinigten Staaten 1960 – 2000; jahresdurchschnittliche Veränderung in vH

	1960 – 1992			1993 – 2000		
	Insges.	D	R	C	C I	C II
Bevölkerung	1,1	–	–	1,2	–	–
Erwerbspersonen	1,6	–	–	1,1	–	–
Wachstum[2]	3,6	4,3	2,9	4,2	3,3	4,5
Beschäftigung[3]	1,9	2,2	1,7	1,7	1,7	1,7
Inflation[4]	5,0	4,6	5,3	2,5	2,8	2,3
Einkommen aus unselbständiger Tätigkeit , real	3,5	4,7	2,8	3,6	2,6	4,8
dto., Pro-Kopf	2,4	3,4	1,8	2,1	1,6	3,2
Einkommen aus Unternehmertätigkeit und Vermögen, real	2,4	2,4	2,4	6,4	8,5	3,9
Pro-Kopf-Einkommen, real	2,1	2,8	1,6	3,2	2,9	3,6
Haushaltssaldo[5]	–1,6	–0,4	–2,8	–1,2	–2,9	0,5
Kurzfristzinsen[6]	6,8	5,7	7,9	4,9	4,6	5,3
Kurzfristzinsen, real	*1,9*	*1,3*	*2,5*	*2,3*	*1,6*	*3,1*
Langfristzinsen[7]	7,4	6,1	8,7	6,2	6,5	5,8
Langfristzinsen, real	*2,5*	*1,7*	*3,3*	*3,6*	*3,5*	*3,6*

Eigene Berechnungen nach Angaben der Amtlichen Statistik, die aber noch nicht in jedem Fall mit den aktuellen Angaben zur demographischen Entwicklung konsistent sind. Es bedeuten: D: Demokraten, R: Republikaner, C: gesamte Amtszeit Clinton, C I: 1. Amtsperiode Clinton, C II: 2. Amtsperiode Clinton. – [1] Reale Werte wurden mit dem Preisindex des Privaten Verbrauchs deflationiert. – [2] Reales BIP. – [3] Abhängig Erwerbstätige im privaten Sektor. – [5] Preisindex des Privaten Verbrauchs. – [5] Bundeshaushalt, in vH des nominalen BIP. – [6] *Federal funds rate*. – [7] Rendite 10jähriger Staatsanleihen.

Mindestens ebenso viel Aufmerksamkeit wie die Ergebnisse verdient allerdings der *Weg*, auf dem sie erreicht wurden, d. h. die neue und – gemessen an den Erwartungen – überraschende Wirtschaftspolitik Clintons. Seine Ankündigungen zu Amtsbeginn nach 12 Jahren Republikanischer Präsidentschaft ließen jedenfalls

Tabelle 2

Makroökonomische Entwicklung in den Vereinigten Staaten in langen Aufschwungphasen; jahresdurchschnittliche Veränderung in vH, soweit nicht anders vermerkt

	1961 bis 1969	1982 bis 1990	1991 bis 2000
		Entstehung	
Erwerbstätige	2,1	2,2	1,6
Arbeitszeit[1]	–0,3	–0,1	0,1
Arbeitsvolumen[1]	2,2	2,5	2,1
Produktivität[1]	3,0	1,4	2,1
Bruttoinlandsprodukt	4,9	3,6	3,7
Arbeitslose, Mill.	3,5	8,2	7,4
Arbeitslosenquote, vH	4,7	7,1	5,6
		Verwendung, real	
Konsumausgaben			
Private Haushalte	4,9	3,7	3,8
Staat	4,0	2,8	1,3
Investitionsausgaben	7,0	4,0	8,8
Ausrüstungen	–	5,5	11,5
Wohnungsbauten	–	5,8	5,9
Gewerblicher Bau	–	1,3	2,9
Vorratsveränderungen, in Mrd. $[2]	a)	19,7	41,7
Außenbeitrag, in Mrd. $[2]	–37,9	–103,5	–139,9
Ausfuhr	6,2	7,7	7,1
Einfuhr	9,0	8,5	10,4
Bruttoinlandsprodukt	4,9	3,6	3,7
		Preise	
Bruttoinlandsprodukt	2,6	3,7	2,0
Privater Konsum	2,3	4,1	2,1
Einfuhr	1,4	0,9	-0,4
		Verteilung	
Arbeitseinkommen	8,3	7,2	5,8
Gewinne	6,3	8,6	6,4
Volkseinkommen	7,7	7,5	5,9
Abschreibungen	6,8	5,5	5,8
Abgaben abzgl. Subventionen	7,4	7,4	5,2
Bruttonationaleinkommen	7,6	7,3	5,7
Nachrichtlich:			
Staatlicher Finanzierungssaldo[2]			
in Mrd. $	–6,3	–181,3	–88,1
in vH des BIP	–0,9	–4,2	–1,5

Eigene Berechnungen nach Angaben der Amtlichen Statistik. – [1] *Non-farm business sector.* – [2] Mittelwert im Zyklus. – a) In Investitionen insgesamt enthalten eine eher traditionell-demokratische Wirtschaftspolitik mit Stärkung der Infrastruktur, Arbeitsmarkt-, Wachstums- und Einkommensorientierung erwarten[5], arrondiert von industriepolitischem Engagement und „strategischer Handelspolitik". Auf Letzteres schien jedenfalls die Berufung von *Laura Tyson*, einer prononcierten Vertreterin dieser Politikrichtung, zur Vorsitzenden des *Council of Economic Advisers* hinzudeuten (vgl. dazu auch *Krugman* 1994, S. 245 ff.), wie sich die Administration auch mit der Zustimmung zur NAFTA (1993) gewiss nicht leicht tat.

Vergleicht man Clintons Wirtschaftspolitik mit der von Präsident *Reagan*, der ja ebenfalls einen „langen Aufschwung" für sich reklamieren kann, so fällt bei allen Unterschieden, was Ergebnisse, wirtschaftspolitische Konzeption und Umsetzung angeht, zweierlei auf: Erstens, Clintons makroökonomischer Leistungsausweis – so problematisch solche Zurechnungen auch sind[6] – ist zwar dem von Reagan bei weitem überlegen, aber die Clintonomics erreichten bislang weder im Volk noch in der wissenschaftlichen Analyse die Popularität oder das Interesse der Reaganomics.[7] Zweitens, bei beiden weicht das Programm, mit dem sie die Wahl gewonnen hatten, sehr stark von dem ab, welches sie umsetzten bzw. welches ihren späteren wirtschaftspolitischen Erfolg begründete. So kam es unter Reagan zwar zu einem beachtlichen Steuersenkungsprogramm, die Erfolge bei Wachstum und Beschäftigung waren aber vor allem den beträchtlichen Steigerungen der Staatsausgaben im Rüstungsbereich zu danken. (In längerer Sicht ist man freilich versucht, die Bilanz Reagans mit Blick auf den Zusammenbruch des Ostblocks, die „Friedensdividende" oder die Folgen der Deregulierungen, Fusionen etc. sehr viel positiver einzuschätzen.) Noch ausgeprägter war der Wandel der Clintonomics. Die Flagge, unter der der *Kandidat* Clinton anzutreten versprach, wurde vom *Präsidenten* Clinton gar nicht erst ausgerollt!

---

5 Vgl. dazu neben den eher spärlichen Hinweisen auf das im engen Sinne ökonomische Programm des Kandidaten Clinton in seinem „Wahlprogramm" (*Clinton / Gore* 1992, S. 143 ff.) die Beiträge von *Klein* (1994), *Niskanen* (1994) und *Auerbach* (1994) im Atlantic Economic Journal sowie die Erinnerungen von *Robert Reich* (1997), Arbeitsminister im ersten Kabinett Clinton. Zur Einschätzung der wirtschaftspolitischen Erfordernisse zu Beginn der 90er Jahre vgl. *Krugman* (1992) *The age of diminished expectations*! – oder *Rivlin* (1992).

6 Sie abstrahieren nicht nur von den Herausforderungen während der Amtszeit, sondern vor allem auch von der Ausgangssituation und von dem jeweiligen Wachstumsumfeld oder -trend. Immerhin wurden die Vereinigten Staaten bereits sechs Monate nach dem Amtsantritt Reagans und 18 Monate nach dem von *George Bush* von Rezessionen heimgesucht, und der Wachstumstrend unter *Kennedy / Johnson* war deutlich höher als unter allen Nachfolgern.

7 Immerhin verzeichnen die „Reaganomics" in einer Literaturauswahl (*EconLit*) von 1981 bis heute knapp 90 Nennungen, während die „Clintonomics" es seit 1992 erst auf fünf bringen.

Indikatoren der makroökonomischen Entwicklung der Vereinigten Staaten

1960 bis 2000

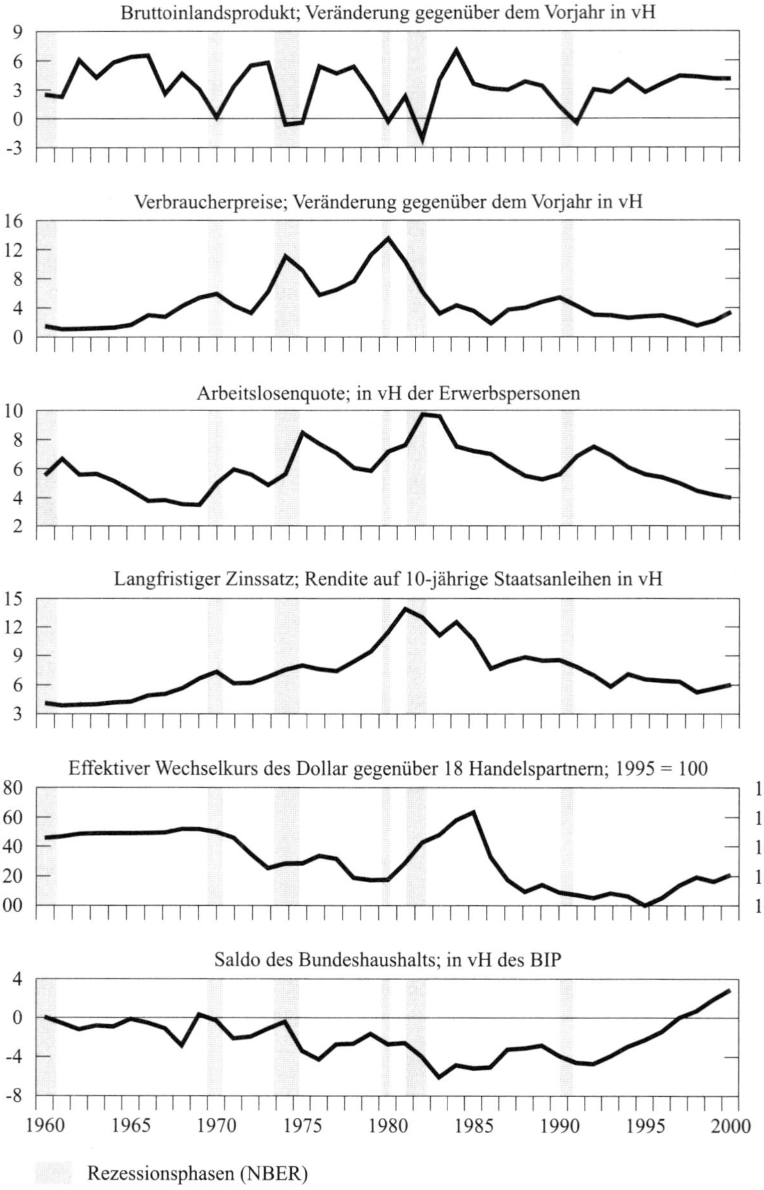

Eigene Berechnungen nach Angaben in CEA 1999ff. und des IMF.

Abbildung 1

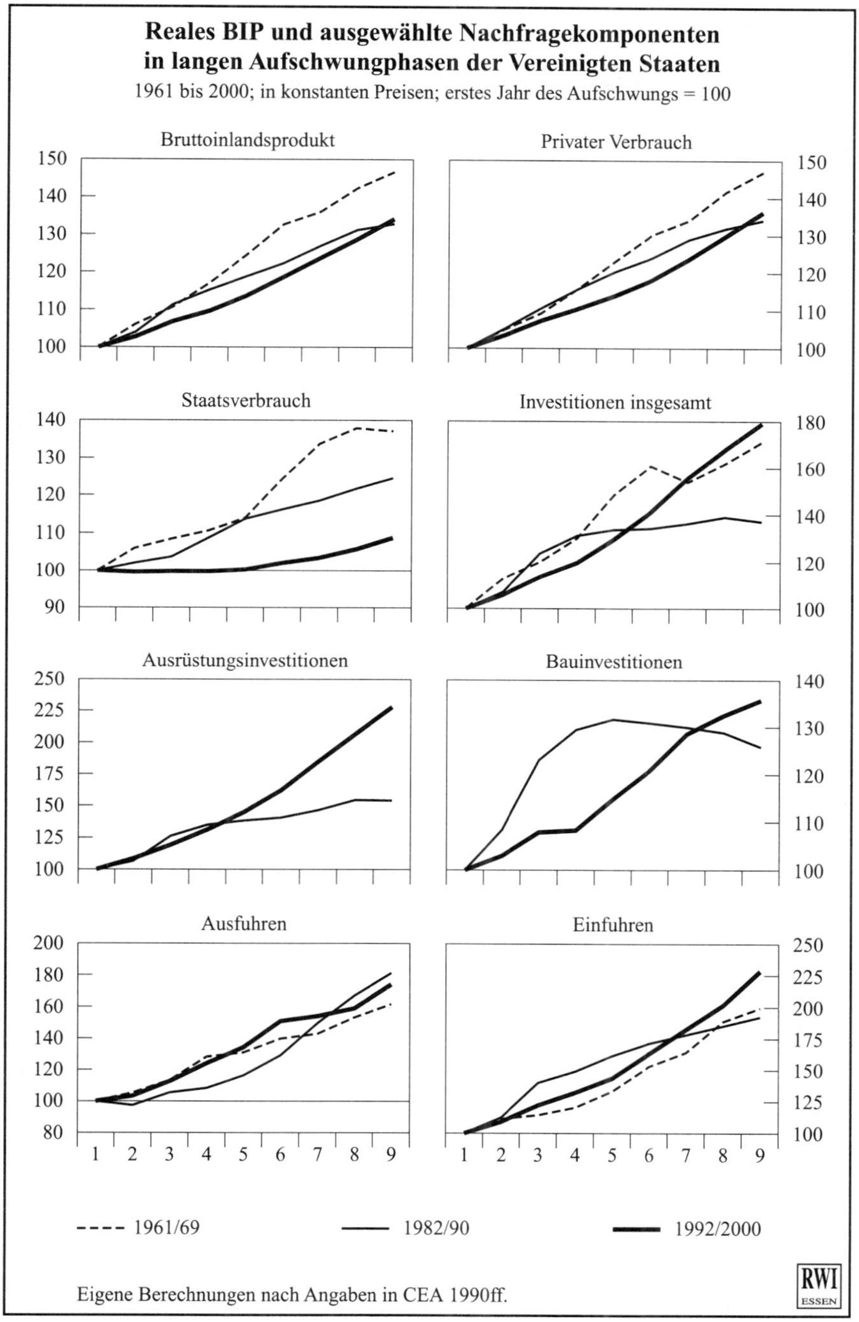
Reales BIP und ausgewählte Nachfragekomponenten
in langen Aufschwungphasen der Vereinigten Staaten
1961 bis 2000; in konstanten Preisen; erstes Jahr des Aufschwungs = 100
Bruttoinlandsprodukt
Privater Verbrauch
Staatsverbrauch
Investitionen insgesamt
Ausrüstungsinvestitionen
Bauinvestitionen
Ausfuhren
Einfuhren
1961/69
1982/90
1992/2000
Eigene Berechnungen nach Angaben in CEA 1990ff.
RWI
ESSEN

Abbildung 2

B. Kernpunkt: Budgetkonsolidierung

Neu für einen demokratischen Präsidenten und im Falle Clintons besonders überraschend war, dass er auf den von ihm erwarteten oder befürchteten, nicht zuletzt auch wahlkampfmotivierten Fiskalaktionismus traditioneller Art verzichtete. Allzu großer Selbstverleugnung bedurfte es dazu allerdings nicht. Zum einen hatte er von seinem Amtsvorgänger nicht nur ein Rekord-Haushaltsdefizit in Höhe von 4,5 vH des BIP geerbt, sondern auch einen seit 22 Monaten in Gang befindlichen Wirtschaftsaufschwung, was allerdings erst anderthalb Jahre später, im Dezember 1992 – und damit nach den Präsidentschaftswahlen – vom NBER verkündet wurde. Hinzu kam – und hier verstand Clinton früher und besser als sein Vorgänger die Forderungen des Tages –, dass ungeachtet des anfänglich bescheidenen Wirtschaftswachstums[8] (was 1994 u. a. auch im Verlust der Demokratischen Mehrheit im Kongress zum Ausdruck kam[9]), sich Wähler, Geldpolitik und *Wall Street* einmütig für Konsolidierung aussprachen.

Anders als seine Vorgänger verzichtete Clinton auch auf größere Steuergeschenke und Wachstumsstimulierungen *via* Ausgabensteigerungen[10] bzw. entsprechende Versprechungen. Der „Politische Konjunkturzyklus" oder Sorgen um die Wiederwahl machten sie kaum erforderlich. Zumindest versprachen sie keine wahlpolitische Rendite, angesichts des traditionellen *tax and spend*-Image der Demokraten sogar eher das Gegenteil. Eine Rendite war, ungeachtet des mit 1,6 vH anfangs ungewöhnlich niedrigen Anstiegs der realen Pro-Kopf-Einkommen der Arbeitnehmer, jedenfalls eher vom Versprechen der finanziellen Sicherung der staatlichen Gesundheitsleistungen (*Medicaid, Medicare*) und der Sozialversicherung zu erwarten, für die die Haushaltskonsolidierung eine vom Wähler offensichtlich als wesentlich angesehene Voraussetzung bildete.

Trotz des dümpelnden Aufschwungs rückte Clinton die Konsolidierung dann seit Winter 1993 zunehmend in den Mittelpunkt seiner wirtschaftspolitischen Agenda, zunächst durch Ankündigung einer Steuererhöhung, später durch strikte Begrenzung des Ausgabenwachstums.[11] Zum nicht geringen Verdruss etlicher Rat-

---

8 Der *jobless recovery* der Bush-Administration mündete unter *Clinton* zunächst in ein sog. *jobless growth* oder jedenfalls ein Arbeitsplatzangebot, das hinsichtlich Sicherheit und Bezahlung nicht den Erfahrungen früherer Expansionsphasen entsprach, wie eine Arbeit der *New York Times* (1996) sehr anschaulich darstellt. In den Augen vieler Beobachter, einschließlich *Greenspans* und der Fed, prägte es das Lohnklima bis weit in die zweite Hälfte der 90er Jahre (*Woodward* 2000, S. 282 ff.).

9 Die Kongress-Wahlen von 1994 brachten den Republikanern in beiden Kammern die Mehrheit (230:204 Sitze im Repräsentantenhaus, 53:47 im Senat); auch die Gouverneurswahlen dieses Jahres führten zu einer Republikanischen Mehrheit (30:19, 1 unabhängiger Kandidat).

10 *Makin* (1999) verweist auf einen „sharp, well-timed jump in real government spending to a 1.4 percent annual rate during the election-sensitive in the second quarter of 1996 that helped to push the overall growth rate to 6.9 percent during that quarter".

11 Gestützt auf den *Budget Enforcement Act* von 1990 und 1993 wurden nicht mehr – wie noch im *Gramm-Rudman-Holling Act* von 1985 – jährlich Defizitziele, sondern Ausgaben-

geber und Anhänger (*Stephanopoulos* 1999, S. 340 ff., *Reich* 1997, S. 29 ff.) verabschiedete er sich damit von seiner Wahlplattform 1992, wo er, wie erwähnt, deutliche Steigerungen der staatlichen Investitionen in Ausbildung, Infrastruktur und Technologie versprochen hatte.

Auch hier ist nicht ohne Ironie, dass es diese Akzentverschiebung oder Trendwende, letztendlich vielleicht sogar die Niederlage bei der Reform der Krankenversicherung war die den – wenn man so will – *Clintonomics II* der zweiten Amtszeit zum Erfolg verhalfen.

Der Lohn der Angst

Abbildung 3 gibt die Entwicklung von Wachstum, Beschäftigung, Inflation usw. in der ersten und der zweiten Administration Clinton wieder. Dabei zeigt sich sowohl bezüglich des Wachstums als auch der Beschäftigung, dass diese während der ersten Amtszeit gewissermaßen in der Mitte zwischen den Ergebnissen der Demokratischen und Republikanischen Administrationen lagen, wobei vor den Präsidentschaftswahlen bezüglich des Wachstums ohnehin bei beiden ein Einschwenken auf den Trendwert von etwa 3 vH zu registrieren ist. Deutlich besser steht die Clinton-Administration in der zweiten Amtsperiode da, in der das Wachstum vor allem gegen Ende selbst die in dieser Phase üblicherweise guten Ergebnisse der Republikaner übertrifft. Die Beschäftigungsentwicklung ist zwar in der zweiten Amtsperiode nur noch „Durchschnitt" (aller Administrationen), was aber vor dem Hintergrund der nun zum ersten Mal seit den späten 60er Jahren wieder erreichten quasi-Vollbeschäftigung (Arbeitslosenquote nahe 4 vH) sehr beachtlich ist.

Gänzlich ungewohnt für Demokratische Administrationen fällt Clintons Inflations-Bilanz aus; hier schlägt er durchweg bis zum jeweiligen Ende der Legislaturperiode die gemeinhin als besonders stabilitätsbewusst geltenden Republikanischen Administrationen. Auch wenn man Letzteren zu Gute hält, dass die beiden Ölkrisen die Inflationsrate um jeweils ca. 5 vH-Punkte hochtrieben – Clintons Amtszeit setzt völlig neue und von ihm als Demokraten bei Amtsantritt wohl kaum erwartete Maßstäbe. Viele *Ökonomen* konnten sich zu Beginn der 90er Jahre, gestützt auf NAIRU-Ergebnisse, kaum vorstellen, dass trotz Quasi-Vollbeschäftigung auch Preisstabilität zu realisieren ist. Überwiegend wurde von einer inflationsneutralen Arbeitslosenquote von etwa 6 vH ausgegangen (*Heilemann et al.* 2000, S. 69, Schaubild 19). Dies galt auch für die Zentralbank: *Blinder / Yellen* (2001, S. 53) sind sich sicher, dass das eigentliche „Experiment" der Zentralbank darin zu sehen ist, dass sie darauf verzichtete, Wachstum und Arbeitslosigkeit auf „NAIRU-verträgliche" Werte zu redimensionieren.

---

ziele bzw. -beschränkungen fixiert. Damit wurde es erforderlich, jeden Vorschlag einer Steuersenkung oder eines Leistungsgesetzes mit einem kompensierenden Einnahmen- oder Ausgabenvorschlag zu verbinden – Steuern und *entitlements* wurden zu einem separaten *pay as you go*-Pool zusammengeführt (*Heilemann et al.* 2000, S. 51 ff., *Blinder / Yellen* 2001, S. 5 ff.).

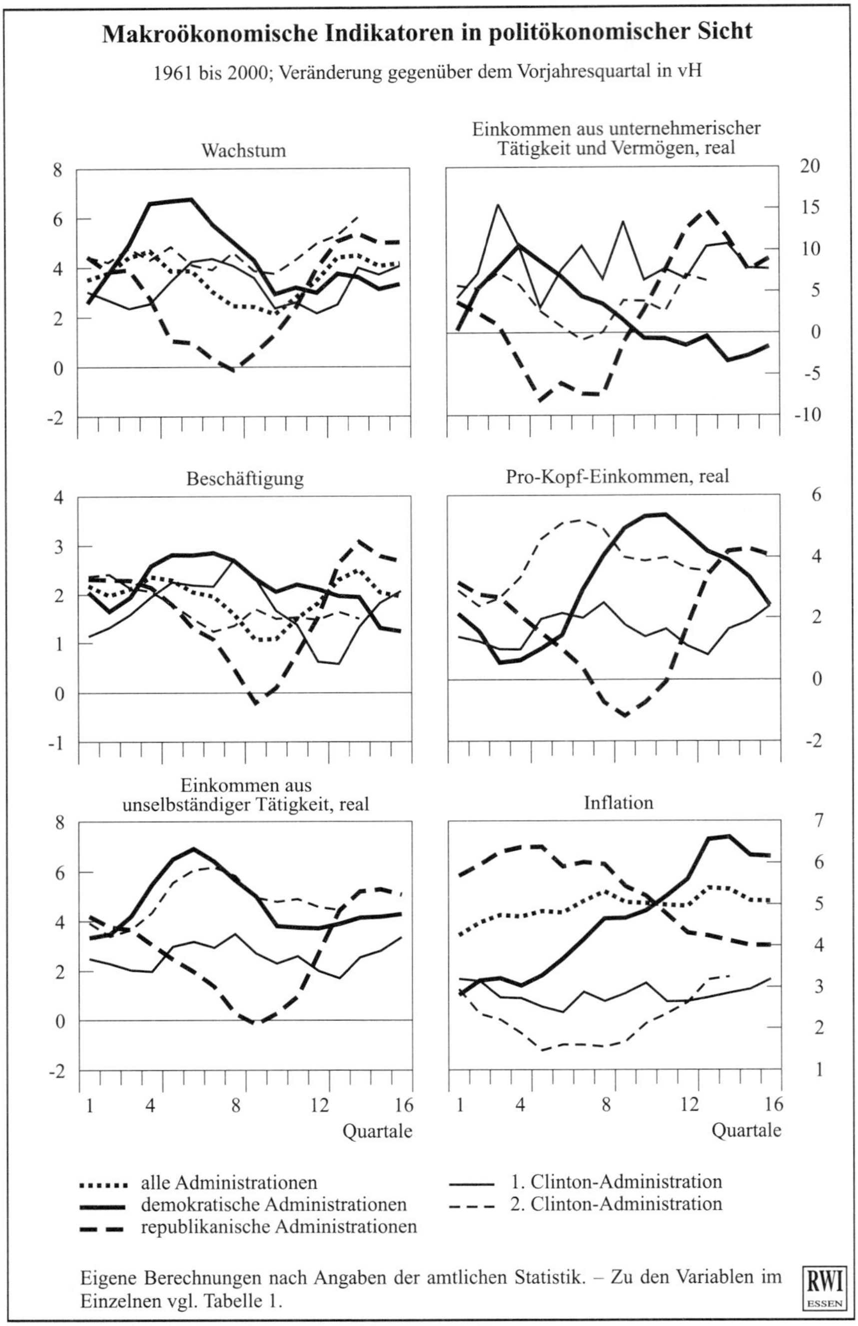
Makroökonomische Indikatoren in politökonomischer Sicht
1961 bis 2000; Veränderung gegenüber dem Vorjahresquartal in vH
Wachstum
Einkommen aus unternehmerischer Tätigkeit und Vermögen, real
Beschäftigung
Pro-Kopf-Einkommen, real
Einkommen aus unselbständiger Tätigkeit, real
Inflation
1
4
8
12
16
Quartale
alle Administrationen
demokratische Administrationen
republikanische Administrationen
1. Clinton-Administration
2. Clinton-Administration
Eigene Berechnungen nach Angaben der amtlichen Statistik. – Zu den Variablen im Einzelnen vgl. Tabelle 1.
RWI ESSEN

Abbildung 3

Wie Abbildung 4 (vgl. zur Berechnung *Heilemann et al.* 2000, S. 67 ff.) illustriert, ist in der Tat ein erheblicher Rückgang der NAIRU zu registrieren, der aber *ex ante* mit Ausnahme von Greenspan – und von diesem auch erst spät – kaum gesehen wurde und dessen Ursachen und Dauerhaftigkeit bis in die jüngste Zeit umstritten sind (*Gordon* 2001). Die Erklärungen reichen von einem Nachwirken der traumatischen Arbeitsmarkterfahrungen der Arbeitnehmer in den 80er und 90er Jahren, über den Produktivitätsschub der new economy und deren Folgen für das Lohnsetzungsverhalten bis hin zu den verschiedenen in dieser Hinsicht „glücklichen" Ereignissen und Entwicklungen, welche die Inflationsrate darüber hinaus niedrig hielten (Revision der Preisstatistik, Ölpreis-Verfall, Anstieg des Dollar-Kurses) (s. dazu unten).

Schätzungen der NAIRU mit wechselndem Stützbereich

1961 bis 1999; in vH, Länge des Stützbereichs jeweils 80 Quartale

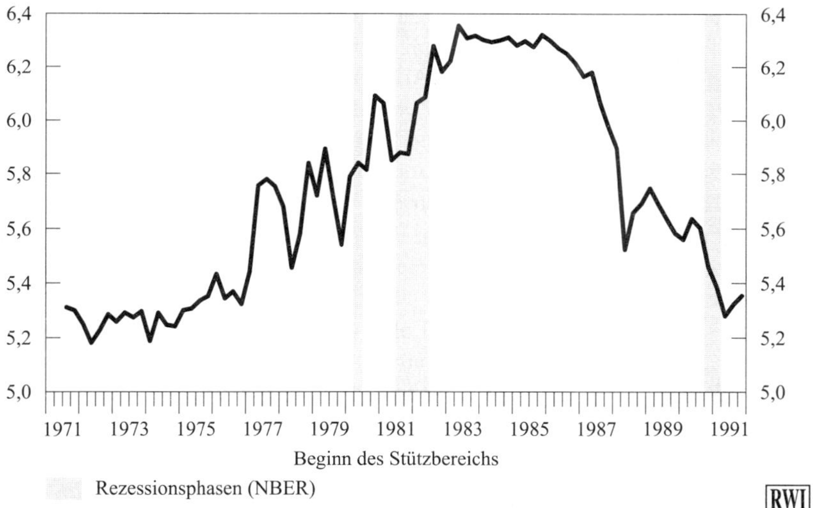

Eigene Berechnungen. – Zum Schätzansatz vgl. Angaben im Text.

Abbildung 4

Beim Wachstum über die gesamte Amtsdauer liegt Clintons Bilanz nur leicht über dem Durchschnitt, erheblich besser fällt sie dagegen – wie erwähnt – bezüglich der Inflationsrate aus. Was die beiden Amtzeiten im Einzelnen angeht, so stellt sich der Ausweis für die zweite noch deutlich besser dar. Herausragendes Merkmal bleiben aber auch hier die Erfolge bei der Inflationsbegrenzung; dies erst recht dann, wenn man berücksichtigt, dass sie in die Spätphase des Zyklus fielen bzw. bei Vollbeschäftigung erreicht wurden. Das damit üblicherweise einhergehende Nachlassen des Produktivitätswachstum und der ohnehin wachsende Lohndruck führten in früheren Zyklen regelmäßig zur Inflationsbeschleunigung. Dies veranlasste die Geldpolitik zu energischen Bremsmanövern, die in Wachstumsverlangsamungen, wenn nicht Rezessionen mündeten. Zu Bremsmanövern gab es zwar auch diesmal Veranlassung (1995), aber harte Landungen konnten bis 2000 vermieden werden.

Bei der Frage nach den makroökonomischen Ursachen dieser guten Bilanz richtet sich der Blick auf die Fiskal- und die Geldpolitik, insbesondere auf ihr Zusammenspiel.[12] Zunächst aber zur Lohnpolitik.

Lohnpolitik

Die *Lohnpolitik* war insgesamt zwar von nachgeordneter Bedeutung, denn in der Aufschwungphase wirkt sie mit ihrer in den Vereinigten Staaten ausgeprägten Arbeitsmarktorientierung traditionell beschäftigungserhöhend. Ein spezifischer, spürbarer Beitrag ist vor allem in der zweiten Hälfte der 90er Jahre zu registrieren, wo sie eine für diese Phase des Aufschwungs ungewöhnliche Zurückhaltung zeigte. Damit half sie die Inflationsentwicklung in Schach zu halten, was das Wachstum stärkte und so von 1997 bis 1999 die Arbeitslosenrate beträchtlich reduzieren half (Tabelle 4, s.u.). Eine Ursache dieser Zurückhaltung waren offensichtlich die massiven Arbeitsplatzverluste in den späten 80er Jahren in Folge der massiven Rationalisierungen, wie sie sich im Zusammenhang der zahlreichen Übernahmen und Verschmelzungen großer Unternehmen ergeben hatten und die auch mit für den zögerlichen Beschäftigungsaufbau zu Beginn des Aufschwungs verantwortlich gewesen waren. Berücksichtigt man die schleppende Beschäftigungszunahme in der Industrie (vgl. *Heilemann et al.* 2000, S. 28 f.), so dürfte dies durch den *traumatized workers*-Effekt bei der Lohndynamik noch verstärkt worden sein. Freilich müssen auch die neuen „kreativen" Lohnmodelle (Aktien-Optionen für Mitarbeiter) und die sinkenden Lohnnebenkosten (Stichwort: *„managed care"* im Gesundheitssektor) berücksichtigt werden (s. auch unten).

Fiskalpolitik

Während sich die Budgetdefizite unter den Demokraten im Verlauf der Legislaturperioden üblicher Weise kaum veränderten und bei den Republikanern sogar beträchtlich erhöhten[13], namentlich gegen Ende, setzten hier die Clinton-Administra-

---

12 Anders *Mankiw* (2001), der in seiner Analyse der Geldpolitik während der Clinton-Jahre die Rolle der Finanzpolitik vollständig ignoriert.

13 *Reagans* Steuersenkungen erhöhten das Budgetdefizit („netto" p.a. ca. 20 Mrd. DM), ohne dass sich die erwarteten Wachstumseffekte und Steuermehreinnahmen einstellten, von Selbstfinanzierung nach dem Konzept der *Laffer-curve* ganz zu schweigen – jedenfalls in den Augen der neuen (Demokratischen) Administration (*CEA* 1994, S. 26 ff.).

tionen neue, mutige Akzente: Bereits in der ersten Amtsperiode wurde konsequent, auch um den Preis von Steuererhöhungen bei schwachem Wachstum, bescheidener Beschäftigungs- und Einkommensexpansion und zeitweise geschlossener öffentlicher Einrichtungen wie Zoos, Museen usw. im Winter 1995/96, strikt auf Defizitabbau gesetzt.[14] Hinzu kam die „Friedensdividende", die bis 1998 auf 200 Mrd. $ anstieg. Sie wurde zu 85 vH für den Abbau des Defizits verwendet, was immerhin beinahe ein Fünftel der kumulierten Defizite von 1991 bis 1998 ausmacht. Die Reduktion wurde in der zweiten Amtsperiode, nun primär über ein gedrosseltes Wachstum der Ausgaben, in kaum vermindertem Tempo fortgesetzt, ungeachtet der sich abzeichnenden einnahmenbedingten Spielräume für Ausgaben und verlockender Steuersenkungsversprechen der Republikaner vor den Wahlen von 1996.

Die Konsolidierung hatte ihren Preis. Folgt man Simulationsergebnissen etwa des *Fair*- oder des *DRI-Modells* für die US-Wirtschaft, so kostete sie für sich genommen zwischen 1991 und 1998 p.a. 0,5 vH-Punkte Wachstum.[15] Auch *Blinder/Yellen* (2001, S. 15 ff.) erwähnen diese Effekte, sie verzichten aber leider auf eine entsprechende makroökonometrische Quantifizierung, wie sie dies für andere Politiken vornehmen (s.u. Tabelle 4). Stattdessen heben sie auf die unmittelbaren Wirkungen bereits der Konsolodierungsabsichten auf den Kapitalmarktzins ab; Wirkungen, die bislang in der Tat selten zu beobachten waren und deren theoretische Erklärung auch mit einer „hybrid theory" alles andere als einfach ist und von den Verfassern letztlich auch aufgegeben wird.[16] Für die Abschätzung der Konsolidierungseffekte unterstellen sie nur für den Zeitraum 1992 bis 1994 einen um mehr als 1 vH-Punkt niedrigeren Zins für die zehnjährigen Regierungsanleihen mit der Folge beachtlicher Wachstumswirkungen.

Geldpolitik

Zu den an sich zu erwartenden kontraktiven Wirkungen der Konsolidierung sollte es jedenfalls nicht kommen. Die guten Absichten und Taten des Präsidenten fanden bei der Geldpolitik und bei den Anlegern – weltweit – Anerkennung und Belohnung: Die Notenbank ließ die Kurzfristzinsen zunächst unverändert, mit dem Ergebnis, dass die Realzinsen[17] bis zuletzt noch auf einem sehr niedrigen Niveau verharrten bzw. leicht sanken und dann über fast zwei Jahre nur sehr langsam stie-

---

14 Schließlich sind auch die institutionellen Veränderungen (PAYGO) zu nennen, die die Rolle des Präsidenten gegenüber dem Kongress bei der Ausgabenpolitik wieder stärkten (*Heilemann et al.* 2000, S. 50 ff.).

15 Zu den Modellen und ihren Reaktionen vgl. *Heilemann et al.* 2000, S. 18 ff.

16 Aktualisiert man traditionelle Zinserklärungen (*Feldstein/Eckstein* 1970), so wäre bei Realisierung des angekündigten Defizitabbaus in der Tat mit Zinseffekten in der Größenordnung von 1 vH zu rechnen gewesen.

17 Ob die Realzinsen gemessen mit dem Verbraucherpreisindex angesichts des beachtlichen Anstieg der Importpreise die Impulse der Geldpolitik angemessen wiedergeben, ist allerdings zu bezweifeln.

gen. Entsprechend hartnäckig hält sich daher die Vermutung, dass Clinton die Konsolidierung erst einleitete, nachdem *Allen Greenspan* eine zinspolitische Honorierung zugesichert hatte. *Woodward* (1994, S. 68 ff., 2000, S. 162) sowie *Blinder/Yellen* (2001, S. 24, 25 ff.) sehen ein eher indirektes Zusammenspiel von Fiskal- und Geldpolitik. Angesichts der bereits konstitutionell verankerten Politiknähe der Notenbank wäre dies freilich keine neue oder überraschende Erfahrung; auch die *Volcker*sche Desinflationierung zu Beginn der 80er Jahre erfolgte im Einvernehmen mit Reagan (*Greider* 1989, S. 364 ff.).

Günstig entwickelten sich auch die Langfristzinsen, wenn man von dem „Ausrutscher" 1994/95 absieht, als die Finanzmärkte Inflationsgefahren zu sehen glaubten. Clinton nahm die präventiven Zinsanhebungen der Fed ohne Widerspruch hin, auch dies ein Beleg für seine ausgeprägte Finanzmarkt- oder Stabilitätsorientierung; allerdings sorgte er kurz darauf mit der Berufung von *Blinder* und *Rivlin* für eine wachstumsfreundlichere Zusammensetzung des *board* der Fed (*Woodward* 2000, S. 206 ff.). Letzten Endes dürfte Clinton von seiner Zurückhaltung sogar profitiert haben, stärkte sie doch die Glaubwürdigkeit Greenspans und erleichterte diesem später in kritischen Phasen, z. B. im Gefolge der Asien- und Russland-Krise, die (temporäre) Wiederaufnahme des wachstumsorientierten Zinspolitik. Insbesondere in Clintons zweiter Amtsperiode lagen die realen Langfristzinsen etwa 1 vH-Punkt unter dem (bisherigen) Durchschnittswert und etwa $^1/_2$ vH-Punkt unter dem der vorherigen Demokratischen Administrationen. Als Folge geriet zwar zunächst der Dollar unter erheblichen Druck und rutschte, – mittlerweile fast schon vergessen – trotz internationaler Stützung, 1995 auf einen Wert von unter 1,40 DM. Wichtiger aber war für Wirtschaft und Politik, dass die niedrigen Zinsen die konsolidierungsbedingten Wachstumseinbußen während der ersten vier Jahre mehr als ausglichen (*Heilemann et al.* 2000, S. 55).

C. ... und dann kam Glück dazu

Die Frage nach den Ursachen der guten Bilanz ist damit aber nur teilweise beantwortet. Neben der Politik spielten Glück oder günstige Umstände – von der Friedendividende war bereits die Rede – eine erhebliche Rolle, insbesondere während der zweiten Amtszeit. Die Zuordnung zu den beiden Domänen wird angesichts ihrer Interdependenzen stets strittig sein, wie z. B. bei der Frage nach den Ursachen der Aktienmarkthausse deutlich wird: War sie Resultat der Einführung des bereits genannten 401(k)-Plans, der zunehmenden Verbreitung von *stock options*, der Deregulierung im Bankenbereich, der verbesserten Gewinnaussichten der Unternehmen, der ausstrahlenden Internet-Euphorie, der Änderungen des Verhaltens ausländischer Anleger? Oder war sie Ergebnis der Zentralbankpolitik, welche die Zinsen (relativ) niedrig hielt und gemeinsam mit dem Währungsfonds „richtig" auf die Krisen in Mexiko (1994/95), Südostasien (1998) und vor allem Russland bzw. bei *Long-Term-Capital-Management* (LTCM) (1998) reagierte? Die „finanzmarktorientierten“ Zinssenkungen 1998 um insgesamt 1 vH-Punkt dürften jedenfalls das Wirtschaftswachstum um (brutto) 1 vH-Punkt gestärkt haben. Allerdings markierten die Zinssenkungen für die „Internet-Ökonomie“ auch den Übergang „from the boom stage of the speculative bubble to euphoria“ (*Cassidy* 2002, S. 191).

An erster Stelle der glücklichen Faktoren sind – was wiederum nicht ohne Ironie ist – zwei weitere „Erbschaften“ der Reagan- und Bush-Jahre zu nennen. Erstens, die bereits angesprochenen dramatischen Konzentrations-, Rationalisierungs- und Liberalisierungswellen in den 80er Jahren hatten mit den daraus resultierenden Unsicherheiten und Freisetzungen zum einen mit zu Clintons Wahlsieg 1992 beigetragen („People first“); zum anderen dürften die aus all dem resultierenden Produktionsverbesserungen mit den Grundstein sowohl für die Produktivitätsrenaissance als auch für die Lohnzurückhaltung gelegt haben. Die niedrige Inflation während der ersten Amtsperiode ist jedenfalls nicht nur dem für Demokratische Administrationen niedrigen Wachstum zu danken, sondern auch dem Druck auf die Löhne als Folge des *downsizing* vieler Unternehmen während der 80er und 90er Jahre wie auch den daraus resultierenden Produktivitätsgewinnen. Ersteres veranlasste die Arbeitnehmer und die ohnehin ständig an Einfluss verlierenden Gewerkschaften, bis zum Ende der 90er Jahre „Beschäftigung“ vor „Einkommen“ rangieren zu lassen, und in der Tat profitierten die Arbeitnehmer von dieser Strategie: in der ersten Amtszeit vor allem *via* steigender Beschäftigung, in der zweiten dann auch bei den Pro-Kopf-Einkommen; bei den Beziehern von Einkommen aus Unternehmertätigkeit und Vermögen war das Verhältnis gewissermaßen umgekehrt (Tabelle 2).

Pazifizierend und gleichermaßen stimulierend wirkten dabei in der zweiten Amtszeit die Vermögenseffekte der Aktienmarkthausse[18] bzw. der Realisierung der Aktienoptionen leitender Mitarbeiter, die seit 1998 nicht nur die Steuereinnahmen ungewöhnlich steigen ließ, sondern auch, allerdings wenig sichtbar, die Unternehmer- und Vermögenseinkommen (der Wertzuwachs der Vermögen wird bei der Berechnung der Einkommen in der Volkswirtschaftlichen Gesamtrechnung ignoriert). In einer kritischen Phase wurde so der Verteilungskonflikt mehr oder weniger geräuschlos entschärft – die Rechnung dafür wurde in der Aktienbaisse seit 2000 präsentiert.

Greenspan

Ein zweites, in seiner Bedeutung kaum zu überschätzendes Erbe der Bush-Jahre ist ohne Frage die Leitung der Geldpolitik in der Person von *Alan Greenspan*, der auch in kritischen Phasen den Clintonomics die geldpolitische Absicherung – gelegentlich gegen die Expertokratie der Fed – zuteil werden ließ. *Men – not measures*, wie es über dem Eingang der *Bank von England* steht – durchaus im Widerspruch

---

18 *Hibbs* (1987) kommt zu dem Ergebnis, dass ein Anstieg der Arbeitslosenrate über ein Jahr von 6 auf 10 vH via Lohnentwicklung zu einer Einkommensverschiebung von den beiden untersten zu den beiden obersten Quintilen führt.

zu *Adams'* bekanntem Diktum „laws, not men“. Verkürzt ausgedrückt, dürften es in erster Linie die eindeutige Ausrichtung Greenspans an den Erwartungen der nationalen und wenn nötig (1998) auch an den Erfordernissen der internationalen Finanzmärkte, seine persönliche Glaubwürdigkeit und seine hohen analytischen Fähigkeiten gewesen sein, die hier zusammenwirkten. Greenspan hatte sich diese Eigenschaften und Zuschreibungen in einer langen Karriere erworben. Die dabei gemachten Erfahrungen und insbesondere auch die dabei gemachten Fehler – z. B. die nach George Bushs Meinung zu späte Lockerung der Zinspolitik im letzten Aufschwung – hatten daran großen Anteil, was diesmal durch akkommodierendes „Gewährenlassen“ besondere Früchte tragen sollten. Auch hier gehört allerdings ins Bild, dass die gesamtwirtschaftlich gesehen sehr hilfreiche Politik eben auch die „Spekulationsblase“ an den Börsen weiter förderte und letztlich für ihr Platzen sorgte.[19]

Stabilitätsimport

An dritter Stelle unter den „glücklichen Umständen“ ist für die letzte Amtsperiode auf den Stabilitätsimport durch fallende Importpreise, insbesondere auch für Rohöl als Folge der Asienkrise, sowie auf den drastischen Preisverfall im IT-Sektor – mittlerweile von erheblicher direkter und indirekter Bedeutung für die US-Wirtschaft – zu verweisen (*Gordon* 1999, 2001). Dies und die „Produktivitätsrenaissance“ in Gestalt eines Sprungs in der Produktivitätsrate von bis zu 1,5 vH-Punkten Mitte der 90er Jahre (*Blinder / Yellen* 2001, S. 59 ff., *Hansen* 2001) verhinderten das Entstehen eines umverteilungsbedingten inflationären Drucks und erlaubten es der Notenbank bis Mitte 1999 die Zinsen niedrig zu halten.

Internationale Erfordernisse

Schließlich veranlassten die aus der Asien-, Südamerika- und Russlandkrise resultierenden nationalen und internationalen Finanzmarkterfordernisse die Notenbank, die (Nominal-)Zinsen, ungeachtet gegenläufiger stabilitätspolitischer Erfordernisse, vorübergehend (1998) sogar zu *senken* – auch dies eine durchaus neue Erfahrung, sieht man von den Reaktionen auf den Börsenkrach 1987 ab.

Wandel makroökonomischer Reaktionen?

Überzeugende Hinweise auf ein seit den 90er Jahren dauerhaft geändertes *generelles* Preisverhalten bzw. auf Änderungen der NAIRU in der *new economy* liegen bislang noch nicht vor. Angesichts der vergleichsweise kurzen Dauer von vier bis

---

[19] Die Frage nach dem Stellenwert der Aktienmarktentwicklung insgesamt bzw. seiner Teilmärkte für die Geldpolitik zählt zu ihren nach wie vor noch offenen Fragen.

Tabelle 3

Makroökonomische Effekte wirtschaftspolitischer Maßnahmen und „glücklicher" Entwicklungen in den Vereinigten Staaten 1993 bis 1999; Veränderungen gegenüber dem Vorjahr in vH[1]

	BIP, real						
	1993	1994	1995	1996	1997	1998	1999
Geldpolitik[2]	0,7	0,3	0,1	0,3	0,0	–	–
Finanzpolitik[3]	0,8	0,5	–0,3	–0,4	–	–	–
Lohnpolitik[4]	–	–	0,1	0,6	0,7	0,3	-0,2
Policy	1,5	*0,8*	*–0,1*	*0,5*	*0,7*	*0,3*	*–0,2*
Wechselkursanstieg[5]	–	–	0,0	–0,2	–0,7	–1,6	–1,9
Ölpreisreduzierung[6]	–	–	–	–0,1	0,1	0,3	0,2
Produktivitätssprung[7]	–	–	–	1,0	1,3	1,3	1,4
Fortune	–	–	*0,0*	*0,7*	*0,7*	*0,0*	*–0,3*
Insgesamt	1,5	0,8	-0,1	1,2	1,4	0,3	–0,5
	Inflationsrate						
	1993	1994	1995	1996	1997	1998	1999
Geldpolitik[2]	0,2	0,6	0,7	0,7	0,4	–	–
Finanzpolitik[3]	0,2	0,2	0,3	0,4	–	–	–
Lohnpolitik[4]	–	–	–0,5	–1,0	–1,4	–1,1	–0,7
Fortune	*0,4*	*0,8*	*0,5*	*0,1*	*–1,0*	*–1,1*	*–0,7*
Wechselkursanstieg[5]	–	–	–0,1	–0,4	–0,7	–1,4	–1,2
Ölpreisreduzierung[6]	–	–	–	0,3	–0,1	–0,7	0,0
Produktivitätssprung[7]	–	–	–	–0,6	–0,7	–0,7	–0,7
Fortune	–	–	*–0,1*	*–0,7*	*–1,5*	*–2,8*	*–1,9*
Insgesamt	0,4	0,8	0,4	–0,6	–2,5	–3,9	–2,6
	Arbeitslosenrate						
	1993	1994	1995	1996	1997	1998	1999
Geldpolitik[2]	–0,4	–0,6	–0,5	–0,6	–0,3	–	–
Finanzpolitik[3]	–0,2	–0,5	–0,5	–0,3	–	–	–
Lohnpolitik[4]	–	–	0,0	–0,3	–0,7	–0,8	–0,7
Policy	*–0,6*	*–1,1*	*–1,0*	*–1,2*	*–1,0*	*–0,8*	*–0,7*
Wechselkursanstieg[5]	–	–	0,0	0,1	0,3	1,0	1,8
Ölpreisreduzierung[6]	–	–	–	0,1	0,1	–0,1	–0,3
Produktivitätssprung[7]	–	–	–	–0,2	–0,4	–0,5	–0,7
Fortune	–	–	*0,0*	*0,0*	*0,0*	*0,4*	*0,8*
Insgesamt	–0,6	–1,1	–1,0	–1,2	–1,0	–0,4	0,1

Eigene Berechnungen nach *Blinder / Yellen* 2001. – [1] Durchschnitte des *Washington University Macro Models* (WUMM) und des *Fed-US Macro Models*, reale Zinssätze unverändert, mit Ausnahme bei der „Geldpolitik"; Ergebnisse des vierten Quartals, gerundet. – [2] Ibid. Tables 3.1, 5.2 und 5.3. – [3] Effekte der „Bond Rally" ausgelöst durch die Ankündigung der Regierung, Defizite zu reduzieren, ibid. Table 4.1. – [4] Ibid. Table 6.2. – [5] Ibid. Table 6.3. – [6] Ibid. Table 6.4. – [7] Ibid. Table 8.2.

fünf Jahren sollte dies jedoch nicht überraschen; die bisherigen eher skeptischen Untersuchungsergebnisse zum Preisverhalten sind allerdings ebenfalls noch keineswegs über alle Zweifel erhaben.[20] Lediglich im Bereich der Produktivitätsentwicklung spricht einiges – wie erwähnt – für einen Wandel, dessen Dauer aber noch offen ist. Die beträchtlichen Verringerungen der NAIRU setzten bemerkenswerter Weise bereits in den 80er Jahren ein und spiegeln vor allem die Überwindung der Inflationsimporte der Ölkrisen der 70er und 80er Jahre wieder.

Makropolitik und Fortune

Der Beitrag der einzelnen Politikbereiche ist nur schwer, der der glücklichen Umstände kaum zu beziffern, wie bereits oben bei der Diskussion der die Entzugseffekte der Haushaltskonsolidierung kompensierenden Geld- bzw. Zinspolitik deutlich wurde. Folgt man den Simulationsergebnissen von *Blinder / Yellen* (2001) mit dem *Washington University Macroeconomic Model* (WUMM) bzw. dem *Federal Reserve Board (FRB)-Model*[21], so zeigt sich folgendes (Tabelle 3): Geldpolitik und Finanzpolitik wirkten vor allem in den Jahren 1993 / 94 und 1997 expansiv, ohne dass es zu nennenswerter Inflation gekommen wäre; bezogen auf die Inflationsbremsung gelang 1995 / 96 eine „weiche Landung" – für etliche Greenspans „Meisterstück" –, was die expansiven Effekte der Konsolidierung auf die Bond-Märkte kompensierte. Die unmittelbaren Wachstumswirkungen der Lohnpolitik waren mit Ausnahme von 1997 / 98 bescheiden, aber Preisentwicklung und Arbeitsmarkt profitierten beträchtlich – insbesondere in der zweiten Hälfte der Dekade.

---

20 Z. B. lässt der von *Brinner* (1999) bei makroökonometrischen Preisgleichungen durchgeführte Strukturbruchtest für die Mitte der 80er Jahre zwar keine Veränderungen im Preisverhalten erkennen. Das schließt aber keineswegs sukzessive Veränderungen in den 90er Jahren aus – wie sie von den Vertretern eines dank *new economy* veränderten zyklischen Verhaltens behauptet werden (*Weber* 1997).

21 Die beiden Modelle kommen z.T. zu sehr unterschiedlichen Aussagen, dem hier durch Durchschnittsbildung Rechnung getragen wird. – Zur theoretischen Fundierung der beiden Modelle geben *Blinder / Yellen* (2001, S. 13) nur sehr allgemeine Hinweise: „Both are fundamentally Keynesian models in which aggregate demand drives real output in the short run because prices and wages are sticky, and a Phillips curve mechanism drives wage and price inflation. The long-run properties of both models are basically classical, however, so real output is influenced by fiscal and monetary policy only temporarily. The two models differ greatly in their details (for example, in their treatment of expectations) including their respective dynamics." Was die Reaktionsweisen angeht, so charakterisieren sie das FRB-Modell als langsamer auf Zinsimpulse reagierend, bei insgesamt gleichen Reaktion wie das WUMM. Hinweise auf die empirische Validität der beiden Modelle fehlen. – Über die Implementation der Simulationen wird im einzelnen ebenfalls nicht viel mitgeteilt. Problematisch in den Simulationen ist mindestens die Unterstellung konstanter Realzinsen: Ölpreisanstieg, Dollar-Aufwertung sollten sich nicht ohne weiteres in einen Anstieg des Nominalanstiegs umsetzen, umgekehrt müsste – bei geschlossenem Markt – ein Produktivitätsanstieg längerfristig zu höheren Reallohnsätzen und -zinssätzen führen. Selbst die mittelfristigen Wirkungen bleiben jedoch in *Blinder / Yellens* Wiedergabe der Simulationsergebnisse ausgeblendet.

Die Entwicklung des Dollar-Kurses von 1997 bis 1999 erwies sich zwar in erheblichem Maße als wachstumsbremsend, was aber durch den unerwarteten Produktivitätsanstieg weitgehend ausgeglichen wurde. Wichtiger war wiederum, dass Wechselkursanstieg, Ölpreisrückgang und Produktivitätsanstieg die Inflationsrate drückten – zusammengenommen um bis zu 2 vH-Punkte! Auf die Arbeitslosenquote wirkte der Wechselkursanstieg naturgemäß negativ, aber Ölpreisrückgang und Produktivitätssprung überkompensierten dies zusammen mit der zurückhaltenden Lohnpolitik; zudem war gegen Ende der 90er Jahre bereits Vollbeschäftigung erreicht.

Insgesamt belassen diese Ergebnisse damit der Politik Clintons nur einen geringen unmittelbaren Anteil an dem makroökonomischen Erfolg der 90er Jahre. Der Löwenanteil fällt der Geldpolitik zu, der allerdings bis zuletzt durchaus zu einem großen Teil der beharrlichen Finanzkonsolidierung, insbesondere der strikten Begrenzung der Staatsausgaben geschuldet ist.

Clintonomics im Lichte der „Partisan Theory"

Das Besondere der Clintonomics wird deutlicher, wenn Politik und Ergebnis aus polit-ökonomischer Perspektive, genauer: unter wahltaktischen Aspekten und parteipolitischen Präferenzen, betrachtet werden, wie dies seit den 70er Jahren unter der Überschrift „Politischer Konjunkturzyklus" etwa auf der Grundlage der *Partisan-Theory* geschieht (*Alesina / Roubini / Cohen* 1997, S. 83 ff.). Zwar mussten die ursprünglichen Hypothesen dieses Ansatzes – wonach z. B. Republikanische Administrationen ihr besonderes Augenmerk auf die Preisstabilität richten und sich fiskalpolitisch eher zurückhalten, Demokratische dagegen vor allem das Wachstum fokussieren und auf Staatsausgaben setzen, während Preisstabilität und Budgetdefizit eher in den Hintergrund rücken – aufgegeben werden; immerhin bescherte der Republikaner Reagan dem Land die größten Haushaltsdefizite in Friedenszeiten, und der Versuch zu konsolidieren, kostete Nachfolger und Parteifreund Bush mit das Amt.[22] Gleichwohl ist diese Variante polit-ökonomischer Perspektive noch immer aufschlussreich, gestattet sie doch Quantifizierungen und Bewertungen der Cintonomics im Lichte makroökonomischer Zielvariablen.

Beschränkt auf die wichtigsten Ansätze der *Partisan Theory* und die Ziele „Wirtschaftswachstum", „Arbeitslosenrate", „Inflationsrate" und „Staatsdefizit" (*Alesina / Roubini / Cohen* 1997, S. 82 ff. sowie Anhang) führen diese zu folgendem Bild (Tabelle 5* und 6* (Anhang)): Ein positiverer Einfluss der Clinton-Administrationen ist hinsichtlich des Wachstums, vor allem aber des Budgetdefizits zu registrieren (Abbildung 5). Bezüglich der Inflationsrate ergab sich dagegen

22 In wirtschaftspolitischen Auseinandersetzungen haben die parteipolitischen „Vorurteile" bislang wenig an Bedeutung eingebüßt, wie die oben skizzierten Erwartungen und Befunde von *Auerbach*, *Klein* und *Niskanen* an die Administration Clinton belegen.

Clintons Weg – ausgewählte makroökonomische Indikatoren

1961 bis 2000; Veränderung gegenüber dem Vorjahresquartal in vH

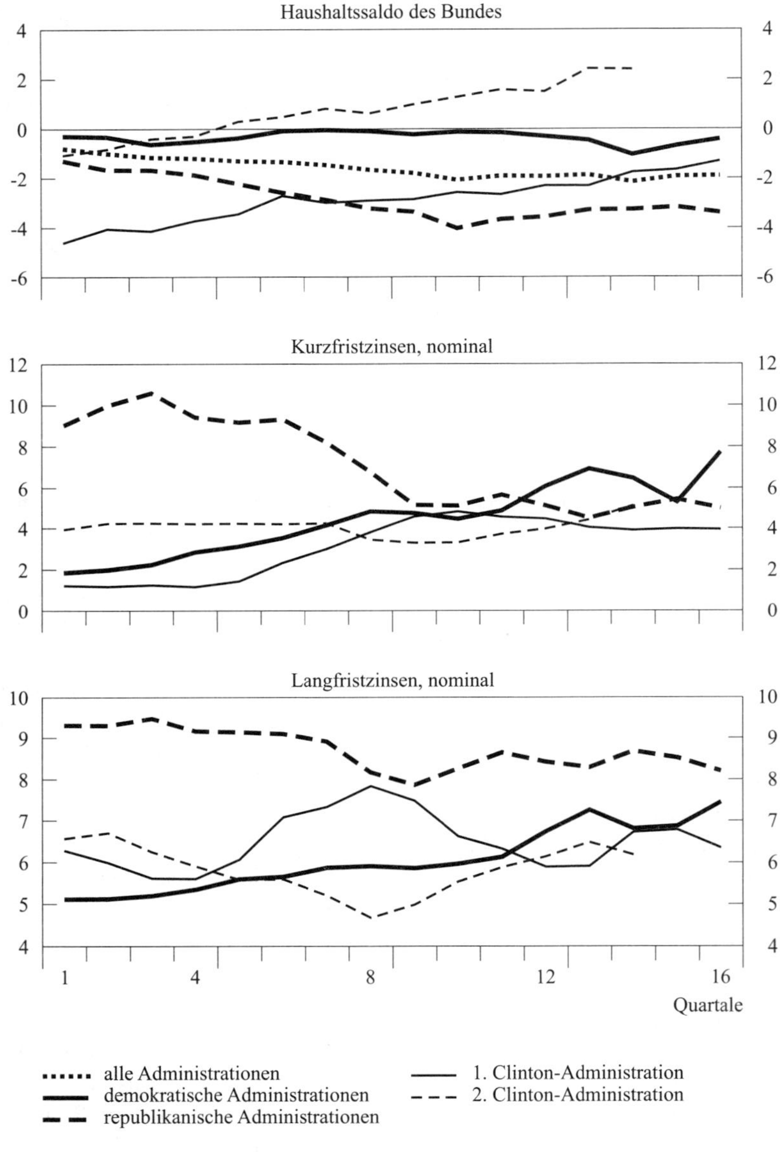

Eigene Berechnungen nach Angaben der amtlichen Statistik. – Zu den Variablen im Einzelnen vgl. Tabelle 1.

RWI ESSEN

Abbildung 5

ein schwächerer „negativer“ Einfluss; bezüglich der Arbeitslosenquote sind unveränderte Einflüsse zu registrieren, was aber vor dem Hintergrund der niedrigen Inflationsrate sehr positiv zu bewerten ist.[23] Die „Innovationen“ im Vergleich zu bisherigen Demokratischen Administrationen sind freilich gering, was angesichts des langen, bis in die 40er Jahre zurückreichenden Stützbereichs bereits aus statistischen Gründen nicht überrascht. Insgesamt unterstreichen die Resultate das Bild vom pragmatischen, *middle of the road*-Präsidenten und von der Bedeutung, die Clinton dem Staatsdefizit beimaß.

D. Erbe

Das Bild der Clinton-Jahre wäre unvollständig, würden nicht ihr Erbe und ihre Hinterlassenschaft ins Bild genommen, auch wenn in konjunktureller Perspektive üblicher Weise vor allem ein Zusammenhang von Ab- und Aufschwung gesehen wird. Weder Wirtschaftspolitik noch Konjunktur beginnen bei „Null“, und wie oben nach dem Erbe der vorangegangenen Ära oder der Vorgänger zu fragen ist, so ist auch Clintons Hinterlassenschaft zu beleuchten. Die bisherigen Bilanzen der Clinton-Ära beschränken sich dabei vielfach auf den Haushaltsüberschuss, der, wie erwähnt, auf absehbare Zeit der Vergangenheit angehören dürfte.

Makroökonomisch gesehen ist Clintons Erbe insgesamt ungewöhnlich positiv, aus der Perspektive der Aktienmärkte und insbesondere der der Internet-Ökonomie stellt sich die Situation angesichts der massiven Kursrückgänge seit September 2000 verständlicher Weise weniger günstig dar. Während der makroökonomische Leistungsausweis (Wachstum, Inflation, Arbeitslosenquote, Budgetdefizit, Außenhandelsdefizit, Misery-Index (Summe von Inflationsrate und Arbeitslosenquote)) im vorletzten und letzten Amtsjahr der amerikanischen Regierungen im allgemeinen dazu tendierte, sich deutlich zu verschlechtern[24], war das unter Clinton nur beim Außenhandelsdefizit der Fall (Tabelle 4). Bescheidener ist der Erfolg, wenn man nur auf die Aufschwungphasen abstellt: Der lange Aufschwung der 60er Jahre zeigt hier noch immer den größten Glanz. Er verblasste allerdings, würden die 70er Jahre mit einbezogen, in denen die gesamtwirtschaftlichen Fehlentwicklungen des langen Aufschwungs sehr deutlich zu Tage traten und mit Lohn-Preis-

---

23 Wie auch die im Anhang wiedergegebenen Ergebnisse illustrieren, weisen die hier untersuchten Ansätze von *Alesina/Roubini/Cohen* allerdings zwei entscheidende Mängel auf: Sie vernachlässigen die Interdependenzen der Zuschreibungen der Politik-Effekte (z. B. zu Wachstum, Inflation usw.) und die Dynamik der Effekte. Beides beeinträchtigt die Aussagekraft der Ansätze. Den fehlenden Interdependenzen wäre durch eine Verknüpfung der Einzelgleichungen Rechnung zu tragen, was bei autoregressiven Ansätzen nicht einfach ist. Der zu großen Dynamik wäre z. B. durch eine entsprechende Korrektur der Autoregressivität analog zu der in *Koyck*-Ansätzen Rechnung zu tragen.

24 Das an sich naheliegende Phänomen, um nicht von einer *Strategie* des „buy now – pay later“ zu sprechen, hat im Rahmen des Politischen Konjunkturzyklus bislang offenbar noch wenig Aufmerksamkeit gefunden.

Tabelle 4

Makroökonomische Entwicklung der Vereinigten Staaten in zyklischer und in polit-ökonomischer Perspektive[1,2] 1961 bis 2000

	BIP-Wachstum	Inflation	Arbeits-losenquote	Haushalts-saldo	Außen-handels-saldo, vH des BIP	Misery-Index[3]
			1961 – 1969			
Durchschnitt	4,9	2,2	4,7	–0,9	0,3	6,9
letzte 2 Jahre	3,9	4,1	3,5	–1,3	–0,1	7,6
letztes Jahr	3,0	4,1	3,5	0,3	–0,1	7,6
			1982 – 1990			
Durchschnitt	4,0	4,3	7,1	-4,2	–2,0	11,3
letzte 2 Jahre	2,6	5,0	5,4	–3,4	–1,4	10,4
letztes Jahr	1,8	5,1	5,6	–3,9	–1,2	10,7
			1991 – 2000			
Durchschnitt	3,8	2,5	5,6	–1,6	–1,4	8,1
letzte 2 Jahre	4,7	2,7	4,1	1,9	–3,2	6,8
letztes Jahr	3,0	3,3	4,0	2,3	–3,7	7,3
			Kennedy / Johnson (1961 – 1968)			
Durchschnitt	4,8	1,9	4,9	–0,9	0,4	6,8
letzte 2 Jahre	3,6	3,3	3,7	–2,0	0,0	7,0
letztes Jahr	4,8	4,0	3,6	–2,9	–0,1	7,5
			Nixon / Ford (1969 – 1976)			
Durchschnitt	2,8	5,8	5,8	–1,7	0,0	11,6
letzte 2 Jahre	2,6	6,9	8,1	–3,8	0,4	15,0
letztes Jahr	5,6	5,7	7,7	–4,3	–0,1	13,4
			Carter (1977 – 1980)			
Durchschnitt	3,3	8,4	6,5	–2,4	–0,9	15,0
letzte 2 Jahre	1,5	9,9	6,5	–2,2	–0,7	16,5
letztes Jahr	–0,2	10,9	7,2	–2,7	–0,5	18,0
			Reagan (1981 – 1988)			
Durchschnitt	3,3	4,7	7,5	–4,3	–2,0	12,2
letzte 2 Jahre	3,8	4,0	5,8	–3,2	–2,5	9,8
letztes Jahr	4,2	4,1	5,5	–3,1	–2,1	9,7
			Bush (1989 – 1992)			
Durchschnitt	2,0	4,4	6,3	–4,0	–0,9	10,7
letzte 2 Jahre	1,3	4,6	6,2	–4,2	–0,8	10,9
letztes Jahr	3,0	4,2	6,8	–4,6	–0,3	11,0
			Clinton (1993 – 2000)			
Durchschnitt	4,2	2,5	5,2	–0,8	–1,7	7,4
letzte 2 Jahre	4,2	2,7	4,1	1,9	–3,2	6,8
letztes Jahr	4,1	3,4	4,0	2,3	–3,7	7,3

Eigene Berechnungen. – [1] Zu den Dimensionen der Variablen vgl. Tabelle 1. – [2] Arithmetische Mittel der Jahreswerte. – [3] Summe von Inflationsrate und Arbeitslosenquote.

Stop, Zusammenbruch des Bretton-Woods-Systems, *stagflation* usw. einen hohen Tribut forderten. Es wird aber auch deutlich, wie wichtig die Vermeidung von Rezessionen oder, in Termini des *growth cycle* ausgedrückt, kräftiger Abschwünge ist. In welchem Maß sich der Schub beim Produktivitätswachstum als dauerhaft erweist, bleibt abzuwarten, aber selbst *Gordon* (2001), der auch auf die zyklische Komponente hinweist, geht für 1995 / 2001 nur von einer „structural acceleration" zwischen 0,85- und 1 vH-Punkt aus (*non-farm business sector*).

Ungeachtet dieser positiven Bilanz werden sich Präsident George W. Bush und *chairman* Greenspan mit einer Reihe ungelöster alter und neuer Probleme auseinander zu setzen haben. An erster Stelle ist an die niedrige Sparquote der privaten Haushalte zu denken – sie hatte 1992 noch 5,7 vH betragen und lag 2000 unter 0,5 vH (2001: 1,6 vH). Insgesamt hat, gemessen an ihrem Vermögen, die Verschuldung der privaten Haushalte gegenüber der Reagan / Bush-Ära zwar leicht abgenommen, gemessen an ihrem verfügbaren Einkommen ist sie jedoch von 82 vH (1992) auf über 99 vH (2000) bzw. 104 vH (2001) gestiegen, was indirekt die Rolle des Börsenbooms für den Erfolg der Clintonomics unterstreicht. Sorgen bereitet, nicht unabhängig davon, auch das Leistungsbilanzdefizit, das 1992 noch bei 0,8 vH gelegen hatte und in 2000 knapp 4 vH (2001: 4,4 vH) des BIP erreichte. Schließlich ist auf die Außenverschuldung zu verweisen, die von 7,2 vH des BIP 1992 auf über 20 vH (2001: 23 vH) gestiegen ist und zunehmende Zahlungsverpflichtungen an das Ausland begründet, die bereits unter *George Bush* vielen Ökonomen Anlass zu Besorgnis gaben.

Wo immer die Ursachen für den Erfolg der Clintonomics gesehen werden, es ist schwer vorstellbar, wie die genannten Ungleichgewichte kurzfristig ohne deutliche Wachstumsverlangsamung zu beseitigen sind. Sie stellte sich – wie häufig im Nachwahljahr – auch diesmal ein. Zyklische Elemente (Überinvestitionen in den new economy-Sektoren), der Rückgang der Aktienkurse und dessen direkte und indirekte Wirkungen auf Privaten Verbrauch und Investitionstätigkeit, der Anstieg der Energiepreise, die gestiegenen Zinssätze und der Kollaps des *High Tech* Sektors lassen die Wirtschaft der Vereinigten Staaten seit März 2001 in der „Rezession" (NBER) verharren (*CEA* 2002, S. 36 ff.).

Der neue Präsident reagierte angesichts der guten, allerdings keineswegs risikofreien[25] Verfassung des Staatshaushalts – wie bereits 2000 im Wahlkampf versprochen – rasch mit einer Steuersenkung in Höhe von 0,6 vH des BIP und im Gefolge des 11. September 2001 mit einem Ausgabenprogramm in Höhe von mehr als 50 Mrd. $ bzw. 0,5 vH des BIP. Die Geldpolitik senkte die *federal funds rate* seit Anfang 2001 um insgesamt 4 $^1/_2$ Prozentpunkte auf nunmehr 1 $^3/_4$ Prozent (Februar 2002).

---

25 Immerhin hat sich die Aufkommenselastizität der Bundessteuern bezogen auf das BIP von 1,03 bereits im Zeitraum 1983 / 93 wegen der Erhöhung der direkten Steuern auf 1,43 in 1993 / 2000 erhöht. Im Falle einer Rezession ist *ceteris paribus* also sehr rasch mit einer deutlichen Verschlechterung der Fiskalsituation zu rechnen.

Investitionen und Privater Verbrauch in den Vereinigten Staaten im zyklischen Vergleich

1980-1 bis 2001-3

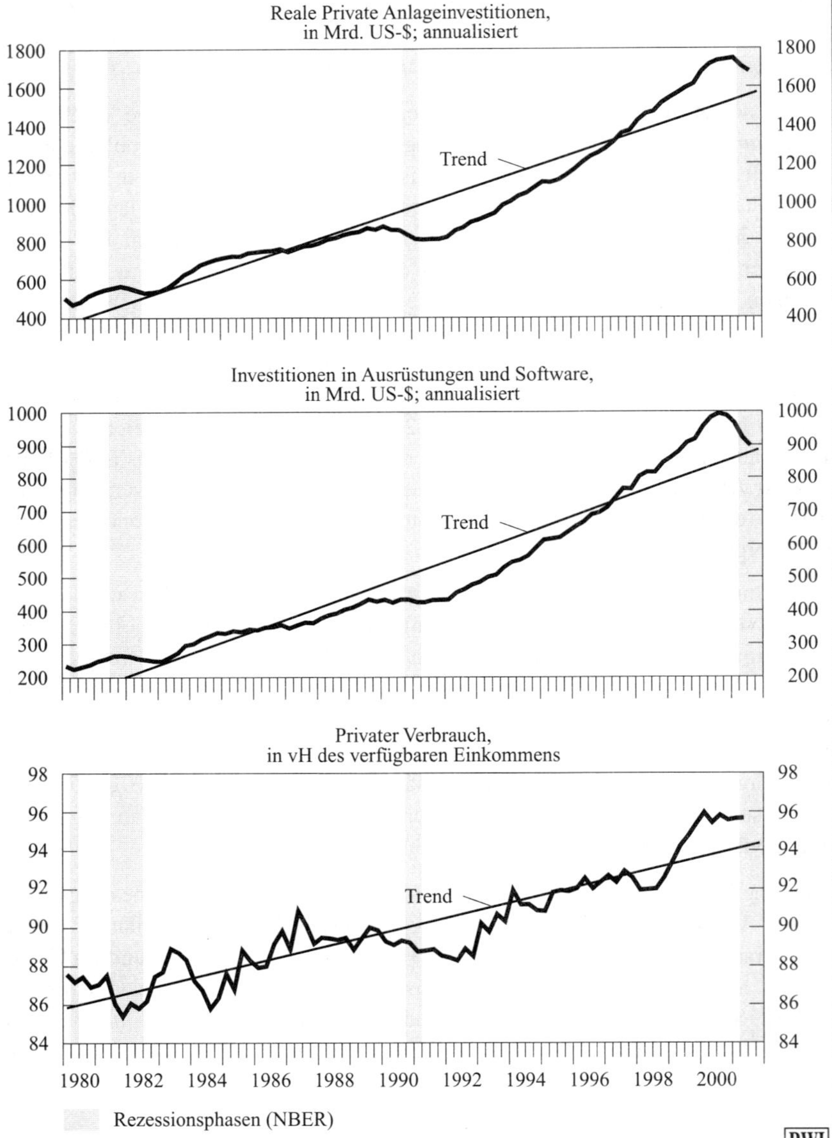

Eigene Berechnungen nach Angaben des Bureau of Economic Analysis.

RWI ESSEN

Abbildung 6

Eine „harte Landung“ konnte gleichwohl, anders als 1995, nicht vermieden werden. Im Unterschied zu den meisten Rezessionen seit 1960 handelt es sich diesmal freilich nicht um eine „Stabilisierungskrise“, sondern um eine eher „klassische“ Überinvestitions- und -konsumptionskrise, die zum großen Teil Reflex der guten Jahre zuvor ist (Abbildung 6).[26] Welchen Anteil die direkten und indirekten Wirkungen der Terroranschläge daran haben, ist schwer zu bestimmen. Ihr Beitrag sollte allerdings nicht überschätzt werden; die Krise hatte sich bereits lange vor dem 11. September 2001 in der rückläufigen Entwicklung von Umsatz und Auftragseingängen in der Industrie sowie durch die Verschlechterung des Verbrauchervertrauens angekündigt. Hinzu kommt, dass Finanz- und Geldpolitik sich zu ungewöhnlich raschen und massiven Gegenreaktionen veranlasst sahen. So positiv diese aus konjunktureller Perspektive zu bewerten sind – der Preis, der dafür zu zahlen ist, besteht im Fortbestehen, wenn nicht der Verschärfung der angesprochenen Ungleichgewichte. Früher oder später müssen sie korrigiert werden, und das wird erfahrungsgemäß die makroökonomische Aktivität dämpfen. Das damit auch erhebliche Risiken für die Weltwirtschaft verbunden sind, liegt auf der Hand: Mit der dauerhaft nur schwer tragbaren Außenverschuldung, dem *overborrowing* und dem Leistungsbilanzdefizit weisen die Vereinigten Staaten die klassischen Voraussetzungen für Währungskrisen auf.

E. Lektionen

Clintons Erfolg war mehreren Faktoren geschuldet – guten Ausgangsbedingungen, was die geld- und fiskalpolitischen Politiken und Präferenzen, aber auch die konjunkturelle Lage angeht, guter Makropolitik und schließlich vielfacher Fortune. Der große Beitrag der letzteren hat indessen nicht alle Analytiker davon abgehalten, aus der fabulous decade für die künftige Wirtschaftspolitik und ökonomische Analysen weitreichende Schlussfolgerungen zu ziehen, so z. B. *Blinder / Yellen* (2001, S. 81 ff.). Die Mehrzahl der Analysen ist jedoch im Hinblick diesbezüglicher Lektionen zurückhaltend, namentlich bei der Frage, ob sich die fabelhafte Dekade wiederholen kann.

Das Besondere der Clintonomics ist darin zu sehen, dass die Konsolidierung des Staatshaushalts ungeachtet eines anfangs eher schwachen Aufschwung zum Kern der Wirtschaftspolitik gemacht wurde. Verantwortlich dafür waren sowohl makroökonomische Erfordernisse als auch die Wahlerfolge und Positionierungen der Republikaner; keinesfalls waren sie Ausfluss eines *ex ante* bestehenden *grand design* – „Clintonomics I“ hatte jedenfalls in eine andere Richtung gedeutet! Ebenso wenig waren die späteren Erfolge, die ja in erheblichem Maße der vielfachen Fortune zu danken sind, vorausgesehen worden – im Gegenteil (s.h. S. 99). Es lässt

26 Die Werte der Sparquote sind mit den im Text genannten wegen konzeptioneller Unterschiede nicht vergleichbar.

sich nur darüber spekulieren, ob bei Kenntnis der späteren Entwicklung der Konsolidierungsprozess gestreckt worden wäre. Die Geldpolitik, aber auch die Finanzmärkte honorierten unmittelbar diese Absichten und Anstrengungen, so dass es nicht zu Wachstums- und Beschäftigungseinbußen kam. Auch der Beitrag der Geldpolitik enthielt dabei durchaus unfreiwillige Elemente – sowohl was die Wachstums- als auch was die Aktienmarktwirkungen angeht.

Auch wenn man die günstigen Ausgangsbedingungen und die Sonderfaktoren bei der Inflation mit ins Bild nimmt, die vor allem in der zweiten Amtsperiode seine Politik stützten, so fügte Clinton damit dem Politischen Konjunkturzyklus ein neues, „erfolgreiches" Kapitel hinzu. Ob er dabei aus tiefer Einsicht in die volkswirtschaftlichen Erfordernisse der Vereinigten Staaten handelte oder sich schlicht „wahlopportunistisch" und pragmatisch verhielt, lässt sich (vorläufig) nur schwer entscheiden; immerhin deuteten konjunktur-, fiskal- und geldpolitische Erfordernisse in die gleiche Richtung, und die Wähler akzeptierten die Politik – Steuererhöhungen, geringes Wachstum der Staatsausgaben! –, die dem zu entsprechen versuchte. Ein Urteil über die Makropolitik Clintons wird zusätzlich dadurch erschwert, dass sie eher „hinnahm", als aktiv zu gestalten. Keinesfalls handelt es sich bei den Clintonomics um einen „dritten Weg" zwischen *Government is the enemy* und *Government is the solution*, wie das der Präsident für sich in Anspruch nimmt (*Pollin* 2000) – dazu wandelte er mindestens mit seinen Konsolidierungsabsichten zu sehr in den Spuren der Mehrzahl seiner *Republikanischen* Amtsvorgänger.

Konzeptionelle Bedeutung

Es liegt nahe, auch in konzeptioneller Hinsicht die Clintonomics mit den beiden langen Nachkriegsaufschwüngen, also mit den „New Economics" der 60er Jahre und den Reaganomics zu vergleichen (vgl. dazu ausführlich z. B. *Tobin / Weidenbaum* (eds.) 1988, *Solow / Tobin* 1988, *Niskanen / Poole / Weidenbaum* 2000, *Greider* 1989, S. 365 ff.). Dabei fallen vor allem drei Unterschiede auf: *Erstens*, bei den „New Economics" und den Reaganomics handelt es sich um „Revolutionen" oder Paradigmenwechsel, denen eine mehr oder wenige breite akademische Fundierung und Unterstützung vorausgegangen war. Im Falle der „New Economics" ging es um die Ablösung der traditionellen Vorstellung vom jährlichen Budgetausgleich durch die stärkere makroökonomische Orientierung über den Zyklus hinweg, wobei die Fiskalpolitik eine zentrale Rolle einnahm, insgesamt aber die neoklassische Synthese leitend war. Die Reaganomics bedeuteten in makroökonomischer Hinsicht in erster Linie eine Akzentverschiebung. An der Zyklenorientierung wurde prinzipiell festgehalten, das Schwergewicht verschob sich von der ausgaben- zur einnahmenseitigen Steuerung. *Zweitens*, die Orientierung an makroökonomischen Regelmäßigkeiten, wie sie *Okun's law* einerseits und die „Natürliche Arbeitslosenrate" andererseits zum Ausdruck bringen; schließlich, *drittens*, die aktivistische Wachstums- und Beschäftigungsorientierung bei den „New Economics“ und die primäre Fokussierung auf Preisstabilität und die Erwartung einer sich daraus ergebenden Stärkung der Wachstumskräfte bei den Reaganomics, wobei Deregulierung und Inflationsstabilisierung eine wichtige Rolle spielen sollten. Kurz, die „New Economics“ der 60er Jahre waren Ausdruck des neo-keynesianischen *mainstream*, und die Reaganomics mit ihrer Mischung aus Angebotspolitik, Monetarismus und „Neuer Klassik“ sind als Gegenrevolution zu verstehen.

Für Clintons Politik fällt eine vergleichbare Charakterisierung sehr schwer, sie entspräche auch nicht dem in seiner Amtsführung pragmatischen Präsidenten. Wesentlichstes Element war die Orientierung an den Erwartungen der Finanzmärkte und das Setzen auf die Geldpolitik, was zu der strikten Konsolidierung führte. Es bleibt abzuwarten, ob dies zu einem dauerhaften Element der Wirtschafts- oder Makropolitik in einer Welt globalisierter, liberalisierter / deregulierter Finanzmärkte wird. Das bei Bush jetzt in den Hintergrund gerückte Ziel eines Budgetausgleichs einerseits und die ausgebliebene *explizite* negative Zinssanktion dieses Prioritätenwechsels sprechen vorläufig nicht dafür; inwiefern die geringen Reaktionen der langfristigen Zinsen auf die beachtlichen Reduktionen der Notenbank-Zinsen in dieser Richtung zu interpretieren sind, bleibt zu prüfen.

Ende des Zyklus oder Renaissance der Konjunkturpolitik?

Offenbar unvermeidlich tritt im Gefolge langer Aufschwünge die Erwartung eines „Ende des Konjunkturzyklus“ auf (*Weber* 1997, *Zarnowitz* 1999, 2000) – sie erfüllte sich auch diesmal nicht. Zwar haben ohne Frage Globalisierung bzw. die Verbreiterung der Kapitalmärkte, die neuen Beschäftigungsbedingungen, die veränderte Wirtschaftspolitik und vor allem die veränderten Reaktionsweisen der „Informationsökonomie“ auch die makroökonomischen Funktionsbedingungen verändert: Die Transaktionskosten wurden gesenkt und die Reaktion von Angebot und Nachfrage beschleunigt und flexibilisiert. Trotzdem verhindert dies nicht das Entstehen von Ungleichgewichten bei den Investitionen, vor allem im EDV-Sektor und in den benachbarten Branchen und im Bereich der Privaten Haushalte, genährt auch von der günstigen Kostenentwicklung und den guten monetären Bedingungen. Ob die Ungleichgewichte ungeachtet des massiven Gegensteuerns der Makropolitik ohne größere makroökonomische Störungen rasch abgebaut werden, wie dies im Winter 2002 noch viele Prognostiker sehen, bleibt abzuwarten. Das Urteil über Dauer und Intensität der Rezessionsphase wird freilich, wie erwähnt, durch den 11. September 2001 und die anschließenden massiven geld- und fiskalpolitischen Reaktionen erschwert.

Überzeugender als die These vom Ende des Zyklus ist die von einer Renaissance der Konjunkturpolitik. Sie war implizit bereits vom Verfasser angedeutet worden (*Heilemann et al.* 2000, S. 79 ff.) und wird auch von *Blinder / Yellen* (2001, S. 83 ff.) – sehr extensiv – vorgebracht. Nach ihrer Inspektion der fabulous decade gelangen sie zu folgenden Schlussfolgerungen: 1. Erfolgreiches *fine tuning* ist durchaus möglich an („If not, we would like to know what Alan Greenspan has been up to since 1992“ (ebenda, S. 85)). 2. Haushaltskonsolidierung im Verbund mit (relativ) leichter Geldpolitik kann über niedrige Realzinsen zu einem günstigen Investitionsklima beitragen. Haushaltskonsolidierung muss daher keineswegs zwangsläufig kontraktiv wirken. 3. Ausgabenorientierte Fiskalregeln (PAYGO) können erfolgreich das Wachstum der Staatsausgaben begrenzen. 4. Die Stabilisierungsaufgabe sollte – mit Einschränkungen – in erster Linie der Geldpolitik überlassen werden. 5. Um gute makroökonomische Ergebnisse zu erreichen, sollten die Ziele der Zentralbank sowohl die Vermeidung von Inflation als auch von Arbeitslosigkeit beinhalten.

Sieht man von der stabilisierungspolitischen Präferierung der Geldpolitik ab, wird damit unter den veränderten Fiskalbedingungen vor allem der makroökonomische Konsens der 60er Jahre beschworen. Stellt man allerdings in Rechnung, dass mehr als die Hälfte der guten makroökonomischen Ergebnisse des Aufschwungs „glücklichen Elementen“ zu danken ist, auch in der Person von Greenspan, so erscheinen die Schlussfolgerungen von der Erfahrung der fabulous decade im Kern als nur sehr eingeschränkt gedeckt. Dieser Eindruck verstärkt sich, wenn man berücksichtigt, dass die Ergebnisse auch wesentlich von der zurückhaltenden Lohnpolitik und dem Produktivitätsschub begünstigt wurden und deren Fortdauer keineswegs gewährleistet ist. Dies wird auch mit Blick auf den Beschäftigungs / Inflations-*trade off* deutlich. Zwar ist die Inflationselastizität der Beschäftigungsexpansion gesunken – aber das bedeutet lediglich, dass sie nicht konstant ist und strukturell zu relativieren ist, was übrigens bislang allenfalls mit Verweis auf die Altersstruktur der Erwerbsbevölkerung geschieht. Bei veränderten Bedingungen auf dem Arbeitsmarkt, veränderter Ausbildungs- und Qualifikationsstruktur der Beschäftigten usw. wird sich diese Bewegung auch wieder umkehren. Was die Rolle der Finanzpolitik angeht, so ist die Regierung, zumindest hinsichtlich der Rezessionsbekämpfung, ohnehin stark auf die Steuersenkungen fixiert – von Blinder mittlerweile nachhaltig befürwortet –, was die diesbezüglichen Schlussfolgerungen von *Blinder / Yellens* (s.o.) zusätzlich relativiert.

Und die Ökonomen?

Lektionen hält der Clinton-Aufschwung freilich auch für viele Ökonomen bereit.[27] An erster Stelle die, dass erfolgreiche Wirtschaftspolitik durchaus jenseits „neuer“ Konzeptionen betrieben werden kann. Auch dies ist keine ganz neue Erkenntnis, die wir gleichwohl gerne verdrängen. Wichtiger ist indes die Beobachtung – die gleichfalls nicht auf die Clinton-Ära zu beschränken ist –, dass viel zu häufig in der Vergangenheit beobachtete Reaktionsmuster wichtiger Parameter ohne Weiteres als unveränderbar angesehen und fortgeschrieben werden. Ob es um

27 Übrigens keineswegs nur für die Makroökonomen: „First mover advantage“ und „increasing returns to scale“ erwiesen sich als ebenso falsch wie die „network effects“.

die Reaktion der Finanzmärkte auf fiskalpolitische Maßnahmen, namentlich die zinspolitische Honorierung der Haushaltskonsolidierung, oder nur die „neue" NAIRU geht – ein Reaktionswandel ist ungeachtet zahlreicher „historischer" Relativierungen der NAIRU für viele offenbar nur schwer vorstellbar, was sich leicht als Politikhemmnis erweist. Nicht zuletzt fand dieses Beharren auf „alten" Erfahrungen ihren Niederschlag in einem deutlichen Anstieg der Fehler der makroökonomischen Prognosen im Zeitraum 1996/2000, namentlich einer ständigen Überschätzung der Inflationsraten und einer Unterschätzung des Wachstums (*Schuh* 2001). Die Zinspolitik der Zentralbank wäre jedenfalls weit weniger expansiv gewesen, wenn Stab und Mitglieder des Governor-Rates die überaus günstigen Arbeitsmarktwirkungen antizipiert hätten. Nach Maßgabe der herrschenden NAIRU-Relationen hätte sie ihnen unakzeptabel zunehmende Inflationsraten signalisiert. Es bedurfte erheblicher Überzeugungskraft von Greenspan, diese Befürchtungen mit Verweis auf new economy und den veränderten Beschäftigungs-/Inflations-*trade-off* strukturell zu relativieren und abzuwehren. Gleichwohl: *„No one should think the FOMC' s 'experiment' of allowing unemployment to drift down to thirty-year lows was a deliberate policy decision. It was largely inadvertent. – We find it impossible to believe that the committee would have deliberately chosen to push unemployment below 5 percent, much less all the way down to 4 percent. [...] Like the typical Blue Chip consensus, the Fed's staff forecasts saw a growth slowdown just around the corner. On the other hand, as growth constantly outstripped forecasts and unemployment fell, the Fed made no effort to push unemployment back toward any preconceived notion of the NAIRU. That was its real experiment."* (*Blinder/Yellen* 2001, S. 53).

Lektionen für Deutschland?

Spätestens seit 1996 hat die deutsche Wirtschafts- und Finanzpolitik dem Defizitabbau uneingeschränkte Priorität eingeräumt und damit das zentrale Element des Clinton-Aufschwungs übernommen. Vor dem Hintergrund eines bescheidenen Wachstums und der nach wie vor durchaus beträchtlichen Aufwendungen für Ostdeutschland (5 vH des BIP) sind die Konsolidierungserfolge durchaus beachtlich. Zumal diese Bemühungen – anders als in den Vereinigten Staaten – angesichts der „Europäisierung der Geldpolitik" bislang keine zinspolitische Honorierung durch die EZB erhielten oder erhalten konnten und die Finanzmärkte auf die Konsolidierungsanstrengungen bislang kaum euphorisch reagierten. Vorbehaltlich eines detaillierten Vergleichs dürfte auch die deutsche Lohnpolitik bei weitem hinter der Beschäftigungsorientierung der amerikanischen Lohnpolitik (Tabelle 1) zurückgeblieben sein. Auch die erwähnten „glücklichen Umstände" stellten sich für Deutschland als nicht gleichermaßen glücklich wie für die Vereinigten Staaten dar. Die Finanzkrisen von 1998 brachten zwar Zinserleichterungen, aber auch sehr starke Exporteinbußen – und damit stärker als in den Vereinigten Staaten –, die das Wachstum hierzulande um schätzungsweise $^1/_2$ Prozentpunkt drückten. Wenig

Beachtung hat bei uns auch die Frage gefunden, weshalb der in den Vereinigten Staaten registrierte Produktivitätssprung nicht oder noch nicht zu beobachten war. Die Konsequenzen für Wachstum und Einkommen wären beträchtlich; allerdings auch für den Arbeitsmarkt (Erhöhung der Beschäftigungsschwelle), so jedenfalls die Sicht der pessimistischen Europäer. Auf eine Revision der Preisstatik analog zu der der Vereinigten Staaten – sie würde die Inflationsrate um ca. 0,5 vH-Punkte drücken – wurde bislang zu Recht verzichtet.

Schließlich sollte auch nicht übersehen werden, dass sich in der Pro-Kopf- und erst recht in der Pro-Beschäftigten-Betrachtung der Einkommensentwicklung die „Teutonomics“ (*Helmstädter* 1989) keineswegs hinter den Reaganomics oder den Clintonomics verstecken müssen. Etwa die Hälfte des Wachstums der Vereinigten Staaten in den 90er Jahren war demographisch bedingt – gleichermaßen „natürlich“ wie wanderungsbedingt. Es liegt auf der Hand, dass dies das Wirtschaftswachstum sowohl von der Angebots- als auch von der Nachfrageseite her stärkte. Dabei ist durchaus bemerkenswert, dass das Land in der Lage war, seit Anfang der 70er Jahre einen Bevölkerungszuwachs von 80 Mill. – mehr als ein Drittel seiner damaligen Bevölkerungszahl – in den Arbeitsmarkt zu integrieren. Kurz, wir sollten den amerikanischen Boom vor allem als Beleg und Versprechen der These sehen, dass letzten Endes jedes Land die Wachstumsrate „bekommt“, die es „will“. In dieser Hinsicht sind die deutschen Ambitionen, wie sie sich nicht zuletzt auch in den Wahlergebnissen manifestieren, eben andere, bescheidenere als die der Vereinigten Staaten.

Anhang

Die Frage nach dem Einfluss politischer Faktoren und in welchem Maße Präsident Clinton bzw. seine beiden (Demokratischen) Administrationen in der „makropolitischen“ Kontinuität ihrer Vorgänger stehen, lässt sich anhand der von *Alesina / Roubini / Cohen* (1997, S. 82 ff. [im folgenden: *ARC*]) vorgeschlagenen Tests und Ergebnisse überprüfen (ohne dass damit ein Urteil über die zugrundeliegende Theorie und Empirie[28] dieses Ansatzes zum Ausdruck kommen soll). Beschränkt auf die Partisan Theory lauten die von ihnen überprüften Ansätze allgemein:

(1) $$y_t = \alpha_0 + \alpha_1 y_{t-1} + \alpha_2 y_{t-2} + \ldots + \alpha_n y_{t-n} + \alpha_{n+1} PDUM_t + \varepsilon_t \ ,$$

mit

y_t: Veränderungsrate des realen BIP gegenüber dem Vorjahr.

PDUM: Dummyvariable, die für den „politischen Einfluss“ der verschiedenen Hypothesen steht.

---

28 Vgl. Fußnote 22, S. 89.

Der Einfluss der parteipolitischen Konstellation wird von *ARC* bezüglich Wirtschaftswachstum, Arbeitslosenquote (U_t, Inflationsrate (π_t) und Staatsdefizit (db_t) auf der Grundlage einer autoregressiven Spezifikation der jeweiligen abhängigen Variablen modelliert. Die zu schätzenden Funktionen lauten wie folgt:

(2) $$y_t = \alpha_1 + \alpha_2 y_{t-1} + \alpha_3 y_{t-2} + \alpha_4 y_{t-3} + \alpha_5 DRPTX6_{t-1} \ ,$$

mit

$$DRPTXN = \begin{cases} +1 & \text{in den } N\ (= 6)\text{; Quartalen, die mit einer Republikanischen („rechten") Administration starten;} \\ -1 & \text{in den } N \text{ Quartalen, die mit einer Demokratischen („linken") Administration starten;} \\ 0 & \text{sonst.} \end{cases}$$

(3) $$U_t = \alpha_1 + \alpha_2 U_{t-1} + \alpha_3 U_{t-2} + \alpha_4 U_{t-3} + \alpha_5 DRPTX6_{t-2} + \varepsilon_t \ ,$$

mit:

U_t: Arbeitslosenquote.

(4) $$\pi_t = \alpha_0 + \alpha_1 \pi_{t-1} + \alpha_2 \pi_{t-2} + \alpha_3 \pi_{t-3} + \alpha_3 POIL_t + \\ + \alpha_4 D73 + \alpha_6 INTADM_t + \alpha_5 RADM_t + \varepsilon_t \ ,$$

mit

POIL: Ölpreis in \$, Veränderungsrate gegenüber dem Vorjahr;

D73: Dummy-Variable zur Berücksichtigung des Regimes flexibler Wechselkurse, bis 1972 = 0, danach 1;

$$RADM = \begin{cases} +1 & \text{in den Quartalen mit einer Republikanischen Administration, einschließlich des Quartals des Amtswechsels;} \\ -1 & \text{in den Quartalen mit einer Demokratischen Administration, einschließlich des Quartals des Amtswechsels;} \end{cases}$$

INTADM: Dummyvariable zur Berücksichtigung der Wechselbeziehungen zwischen D73 und RADM, nach der Einführung flexibler Wechselkurse.

(5) $$db_t = \alpha_0 + \alpha_1 db_{t-1} + \alpha_2 (b_{t-1}\pi_t) + \alpha_3 YVAR_t + \alpha_4 GVAR_t + \alpha_5 PDUM_t + \varepsilon_t \ ,$$

mit

YVAR: Abweichung der Arbeitslosenrate vom Trendwert;

GVAR: Abweichung der Staatsausgaben in vH des BIP vom Trendwert;

$b\pi_t$: Einfluss der erwarteten Inflationsrate auf die Staatsschuldenquote;

PDUM: Dummy-Variable, die den Einfluss der Partei bzw. den Wahleffekt berücksichtigt.

Die erwartete Inflation ergibt sich aus der geschätzten Inflationsrate.

Stützbereich der Schätzungen ist der Zeitraum 1948 – 4 bis 2000 – 4, bzw. von 1961 bis 1999 (5); Daten für das Jahr 1947 bzw. für 1947 bis 1960, die *ARC* verwendeten, waren nicht verfügbar; desgleichen musste auf saisonbereinigte Daten anstelle von Ursprungswerten zurückgegriffen werden. Die Abweichungen sind indessen vernachlässigbar, wie ein Vergleich mit den Ergebnissen von *ARC* über den Stützbereich bis 1993 – 4 ergab.[29] Eine Ausnahme bildet lediglich die „Staatsdefizitgleichung", bei der der Einfluss von YVAR deutlich von dem bei *ARC* abweicht.

Wie Tabelle 5* zeigt, standen die Clinton-Administrationen bezüglich der vier Ziele in der Kontinuität der bis 1993 beobachteten Reaktionsmuster des Partisan-Ansatzes, was angesichts der Länge ihres Stützbereichs nicht überrascht. Andererseits wird deutlich, dass die Makropolitik der Clinton-Ära neue Maßstäbe setzte: Generell kann durchaus ein Rückgang des Einflusses der spezifischen Partisan-Parameter festgestellt werden: Die Demokraten waren bezüglich des Wirtschaftswachstums, der Inflationsrate und des Staatsdefizits „anders" oder „erfolgreicher", als es der bisherigen Erfahrung entsprach; lediglich bezüglich der Arbeitslosigkeit sind die Abweichungen vom bisherigen Einfluss vernachlässigbar gering (niedrigere NAIRU!).

Die Ergebnisse von Chow-Strukturbruchtests für den Zeitraum 1993 – 1 bestätigen diese Eindrücke ebenso wie CUSUM- und CUSUM-square-Tests, namentlich auch was den Einfluss auf die Arbeitslosigkeit angeht. Letzteres dürfte vor allem ein Ergebnis der *jobless growth*-Periode in Clintons erster Amtsperiode und des *traumatized workers*-Effekt gewesen sein. – Die Anpassungsgüte aller Schätzgleichungen ist im neuen Stützbereich überraschend gut, was primär Folge der generell niedrigeren Volatilität der vier Variablen während der Clinton-Jahre sein dürfte (vgl. auch *Mankiw* 2001).

Anhand der Schätzgleichungen lässt sich auch der spezifische Beitrag der Clinton-Administrationen errechnen. Dazu werden die jeweiligen Schätzwerte der Gleichungen mit den Partisan-Dummy-Variablen von den entsprechenden Schätzwerten ohne die Dummy-Variablen abgezogen. Folgt man den Ergebnissen von Tabelle 6*, so war der Beitrag der Demokraten zu Wachstum, Arbeitslosenquote und Inflation außerordentlich groß, allerdings deutlich geringer, als aufgrund der „Vor-Clinton"-Ergebnisse zu erwarten war. Die üblicherweise unter den Demokratischen Administrationen eintretenden Verschlechterungen der Defizit-Situation fielen – wie nach den bisherigen Ergebnisse zu erwarten – deutlich „besser" aus.

---

[29] Diese wie alle anderen hier nicht wiedergegebenen Ergebnisse stehen auf Anfrage beim Verfasser zur Verfügung.

Tabelle 5:* **Clinton und die Partisan Theory**

									$\overline{R}^2$	SE
Wirtschaftswachstum									$\overline{R}^2$	SE
(a) $y_t =$	1,21	$+1{,}09\ y_{t-1}$	$-0{,}20\ y_{t-2}$	$-0{,}22\ y_{t-3}$			$-0{,}74$ DRPTX6$_{t-1}$		0,807	1,31
	(7,1)	(15,0)	(1,8)	(3,1)			(4,4)			
(b) $y_t =$	1,16	$+1{,}09\ y_{t-1}$	$-0{,}21\ y_{t-2}$	$-0{,}21\ y_{t-3}$			$-0{,}63$ DRPTX6$_{t-1}$		0,800	1,24
	(7,4)	(16,3)	(2,0)	(3,3)			(4,3)			
(c) $y_t =$	1,47	$+0{,}95\ y_{t-1}$	$-0{,}20\ y_{t-2}$	$-0{,}11\ y_{t-3}$			$-0{,}10$ DRPTX6$_{t-1}$		0,458	0,73
	(2,2)	(4,4)	(0,9)	(0,5)			(0,4)			
Arbeitslosenquote									$\overline{R}^2$	SE
(a) $U_t =$	0,26	$+1{,}66\ U_{t-1}$	$-0{,}90\ U_{t-2}$	$-0{,}19\ U_{t-3}$			$-0{,}14$ DRPTX6$_{t-2}$		0,964	0,31
	(2,9)	(22,3)	(7,0)	(2,6)			(3,4)			
(b) $U_t =$	0,15	$+1{,}65\ U_{t-1}$	$-0{,}87\ U_{t-2}$	$-0{,}18\ U_{t-3}$			$-0{,}13$ DRPTX6$_{t-2}$		0,965	0,29
	(3,1)	(24,1)	(7,3)	(2,7)			(3,8)			
(c) $U_t =$	0,18	$+0{,}77\ U_{t-1}$	$-0{,}06\ U_{t-2}$	$-0{,}22\ U_{t-3}$			$-0{,}10$ DRPTX6$_{t-2}$		0,985	0,12
	(1,6)	(4,3)	(−0,3)	(1,3)			(2,1)			
Inflationsrate									$\overline{R}^2$	SE
(a) $\pi_t =$	0,41	$+1{,}23\ \pi_{t-1}$	$-0{,}28\ \pi_{t-2}$	$-0{,}13\ \pi_{t-3}$	+0,01 POIL	+0,82 D73	$-0{,}35$ INTADM$_{t-3}$	$-0{,}01$ RADM$_{t-3}$	0,951	0,74
	(4,2)	(15,9)	(2,4)	(1,8)	(3,9)	(4,7)	(2,6)	(0,1)		
(b) $\pi_t =$	0,25	$+1{,}32\ \pi_{t-1}$	$-0{,}34\ \pi_{t-2}$	$-0{,}10\ \pi_{t-3}$	+0,01 POIL	+0,27 D73	$+0{,}01$ INTADM$_{t-3}$	$+0{,}00$ RADM$_{t-3}$	0,946	0,74
	(2,9)	(18,6)	(2,9)	(1,5)	(3,5)	(2,3)	(0,1)	(0,1)		
(c) $\pi_t =$	0,38	$+0{,}72\ \pi_{t-1}$	$-0{,}03\ \pi_{t-2}$	$+0{,}15\ \pi_{t-3}$	+0,01 POIL	–	–	–	0,883	0,20
	(2,1)	(4,3)	(0,2)	(0,9)	(4,5)					
Staatsdefizit									$\overline{R}^2$	SE
(a) $db =$	0,05	$+0{,}34\ db_{t-1}$	$-0{,}01\ (b_{t-1}\ \pi^e_t)$		$-0{,}47$ YVAR$_t$	$-0{,}14$ GVAR$_t$	$-0{,}38$ RADM$_t$		0,815	0,78
	(0,1)	(2,5)	(1,6)		(4,3)	(1,5)	(2,0)			
(b) $db =$	−0,05	$+0{,}42\ db_{t-1}$	$-0{,}01\ (b_{t-1}\ \pi^e_t)$		$-0{,}43$ YVAR$_t$	$-0{,}15$ GVAR$_t$	$-0{,}27$ RADM$_t$		0,863	0,71
	(−0,1)	(4,0)	(2,0)		(4,7)	(2,0)	(2,1)			
(c) $db =$	−1,41	$-0{,}18\ db_{t-1}$	$-0{,}00\ (b_{t-1}\ \pi^e_t)$		$-0{,}41$ YVAR$_t$	$-0{,}65$ GVAR$_t$	–		0,989	0,24
	(−1,3)	(0,5)	(0,1)		(0,8)	(1,4)				

Eigene Berechnungen, in Klammern: *t*-Werte. Zu den Ansätzen und Abkürzungen vgl. Text (Anhang). Es bezeichnen: (a): 1948 – 4 bis 1992 – 4 („Staatsdefizit": 1961 bis 1992), (b): 1948/4 bis 2000 – 4 (1991 bis 2000), (c): 1993 – 1 bis 2000 – 4 (1993 bis 2000).

*Tabelle 6**

Politische Einflüsse und makroökonomische Entwicklung[1] in den Vereinigten Staaten, 1993 bis 2000

	1993	1994	1995	1996	1997	1998	1999	2000
Bruttoinlandsprodukt, Veränderung[2] in vH	2,0 (2,5)	1,8 (2,3)	–0,7 (–0,6)	0,0 (0,2)	2,2 (2,7)	1,7 (2,2)	–0,7 (–0,6)	0,0 (0,2)
Arbeitslosenquote, in vH	–0,2 (–0,3)	–1,1 (–1,3)	–1,0 (–1,2)	–0,6 (–0,8)	–0,8 (–1,0)	–1,5 (–1,8)	–1,2 (–1,4)	–0,8 (–1,0)
Inflation, Veränderung[2] in vH	1,1 (2,9)	1,1 (5,6)	1,2 (5,7)	1,1 (5,1)	1,0 (4,8)	1,0 (5,0)	1,2 (5,7)	1,0 (4,9)
Staatsdefizit, in vH des BIP	0,3 (0,9)	0,9 (1,5)	1,4 (1,9)	1,7 (2,3)	1,9 (2,8)	2,1 (3,3)	2,1 (3,5)	–2,2 (–3,5)

Eigene Berechnungen. – [1] Ergebnisse auf der Grundlage der Schätzgleichungen in Tabelle 5*, Zeile b, in Klammern: a. – [2] Gegenüber dem Vorjahr.

Literatur

Alesina, A. / *Roubini*, N., / *Cohen*, G.D. (1997): Political cycles and the macroeconomy. Cambridge, MA: MIT-Press.

Auerbach, A. (1994): Clintonomics: The first year. Atlantic Economic Review 22, S. 68–72.

Blinder, A. S. / *Yellen*, A.S. (2001): The fabulous decade. Macroeconomic lessons from the 1990s. (A Century Foundation Report.) New York, NY: Century Foundation Press.

Brinner, R.E. (1999): Is inflation dead? New England Economic Review 1999 (I), S. 37–49.

Cassidy, J. (2002): dot.con – The greatest story ever sold. New York, NY: Harper Collins.

Clinton, W. (2000): Speech as prepared. http://www.dems2000.com.

Clinton, W. / *Gore*, A. (1992): Putting people first – how we can all change America. New York, NY: Times Books.

Congressional Budget Office (*CBO*) (2000): The budget and economic outlook: an update. CBO: Washington, DC, July 2000.

Council of Economic Advisers (1994 ff.): Annual Report. In: Economic Report of the President. Washington, DC: United States Government Printing Office.

Feldstein, M. / *Eckstein*, O. (1970): The fundamental determinants of the interest rate. Review of Economics and Statistics 52, S. 363–375.

Frankel, F. / *Orszag*, P. (2002): Retrospective on American economic policy in the 1990s. Mimeo, forthcoming. In: diess. (eds.), Retrospective on American economic policy in the 1990s. Cambridge, MA: MIT-Press.

Gordon, R.J. (1999): Has the „New Economy“ rendered the productivity slowdown obsolete? Revised Version, June 14, 1999. Northwestern University and NBER, Internet: www.econ.nwu.edu.

– (2001): Foundations of the Goldilocks Economy: Supply shocks and the time-varying NAIRU. Brookings Papers on Economic Activity 1998 (2), S. 297 – 333.

Greider, W. (1989): Secrets of the temple – How the Federal Reserve runs the country. New York, NY [1987]: Simon & Schuster.

Hansen, B.E. (2001): The new econometrics of structural change: dating breaks in U.S. labor productivity. Journal of Economic Perspectives 15, S. 117 – 128.

Helmstädter, E. (1989): Reagonomics vs Teutonomics im Wachstumsvergleich. List Forum 15, S. 2 – 9.

Heilemann, U. (2001): The remains of the day – macroeconomic lessons from the „fabulous decade". (RWI-Papiere, 77.) Essen: RWI.

Heilemann, U. / *Döhrn*, R. / *v. Loeffelholz*, H.D. / *Schäfer-Jäckel*, E. (2000): Der Wirtschaftsaufschwung der Vereinigten Staaten in den neunziger Jahren – Rolle und Beitrag makroökonomischer Faktoren. (Untersuchungen des Rheinisch-Westfälischen Instituts für Wirtschaftsforschung, 32.) Essen: RWI.

Hibbs, D. (1987): The American political economy: electoral policy and macroeconomics in contemporary America. Cambridge, MA: Harvard University Press.

Klein, L.R. (1994): Thoughts about Clintonomics. Atlantic Economic Review, 22, S. 64 – 67.

Krueger, A.B. / *Solow*, R.M. (eds.) (2002): The roaring nineties – can full employment be sustained? New York, NY: Russel Sage Foundation & Century Foundation Press.

Krugman, P. (1992): The age of diminshed expectations. Cambridge, MA: MIT-Press.

– (1994): Peddling prosperity. New York, NY: W.W. Norton.

– (2001): Fuzzy math – The essential guide to the Bush tax plan. New York, NY: W.W. Norton.

Mankiw, N.G. (2001): U.S. monetary policy during the 1990s. In: Frankel, F. / Orszag, P. (eds.) (2001), Retrospective on American economic policy in the 1990s. Cambdridge, MA: MIT-Press, forthcoming.

Madrick, J.G. (2000): Unconventional wisdom: alternative perspectives on the new economy. New York, NY: Century Foundation Press.

Makin, J. H. (1999): The myth of clintonomics. AEI Economic Outlook, December 1999, S. 1 – 6.

New York Times (ed.) (1996): The downsizing of America. New York, NY: Random House.

Niskanen, W. A. (1994): Clintonomics: concluding comments. Atlantic Economic Review, 22, S. 73 – 74.

Niskanen, W. / *Poole*, W. / *Weidenbaum*, M. (1988): The Reagan Economic Reports – Introduction. In: Tobin, J. and Weidenbaum, M. (eds.) (1988), S. 279 – 289.

Orszag, J. / *Orszag*, P. / *Tyson*, L. (2002): The process of economic policy-making during the Clinton administration. Mimeo, forthcoming in: Frankel, F., Orszag, P. (eds.) (2002).

Pollin, R. (2000): Anatomy of Clintonomics. New Left Review, vol. 3, S. 17 – 46.

Reich, R. (1997): Locked in the cabinet. New York, NY: Random House.

Rivlin, A.M. (1992): Reviving the American Dream – The economy, the states & the Federal government. Washington, DC: Brookings.

RWI / Gordon, R. (2002): New Economy – eine Bestandsaufnahme aus deutscher Sicht. Gutachten im Auftrag des Bundesministerium für Wirtschaft. Essen: RWI.

Schuh, S. (2001): An evaluation of recent macroeconomic forecast errors. New England Economic Review, January / February, S. 35 – 56.

Solow, R / *Tobin*, J. (1988): The Kennedy Economic Reports – Introduction. In: Tobin, J. and Weidenbaum, M. (eds.) (1988), S. 3 – 16.

Stephanopoulos, G. (1999): All too human – a political education. Boston, MA: Little Brown.

Tobin, J. / *Weidenbaum*, M. (eds.) (1988): Two Revolutions in economic policy – The first economic reports of presidents Kennedy and Reagan. Cambridge, MA: MIT-press.

Weber, S. (1997): The end of the business cycle. *Foreign Affairs* 76 (4), S. 65 – 82.

Woodward, B. (1994): The Agenda – inside the Clinton White House. New York, NY: Simon & Schuster.

– (2000): Maestro – Greenspan's Fed and the american boom. New York, NY: Simon & Schuster.

Zarnowitz, V. (1999): Theory and history behind business cycles: are the 1990s the onset of a Golden Age? Journal of Economic Perspectives 13 (3), S. 69 – 90.

– (2000): Das Alte und das Neue am amerikanischen Wirtschaftsaufschwung der neunziger Jahre. RWI-Mitteilungen 51 (1), S. 45–90.

Wettbewerbsstrategien für Informationsgüter

Von *Henning Klodt**, Kiel

Abstract

In the new economy, innovative business strategies are required in order to cope with the properties of information goods as public goods, network goods and experience goods. Bundling and versioning of products, attracting free riders, and – above all – establishing reputation are among the most important strategies. They give rise to new types of scale economies which may restrict competition and which deserve a careful eye of antitrust policy. Hence, this paper does not share the widespread view that the transition to the new economy will more or less automatically increase the contestability of markets.

A. Einführung

Die neue Ökonomie lebt – trotz aller Kurseinbrüche an den Börsen und aller Produktivitätsrückschläge im Zuge der jüngsten Rezession. Der Strukturwandel von der ‚alten' zur ‚neuen' Ökonomie, der durch das Vordringen von Informationsgütern in praktisch alle Bereiche der Wirtschaft geprägt ist, stellt Politik und Wirtschaft vor vielfältige Herausforderungen. In diesem Beitrag geht es vor allem um die Herausforderungen auf den Märkten für Informationsgüter und ihre Konsequenzen für die Wettbewerbspolitik.

Sowohl in der volkswirtschaftlichen als auch in der betriebswirtschaftlichen Literatur wird ausführlich darüber diskutiert, wie sich die mit dem Strukturwandel zur neuen Ökonomie verbundene Senkung der Informations- und Kommunikationskosten auf die Unternehmensstrukturen auswirkt (*Malone/Laubacher* 1998; *Picot/Reichwald/Wigand* 1998; *Bieberbach* 2001). Auf den Spuren von *Ronald Coase* (1937) wird argumentiert, dass reduzierte Transaktionskosten eine Koordinierung wirtschaftlicher Aktivitäten über den Markt anstatt über hierarchische Strukturen begünstigen und damit kleineren, vernetzten Unternehmenseinheiten Vorschub leisten.

---

* Dieser Beitrag ist entstanden im Rahmen des Projekts „Die Neue Ökonomie – Erscheinungsformen, Ursachen und Auswirkungen", das von der Heinz Nixdorf Stiftung gefördert wird.

Andererseits – und auch das ist bereits bei *Coase* nachlesbar – führen reduzierte Transaktionskosten zu einer Ausweitung der relevanten Märkte und verringern die Kontrollkosten in größeren Unternehmen. Welcher dieser Effekte überwiegt, ob also der technische Fortschritt im IuK-Bereich die optimalen Unternehmensgrößen verkleinert oder erhöht, lässt sich aus transaktionskostentheoretischer Sicht nicht eindeutig beantworten. Die vorliegenden empirischen Ergebnisse sprechen allerdings dafür, dass die dezentralisierenden Einflüsse dominieren (*Brynjolfsson et al.* 1994). In der neuen Ökonomie wäre demnach die Wettbewerbsintensität tendenziell höher als in der alten Ökonomie.

In diesem Beitrag wird der Zusammenhang zwischen Informationstechnologien und Wettbewerbsintensität aus einem anderen Blickwinkel heraus analysiert. Nicht der Einfluss dieser Technologien auf die Transaktionskosten steht im Vordergrund, sondern ihr Einfluss auf die Produktionsstruktur der Wirtschaft und die damit verknüpfte Güterstruktur. Die zentrale Hypothese dieses Beitrags lautet, dass Informationsgüter grundlegend andere Wettbewerbsstrategien erfordern als herkömmliche Güter und dass dieses veränderte Marktverhalten der Unternehmen Rückwirkungen auf die Wettbewerbsintensität hat.

In Abschnitt II wird zunächst ein kurzer Überblick darüber gegeben, ob und inwieweit sich der Strukturwandel zur neuen Ökonomie bereits heute erkennbar in den volkswirtschaftlichen Statistiken niederschlägt. Abschnitt III diskutiert die Wettbewerbsstrategien von Unternehmen, die sich auf den Märkten für Informationsgüter behaupten wollen, wobei insbesondere herausgearbeitet wird, ob diese Strategien eher größere oder kleinere Unternehmenseinheiten erfordern. Abschnitt IV fasst die Kernaussagen dieses Beitrags zusammen und diskutiert die wettbewerbspolitischen Implikationen des Strukturwandels zur neuen Ökonomie.

B. Die neue Ökonomie: Spekulative Blase oder realwirtschaftliches Phänomen?

In der zweiten Hälfte der neunziger Jahre wurden die Potentiale der neuen Ökonomie geradezu euphorisch gepriesen. Bezeichnend dafür ist der Bericht des *Council of Economic Advisers* aus dem Jahre 2000, der das Ende von Arbeitslosigkeit und Inflation sowie den Anbruch ungebremsten Wachstums in Aussicht stellte (Abbildung 1). Diese Euphorie ist verflogen.

Geblieben ist der Eindruck, dass die neue Ökonomie in enger sektoraler Abgrenzung nach wie vor eher klein ist. Wenn man dazu nur jene Branchen zählt, die Geräte und Anlagen der IuK-Technologie herstellen und vertreiben oder die Kommunikationsdienstleistungen anbieten, erbringt sie in Deutschland etwa 6 vH des Bruttoinlandsprodukts und beschäftigt 3 vH aller Arbeitskräfte; das sind rund 1,2 Mio. Personen (Tabelle 1). In dieser Größenordnung liegen auch die Angaben von *BITKOM* (2001), jenem Verband, der rund 1200 Unternehmen aus dem IuK-

Bereich repräsentiert: Er meldet ein Beschäftigungsvolumen der angeschlossenen Unternehmen von rund 800.00 Arbeitskräften. Deutlich niedriger sind dagegen die Angaben von Roland Berger, der lediglich die Beschäftigtenzahlen der am Neuen Markt gelisteten Unternehmen erfasst (*BMWi* 2001). Diese Zahlen liegen für die Jahresmitte 2001 bei 186.000 Arbeitskräften.

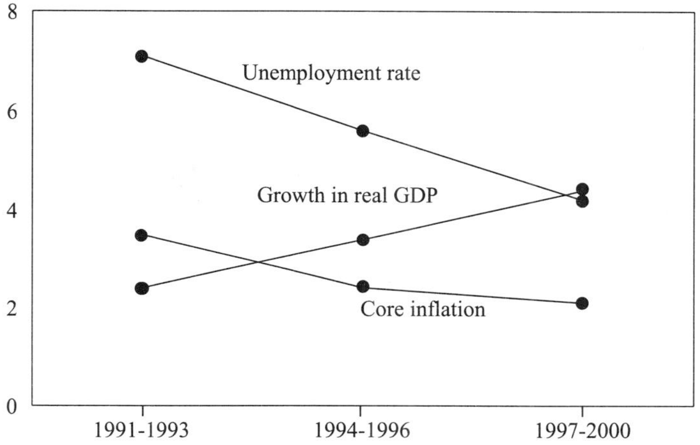

Quelle: *Council of Economic Advisers* (2001, 19).

Abbildung 1: The Making of the New Economy

Versteht man unter dem Strukturwandel zur Neuen Ökonomie dagegen einen produktionstechnischen Wandel, der durch das Vordringen von Informationsgütern in praktisch alle Bereiche der Wirtschaft geprägt ist, kann man durchaus zum Eindruck gelangen, dass wir schon seit langem in der neuen Ökonomie angekommen sind. Kaum eine Branche und kaum ein Arbeitsplatz sind heute noch ohne den Einsatz moderner IuK-Technologien vorstellbar, und diese Entwicklung ist noch längst nicht an ihrem Ende angelangt (*Klodt* 2001a).

Einen Ansatzpunkt, wie dieser Strukturwandel statistisch erfasst werden kann, bietet die im Mikrozensus ausgewiesene Aufgliederung der Erwerbstätigen nach ihrem ausgeübten Beruf. Sie macht deutlich, dass informationsverarbeitende Tätigkeiten schon seit den späten siebziger Jahren stetig an Gewicht gewonnen haben und heute in der deutschen Wirtschaft insgesamt bereits rund 43 vH aller Tätigkeiten ausmachen (Abbildung 2)[1]. Wichtiger als das Niveau – das auch von der definitorischen Abgrenzung informationsverarbeitender Berufe abhängt – ist allerdings

[1] Zu vergleichbaren Ergebnissen kommt *Dostal* (2000) anhand von *BIBB / IAB*-Erhebungen für die Jahre 1992 und 1999. – Zur hier verwendeten Abgrenzung informationsverarbeitender Berufe vgl. Tabelle A1 im Anhang.

die Veränderung im Zeitverlauf, die einen deutlich positiven Trend aufweist. Dieser Strukturwandel ist keineswegs auf den Dienstleistungssektor beschränkt, sondern zeigt sich ebenfalls – wenn auch auf niedrigerem Niveau – im industriellen Sektor, der damit kaum noch als Refugium der alten Ökonomie betrachtet werden kann. Nach diesen Daten ist der Übergang zur neuen Ökonomie kein schockartiges Ereignis, das sich auf die Mitte der neunziger Jahre datieren ließe, sondern ein lang anhaltender Prozess, dessen Einzelschritte kaum merklich erscheinen mögen, der über die Jahre und Jahrzehnte gerechnet jedoch zu einer fundamentalen Umwälzung der Produktionsstrukturen in der Gesamtwirtschaft führt.

Tabelle 1

Wertschöpfungs- und Beschäftigungsanteil des IuK-Sektors[a] an der Gesamtwirtschaft in ausgewählten Ländern 1997

	Anteil des IuK-Sektors am Bruttoinlandsprodukt (vH)	Anteil des IuK-Sektors an allen Erwerbstätigen (vH)
Deutschland	6,1	3,1
USA	8,7	3,9
Japan	5,8	3,4
Großbritannien	8,4	4,8
Frankreich	5,3	4,0
Italien	5,8	3,5
Schweden	9,3	6,3
EU	6,4[b]	3,9[c]
OECD insgesamt	7,4[d]	3,6[e]

[a] Zur Definition des IuK-Sektors vgl. *OECD* (2000, 7). – [b] Ohne Dänemark, Griechenland, Irland, Luxemburg und Spanien. – [c] Ohne Griechenland, Luxemburg und Spanien. – [d] Berechnet für 18 Länder, für die Daten zur Verfügung standen (vgl. *OECD* 2000, 33). – [e] Berechnet für 24 Länder, für die Daten zur Verfügung standen (vgl. *OECD* 2000, 32).

Quelle: *Christensen* (2001, 7) nach Daten der *OECD* (2000).

Eine Ursache dafür, weshalb sich der Übergang zur neuen Ökonomie eher als Evolution und nicht als Revolution vollzieht, könnten die gravierenden Probleme bei der Vermarktung von Informationsgütern darstellen. In der Dot.com-Euphorie suchten zahlreiche Investoren nur nach innovativen Ideen, ohne viel darauf zu geben, ob mit diesen Ideen auch Geld zu verdienen ist. Mittlerweile jedoch haben sich viele Dot.coms in Dot.gones verwandelt, da sie letztlich nicht in der Lage waren, die von ihnen angebotenen Informationsgüter zu kostendeckenden Preisen abzusetzen. Erst mit dem Platzen der spekulativen Blase setzte sich die Einsicht durch, dass es besonderer Wettbewerbsstrategien bedarf, um sich auf den Märkten für Informationsgüter auf Dauer behaupten zu können. Um diese Strategien geht es im folgenden Abschnitt.

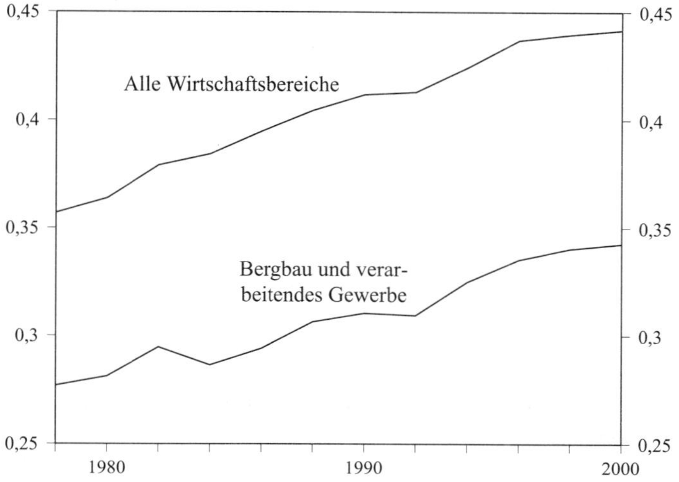

[a] Tatsächlich ausgeübter Beruf.

Quelle: Eigene Berechnungen nach *Statistisches Bundesamt* (lfd. Jgg).

Abbildung 2: Anteil der Erwerbstätigen in informationsverarbeitenden Berufen[a] an allen Erwerbstätigen in Westdeutschland (vH)

C. Funktionsfähige Märkte für Informationsgüter

Folgt man dem einfachen Lehrbuch der Mikroökonomie, dürfte es – überspitzt formuliert – Märkte für Informationsgüter eigentlich gar nicht geben:

- Informationsgüter sind öffentliche Güter, bei denen keine Rivalität in der Verwendung vorliegt und eine Grenzkostenpreisbildung zu Preisen von Null führen würde und bei denen auch das Ausschlussprinzip nur schwer durchsetzbar ist. Ein rein privatwirtschaftliches Angebot für derartige Güter ist schwer vorstellbar.
- Informationsgüter sind oftmals auch Netzwerkgüter, bei denen das Entstehen funktionsfähiger Märkte die Überwindung kritischer Massen erfordert, wofür kein individueller Anbieter den Anfang machen wird.
- Informationsgüter sind Erfahrungsgüter, die vor dem Kauf nicht inspiziert werden können und für die nach der Inspektion niemand mehr einen Preis zu zahlen bereit ist.

Es gehört zu den interessantesten Forschungsfragen in Zusammenhang mit der neuen Ökonomie, wie die Unternehmen mit diesen Schwierigkeiten fertig werden und wie sie es schaffen, das potentielle Marktversagen zu überwinden.

I. Wettbewerbsstrategien für öffentliche Güter

Das Samuelson-Kriterium, nach dem öffentliche Güter dadurch gekennzeichnet sind, dass sie keiner Rivalität in der Verwendung unterliegen, trifft auf Information wie auf kaum ein anderes Wirtschaftsgut zu. Wenn eine Information von einem Wirtschaftssubjekt genutzt wird, dann wird sie dadurch nicht verbraucht, sondern steht weiteren Nutzern in uneingeschränktem Maße zur Verfügung. Außerdem nutzt sie sich – anders als private Güter – durch Gebrauch nicht ab. Sie kann zwar technologisch veralten und damit für die Nutzer an Wert verlieren, aber sie bleibt auch nach Gebrauch physisch unverändert und für alle Zeiten erhalten.

Eingewendet werden könnte, dass die Nutzung von Information stets eines Informationsträgers bedarf, und diese Informationsträger sind oftmals private Güter. Beispiele dafür sind Bücher und Zeitschriften, CDs oder andere Datenträger, die notwendig sind, um Informationen zu speichern und zu transferieren, und die durchaus einer Rivalität in der Verwendung unterliegen. Rein gedanklich ist es aber möglich, die Information selbst von den Informationsträgern zu trennen. Und wer bereit ist, diese gedankliche Unterscheidung nachzuvollziehen, wird kaum noch bestreiten können, dass Information selbst ein lupenreines öffentliches Gut darstellt. Hinzu kommt, dass die Kosten der Duplizierung und Verbreitung der Informationsträger von der Erfindung des Buchdrucks über die Erfindung der Rotationspresse bis zur Erfindung des Internet immer billiger geworden ist. Insofern weisen auch die Informationsträger äußerst niedrige Grenzkosten auf.

Die übliche Maximierungsregel, nach der der Grenzerlös eines Wirtschaftsgutes den Grenzkosten entsprechen sollte, lässt sich auf Informationsgüter nicht anwenden. Wenn die Kosten der Duplizierung der Informationsträger vernachlässigt werden und allein auf das Wirtschaftsgut Information abgestellt wird, liegen die Grenzkosten bei Null. Bei öffentlichen Gütern lautet die Maximierungsregel bekanntlich, dass der Preis für das jeweilige Gut dem individuellen Grenznutzen des einzelnen Nachfragers entsprechen muss. Effiziente Märkte für Informationsgüter würden deshalb voraussetzen, dass den Anbietern eine perfekte persönliche Preisdiskriminierung der Nachfrager möglich wäre (*Varian* 1984, 253 ff.). Dies wiederum würde voraussetzen, dass die Nachfrager tatsächlich ihre wahren Präferenzen für Informationsgüter offenbaren würden und dass Arbitragegeschäfte zwischen den verschiedenen Nachfragern verhindert werden könnten (eine derartige Preissetzung ist in der Literatur als Lindal-pricing bekannt).

Nun sind ineffiziente Märkte immer noch besser als gar keine Märkte. Die Praxis zeigt, dass auch ohne Preisdifferenzierung Märkte für Informationsgüter entstehen können, wenn die Stückzahlen hinreichend groß sind. Beispiele sind die Märkte für Bücher oder Tageszeitungen, die zu einem einheitlichen Preis angeboten werden, obwohl manche Nutzer einen höheren und andere Nutzer einen niedrigeren Reservationspreis haben. Wäre es den Anbietern möglich, diese individuellen Präferenzunterschiede bei ihrer Preissetzung auszunutzen, könnte die Produktion von Büchern und Tageszeitungen erhöht werden, doch dies scheint eher ein akademisches Problem zu sein. Von einer Unterversorgung mit Büchern oder Tageszeitschriften kann keine Rede sein, und es gibt keinen Grund, sich über die Funktionsfähigkeit dieser Märkte ernsthaft Gedanken zu machen. In Nischenmärkten dagegen oder in jungen innovationsintensiven Märkten können unzureichende Erlösaussichten durchaus einen Hinderungsgrund für die Aufnahme der Produktion darstellen.

Um diese Schwierigkeiten zu überwinden, sind insbesondere im Softwarebereich Wettbewerbsstrategien verbreitet, die zumindest eine gruppenweise Preisdiskriminierung unterschiedlicher Konsumentenkreise ermöglichen. So werden Textverarbeitungsprogramme als Vollversion für gewerbliche Nutzer und als billigere Schulungsversion für studentische und andere weniger zahlungskräftige oder zahlungswillige Nutzer angeboten, wobei das Erstellen der Schulungsversion für den Anbieter eher zusätzliche Kosten als Kostenersparnisse verursacht. Ein weiteres Beispiel ist das preislich stark differenzierte Angebot von Windows NT für Workstations einerseits und für Server andererseits, obwohl die Programme im Kern weitgehend identisch sind. Derartige Strategien werden von *Varian* (1999) als *versioning* bezeichnet. Sie beruhen letztlich darauf, dass die Qualität des angebotenen Informationsgutes für Kundenkreise mit niedriger Zahlungsbereitschaft künstlich verschlechtert wird, selbst wenn der Hersteller dafür zusätzliche Kosten in Kauf nehmen muss. Derartige Strategien machen für Güter, deren Preise im wesentlichen an den Grenzkosten orientiert sind, keinen Sinn.

Dabei ist die Strategie des versioning keineswegs so neu wie die neue Ökonomie. Im Buchhandel beispielsweise wird sie schon seit vielen Jahrzehnten praktiziert, indem Neuerscheinungen zunächst nur als teure Hardcover-Ausgaben angeboten werden, während breiteren Leserkreisen erst zu einem späteren Zeitpunkt preiswerte Paperback-Ausgaben zur Verfügung stehen. Wenn auch diese Nachfrage bedient ist, bleibt als dritte, nochmals billigere Version das moderne Antiquariat. Die Preisunterschiede zwischen Hardcover und Paperback sind nur zum geringen Teil durch Unterschiede in den Produktionskosten bedingt; in erster Linie sind sie ein Instrument der Preisdiskriminierung für Informationsgüter. Es kann damit gerechnet werden, dass mit dem weiteren Wachstum der Märkte für Informationsgüter weitere Geschäftsmodelle der individuellen Preisdiskriminierung entwickelt werden. Welche Ansatzpunkte privaten Anbietern dafür grundsätzlich zur Verfügung stehen, wird ausführlich diskutiert bei *Shapiro / Varian* (1999, 61 ff.).

Die wettbewerbspolitische Beurteilung der Preisdiskriminierung fällt deshalb bei Informationsgütern möglicherweise anders aus als bei herkömmlichen Gütern. Eine notwendige Bedingung dafür, dass Preisdifferenzierung nicht nur einzelwirtschaftlich vorteilhaft ist, sondern auch die gesamtwirtschaftliche Wohlfahrt erhöht, ist erfüllt, wenn der Gesamtabsatz infolge der Preisdifferenzierung steigt (*Varian*

1985). Zumindest in jenen Fällen, in denen es ohne Preisdifferenzierung gar nicht möglich wäre, ein privatwirtschaftliches Angebot zu erstellen, ist diese Bedingung eindeutig erfüllt.

Die zweite zentrale Wettbewerbsstrategie zur Vermarktung von Informationsgütern ist die *Bündelung*. In der Praxis verbreitet ist vor allem die Bündelung kostenlos angebotener Informationsgüter mit dem privaten Wirtschaftsgut Werbung. Vorgemacht wurde dies von privaten Fernsehsendern, und fortgesetzt wird es heute von Informationsanbietern im Internet, die sich ausschließlich über Werbebanner finanzieren. Das Marktpotential in diesem Bereich ist nicht zu unterschätzen. So wird berichtet, dass Amazon.com, ein Online-Buchhändler, pro Quartal 300 Mio. US-$ an das Internetportal Yahoo gezahlt hat, um sein Werbebanner auf der Startseite platzieren zu können.

Ebenfalls weit verbreitet und theoretisch interessanter ist die Bündelung verschiedener Informationsgüter. Wie *Bakos/Brynjolfsson* (1999, 2000) gezeigt haben, erlaubt das gebündelte Angebot von Informationsgütern das Erzielen von Aggregationsvorteilen (economies of aggregation), die bei privaten Gütern nicht möglich wären. Diese Art von Größenvorteilen beruht letztlich darauf, dass die Streuung der Zahlungsbereitschaft der Konsumenten für einzelne Informationsgüter in aller Regel größer ist als für ein ganzes Bündel von Informationsgütern. Die Bündelung wirkt damit wie eine personelle Preisdifferenzierung für jedes einzelne dieser Güter. Die Autoren zeigen, dass eine derartige Wettbewerbsstrategie insbesondere dann rentabel ist, wenn die Grenzkosten der betreffenden Güter nahe Null sind. Diese Bedingung ist bei Informationsgütern erfüllt.

Ein einfaches Zahlenbeispiel soll das Argument von *Bakos/Brynjolfsson* verdeutlichen: Wenn es einen Kunden gibt, der bereit ist, für ein Textverarbeitungsprogramm einen Preis von 2 und für ein Tabellenkalkulationsprogramm einen Preis von 1 zu zahlen, und wenn es zugleich einen anderen Kunden gibt, bei dem die Zahlungsbereitschaft genau umgekehrt ist, dann wird jeder von ihnen bereit sein, ein Bündel aus Textverarbeitungs- und Tabellenkalkulationsprogramm zum Preis von 3 zu erwerben. Ohne Bündelung dagegen wäre die gleiche Absatzmenge nur zu erzielen, wenn jedes Programm einzeln zum Preis von 1 angeboten würde. Die Bündelung erlaubt es dem Anbieter also, seinen Gesamterlös von 4 auf 6 zu steigern. Falls die Produktionskosten für jedes der Programme bei 2,5 liegen, ist die Bündelung sogar eine notwendige Voraussetzung dafür, dass überhaupt ein rentables privates Angebot erstellt werden kann.

Ebenso wie beim versioning ist bei der Bündelung in Zukunft mit weiteren Marketing-Innovationen zu rechnen, die dazu beitragen können, das potentielle Marktversagen bei öffentlichen Gütern zu überwinden. Sicherlich sind alle diese Strategien im wohlfahrtstheoretischen Sinne nicht als perfekt anzusehen, und sie können das potentielle Marktversagen nicht vollständig überwinden. Doch darauf kommt es letztlich auch gar nicht an. Eine funktionsfähige Marktwirtschaft ist nicht dadurch gekennzeichnet, dass sie immer und überall allen Kriterien der Pareto-

Optimalität genügt, sondern schlichtweg dadurch, dass sie funktioniert und ohne weitreichende staatliche Markteingriffe überlebensfähig ist.

Für die Fragestellung dieses Beitrags bleibt festzuhalten, dass das öffentliche Gut Information allein deshalb schon hohe Skalenerträge aufweist, weil die Produktionskosten fast ausschließlich aus Fixkosten bestehen. Darüber hinaus fallen das versioning und die Bündelung größeren Unternehmen, die über eine breite Produktpalette verfügen, leichter als kleineren Unternehmen. Anders ausgedrückt: Wer als Software-Anbieter über ein Graphik-Programm oder einen Internet-Browser verfügt, ohne diese Programme mit anderen Programmen bündeln zu können, kann für sein Produkt am Markt nicht so hohe Preise durchsetzen wie ein Anbieter, der mehrere Software-Programme bündeln und so die unterschiedliche Zahlungsbereitschaft seiner Kunden ausnutzen kann. Im Preiswettbewerb ist also damit zu rechnen, dass Einprodukt-Unternehmen aus dem Markt verdrängt werden. Gleiches gilt für Unternehmen, die zu klein sind, um ein versioning durchsetzen zu können.

II. Wettbewerbsstrategien für Netzwerkgüter

Auf Märkten für Informationsgüter spielen Netzwerkeffekte eine deutlich größere Rolle als auf traditionellen Märkten. Nicht alle Informationsgüter sind Netzwerkgüter, aber unter den Informationsgütern ist der Anteil von Netzwerkgütern weitaus größer als unter traditionellen Gütern (*Sachverständigenrat* 2000). Das potentielle Marktversagen bei Netzwerkgütern rührt im Kern daher, dass der Nutzen eines solchen Gutes für den Konsumenten nicht nur von den technischen Eigenschaften dieses Gutes und von seinen individuellen Präferenzen abhängt, sondern auch davon, wie viele weitere Konsumenten dieses Gut nutzen. Da er diese Netzwerkexternalität in seinem individuellen Kalkül nicht berücksichtigt, werden existierende Netze in aller Regel zu klein sein; und die Entstehung neuer Netze kann behindert werden, solange es nicht gelingt, gewisse kritische Massen zu überwinden.

Das klassische Beispiel für ein Netzwerkgut aus der alten Ökonomie ist das Telefon. Wenn nur ich allein ein Telefon besitze, hat es keinerlei Nutzen für mich, da es niemanden gibt, den ich mit diesem Gerät anrufen kann. Erst wenn genügend weitere Personen ebenfalls über ein Telefon verfügen, schafft dieses Produkt überhaupt einen positiven Nutzen. Falls sich niemand findet, als erster ein Telefon zu kaufen, wird der Markt für Telefone gar nicht erst entstehen. Nun zeigt die historische Erfahrung, dass die Telefongesellschaften sehr wohl in der Lage waren, diese kritische Masse zu überwinden. Daraus folgt aber nicht, dass das Problem der Netzwerkexternalitäten in der Praxis irrelevant wäre, sondern es folgt nur, dass die Anbieter es offenbar geschafft haben, geeignete Wettbewerbsstrategien zu entwickeln, mit denen eine Überwindung der kritischen Massen möglich ist.

Insbesondere im Softwaremarkt setzen viele Anbieter darauf, zahlungsunwillige Free Riders aktiv anzulocken, anstatt sie an der Nutzung des betreffenden Wirtschaftsgutes zu hindern. Ein klassisches Beispiel dafür bieten die Betriebssysteme für PCs: Obwohl in den Augen vieler Nutzer das Betriebssystem von Mackintosh technisch überlegen ist gegenüber dem Betriebssystem DOS / Windows, hat sich Windows am Markt durchgesetzt. Eine wesentliche Ursache dafür dürfte darin liegen, dass es technisch sehr schwer ist, illegale Raubkopien des Mackintosh-Systems anzufertigen. Die Hersteller dieses Systems verfolgten die Strategie, möglichst jeden Nutzer zur Zahlung der Lizenzgebühr heranzuziehen, und wer dazu nicht bereit war, blieb vom System ausgeschlossen. Windows hingegen ist relativ leicht kopierbar und wird von nicht-gewerblichen Nutzern auch recht eifrig illegal kopiert.

Auf diese Weise hat sich die installierte Basis von Windows-Betriebssystemen derart stark verbreitert, dass Microsoft hier mittlerweile über eine monopolähnliche Position verfügt. Viele Nutzer trauern zwar immer noch dem Mackintosh-System nach, aber wenn sie die Wahl haben zwischen einem Betriebssystem, dessen technische Eigenschaften sie hoch schätzen, und einem anderen Betriebssystem, das es ihnen besser ermöglicht, mit vielen anderen PC-Nutzern zu kommunizieren, entscheiden sie sich in der Regel doch für das Windows-System.

Viel zitierte weitere Bespiele für die Verdrängung technisch überlegener durch inferiore Netzwerkgüter sind die Dominanz des QWERTY-Systems bei Schreibmaschinentastaturen und der Sieg des VHS-Systems über Betamax bei Videorecordern. *Liebowitz / Margolis* (1994, 1999) haben allerdings detailliert herausgearbeitet, dass die vermeintliche technische Überlegenheit der verdrängten Produkte in der Realität gar nicht gegeben war. So hätten Schreibtests mit ergonomisch günstigeren Tastaturen keine höhere Schreibgeschwindigkeit ergeben als mit dem QWERTY-System, und das Betamax-System bei Videorecordern sei mit dem Nachteil behaftet gewesen, dass die Anbieter nicht in der Lage waren, Kassetten in voller Spielfilmlänge auf den Markt zu bringen. Offensichtlich haben die Betamax-Anbieter die Komplementaritäten zu den Produkten der Fernseh-Anbieter nicht genügend beachtet. Mit anderen Worten: Sie haben zu wenig Rücksicht darauf genommen, dass der Markt für Videorecorder in das Netzwerk der Märkte rund um das Fernsehen eingebunden ist.

Auf Märkten für Netzwerkgüter spielen *Normen und Standards* eine ganz entscheidende Rolle. Anbieter, die bereits über eine dominante Marktposition verfügen, werden stets darauf drängen, Standards zu setzen, die anderen Anbietern den Zugang zu ihrem Netzwerk erschweren. Ein prägnantes Beispiel dafür liefert wiederum das Betriebssystem Windows, das auf einem Quellcode aufgebaut ist, der nicht allen Anbietern verfügbar ist. So hatte der Hersteller des Tabellenkalkulationsprogramms Lotus stets große Schwierigkeiten, sein Produkt auf der Basis von Windows fehlerfrei zum Laufen zu bringen. Obwohl Windows per Gerichtsurteil dazu gezwungen wurde, den Quellcode an Lotus zu liefern, hat Lotus seine Probleme letztlich nie in den Griff bekommen, und sein Programm wurde schließlich von dem Konkurrenzprodukt Excel der Firma Microsoft verdrängt. Windows ist nach wie vor als geschlossener Standard anzusehen, der Microsoft in starkem Maße vor der Außenseiterkonkurrenz schützt.

Wie die Theorie der bestreitbaren Märkte lehrt, ist allerdings selbst ein Monopolist nie sicher vor der Erosion seiner Marktposition. In jüngster Zeit häufen sich die Meldungen, nach denen immer mehr gewerbliche Nutzer auf das Betriebssystem Linux umsteigen, dessen Quellcode jedermann frei zugänglich ist und an dessen Fortentwicklung und Verbesserung zahllose Programmierer rund um den Erdball ständig weiterarbeiten. Die jeweils neueste Version ist für jedermann kostenfrei über das Internet verfügbar, und die Programmstruktur ist außerordentlich transparent. Die eher anarchisch organisierten Programmentwickler des Linux-Systems haben sicherlich zum Teil altruistische Motive, weil sie sich durch das Microsoft-Monopol herausgefordert fühlen. Es gibt aber zunehmend auch Anbieter von Linux-Komponenten, die ihre Programmmodule kostenfrei zur Verfügung stellen, weil sie sich davon profitable Anschlussgeschäfte versprechen.

Hier wird Microsoft also gleichsam mit den eigenen Waffen geschlagen: Die Rolle, die früher die Möglichkeit zum kostenlosen Raubkopieren des Windows-Systems gespielt hat, wird abgelöst durch die Möglichkeit, das Linux-System kostenlos aus dem Internet herunterzuladen. Linux scheint auf bestem Wege zu sein, seine installierte Basis so zu verbreitern, dass das Quasi-Monopol von Windows ernsthaft gefährdet werden könnte.[2]

Größenvorteile treten bei Netzwerkgütern also vor allem dort auf, wo der Außenseiterkonkurrenz der Zugang zu etablierten Netzwerken schwer gemacht wird. Dieses Problem ist aus Industrien mit physischen Netzen wohlbekannt: So konzentriert sich der Streit um die Regulierung der marktbeherrschenden Telekom AG vor allem auf die Durchleitungsrechte, und auch in der leitungsgebundenen Strom- und Gaswirtschaft sowie bei der Eisenbahn stellt der diskriminierungsfreie Zugang zum Netz den Schlüssel für die Durchsetzung funktionsfähigen Wettbewerbs dar. Bei den virtuellen Netzen für Informationsgüter dagegen ist es der Wettbewerbspolitik bisher nicht gelungen, handhabbare Kriterien für den diskriminierungsfreien Netzzugang zu entwickeln.

III. Wettbewerbsstrategien für Erfahrungsgüter

In der Literatur kaum beachtet worden sind bislang die Probleme, die daher rühren, dass Informationsgüter in ausgeprägtem Maße die Eigenschaften von Erfahrungsgütern aufweisen. Nach *Nelson* (1970) unterscheiden sich Erfahrungsgüter von Inspektionsgütern dadurch, dass ihre Eigenschaften nicht vor dem Kauf inspiziert werden können, sondern dass sie sich erst bei der Nutzung der betreffenden

---

2 Bei Web-Servern hat Linux mittlerweile schon einen weltweiten Marktanteil von rund einem Drittel und liegt damit gleich auf mit Microsoft. Bei Unternehmens-Servern halten Linux einen Marktanteil von 30 vH und Microsoft von 40 vH.

Güter im Wege der individuellen Erfahrung herausstellen. Dies trifft in besonderem Maße für das Wirtschaftsgut Information zu. Die Qualität einer Information kann ich nicht im vorhinein beurteilen, da ich die Information vor dem Kauf noch nicht kenne. Wird mir dagegen die Information zur Verfügung gestellt, damit ich mir vor Abgabe des Kaufgebots ein Urteil über den Nutzen des betreffenden Produkts bilden kann, dann habe ich die Information damit schon erworben, ohne noch zur Zahlung herangezogen werden zu können.

Dieses sogenannte Informations-Paradoxon wurde schon von *Kenneth Arrow* (1962, 171) beschrieben: „There is a fundamental paradox in the determination of demand for information; its value for the purchaser is not known until he has the information, but then he has in effect acquired it without cost". Der Käufer muss damit seinen Reservationspreis formulieren, bevor er das Produkt, um das es geht, überhaupt kennt.

Aus diesem Grunde hat beispielsweise die industrielle Vertragsforschung ein relativ geringes Gewicht. Die meisten Unternehmen ziehen es vor, Forschungs- und Entwicklungsarbeiten innerhalb des eigenen Unternehmens ausführen zu lassen, da die Märkte für technisches Wissen – das ohne Zweifel als Informationsgut anzusehen ist – nur unvollständig funktionieren. Die Möglichkeiten der externen Vertragsforschung werden deshalb fast nur von kleineren Unternehmen genutzt, die die hohen Fixkosten des Aufbaus eigener Forschungseinrichtungen scheuen. Auch die vor Jahren noch weit verbreitete Euphorie über das Potential strategischer Allianzen im Bereich von Forschung und Entwicklung hat sich merklich abgekühlt. Viele dieser Allianzen sind längst zerbrochen, oder sie haben sich dadurch aufgelöst, dass die beteiligten Unternehmen mittlerweile fusioniert sind. Eine Möglichkeit, das Informations-Paradoxon zu überwinden, ist somit die *horizontale Integration* mit anderen Anbietern, die das gleiche Informationsgut als Input-Faktor nutzen.

Überwindbar ist das Informations-Paradoxon auch dann, wenn Käufer und Verkäufer in einer ständig *wiederkehrenden Vertragsbeziehung* stehen. Wer beispielsweise heute eine Tageszeitung kauft, der bemisst das Preis-Leistungs-Verhältnis nicht danach, welchen Inhalt die heutige Tageszeitung hat, denn diesen Inhalt kann er ja nicht kennen, und wenn er ihn kennen würde, bräuchte er die Zeitung nicht mehr zu kaufen. Er stützt sich in seiner Kaufentscheidung vielmehr auf die Erfahrungen, die er mit früheren Ausgaben der Zeitung gemacht hat; und wenn er den Eindruck hat, dass ältere Ausgaben ihren Preis wert waren, wird er auch bereit sein, für die neue Ausgabe den Marktpreis zu entrichten.

Wiederkehrende Vertragsbeziehungen spielen auch in der neuen Ökonomie eine wichtige Rolle. So werden die Entscheidungen darüber, welche Werbeagenturen oder Consulting-Firmen einen Auftrag erhalten, häufig anhand der Erfahrungen getroffen, die bei früheren Gelegenheiten mit diesen Anbietern gemacht wurden. Auf diese Weise sorgen wiederkehrende Vertragsbeziehungen dafür, dass Märkte für Informationsgüter überhaupt funktionieren können, obwohl sie dem Informations-Paradoxon unterliegen. Als Nebeneffekt schränken sie allerdings die Bestreitbarkeit dieser Märkte ein, denn neue Anbieter von Informationsgütern haben es schwer, sich erfolgreich gegen jene Anbieter durchzusetzen, die in früheren Zeiten die betreffenden Informationsgüter zur Verfügung gestellt haben und deshalb über etablierte Kundenbeziehungen verfügen.[3]

Verallgemeinernd kann festgestellt werden, dass bei Informationsgütern das Vertrauen zwischen Kunden und Lieferanten eine weitaus größere Rolle spielt als bei traditionellen Gütern. Unternehmen haben in der neuen Ökonomie weitaus stärkere Anreize als in der alten Ökonomie, in ihre *Reputation* zu investieren. Das klassische Instrument, mit dem die Reputation von Unternehmen erhöht wird, ist die Pflege eines Markennamens. Einschlägigen Schätzungen zufolge sind allein die Markennamen von Coca Cola oder von Marlboro jeweils rund 40 Mrd. US-$ wert. Da im Zuge des Strukturwandels zur neuen Ökonomie auch der Informationsgehalt traditioneller Wirtschaftsgüter steigt, werden selbst die Kaufentscheidungen für Automobile oder Waschmaschinen immer mehr vom Markennamen und der Reputation des Anbieters und immer weniger von der eigenen Inspektion des Wirtschaftsgutes durch den Kunden geleitet. Reputation wird in der neuen Ökonomie zum überragenden strategischen Wettbewerbsfaktor.

Insgesamt gesehen gibt es eine Reihe innovativer Wettbewerbsstrategien, mit denen es die Anbieter immer wieder schaffen, die Marktunvollkommenheiten bei Informationsgütern zu überwinden. Nicht alle Strategien gehen auf, und viele Geschäftsmodelle, mit denen in der neuen Ökonomie experimentiert wird, verschwinden nach kurzer Zeit wieder vom Markt. Die Märkte für Informationsgüter befinden sich offensichtlich in einer trial and error-Phase, die angesichts des tiefgreifenden Strukturwandels wohl unvermeidlich ist und die das Wissen aller darüber, wie funktionsfähige Märkte für Informationsgüter strukturiert sein müssen, erhöht.

Unverkennbar ist, dass das potentielle Marktversagen bei Informationsgütern den Weg in die neue Ökonomie nicht verstellt, sondern allenfalls verzögert. Unverkennbar ist aber auch, dass auf diesem Weg nicht nur Chancen, sondern auch Gefahren für den Wettbewerb liegen.

D. Wettbewerbspolitische Implikationen

Der Strukturwandel zur neuen Ökonomie macht sicherlich manche Größenvorteile hinfällig, die als Ursache für die Existenz von Großunternehmen in der traditionellen Ökonomie gelten können. Im Einleitungsabschnitt war bereits darauf hingewiesen worden, dass die Transaktionskosten der Koordinierung wirtschaft-

---

3 Hier dürfte auch die Ursache dafür liegen, dass im Internet zwar Tausende von Buchhändlern präsent sind, dass sich die tatsächlichen Käufe aber auf ganz wenige Anbieter wie Amazon.com konzentrieren, obwohl diese keineswegs die kostengünstigsten sind.

licher Aktivitäten über den Markt anstatt über hierarchische Unternehmensstrukturen weniger prohibitiv werden, wenn die Kommunikation kostengünstiger wird. Auch Skalenerträge infolge hoher Sachkapitalintensität verlieren an Bedeutung, wenn Humankapital wichtiger und Sachkapital unwichtiger wird. Andererseits konnte im vorangegangenen Abschnitt gezeigt werden, dass in der neuen Ökonomie neue Quellen für Größenvorteile entstehen, die wie folgt zusammengefasst werden können:

- Erstens treten bei der Produktion von Informationsgütern erhebliche Skalenerträge auf, da die Produktionskosten nahezu ausschließlich aus Fixkosten bestehen, während die Grenzkosten nahe Null sind. Großunternehmen werden zusätzlich durch Aggregationsvorteile begünstigt, d. h. durch die Wettbewerbsvorteile, die sich für Anbieter verschiedener Versionen oder ganzer Bündel von Informationsgütern gegenüber Anbietern einzelner Informationsgüter ergeben. Entsprechende Vorteile treten nicht bei Gütern auf, deren Grenzkosten deutlich über Null liegen.
- Zweitens fällt die Überwindung kritischer Massen, die bei Netzwerkgütern eine Voraussetzung für die Etablierung funktionsfähiger Märkte darstellt, größeren Unternehmen leichter als kleineren. Wenn etablierte Netzwerke durch geschlossene Standards geprägt sind, hat es die Außenseiterkonkurrenz schwer, und die Bestreitbarkeit der Märkte ist gering.
- Drittens haben es Großunternehmen leichter, sich auf Märkten für Erfahrungsgüter zu behaupten, da die Ausnutzung einer hohen Reputation im Markt Skalenerträge aufweist. Je weniger die Kunden in der Lage sind, die Produkteigenschaften vor der Kaufentscheidung zu inspizieren, desto eher werden sie sich etablierten Großunternehmen anvertrauen.

All diese Größenvorteile sind in erster Linie horizontaler Natur, d. h. sie begünstigen die Konzentration wirtschaftlicher Aktivitäten innerhalb von Branchen. Es passt ins Bild, dass die horizontale Konzentration auch die jüngste Welle von Megafusionen prägt, die zur Mitte der neunziger Jahr einsetzte und die bis heute nicht vollständig abgeklungen ist (*Kleinert / Klodt* 2002). Der Transaktionskostenansatz dagegen, der eine verstärkte Koordinierung wirtschaftlicher Aktivitäten über den Markt und dementsprechend eine abnehmende Bedeutung hierarchischer Unternehmensstrukturen betont, dürfte vor allem für die vertikale Integration von Bedeutung sein (make or buy).[4]

Insgesamt folgt aus diesen beiden Trends, dass das typische Unternehmen in der neuen Ökonomie stärker horizontal und weniger vertikal integriert sein dürfte als das typische Unternehmen der alten Ökonomie. Die Unternehmen werden also gleichsam flacher und breiter. Für die Wettbewerbspolitik folgt daraus, dass Markt-

---

[4] Ein statistisches Indiz für die abnehmende vertikale Integration liefert der Anstieg der Vorleistungsquote, der sich für die deutsche Wirtschaft recht deutlich ausmachen lässt (*Klodt* 2001b).

macht in der neuen Ökonomie durchaus zum ernstzunehmenden Problem werden kann, denn gerade die horizontale Konzentration birgt die Gefahr von Wettbewerbsbeschränkungen. Der Weg in die neue Ökonomie führt also keineswegs automatisch zu mehr Wettbewerb.

Diese Einschätzung mag überzogen erscheinen angesichts der hohen Gründerdynamik und der Vielzahl kleinerer Dot.coms in informationsintensiven Branchen. Doch in den kommenden Jahren ist hier mit einer erheblichen Konsolidierungswelle zu rechnen, die beispielsweise im Medienbereich schon längst eingesetzt hat. Wer meint, dies seien Kassandra-Rufe, der möge bedenken, dass die Trojanische Seherin zwar nie angenehme Voraussagen machte, im Nachhinein aber immer wieder recht behielt.

Über den Rahmen dieses Beitrags hinaus reicht die Frage, ob die herkömmlichen Instrumente der Wettbewerbspolitik dieser Aufgabe gewachsen sein werden.[5] In Märkten mit extrem hohen Skalenerträgen und mit Netzwerkeffekten herrscht möglicherweise ein Winner-Take-All-Wettbewerb.[6] Die klassische Fusionskontrolle würde dann versagen; denn selbst die Zerschlagung eines Monopols würde möglicherweise nur dazu führen, dass dann ein anderer Anbieter ein Monopol erlangt. Niemand wird beispielsweise bestreiten, dass Microsoft seinen hohen Marktanteil bei Internet-Browsern, der heute bei fast 90 vH liegt, mit unfairen Mitteln erlangt hat. Es sollte aber nicht aus dem Blick geraten, dass der Marktanteil von Netscape vor fünf Jahren noch höher lag. Wer dem heutigen Monopolisten den Vertrieb des Internet-Explorers untersagen würde, hätte damit vermutlich noch längst keinen funktionsfähigen Wettbewerb geschaffen, sondern lediglich Netscape das Wiedererlangen seiner alten Monopolstellung ermöglicht. Entscheidend für die Bestreitbarkeit der Märkte ist hier nicht die Kontrolle der Marktstrukturen, sondern die Kompatibilität unterschiedlicher Software-Systeme.

Wo die Marktstrukturkontrolle versagt, bleibt der Wettbewerbspolitik nur die Marktverhaltenskontrolle, deren klassisches Instrument die Missbrauchsaufsicht über marktbeherrschende Unternehmen darstellt. Es ist allerdings mehr als fraglich, ob dieses Instrument tatsächlich dazu taugt, offene Standards und Open-source-Konzepte zu fördern, denn dabei könnte die Grenze zwischen allgemeiner Wettbewerbspolitik und sektorspezifischer Regulierung überschritten werden. Ein Überziehen der neuen Ökonomie mit sektorspezifischen Regulierungen wäre dem Wettbewerb wohl kaum förderlich. Die wettbewerbspolitische Aufgabe lautet vielmehr, generelle und operationale Kriterien dafür zu entwickeln, wie von marktbeherrschenden Unternehmen dominierte Netzwerke für die Außenseiterkonkurrenz offengehalten werden können. Ob und wie diese Aufgabe zu lösen ist, muss hier allerdings offen bleiben.

---

5 Ausführlich dazu hat sich der *Wissenschaftliche Beirat beim BMWi* (2001) geäußert.

6 Eine passende Übersetzung wäre „Alles-oder-nichts-Wettbewerb".

Literatur

Arrow, K. (1962): Economic Welfare and the Allocation of Resources for Invention, National Bureau of Economic Research (Hrsg.), The Rate and Direction of Inventive Activity: Economic and Social Factors, Princeton, N. J.

Bakos, J.Y. / *Brynjolfsson*, E. (1999): Bundling Information Goods: Pricing, Profits and Efficiency, Management Science, Dezember.

– (2000): Bundling and Competition on the Internet, Marketing Science, Januar.

Bieberbach, F. (2001): Die optimale Größe und Struktur von Unternehmen. Der Einfluss von Informations- und Kommunikationstechnik, Wiesbaden, Gabler.

BITKOM (2001): Wege in die Informationsgesellschaft Status quo und Perspektiven Deutschlands im internationalen Vergleich, Edition 2001, Berlin.

BMWi (2001): Der Beitrag der am Neuen Markt gelisteten Unternehmen für die Beschäftigung in Deutschland, Berlin.

Brynjolfsson, E. / *Malone* T.W. / *Gurbaxani*, V. / *Kambil*, A. (1994): Does Information Technology Lead to Smaller Firms? Management Science 40 (12), 1628 – 1644.

Christensen, B. (2001): Qualifikationsanforderungen und Arbeitsformen in der Neuen Ökonomie, Kieler Arbeitspapiere, 1081, Kiel.

Coase, R. (1937): The Nature of the Firm, Economica, 4, 386 – 405.

Council of Economic Advisers (2001): Economic Report of the President. Washington, D.C.

Dostal, W. (2000): Die Informatisierung der Arbeiswelt – Ein erster Blick auf der Ergebnisse der BIBB / IAB-Erhebung. Beiträge zur Arbeitsmarkt- und Berufsforschung, 231, Nürnberg, 151 – 167.

Kleinert, J, / *Klodt*, H. (2002): Die fünfte Fusionswelle: Ausmaße und Hintergründe. Beitrag zur Sitzung der Arbeitsgruppe Wettbewerb des Wirtschaftspolitischen Ausschusses im Verein für Socialpolitik im März 2001 (Veröffentlichung in Vorbereitung).

Klodt, H. (2001a): The Essence of the New Economy. Kieler Diskussionsbeiträge 375, Institut für Weltwirtschaft, Kiel.

– (2001b): Direktinvestitionen, Fusionen und Strukturwandel. Kieler Arbeitspapiere 1083, Institut für Weltwirtschaft, Kiel.

Liebowitz, S.J. / *Margolis*, S.E. (1994): Network Externality: An Uncommon Tragedy, Journal of Economic Perspectives, 8 (2), 133 – 150.

– (1999): Winners, Losers and Microsoft. Competition and Antitrust in High Technology. Oakland, Cal.

Malone, T.W. / *Laubacher*, R.J. (1998): The Dawn of the E-Lance Economy, Harvard Business Review, September / October, 145 – 152.

Nelson, P. (1970): Information and Consumer Behavior, Journal of Political Economy, 78 (2), 311–329.

OECD (2000): Measuring the ICT Sector, Paris.

Picot, A. / *Reichwald*, R. / *Wigand*, R.T. (1998): Die grenzelose Unternehmung. Information, Organisation und Management, Wiesbaden, Gabler.

Sachverständigenrat zur Begutachtung der gesamtwirtschaftlichen Entwicklung (2000): Chancen auf einen höheren Wachstumspfad. Jahresgutachten 2000 / 01, Stuttgart.

Shapiro, C. / *Varian*, H.R. (1999): Information Rules. A Srategic Guide to the Network Economy, Boston, Mass.

Statistisches Bundesamt (lfd. Jgg): Fachserie 1: Bevölkerung und Erwerbstätigkeit. Reihe 4.1.2: Beruf, Ausbildung und Arbeitsbedingungen der Erwerbstätigen. Ergebnisse des Mikrozensus, Stuttgart.

Varian, H.R. (1984): Microeconomic Analysis. Second edition, New York, Norton.

– (1985): Price Discrimination and Social Welfare. American Economic Review, 75 (4), 870–875.

Wissenschaftlicher Beirat beim BMWi (2001): Wettbewerbspolitik für den Cyberspace, Hamburg.

Anhang

Tabelle A1

Informationsverarbeitende Berufe nach der im Mikrozensus verwendeten Klassifizierung der Berufe

Nr.	Berufsgruppe
03	Verwaltungs-, Beratungs- und technische Fachkräfte in Land- und Tierwirtschaft
60	Ingenieure, a. n .g.
61	Chemiker, Physiker, Mathematiker
62	Techniker, a. n. g.
63	Technische Sonderfachkräfte
64	Technische Zeichner und verwandte Berufe
65	Industrie-, Werks-, Ausbildungsmeister
67	Groß- und Einzelhandelskaufleute, Ein- und Verkaufsfachleute
69	Bank-, Bausparkassen- und Versicherungsfachleute
70	Andere Dienstleistungskaufleute und zugehörige Berufe
73	Berufe des Nachrichtenverkehrs
75	Berufe in der Unternehmensleitung, -beratung, -prüfung
76	Abgeordnete, administrativ entscheidende Berufstätige
77	Rechnungskaufleute, Informatiker
78	Büroberufe, Kaufmännische Angestellte, a. n. g.
81	Berufe im Rechts- und Vollstreckungswesen
82	Publizistische, Übersetzungs-, Bibliotheks- und verwandte Berufe
83	Künstlerische und zugeordnete Berufe
84	Ärzte, Apotheker
85	Übrige Gesundheitsberufe
86	Soziale Berufe
87	Lehrer
88	Geistes- und naturwissenschaftliche Berufe, a. n. g.
89	Berufe in der Seelsorge

Quelle: Eigene Zusammenstellung nach *Statistisches Bundesamt* (lfd. Jgg.).

Wettbewerbswirkungen elektronischer Marktplätze: Das Beispiel des Luftverkehrs

Von *Hartmut Berg* und *Stefan Schmitt*, Dortmund

Abstract

In November 1999 Continental, Delta, Northwest and United Airlines (later joined by American Airlines) announced to combine online sales activities in an internet platform called Orbitz. They intent to reduce distribution costs significantly, to improve sales of last minute capacity and to be less dependent on other market players like global distribution systems and online as well as traditional travel agents.

The paper identifies competition policy concerns raised by sales cooperation of industry's largest companies and estimates the impact on the US online travel and airline market. Guidelines of the analysis are the 'Antitrust Guidelines for Collaboration among Competitors'. They require that each relevant market in which competition may be affected has to be analyzed. In the case of Orbitz distribution and 'production' of airline tickets have to be considered, as the stakeholding airlines are in a dominant position in about 80 % of all US city pairs.

On the one hand competition may be less fierce as carriers can inform participating competitors about planned prices and capacity. Orbitz sets incentives to distribute special offers exclusively and allows to collect data on customers' preferences, which may be used for price discrimination. On the other hand competition can be enhanced if customers are well informed about prices, forcing carriers to pass on lower distribution costs. In addition Orbitz allows passengers to book tariffs, which were not publicly available before. Furthermore financial incentives grow to enlarge existing route networks.

In April 2001 US competition authorities decided not to prevent Orbitz's launch but to watch the development closely. US and European competition policy are well equipped to handle potential competition concerns induced by online cooperations of competitors as Orbitz.

A. Electronic Commerce als Merkmal der New Economy

Wesentliches Kennzeichen der New Economy ist ohne Zweifel das Internet, das es Unternehmen ermöglicht, Informationen über Produkte und Dienstleistungen zu dramatisch reduzierten Kosten bereitzustellen und auch Transaktionen elektronisch abzuwickeln. Dort, wo von diesen Möglichkeiten Gebrauch gemacht wird, entstehen elektronische Marktplätze. Ihre Wettbewerbswirkungen sollen im Folgenden am Beispiel des Luftverkehrs diskutiert werden.

Der elektronische Geschäftsverkehr kann gemäß dem Kriterium der jeweiligen Teilnehmer systematisiert werden. Teilnehmer können sein: Behörden (Administration), Unternehmen (Business) und Konsumenten (Consumer). Hinzu kommen weitere Formen wie etwa B2E (‚business to employer'), die jedoch bislang nur geringe gesamtwirtschaftliche Bedeutung gewonnen haben. Beispiele für bestehende Austauschbeziehungen zeigt Abbildung 1.

Anbieter \ **Nachfrager**	**A** Administration	**B** Business	**C** Consumer
A Administration	**A2A** Informationsaustausch zwischen dem Luftfahrt-Bundesamt und der FAA	**A2B** Zulassung eines Flugzeuges zum Luftverkehr durch das LBA	**A2C** Angebot einer Verspätungsstatistik durch die FAA
B Business	**B2A** Umsatzsteuervoranmeldungen durch Fluggesellschaften	**B2B** Aeroxchange, Exostar, Cordiem	**B2C** Orbitz, Opodo
C Consumer	**C2A** E-Mail an die FAA Safety Hotline	**C2B** Beschwerde E-Mail an den Vertrieb einer Airline	**C2C** Tauschbörse für Reiseinformationen/Fotos

FAA = Federal Aviation Adminstration.
Quelle: in Anlehnung an *Hermanns / Sauter* (1999).

Abbildung 1: Elektronische Marktformen im Luftverkehr

Von den in Abbildung 1 aufgeführten Konfigurationen sind vor allem der Business-to-Business- (B2B) und der Business-to-Consumer-Bereich (B2C) ökonomisch bedeutsam. B2B bezeichnet den elektronischen Austausch zwischen Unternehmen. Von B2C-Geschäften spricht man, wenn Konsumenten die Nachfrager von Gütern, Dienstleistungen oder Informationen sind, die von Unternehmen angeboten werden.

Wichtige B2B-Marktplätze im Luftverkehr sind die in Abbildung 1 angeführten Arrangements *Aeroxchange*, *Exostar* und *Cordiem*. Je nach Ausgestaltung des Marktplatzes sind die teilnehmenden Unternehmen nur Nachfrager, nur Anbieter oder beides zugleich. In der Regel setzt sich jedoch die Nachfrageseite zusammen aus weltweit etwa 1.500 Fluggesellschaften des Linien-, Charter- und Cargo-Verkehrs, 1.600 Instandhaltungsunternehmen und 2.000 Betriebe, die wesentliche Flugzeugbestandteile reparieren oder überholen. Die Angebotsseite wird durch weniger als zehn Flugzeughersteller gebildet – Airbus, Boeing und Produzenten von Regionaljets mit weniger als 100 Sitzplätzen –; hinzu kommen 35 bis 40 Produzenten von Originalteilen (OEM; Original Equipment Manufacturers), so etwa Turbinen- oder Fahrwerk-Lieferanten, ferner etwa 12.000 Zulieferbetriebe und 1.200 Zwischenhändler und Serviceprovider, die beispielsweise das Lagermanagement übernehmen oder die Beschaffung von Massenersatzteilen organisieren.[1]

Aus der Vielfalt der Anbieter- und Nachfragerseite ergibt sich eine große Zahl unterschiedlicher Lieferbeziehungen: Fluggesellschaften fragen direkt bei Anbietern nach, nutzen Zwischenhändler, übernehmen Reparaturen selbst, vergeben diese fremd oder bieten ihre Servicekapazitäten anderen Luftverkehrsgesellschaften an.

Priorität hat bei den Fluggesellschaften das Beschaffen von Ersatzteilen, ohne die ein weiterer Einsatz des Fluggeräts nicht möglich wäre. Diese Ersatzteile machen annähernd die Hälfte der etwa 3.000 Bestellungen aus, die ein einzelner großer US-Carrier durchschnittlich pro Tag tätigt. Den Such- und Lieferzeiten bei diesen Bestellungen kommen damit eine besondere Bedeutung zu. Die Anbieter von Ersatzteilen können Preise über den Grenz- bzw. Durchschnittskosten durchsetzen, wenn sie wissen, dass ein von ihnen angebotenes Gut besonders knapp ist und wenn sie die Opportunitätskosten der Fluggesellschaft abschätzen können.

Online-Marktplätze ermöglichen einen raschen Überblick über Lieferanten und deren aktuelle Lieferzeiten. Sie steigern somit in erheblichem Maße die Markttransparenz. Zugleich eröffnen sie aber auch Möglichkeiten zur Verhaltensabstimmung. Ferner kann nicht ausgeschlossen werden, dass der Betreiber einer elektronischen Plattform eine marktbeherrschende Stellung erlangt. B2B-Marktplätze sind aus diesen Gründen auch bereits mehrfach wettbewerbsrechtlich überprüft worden, und zwar gleichermaßen in den USA und in der EU. Für B2C-Plattformen gilt dagegen, dass die Wettbewerbspolitik sich dieser Ausprägung des Electronic Commerce erst in jüngster Zeit angenommen hat und hier noch keine inhaltlich ergiebigen Entscheidungen getroffen wurden. Aus diesem Grund ist in der folgenden Fallstudie mit Orbitz ein B2C-Marktplatz Gegenstand der Analyse.

B. Traditionelle und neue Vertriebsformen im Luftverkehr

Die Distributionsmöglichkeiten für Flugreisen und Tourismusprodukte reichen von traditionellen zwei- bzw. dreikanaligen Systemen mit Wiederverkäufer, Globalem Distributionssystem (GDS) und stationärem Vertrieb bis hin zum Direktvertrieb der Produzenten. Davon zu trennen sind auf einer zweiten Ebene die Kommunikationskanäle, über die sich der Austausch abwicklungsrelevanter Daten vollzieht (persönlicher Kontakt, Telefon, Internet). Abbildung 2 dokumentiert diese grundsätzlich bestehenden Vertriebsmöglichkeiten.

---

[1] Vgl. hierzu und im Folgenden *aviationX* (Hrsg.): A new kind of hub – how B2B E-marketplaces will revolutionize the aviation industry, o. O. 2000, S. 7 ff. Unberücksichtigt bleiben die jeweiligen Zuliefervorstufen; bspw. Lieferanten vom Triebwerkhersteller Rolls-Royce.

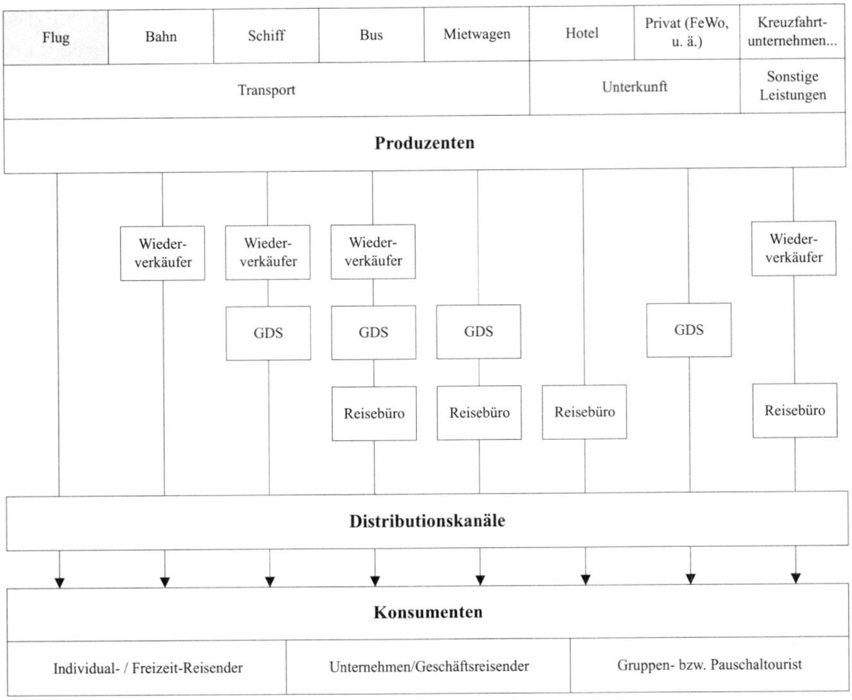

Quelle: Eigene Darstellung.

Abbildung 2: Alternative Vertriebswege touristischer Dienstleistungen

In die Übersicht nicht mit einbezogen sind Service-Provider, die Dienstleistungen für Produzenten und Vertriebsunternehmen anbieten: Hauptsächlich als Informationsdienstleister sind Fremdenverkehrsvereine und Tourismusverbände tätig. Event-Manager stellen spezifische Reiseleistungen in der Regel für Unternehmen zusammen. Telekommunikations- und Software-Unternehmen bieten die infrastrukturellen Voraussetzungen für den Datenaustausch. Versicherungsgesellschaften sichern operative Betriebsrisiken und liefern Ergänzungsprodukte vor allem zu touristischen Dienstleistungen. Kreditkartenunternehmen und Dienstleister für andere Formen des elektronischen Zahlungsverkehrs[2] garantieren den monetären Teil der Transaktionen.

Für den Direktvertrieb über das Internet (vgl. Abbildung 2 ganz links) sind insbesondere Linienflüge und einfache Pauschalreisen geeignet. Hier erfordert der Online-Verkauf nur geringe Datenmengen. Kapazitätsengpässe wie etwa beim Vertrieb von Musik und Videos sind nicht zu erwarten. Der Erklärungsbedarf ist ge-

2 An ec-Karten gebundene Dienstleistungen (OLV, POS, POZ).

ring, das Versenden von physischen Produktbestandteilen nicht oder nur in geringem Umfang erforderlich. In vielen Fällen kennt der Kunde das Produkt: Ein Flug von Düsseldorf nach London-Heathrow mit British Airways bedarf keiner individualisierten Zusatzinformationen. Er ist mit weitgehend textbasierter Darstellung problemlos beschreibbar.[2a]

Wesentlich vereinfacht wurde der Online-Vertrieb von Luftverkehrsdienstleistungen durch das Einführen elektronischer Tickets. Zuvor konnten online gekaufte Flugscheine entweder direkt versandt oder am Schalter abgeholt werden. Elektronische Tickets machen diese Zwischenstufe überflüssig. Die Flug- und Buchungsdaten werden lediglich im Buchungssystem des Carriers hinterlegt.[3] Für die Fluggesellschaften sinken dadurch die Kosten des Ticketausstellens von durchschnittlich acht auf einen US-Dollar.

Der Online-Umsatz macht in den USA mit knapp 7 Milliarden US-Dollar pro Quartal (2000/2001) noch weniger als ein Prozent des gesamten Endverbraucherumsatzes aus.[4] Den größten Anteil an den Online-Umsätzen haben dabei Reiseprodukte. Etwa 80 % aller Online-Reiseumsätze wiederum entfallen auf Flugtickets.[5] Der europäische Online-Reisemarkt lag 1999 in seiner Entwicklung etwa 10 Monate hinter dem der USA zurück. Mit Reiseprodukten wurde knapp eine Milliarde Euro umgesetzt. In Deutschland entfielen im Jahr 2001 knapp 2 % des Reisemarktes auf Online-Umsätze.[6]

Der elektronische Direktvertrieb der Fluggesellschaften lag in Europa Mitte 2000 zwischen weniger als einem Prozent (Air France, Alitalia, KLM) und 5 % (British Midland). Die größten Anbieter British Airways und Lufthansa setzten etwa 2–3 % ihrer Tickets online ab.[7] Deutlich höhere Online-Anteile haben die sogenannten No-frills-Anbieter (etwa Ryanair und Easyjet), die bis zu 80 % ihrer Tickets über die unternehmenseigene Webseite verkaufen.

2a Die hier genannten Bedenken sind durch den ständigen Ausbau der Infrastruktur bereits jetzt oder sehr bald obsolet.

3 Zu rechtlichen Problemen elektronischer Tickets, vor allem im Zusammenhang mit der Informationspflicht gegenüber dem Kunden im Schadensfall vgl. *Dubuc*, C.E.: Air travel, tourism, electronic tickets and the Warsaw conentions in cyberspace, in: Air & Space Law, Vol. 22, 1997, No. 6, S. 291–311. Die rechtliche Einordnung in den Kontext der GDS-Verhaltensregeln findet sich in *Europäische Kommission:* Entscheidung der Kommission vom 20. Juli 1999 in einem Verfahren betreffend die Anwendung der Verordnung (EWG) Nr. 2299/89 des Rates – Elektronisches Ticket, in: ABl. EG L 244/56–63, 16. 09. 1999.

4 Vgl. *US Department of Commerce:* Pressemitteilung vom 16. 05. 2001, http://www.census.gov/estats, Stand: 24. 07. 2001.

5 Vgl. *Cohen*, J.: Technical Difficulties, in: The Industry Standard Magazine, vom 07. 06. 1999, http://www.thestandard.com, Stand: 11. 07. 2001 (Daten von Jupiter Communications).

6 Vgl. *Borchardt*, A.: Reisemarkt – Einsam auf Online-Tour, in: FTD, 02. 03. 2001, http://www.ftd.de/ub/di/FTD983439195325.html, Stand: 27. 05. 2001.

7 Die Zahlen beziehen sich jeweils auf den Gesamtabsatz der Fluggesellschaften. Vgl. *o. V.:* Weniger Markenwerbung im Luftverkehr, in: FAZ, Nr. 129, 05. 06. 2000, S. 31 sowie Unternehmensangaben.

Elektronische Marktplätze bieten den Distributionssystemen und den Luftverkehrsgesellschaften sehr verheißungsvolle Möglichkeiten, ihren Vertrieb auszubauen: *GDS-Anbieter*[8] können im Internet eine eigene Reisevermittlungsleistung unter der bestehenden oder einer neuen Marke anbieten (Travelocity.com), Systeme für den Online-Vertrieb stationärer Reisebüros entwickeln, Kooperationen mit Internet-Portalen (Yahoo, Excite, Lycos, Altavista etc.) und Internet Service Providern (AOL, T-Online) eingehen oder schließlich Systeme für Fluggesellschaften mit eigenen B2C-Angeboten zur Verfügung stellen.

Luftverkehrsgesellschaften bietet B2C-Technologie die Option, den Eigenvertrieb auszuweiten.[9] Bisher war dieser auf unternehmenseigene, stationäre Verkaufsbüros und den Telefonvertrieb begrenzt. Nun kann man das Internet als einen weiteren Vertriebskanal nutzen. Alternativ können Fluggesellschaften auch Offerten von Wettbewerbern in ihre Angebotspalette integrieren. Einbußen durch Buchungen bei Wettbewerbern stehen dann Provisionseinnahmen gegenüber.[10] Schließlich bietet sich als strategische Alternative die Kooperation mit Online-Reisebüros. Diese liefern die Technologie, von den Carriern werden ihre Marken und Kunden eingebracht.[11]

Stationäre Reisebüros scheinen durch Electronic Commerce eher bedroht als begünstigt zu werden. Zwar erhalten auch diese Anbieter neue Chancen, ihren Vertrieb auszubauen. Sie sind nun nicht länger räumlich gebunden; auch sie können ihre Leistungen durch elektronisches Abwickeln vielfach kostengünstiger bereitstellen und preisgünstiger anbieten, aber sie müssen damit rechnen, dass ihr Offline-Geschäft an Bedeutung einbüßt, wenn die Praxis der Online-Buchung sich mehr und mehr durchsetzt.

Die Entwicklung zeigt folgende Trends: Einerseits versucht man, bestehende strategische Allianzen so zu erweitern, dass eine möglichst hohe räumliche Abdeckung erreicht wird. Andererseits zeigt sich eine Regionalisierung des Vertriebs. Allianzenübergreifend haben Luftverkehrsgesellschaften regional agierende Internet-Vertriebsplattformen gegründet, so in den USA Orbitz, in Europa Opodo[12]

---

[8] Vgl. in leicht veränderter Abgrenzung hierzu auch *Klein,* P.: Electronic Commerce im Tourisitkmarkt, in: *Gora,* W. / *Mann,* E. (Hrsg.): Handbuch Electronic Commerce – Kompendium zum elektronischen Handel, Berlin u. a. 1999, S. 351 – 367, hier S. 359 ff. Zu Praxisbeispielen aus den USA vgl. etwa *Rice,* K.: Bye bye GDS, hello Internet, in: the Insighter, http://www.webtravelnews.com/forms/print.html?id=9, Stand: 24. 07. 2001.

[9] Ein Überblick über die europäischen Angebote findet sich bei *Marcussen,* C.H.: Internet distribution of european travel and tourism services, Bornholm 1999, S. 39 ff.

[10] Die Lufthansa bot als eine der ersten Gesellschaften Flüge anderer Carrier an. In 1999 entfielen gut 5 % des Online-Umsatzes auf Wettbewerber.

[11] Vgl. *Vigoroso,* M.W.: Travelocity brings home marketing deals with British Airways, Lufthansa, in: E-Commerce Times, 17. 07. 2001, http://www.ecommercetimes.com/perl/story/12049.html, Stand: 08. 12. 2001.

[12] Vgl. etwa *o. V.:* Fluglinien gründen Online-Reisebüro – Zusammenarbeit von elf großen europäischen Fluggesellschaften, in: FAZ, Nr. 110, 12. 05. 2000, S. 23.

und Beyoo,[13] in Asien schließlich Kokunaisen[14] sowie Travel Exchange Asia/ Zuji.[15]

Opodo.com (opportunity to do) ist ein Gemeinschaftsprojekt von Aer Lingus, Air France, Alitalia, Austrian Airlines, British Airways, Finnair, Iberia, KLM und Lufthansa. Auf länderspezifischen Internetseiten werden zu Beginn in Deutschland, Großbritannien und Frankreich Flüge, Hotels und Leihwagen angeboten. Wettbewerbsrechtliche Probleme werden von den Anbietern nicht erwartet.[16]

Die folgende Analyse von Orbitz soll die wettbewerbsrechtliche und wettbewerbspolitische Bedeutung von B2C-Kooperationen im Luftverkehr verdeutlichen. Der räumlich relevante Markt für Orbitz sind die USA. Die Beteiligungsstruktur und das Geschäftsmodell weisen ebenso wie die wettbewerbspolitischen Beurteilungskriterien weitgehende Ähnlichkeit mit den europäischen Gegebenheiten auf. Orbitz bietet dabei den Vorteil, dass die wettbewerbsrechtliche Vorprüfung abgeschlossen ist. Das Projekt ist zudem weiter fortgeschritten als das europäische Pendant Opodo. Es ist daher in besonderer Weise geeignet, über die Wettbewerbswirkungen von B2C-Marktplätzen Aufschluss zu geben.

C. Online-Direktvertrieb der Fluggesellschaften: Das Beispiel Orbitz

Ziele der Anbieter

Im November 1999 informierten zunächst Continental, Delta, Northwest und United Airlines darüber, eine gemeinsame elektronische Vertriebsplattform zu entwickeln. Zwei Monate später, im Januar 2000, wurde bekannt, dass insgesamt 23 weitere Carrier beabsichtigten, dieser Kooperation beizutreten.[17] Unter diesen war auch American Airlines, die im März 2000 fünfter Anteilseigner wurde.[18]

---

13 Beyoo ist die Online-Vertriebsplattform der Qualiflyer Group. Die Ende 1999 gegründete Gesellschaft nutz die Ressourcen der Swissair-Gruppe. Die Web-Seite ist seit 16. 03. 2001 verfügbar. Galileo wird als GDS genutzt. Vgl. http://www.beyoo.com, Stand: 04. 09. 2001, sowie *o. V.:* Qualiflyer airline group forms european portal – Beyoo, in: Travel Distribution Report, 13. 07. 2000, S. 3.

14 Ein auf den inner-japanischen Verkehr konzentriertes Angebot, dass auf Japan Airlines, All Nippon Airways und Japan Air System zurückgeht. Die ausschließlich in Japanisch verfügbare Seite findet sich unter http://www.kokunaisen.com, Stand: 05. 09. 2001.

15 Vgl. im Überblick zu den Angeboten *Parsons,* T.: Best fares – are megasites finding the best deals for you, in: Dallas Morning News, 05. 08. 2001, http://www.dallasnews.com/3 travel2/archive/435135_parsons_05tra..html [!], Stand: 04. 09. 2001. Seit dem 15. 08. 2001 firmiert Travel Exchange Asia als Zuji.com. Vgl. *o. V.:* Zuji ist here! Pressemitteilung vom 15. 08. 2001, http://www.zuji.com/zuji/en_pr_consumer.html, Stand: 02. 10. 2001.

16 Vgl. *o. V.:* Neun Fluggesellschaften bieten Flüge gemeinsam im Internet an, in: FAZ, Nr. 146, 27. 06. 2001, S. 26.

17 Vgl. *Learmonth,* M.: Travel agent group files DoJ petition, in: The Industry Standard, 18. 02. 2000, http://www.thestandard.com, Stand: 25. 07. 2001.

Die Gesellschafter wollen mit Orbitz folgende Ziele erreichen:[19]

- Die Kosten des (Internet-)Vertriebs sollen reduziert werden: Es wird als langfristig günstiger erachtet, eine gemeinsame Plattform zu betreiben, die in ihrer technischen Aktualität, ihrem Serviceniveau, der abgedeckten Vielfalt und ihrer Zuverlässigkeit den wachsenden Anforderungen der Konsumenten genügt, als separate eigene Angebote aufrechtzuerhalten.
- Man will die Kosten der GDS-Nutzung senken: Das Orbitz-System sucht zunächst in einer eigenen Datenbank[20] und gibt dann nur die zu buchenden Verbindung an das GDS weiter. Das genutzte GD-System[21] ist im Besitz von Orbitz-Gesellschaften und bietet daher besonders günstige Konditionen.
- Der Absatz von „Resttickets" soll gefördert werden: Orbitz bietet die Möglichkeit, ungenutzte Kapazitäten rascher zu erfassen und Preise zügiger zu ändern, als das den bestehenden GDS möglich ist.
- Man will ein Gegengewicht zu den bislang im US-Online-Reisemarkt dominierenden Unternehmen Expedia und Travelocity schaffen.
- Schließlich hofft man, durch Orbitz künftig nicht mehr in allen GDS vertreten sein zu müssen: Je größer der Marktanteil von Orbitz, desto geringer ist grundsätzlich die Notwendigkeit, alle GDS zu versorgen.[22]

Relevante Märkte

Orbitz beeinflusst unmittelbar den Markt für den Vertrieb von Flugtickets, und zwar gleichermaßen in seiner Online- und in seiner Offline-Ausprägung. Orbitz kann jedoch zugleich auch die Wettbewerbsbeziehungen der Luftverkehrsgesellschaften auf deren Angebotsmärkten verändern.

Würde nur der Online-Vertrieb betrachtet werden, müsste Orbitz als wettbewerbspolitisch unproblematisch angesehen werden, da der Marktanteil der Plattform auf absehbare Zeit im einstelligen Prozentbereich bleiben dürfte. Würde Orbitz dagegen eine Abstimmung der Angebotspolitik der Teilnehmer ermög-

---

18 Vgl. hierzu und z. T. im Folgenden *Maroney,* T.: An air battle comes to the web, in: Fortune, Vol. 71, 2000, S. 115–117.

19 Vgl. hierzu die Vermutungen von *Katz,* J.G.: Testimony – Hearing on the sale of airline tickets over the internet, 20. 07. 2000, http://www.senate.gov/~commerce/issues/aviation00.html, Stand: 01. 08. 2001.

20 Genutzt wird Software von ITA. ITA gehört zu 20 % Amadeus. Vgl. *o. V.:* ITA Software brings unique search features to travel bookings, in: Interactive Travel Report, Vol. 5, No. 20, 30. 03. 2000, S. 3.

21 Es wird das Worldspan-System genutzt, das zu 40 % Delta, zu 34 % Northwest und zu 26 % TWA und damit American Airlines gehört.

22 Vgl. *Katz,* J.G.: Testimony – Hearing on the sale of airline tickets over the internet, 20. 07. 2000, http://www.senate.gov/~commerce/issues/aviation00.html, Stand: 01. 08. 2001.

lichen, müsste dieses Arrangement untersagt werden, da es zu marktbeherrschenden Positionen führen würde. Zur Abgrenzung der Angebotsmärkte im Luftverkehr hat die EU-Kommission im Fall *Air France / Sabena*[23] als relevante Kriterien für die Austauschbarkeit alternativer Verbindungen aus Sicht der Nachfrager die Streckenlänge genannt, ferner die Distanz zu alternativen Abflugs- oder Ankunftsorten, die angebotene Frequenz und die Möglichkeit, auf andere Verkehrsträger auszuweichen. Umsteigeverbindungen im innereuropäischen Verkehr bleiben in der Regel unberücksichtigt, da sie von den Nachfragern zumeist nicht als gleichwertige Substitute angesehen werden.

Auf der Angebotsseite analysiert die Kommission mögliche Markteintrittsbarrieren, so etwa den Zugang zu globalen Distributionssystemen, die Flughafeninfrastruktur, Slots und Interline-Vereinbarungen sowie die Wirkung von Hub-and-spoke-Netzen. Potentielle Konkurrenz wird nicht berücksichtigt. Städtepaare bilden dagegen in jedem Fall für Linienflüge einen relevanten Markt.

In den USA werden täglich auf über 6.500 Städtepaarmärkten mehr als 10 Passagiere befördert. Abbildung 3 zeigt, dass die meisten dieser Märkte in dem Entfernungssegment von 500 bis 1.000 Meilen liegen. Fast vollständig unabhängig von der Entfernung ist der Anteil der Märkte, die von Orbitz-Gesellschaften dominiert werden. Auf über 5.300 Märkten (82 %) ist ein Orbitz-Teilnehmer der Anbieter mit dem größten Marktanteil. Im Entfernungssegment von 700 bis 750 Meilen liegen beispielsweise 240 US-Inlandsverbindungen; auf 191 von ihnen hat eine Orbitz-Gesellschaft den höchsten Marktanteil, auf 49 ist ein Orbitz-Wettbewerber der führende Anbieter.

Southwest ist einer der wenigen verbleibenden Wettbewerber, der auf einer Vielzahl von Märkten mit Orbitz-Airlines konkurriert. Der Widerstand dieses Carriers gegen Orbitz findet sowohl auf dem Rechtsweg durch eine Klage wegen fehlerhafter Preisdarstellung als auch am Markt statt. Um die Bekanntheit und den Verkauf über die eigene Webseite zu steigern, hat Southwest im Sommer 2001 die Preise auf einzelnen Strecken um bis zu zwei Drittel gesenkt.[24]

Allein der kumulierte Marktanteil der Orbitz-Gesellschafter kann dabei kaum als Beleg für wettbewerbsbeschränkendes Verhalten gelten. Wesentlich schwieriger als in der Produktgestaltung dürfte ein Alleinstellungsmerkmal im Vertrieb zu erreichen sein; der Versuch von Microsoft mit Microsoft Network (MSN) belegt diese Vermutung.[25]

---

23 Vgl. *Europäische Kommission:* Cas n^{c}*irc* IV / M.157 – Air France / Sabena, 392M0157, 05. 10. 1992, Rn. 25. Details zum räumlichen Abgrenzen finden sich in der Entscheidung *Europäische Kommission:* Entscheidung der Kommission vom 26. Februar in einem Verfahren nach Artikel 85 und 86 EWG-Vertrag (Sache IV / 335544 – British Midland / Aer Lingus), veröffentlicht in ABl. EG L 96 / 35–45, 10. 04. 1992, hier Rn. 15 und 16. Unter Auslassung der Städtepaarproblematik geht hierauf auch ein *Schwalba,* M.: Die wettbewerbsbezogene Abgrenzung des relevanten Marktes, Frankfurt a. M. 2000, S. 117 f.

24 Vgl. *Baumann,* R.: Southwest sagt Nein zu Orbitz, in: fvw international, Nr. 19, 10. 08. 2001, S. 80.

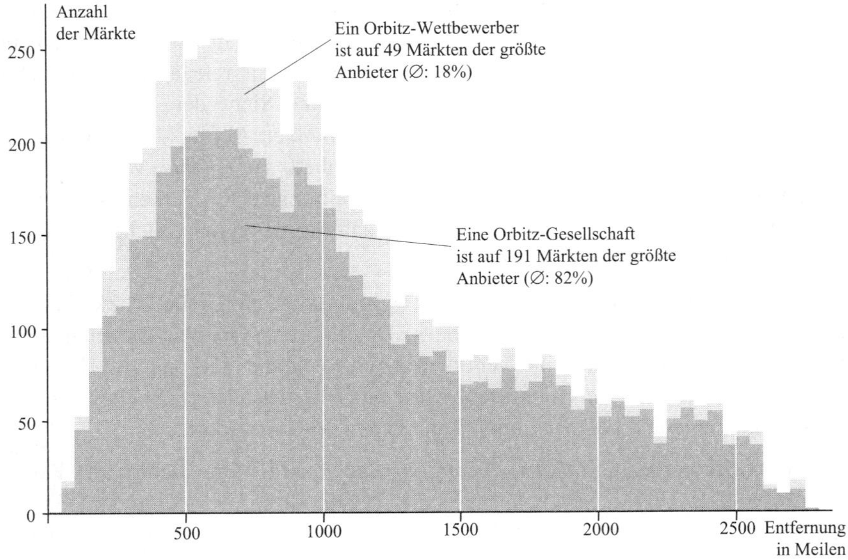

Quelle: *US Department of Transportation*, eigene Berechnung, eigene Darstellung.

Abbildung 3: Dominanz der Orbitz-Gesellschaften auf dem US-Luftverkehrsmarkt (2000)

Von besonderer Relevanz ist die Frage, ob es gelingen kann, eine starke Stellung auf der Produktionsseite in entsprechende Marktanteile im Vertrieb zu übertragen.[26]

Prüfung der Anwendbarkeit des US-Wettbewerbsrechts

Um zunehmender Internationalisierung und kürzeren Innovationszyklen gerecht zu werden, erließen die Federal Trade Commission und das Department of Justice die „Horizontal merger guidelines"[27] (Merger Guidelines) und die „Antitrust guidelines for collaboration among competitors"[28] (Collaboration Guidelines).[29]

25 Vgl. *Carroll,* B.: Does Orbitz' regulatory green light mean its bottom line will be green?, in: the Insighter, 01. 05. 2001, http://www.webtravelnews.com, Stand: 24. 07. 2001.

26 Auf diese Gefahr verweist die *Europäische Kommission.* Vgl. *Europäische Kommission:* Bekanntmachung nach Artikel 19 Absatz 3 der Verordnung Nr. 17 des Rates – Sache COMP/38.006 – Online Travel Portal, in: ABl. EG C 323/6–8, Rn. 6, 20. 11. 2001.

27 Vgl. *Federal Trade Commission, US Department of Justice:* Horizontal merger guidelines, o. O. 1997, http://www.ftc.gov/bc/docs/horizmer.htm, Stand: 24. 04. 2001.

28 Vgl. *Federal Trade Commission, US Department of Justice:* Antitrust guidelines for collaborations among competitors, o. O. 2000, http://www.ftc.gov/os/2000/04/ftcdojguidelines.pdf, Stand: 30. 07. 2001.

29 Vgl. einführend dazu *Federal Trade Commission:* Promoting competition – protecting consumers, http://www.ftc.gov/bc/compguide/index.htm, Stand: 04. 09. 2001 sowie *Herdzina,* K.: Wettbewerbspolitik, 5. Aufl., Stuttgart 2001, S. 242 ff.

Eingeschränkt wird das Anwenden der Merger Guidelines auf Orbitz durch das grundsätzliche Fortbestehen des Wettbewerbs auf den Angebotsmärkten: Orbitz umfasst im Augenblick lediglich die Zusammenarbeit auf der Distributionsebene. Die beteiligten Fluggesellschaften erstellen ihre Produkte weiterhin selbst.

Die Prüfung hat folglich weitgehend auf Basis der Collaboration Guidelines zu erfolgen. Insbesondere ist zu untersuchen, ob die Vereinbarung die Teilnehmer grundsätzlich dazu befähigt, Preise über dem Niveau oder Service, Qualität und Innovationsraten unter den Standards des weiterentwickelten Status quo durchzusetzen.[30] Als grundsätzlich geeignet, den Wettbewerb zu beeinträchtigen, werden in den Collaboration Guidelines Vereinbarungen angesehen, die auf den gemeinsamen Verkauf, die gemeinsame Distribution oder die gemeinsame Promotion von Gütern und Dienstleistungen gerichtet sind. Dies gilt dabei unabhängig davon, ob die Güter und Dienste einzeln oder gemeinsam produziert werden.[31]

Um dem wettbewerbsfördernden Charakter vieler Kooperationen gerecht zu werden, sehen die Collaboration Guidelines eine Safety-zone-Prüfung vor. Forschungs- und Entwicklungskooperationen (FuE-Kooperationen) können von weiteren wettbewerbsrechtlichen Prüfungen ausgenommen werden. Orbitz stellt indes keine FuE-Kooperation im Sinne dieser Leitlinien dar. Es verbleibt die Möglichkeit, Orbitz unter die allgemeinen Safety-zone-Regeln zu subsummieren: Hierzu muss es sich um eine Zusammenarbeit handeln, von der grundsätzlich keine Wettbewerbsbeeinträchtigung zu erwarten ist. Der gemeinsame Marktanteil darf dazu in „each relevant market in which competition may be affected“[32] 20 % nicht überschreiten. Diese Formulierung legt nahe, dass alle potentiell betroffenen Märkte zu beachten sind: Im Online-Vertrieb liegt der Marktanteil deutlich unter diesem Schwellenwert. Auf der Produktionsseite haben die Kooperationspartner jedoch einen deutlich höheren Marktanteil, so dass der Einschätzung der Association of Retail Travel Agents (ARTA) insofern zu folgen ist, dass Orbitz nicht unter die Safety-zone-Regeln der Collaboration Guidelines fällt.[33]

Ausreichend für eine Freistellung ist es nach den Collaboration Guidelines, dass die Kooperation wettbewerbsfördernd ist. Abgestellt wird dabei primär auf die

---

30 *Federal Trade Commission, US Department of Justice:* Antitrust guidelines for collaborations among competitors, o. O. 2000, S. 7, http://www.ftc.gov/os/2000/04/ftcdojguidelines.pdf, Stand: 30. 07. 2001.

31 Vgl. hierzu und im Folgendem *Federal Trade Commission, US Department of Justice:* Antitrust guidelines for collaborations among competitors, o. O. 2000, S. 14, http://www.ftc.gov/os/2000/04/ftcdojguidelines.pdf, Stand: 30. 07. 2001.

32 *Federal Trade Commission, US Department of Justice:* Antitrust guidelines for collaborations among competitors, o. O. 2000, S. 26, http://www.ftc.gov/os/2000/04/ftcdojguidelines.pdf, Stand: 30. 07. 2001.

33 Vgl. hierzu und im Folgenden *Linares,* N. / *Anolik,* A.: Testimony by Association of Retail Travel Agents, 20. 07. 2000, http://www.senate.gov/~commerce/issues/aviation00.html, Stand: 01. 08. 2001.

Wettbewerbsfähigkeit der beteiligten Unternehmen und weniger auf die Verbesserung der Wettbewerbsverhältnisse des jeweiligen Marktes.

I. Wettbewerbswirkungen der Business-to-consumer-Plattform „Orbitz"

Effizienzgewinne durch elektronischen Vertrieb

Der Online-Vertrieb kann Effizienzsteigerungen sowohl auf der Nachfrager- als auch auf der Anbieterseite bewirken.[34]

Für Nachfrager ist jeder zusätzliche Vertriebskanal gleichbedeutend mit mehr Wahlmöglichkeiten. Die Wahrscheinlichkeit steigt, ein Angebot auf dem Wege zu finden, der den individuellen Präferenzen am besten entspricht. Auch unter der Annahme, dass keine Opportunitätskosten für die aufgewendete Offline-Suchzeit anfallen, verbleiben die Transportkosten, um von einem stationären Anbieter zum nächsten zu gelangen. Mit der Zahl der durchschnittlich aufgesuchten Anbieter steigen die Vorteile einer Online-Suche.

Für den Direktvertrieb von Reisedienstleistungen, insbesondere von Linienflügen, sprechen die geringeren Distributionskosten. Die Provisionskürzungen der Airlines im indirekten Vertrieb (vgl. Abbildung 4) können auch als Reaktion hierauf verstanden werden: Geringere Entgelte für den stationären Vertrieb könnten diesen zu verminderter Werbung veranlassen. Dadurch würde sich zumindest relativ die Wahrnehmung von Direktbuchungsangeboten erhöhen.

Der starke Einbruch der Provisionen im September 2001 ist auf zwei Gründe zurückzuführen. Zum einen haben Privatreisende nach den Anschlägen vom 11. September 2001 ihre Flüge stark reduziert. Reisen überproportional viele Geschäftsreisende zu flexibleren und damit höheren Tarifen, bewirken Provisionsobergrenzen ein Absinken der durchschnittlichen Provision. Zum anderen zeigt Abbildung 4 das (fast) simultane Kürzen der gewährten Provisionen durch die führenden Anbieter Ende August 2001.

Den Online-Reisebüros werden grundsätzlich geringere Entgelte gezahlt als dem stationären Vertrieb. Die großen US-amerikanischen Online-Reisebüros Travelocity und Expedia erhalten seit September 1997[35] eine Provision von 5 %, die-

---

34 Generell bezweifelt wird dies von der *ARTA,* die weder Effizienzsteigerung noch wettbewerbsfördernde Aspekte erwartet. Vgl. hierzu *Linares,* N. / *Anolik,* A.: Testimony by Association of Retail Travel Agents, 20. 07. 2000, http://www.senate.gov/~commerce/issues/aviation00.html, Stand: 01. 08. 2001.

35 Zuvor waren es 8 %. Preview Travel – mittlerweile mit Travelocity fusioniert – realisiert zu diesem Zeitpunkt eine Durchschnittsprovision von 4 %. Vgl. *Woody,* T.: A fast takeoff for airline sites, in: The Industry Standard, 07. 06. 1999, http://www.thestandard.com, Stand: 11. 07. 2001 sowie *Flint,* P.: Web of ambivalence, in: Air transport world, Vol. 35, 1998, No. 4, S. 31 – 36, hier S. 31 f.

ses jedoch nur bis zu einer Grenze von 10 US-Dollar je verkauftem Ticket.[36] KLM und Northwest waren im März 2001 die ersten etablierten Anbieter, die die Provisionen für Internetbuchungen auf null reduzierten.[37] Travelocity verlangt seitdem von seinen Kunden für Flüge dieser Gesellschaften einen Aufschlag von 10 US-Dollar.[38] Orbitz folgte im Dezember 2001 dieser Praxis mit einer Servicegebühr von 5 US-Dollar pro Flugticket.[39]

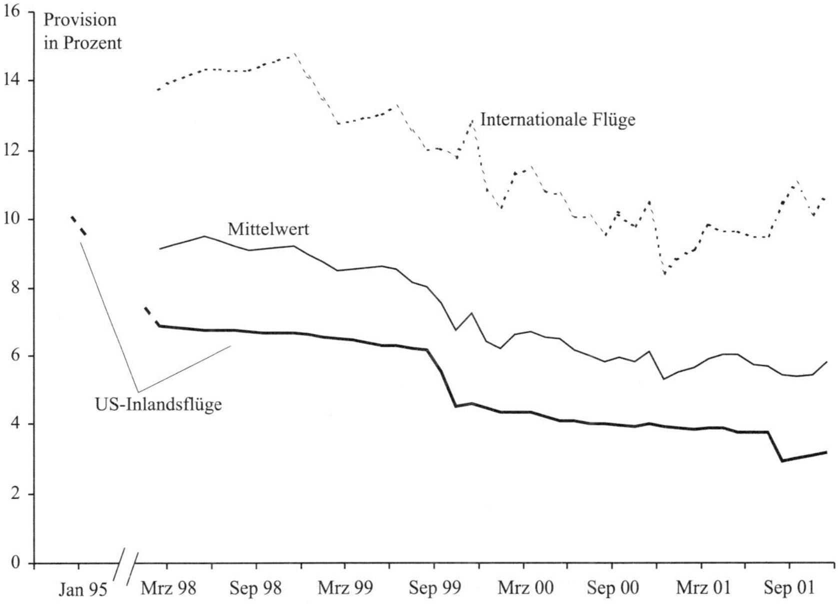

Bis Juni 1999 Quartalsdaten, ab Juni 1999 Monatsdurchschnitte.

Quelle: *Airlines Reporting Corporation*, eigene Berechnungen.

Abbildung 4: Provisionen der US-Fluggesellschaften im indirekten Vertrieb

Bei funktionsfähigem Wettbewerb ist zu erwarten, dass Kostensenkungen der Airlines an die Konsumenten weitergegeben werden. Auch um den für sie günstigeren Direktabsatz zu fördern, werden Luftverkehrsgesellschaften Teile der Ein-

---

36 Vgl. *GAO:* Domestic aviation – effects of changes in how airline tickets are sold, o. O. Juli 1999, GAO/RCED-99-221, S. 6.

37 Vgl. *Blakey,* E. / *Macaluso,* N.: Airlines withdraw internet commissions, in: E-Commerce Times, 01. 03. 2001, http://www.ecommercetimes.com/perl/printer/7854/, Stand: 20. 11. 2001.

38 Vgl. *Travelocity:* Annual Report 2000, 2001, S. 3.

39 Vgl. *o. V.:* Orbitz unveils consumer-friendly display of service fee, Orbitz-Pressemitteilung vom 04. 12. 2001.

sparungen zu Preissenkungen nutzen:[40] So veränderte British Airways mit dem Umstellen auf Stückprovisionen alle Tarife um die Differenz zwischen alter Umsatz- und neuer Stückprovision.[41] First-, Business- und voll bezahlte Economy-Tickets werden seitdem zu niedrigeren Preisen angeboten.

Tabelle 1

Verteilung der Vertriebskosten (IATA 1996 / Lufthansa 1997, in Prozent)

	Anteil Gesamtkosten[a]	Anteil Vertriebskosten[a]	Anteil Ticketpreis[b]	Anteil Vertriebskosten[b]
Provisionen[c]	7,5	42,8	7,9	49,4
Reservierung und Ticketausstellung	5,4	31,0	3,8	23,7
Marketing	2,2	12,5	1,2	7,5
GDS-Gebühren	1,2	7,1	1,2	7,5
Kreditkartengebühren	0,7	4,0	0,8	6,9
Vielfliegerprogramme	0,4	1,1	5,0	
Sonstige Vertriebskosten	0,1	0,5	–	–
Summe Vertriebskosten[c]	17,5	100,0	16,0	100,0

[a] Zahlen der IATA für 1996. – [b] Zahlen für Lufthansa 1997. – [c] Netto-Provisionen bei den IATA-Zahlen, Standardprovision bei Lufthansa (hinzukommen Incentives / Zusatzprovisionen in Höhe von durchschnittlich 8,7 % des Ticketpreises).

Quelle: *IATA* (1996), *Conrady / Orth* (2001), eigene Berechnungen, eigene Darstellung.

Um ein Viertel bis ein Drittel gesenkte Provisionen bedeuten eine Reduktion der Vertriebskosten um etwa 10 %, dies entspricht einer Gesamtkostenreduktion um knapp 2 %. (vgl. Tabelle 1). Weitaus größere Effekte werden durch die Optionen des elektronischen Direktvertriebs erwartet. Gelingt es, signifikante Anteile des Vertriebs auf direkte, elektronische Kanäle zu verlagern, sind Einsparungen bis zu 10 % der Gesamtkosten möglich. Werden Verkäufe online vorgenommen, wird ein Großteil der Transaktionsabwicklung auf den Kunden verlagert. Provisionen an stationäre Vertriebseinheiten entfallen, die Kosten der Reservierungs- und der Ticketausstellung sinken. Unverändert bleiben die Kosten für Vielfliegerprogramme und sonstige Kosten. Die Anteile für Werbung und Kreditkartengebühren steigen: Geht die Präsenz in der Fläche durch stationäre Reisebüros verloren, ist

40 Den Nachweis, dass Effizienzfortschritte der Anbieter auch mit einem Anstieg der Konsumentenrente einhergehen führen etwa *Morrison,* S.A. / *Winston,* C.: Regulatory reform of U.S. intercity transportation, in: Gómez-Ibánez, J.A. / Tye, W.B. / Winston, C. (Hrsg.): Essays in transportation economics and policy – a handbook in honor of John R. Meyer, Washington 1999, S. 469 – 492.

41 Vgl. *British Airways* (Hrsg.): Large fare reductions, Pressemitteilung vom 10. 01. 2001, http://www.britishairways.com/press/, Stand: 19. 12. 2001.

mit höheren Aufwendungen für Werbekampagnen zu rechnen. Mangels einer auf den elektronischen Geschäftsverkehr abgestimmten Alternative sind Kreditkarten für Netz-Transaktionen das primäre Zahlungsinstrument. Höhere Abrechnungskosten beim Verkauf über elektronische Marktplätze werden zum Teil durch Einsparungen im Liquiditätsmanagement aufgefangen. Unternehmen können in der Regel nach wenigen Tagen über Kreditkartenzahlungen verfügen, Einnahmen des stationären Vertriebs werden dagegen erfahrungsgemäß erst nach etwa einem Monat liquiditätswirksam.

Die durchschnittlichen Vertriebskosten eines über Orbitz verkauften Tickets dürften um mindestens 60 % unter denen eines offline-verkauften Flugscheins liegen. Southwest, als Hauptwettbewerber und damit auch als schärfster Kritiker von Orbitz, kennt die Effizienzvorteile des Vertriebs über B2C-Plattformen aus eigener Erfahrung. Ist es diesem Anbieter doch gelungen, die Vertriebskosten von zehn auf einen US-Dollar je Ticket zu senken.[42] Dies belegt, dass es zur Realisierung derartiger Ersparnisse keiner gemeinsamen Vertriebsplattform bedarf, sondern eine individuelle Webseite ausreicht.[43]

Verzerrte Anzeige und interne Absprachen

Bei B2C-Marktplätzen besteht die Gefahr, dass Marktteilnehmer Informationen über Preise, Mengen oder Kunden austauschen; die Erfüllung wesentlicher Wettbewerbsfunktionen kann dadurch beeinträchtigt werden.

Technische Leistungsfähigkeit von Orbitz

Besonders herausgehoben wird von Orbitz die technische Überlegenheit der Angebotserstellung. Das grundsätzliche Neuprogrammieren macht eine Vervielfachung der geprüften Verbindungsoptionen möglich.[44] Aufgrund beschränkter Kapazitäten und technisch obsolet gewordener Datenbankstrukturen werden bei klassischen GDS-Anfragen zu Beginn der Suche Einschränkungen vorgenommen, die seltene oder mit Umwegen verbundene Streckenführungen ausschließen. Da diese Limitierung vor dem Tarifvergleich vorgenommen wird, werden günstigere Tarife möglicherweise nicht gefunden und demnach nicht als Buchungsoption angeboten.[45]

---

42 Verglichen werden die Vertriebskosten einer Reisebürobuchung und einer Internet-Direkt-Buchung.

43 Vgl. *o. V.:* Southwest Airlines releases statement concerning Internet sales of airlines tickets, Pressemitteilung vom 11. 08. 2000, http://www.southwest.com/about_swa/press/00aug11_net_sales.htm, Stand: 16. 08. 2001.

44 Orbitz behauptet, dass bis zu 100.000-mal so viele Verbindungen überprüft werden wie bei herkömmlichen GDS-Suchanfragen.

45 *Katz,* J.G.: Testimony – Hearing on the sale of airline tickets over the internet, 20. 07. 2000, http://www.senate.gov/~commerce/issues/aviation00.html, Stand: 01. 08. 2001.

Tests bewerteten die von Orbitz zunächst genutzte ITA-Software deutlich schlechter als die von Travelocity und Expedia eingesetzten Programme.[46] Orbitz widersprach dem und legte im Mai 2001 Gutachten vor, nach denen die Orbitz-Seite in 80 % der untersuchten Fälle die gleichen oder preiswertere Tarife auswies als Travelocity und Expedia.[47]

Orbitz bietet im Verbund mit weiteren 30[48] Fluggesellschaften Tarife von über 450 Carriern an. Nicht-amerikanische Luftverkehrsgesellschaften haben dabei keine oder zu vernachlässigende Anteile am untersuchten inneramerikanischen Luftverkehr.[49]

Die 80% der Fälle, in denen die Orbitz-Suchmaschine den günstigsten oder einen gleich preiswerten Tarif wie Expedia oder Travelocity findet, lassen sich z. T. durch die Vereinbarungen der Gründungs- und Partnerairlines erklären: Auf 75,7% aller Städtepaarmärkte bieten die Orbitz-Gesellschaften den geringsten Durchschnittstarif. Es ist demnach keine sonderlich bemerkenswerte Leistung, dass die dem Orbitz-System zur Verfügung stehenden günstigsten Tarife auch tatsächlich gefunden werden. Erst wenn der Anteil deutlich darüber liegt, wenn also Tarife von Drittanbietern Berücksichtigung finden würden, könnte von technischer Überlegenheit eines Such- bzw. Buchungswerkzeugs gesprochen werden. Nur wenn Auswahl und Gewichtung der Strecken entsprechend den tatsächlichen Marktanteilen erfolgen, würde sich diese Einschätzung ändern: Orbitz-Gesellschaften sind auf vielen Märkten größter und günstigster Anbieter zugleich, befördern auf diesen Strecken jedoch unterproportional wenig Passagiere.

Eine Besonderheit stellt Southwest dar. Flüge mit dieser Gesellschaft sind ausschließlich direkt und im Sabre-System buchbar. Orbitz soll diese Flüge dennoch anzeigen, für das Buchen jedoch direkt an Southwest verweisen.[50] Eine Stichprobe

---

46 Vgl. *Topaz* (Hrsg.): Low airfare report card: Travelocity, Expedia beat ITA, Pressemitteilung vom 09. 01. 2000, auf Anfrage verfügbar, info@etopaz.com, Stand: 31. 07. 2001.

47 Vgl. dazu die Auftragsstudie von Arthur Andersen zitiert in *o. V.:* Orbitz, the new full-service travel website, officially opens for business, making it easier than ever for consumers to ‚visit planet earth via Orbitz', Pressemitteilung vom 04. 06. 2001, http://www.orbitz.com, Stand: 04. 06. 2001. Zum grundsätzlich gleichen Ergebnis kommen ebenfalls im Auftrag von Orbitz *Jenkins,* D. / *Jackson,* J. / *Beckerman,* D.: Search engine performance of major online travel websites, o. O. November 2001.

48 Dies sind Air France, Air Jamaica, Air New Zealand, Aloha, Ansett Australia, Asiana, Canada 3000, COPA, CSA Czech, EVA Air, Hawaiian, Iberia, KLM Royal Dutch, Korean Air, LanChile, LanPeru, LOT Polish, Lufthansa, Mexicana, Midway, Midwest Express, National, Sabena, Singapore, Spirit, Swissair, US Airways, Uzbekistan Airways, Vanguard, Varig. Vgl. http://www.orbitz.com, Stand: 31. 07. 2001. Bis Anfang Oktober 2001 kamen zehn weitere, in der Mehrheit bedeutende Anbieter hinzu: Aeromexico, All Nippon Airways, Cathay Pacific, China, El Al, JAL, Qantas, SAS, South African Airways und Virgin Atlantic. Vgl. http://www.orbitz.com, Stand: 09. 10. 2001.

49 Vgl. ‚Airlines market share analysis' für 1998 bei www.ganttravel.com, Stand: 31. 07. 2001.

für Märkte, auf denen Southwest führender Anbieter ist, zeigte indes, dass in keinem Fall der Southwest-Tarif angezeigt wurde, obwohl dieser auf der Southwest-eigenen Internet-Seite verfügbar war. Die angebotenen, beschränkt umbuchbaren Southwest-Tarife lagen regelmäßig unter dem günstigsten Angebot, das von Orbitz ausgewiesen wurde.[51]

Bereits mehrfach wurde Orbitz beschuldigt, die Southwest-Preise nicht korrekt anzuzeigen.[52] Ähnliche Probleme veranlassten Vanguard Airlines im Juli 2001 zu der Empfehlung, nicht im Orbitz-System zu buchen, sondern die unternehmenseigene Webseite, den stationären Vertrieb oder Travelocity bzw. Expedia zu nutzen.[53] Dies ist insofern erstaunlich, als Vanguard Partner-Airline von Orbitz ist.

Möglichkeiten verzerrter Preisanzeige

Die US-amerikanischen CRS / GDS-Regularien gelten unabhängig von der Eigentümerschaft nicht für Reisebüros.[54] Diese dürfen die Informationen aus den GD-Systemen nach eigenem Ermessen verzerrt weitergeben. Es steht ihnen frei, eine bestimmte Gesellschaft zu bevorzugen oder Carrier überhaupt nicht anzubieten. Wie Expedia und Travelocity fällt auch Orbitz nicht unter die Regulierungsbestimmungen. Travelocity übernimmt nach eigenen Angaben die Ergebnisse aus dem GDS (Sabre) unverändert in sein Online-Angebot,[55] Anzeigeverzerrungen wären somit ausgeschlossen. Würde Orbitz unter diese GDS-Regelung fallen, so müsste Orbitz nach geltendem US-Recht alle seine Angebote allen Reisebüros zur Verfügung stellen, unabhängig davon, welches GDS diese nutzen. Eine umgekehrte Verpflichtung der Reisebüros gäbe es nicht.[56]

Die Eigentümerstruktur lässt jedoch vermuten, dass eine verfälschte Darstellung der Flugoptionen nur selten zu erwarten ist. Damit die (anderen) Eigentümergesell-

---

50 Aussage von Jeffrey G. *Katz,* CEO von Orbitz am 20. 07. 2000 im Full committee hearing on aviation and the internet, http://www.senate.gov/~commerce/aviation.ram, Stand: 07. 08. 2001.

51 Überprüft wurden Angebote unter http://www.orbitz.com und http://www.southwest.-com für jeweils eine Person, Hinflug am 14. 08. 2001, Rückflug am 21. 08. 2001. Stand: 07. 08. 2001.

52 Vgl. hierzu und z. T. im Folgenden *Baumann,* R.: Southwest sagt Nein zu Orbitz, in: fvw international, o. Jg., Nr. 19, 10. 08. 2001, S. 80.

53 Vgl. *o. V.:* Vanguard Airlines statement regarding Orbitz, Pressemitteilung vom 19. 07. 2001, http://www.flyvanguard.com/pressrelesedetail.asp?id=188, Stand: 16. 08. 2001.

54 US-amerikanische Fluggesellschaften und GDS-Betreiber befürworteten noch 1998 das Ausweiten des Anwendungsbereiches, Online-Reisebüros zu diesem Zeitpunkt nicht. Vgl. hierzu im Überblick *Flint,* P.: Web of ambivalence, in: Air transport world, Vol. 35, 1998, No. 4, S. 31–36, hier S. 32.

55 Vgl. *Jones,* T.B.: Statement before the committee on commerce, science and transportation United States Senate, 20. 07. 2000, S. 4, http://www.senate.gov/~commerce/issues/aviation00.html, Stand: 01. 08. 2001.

56 Darauf verweist *Mead,* K. M.: Internet sales of airline tickets, o. O. 2000, S. 17 und S. 27.

schaften einer verzerrten Anzeige zustimmen, ist ihnen der erwartete Verlust zu erstatten. Eine Gesellschaft, die Anzeigeveränderungen kauft, wird das folglich nur tun, wenn die dadurch erwartete Gewinnsteigerung höher ist als die Auszahlungen, die an die anderen Eigentümer geleistet werden müssen.

Abstimmungsmöglichkeiten zwischen den Fluggesellschaften

Bereits in der Stellungnahme zur Anhörung über Orbitz verwies Southwest auf die Gefahren, die in Verbindung mit dem Orbitz-Angebot gesehen werden. Im Vordergrund steht die Möglichkeit zur Verhaltensabstimmung. Eine gemeinsame Vertriebsplattform erleichtert die Kommunikation und Abstimmung erheblich,[57] da sie „unternehmensintern" erfolgt. Zwar wären die Anbieter auch ohne Orbitz in der Lage, Informationen zügig auszutauschen, dabei würde es sich jedoch immer um unternehmensexterne Kommunikation handeln, die zumindest grundsätzlich einfacher zu kontrollieren ist.[58]

In der Vergangenheit haben US-Airlines wiederholt versucht, sich gegenseitig über ihr Marktverhalten zu informieren. Dies geschah vor allem über GD-Systeme und die Airline Tariff Publishing Company (ATPCO). Dieses im Besitz der Fluggesellschaften befindliche Unternehmen stellt ein Computersystem zur Verfügung, das Tarifänderungen an andere Airlines und die GDS meldet.[59] Die Möglichkeiten der Fluggesellschaften, Informationen über die Preisgestaltung der Konkurrenz zu erhalten oder die Tarifanzeige zu verzerren, sind folglich kein Spezifikum des Online-Vertriebs. Gegenseitiges Informieren ist auch ohne eine gemeinsame Vertriebsplattform durch elektronische Informationsübermittlung einfach und zeitnah möglich. Orbitz bietet jedoch eine zusätzliche Option, Informationen auszutauschen: Das Austauschverfahren kann institutionalisiert werden.[60]

57 Vgl. *Baker,* J.B.: Identifying horizontal price fixing in the electronic marketplace, in: Antitrust Law Journal, Vol. 62, 1996, S. 41–55, hier S. 44 f.

58 Vgl. *Beck,* H.. Die wettbewerbspolitische Relevanz des Internet, in: WuW, 49. Jg., 1999, H. 5, S. 460–467, hier S. 462, sowie *o. V.:* Southwest Airlines releases statement concerning Internet sales of airlines tickets, Pressemitteilung vom 11. 08. 2000, http://www.southwest.com/about_swa/press/00aug11_net_sales.htm, Stand: 16. 08. 2001.

59 Durch Vorankündigungen von Tarifen, frühzeitiges Übermitteln von Start- und Enddaten bestimmter Tarife und durch das Setzen von Fußnoten konnten die beteiligten Fluggesellschaften umfangreiche Informationen austauschen. Nach einem umfassenden Verbot dieser Praktiken in einem ersten Beschluss für United Airlines und US Airways wurde in einem zweiten Urteil für ausgewählte Fälle das Übermitteln von Enddaten erlaubt. Vgl. hierzu ausführlich die Klageschrift, Beschlüsse und Einschätzungen der Wettbewerbswirkung zur Rechtssache United States vs. Airline Tariff Publishing Company et al., http://www.usdoj.gov/atr/cases/dir23.htm, Stand: 12. 08. 2001.

60 Vgl. *Linares,* N. / *Anolik,* A.: Testimony by Association of Retail Travel Agents, 20. 07. 2000, http://www.senate.gov/~commerce/issues/aviation00.html, Stand: 01. 08. 2001.

Unabhängig von Orbitz bestehende Optionen zum Verzerren

Auch ohne Orbitz bestehen Möglichkeiten, Tarife verzerrt anzubieten: Die Zahl der bei der Suche einbezogenen Drehkreuze (Hubs) variiert in Abhängigkeit vom eingesetzten System. Da in der Mehrzahl der Fälle nur die wichtigsten Hubs berücksichtigt werden, ergibt sich häufig eine Verzerrung zugunsten der großen Airlines. Der Code of Conduct des US-Department of Transportation verbietet grundsätzlich jegliche diskriminierende Algorithmen. Gestattet ist es jedoch, zu gewichten nach der Differenz zwischen gewünschter und tatsächlicher Abflugzeit, nach der Gesamtflugzeit und nach der Entfernung alternativer Abflugorte. GDS-Anbieter sind dabei frei in der Wahl der Gewichte, so dass Verzerren zwar aufwendig, aber legal möglich ist.

Neutralität der Beratung im stationären Vertrieb

Reiseagenturen argumentieren, dass nur durch sie eine optimale Konsumentenversorgung möglich sei.[61] Ihr Bemühen, Orbitz zu verhindern, sei folglich im Interesse der Konsumenten. Bei dieser Behauptung bleibt unklar, warum der Direktvertrieb zu höheren Preisen führen soll als das Einschalten eines Absatzmittlers, dem die Fluggesellschaften eine Provision zahlen. Kaufen Konsumenten ihre Reisebestandteile nicht mehr im stationären Reisebüro, sondern bei Online-Anbietern, dann ist dies Ausdruck ihrer individuellen Präferenzen.

Verbandsvertreter führen an, dass das Vermitteln von Reisedienstleistungen durch den stationären Vertrieb neutral erfolge und zudem meritorische Bestandteile aufweise. Wird Objektivität als wünschenswerte Eigenschaft angesehen, wären Eingriffe zum Schutz des stationären Vertriebs grundsätzlich gerechtfertigt. Zweifel an der Neutralität sind jedoch angebracht: Das Angebot wird oft auf bestimmte Carrier beschränkt, Reisebüros sind abhängig von den Informationen der GDS-Anbieter, Leistungsträger versuchen durch Provisionsstaffeln[62] die Attraktivität aktiver Verkaufssteuerung zu erhöhen. Substantielle Unterschiede zum Online-Vertrieb von Reisedienstleistungen lassen sich hier nicht erkennen.

Es ist zudem nicht davon auszugehen, dass Reiseangebote entfallen, die als gesellschaftlich erwünscht gelten können. Das Angebot von Studien-, Bildungsreisen, Flügen zu kulturell bedeutsamen Orten u. ä. m. dürfte sowohl offline als auch online von der Nachfrage gesteuert sein. Entfallen würden solche Angebote nur dann, wenn ihr Online-Vertrieb mit höheren Kosten verbunden wäre oder auf eine weniger kaufkräftige Nachfrage treffen würde. Von beidem ist nicht auszugehen. Im Gegenteil, eine reduzierte Zahl von Absatzmittlern, in Verbindung mit

61 Diese Einschätzung findet sich auch in *GAO* (Hrsg.): Domestic aviation – effects of changes in how airline tickets are sold, Washington D.C. 1999, S. 13.

62 Aktive Verkaufssteuerung wird bspw. durch Programme von travel BA.Sys ermöglicht.

weitgehend automatisiertem Anbinden der Anfragen und Buchungen an unternehmensinterne Datenbanken, kann auch geringere Losgrößen wirtschaftlich machen. Ein generelles Absinken der Zahlungsbereitschaft ist nur dann zu erwarten, wenn der Kunde sich über mehr für ihn nun buchbare Angebote eine höhere Markttransparenz verschafft.[63] Eine derartige Entwicklung mag von den Reisebüros nicht gutgeheißen werden, ist aber unter Effizienzaspekten gesellschaftlich erwünscht. Erst wenn die Zahl der Angebote so weit steigt, dass die Markttransparenz für den einzelnen Marktteilnehmer wieder abnimmt,[64] kann es zu Fehlentscheidungen kommen. Doch wird auch der Offline-Markt von den Kunden nur ausschnittsweise wahrgenommen. Die Behauptung, dass der Online-Ausschnitt regelmäßig verzerrter ist als das Segment, das offline die Kaufentscheidung bestimmt, erscheint nicht plausibel.

Neutralitätsargumente können folglich nicht überzeugen. Wenn die Behauptung stimmt, dass die stationären Reisebüros „public's overwhelming choice as a source for travel information and arrangement expertise“[65] sind, ist es nicht, wie von Verbandsvertreten gefordert, an der Regierung, diesen Status durch Regulierung zu sichern, sondern Aufgabe der stationären Reisebüros, diesen Wettbewerbsvorteil im Markt zu nutzen und auszubauen.

Veränderung von Markteintrittsanreizen

Finanzkraft und Bekanntheitsgrad der Gründungsgesellschaften lassen vermuten, dass Markteintritte weiterer Online-Reisebüros schwierig sein würden. Orbitz könnte auf derartige Wettbewerbsvorstöße rasch reagieren. Das selektive Verweigern von Flug- und Verfügbarkeitsinformationen, um Newcomer von Markteintrittsversuchen abzuhalten oder aus dem Markt zu drängen, ist indes weitgehend unmöglich. Neue B2C-Anbieter benötigen keine Informationen, die sie nicht von GDS-Anbietern erhalten könnten. Nicht (mehr) im Besitz der Fluggesellschaften befindliche GD-Systeme selektieren nicht nach dem jeweiligen Nutzer. Ein Newcomer kann somit nicht von vertriebsrelevanten Informationen abgeschnitten werden. Nischenanbieter, die sich durch technischen Vorsprung oder überlegene Serviceangebote Wettbewerbsvorteile verschaffen können, werden auch nach dem Markteintritt von Orbitz profitable Marktchancen besitzen. Orbitz kann zudem, den langfristigen Aufbau eines eventuell friedlichen Duopols durch Travelocity und Expedia verhindern. Der Wettbewerb auf dem Markt für B2C-Plattformen ist folglich derzeit nicht gefährdet.

---

63 Vgl. auch *o. V.:* Fliegen per Mausklick, in: FAZ, Nr. 110, 12. 05. 2000, S. 24.

64 Vorausgesetzt wird für dieses Argument, dass es zu keinem Angebot informationsbündelnder Dienstleistungen kommt (Suchmaschinen).

65 Vgl. *ASTA* (Hrsg.): Testimony of the American Society of Travel Agents, S. 10, http://www.senate.gov/~commerce/issues/aviation00.html, Stand: 01. 08. 2001.

Die Wettbewerbsintensität auf dem Markt für Linienflüge kann einerseits aus der Wahrnehmung des Konsumenten und andererseits aus Sicht der Unternehmen beurteilt werden.

Die teilnehmenden Fluggesellschaften gehen die Verpflichtung ein, alle Tarife auch Orbitz zur Verfügung zu stellen. Durch diese Meistbegünstigungsklausel ist grundsätzlich ausgeschlossen, dass über einen anderen Vertriebskanal günstigere Flüge gefunden werden können. Die individuellen Kontrollmöglichkeiten der Fluggesellschaften über den Vertrieb sinken; die Anreize zum Fördern unternehmenseigener Vertriebsaktivitäten gehen zurück. Die vom Konsumenten subjektiv wahrgenommene Wettbewerbsintensität könnte geringer werden, wenn Unternehmen keine Möglichkeit mehr haben, durch einzeln beworbene Angebote ihren Absatz trennscharf zu forcieren. Die tatsächlich bestehende Werbeintensität dürfte dagegen zumindest kurzfristig steigen, da zum einen die Werbung von Reisebüros zu ersetzen ist und zum anderen Online-Marken dem Kunden bekannt zu machen sind. Will der Kunde genauso gut informiert sein wie zuvor, liegt die Initiative bei ihm, Angebote abzufragen oder sich durch Newsletter o. ä. informieren zu lassen.[66]

Zu prüfen bleibt, wie Orbitz die Wettbewerbsintensität auf dem Linienflugmarkt und hier vor allem für Unternehmen im vorgelagerten „Produktionsprozess" (‚upstream') beeinflusst. Die Vertriebskooperation ist zumindest für die fünf beteiligten Gesellschaften eine Möglichkeit, ohne Markteintritt an den (Monopol-) Gewinnen der Konkurrenten und Vertriebspartner zu partizipieren. Untersucht werden soll, wie sich der Anreiz, eine zusätzliche Verbindung in den Flugplan aufzunehmen, verändert, wenn zwei Unternehmen eine gemeinsame B2C-Plattform betreiben. Zu unterscheiden sind dazu die Fälle (1) bis (4) (vgl. Tabelle 2).

Tabelle 2

Fallunterscheidung zur Orbitz-Wirkung

	A ist Monopolist	Markteintritt durch B
Ohne Orbitz	(1)	(2)
Mit Orbitz	(3)	(4)

In der Ausgangssituation (1) ohne Orbitz ist die Fluggesellschaft A alleiniger Anbieter auf einem Städtepaarmarkt. Den Erlösen aus hohen, monopolistischen Ticketpreisen stehen Produktions- und Vertriebskosten gegenüber. Die Flüge werden über den stationären Vertrieb, über unternehmenseigene Kanäle und in den Situationen (3) und (4) direkt über Orbitz angeboten. Der Markteintritt von Flugge-

66 Vgl. hierzu und im Folgenden *Linares,* N. / *Anolik,* A.: Testimony by Association of Retail Travel Agents, 20. 07. 2000, http://www.senate.gov/~commerce/issues/aviation00.html, Stand: 01. 08. 2001.

sellschaft B führt annahmegemäß zu geringeren Preisen bei grundsätzlich gleichbleibenden variablen Produktions- und Vertriebskosten. Zu einem Markteintritt kommt es immer dann, wenn der Gewinn von Unternehmen B nach dem Markteintritt höher ist als zuvor.

Entscheiden sich die Anbieter zum Aufbau von Orbitz, sind in einer finanziellen Gesamtbetrachtung die anteiligen (Re-)Finanzierungskosten zu berücksichtigen. Für einen einzelnen Markteintritt sind diese jedoch entscheidungsirrelevant, da sie von einer derartigen Entscheidung über den Eintritt in einen einzelnen Städtepaarmarkt unabhängig sind.

In einer „Mit-Orbitz-Welt" sinken die Vertriebskosten. Bietet Orbitz-Airline A weiterhin alleine auf einem Städtepaarmarkt an, ist ceteris paribus der Gewinn um die Vertriebskostensenkung und den Anteil am Orbitz-Gewinn größer. In absoluter Betrachtung sinkt für den potentiellen Strecken-Newcomer B die Attraktivität des Markteintritts, da ihm auch ohne Angebot Gewinne zufallen; er partizipiert bei gleichbleibend (hohen) Preisen am Gewinn aus den Verkäufen des Streckenmonopolisten über die Orbitz-Plattform. Jedoch sinken auch für Unternehmen B die Vertriebskosten, bei einem Markteintritt kann früher ein Gewinn erzielt werden oder dieser kann höher ausfallen.

Auf Basis der verfügbaren Marktdaten lässt sich vermuten, dass der finanzielle Anreiz eines Markteintritts mit Orbitz (Gewinn von B in Situation 4, abzüglich des Gewinns in Situation 3) größer ist als ohne gemeinsame B2C-Plattform (Gewinn von B in Situation 2, abzüglich des Gewinns in Situation 1).

Möglichkeiten zur Preisdifferenzierung und Diskriminierung von Nachfragern

Diskriminierungspotential besteht beim Zugang zu Online-Angeboten, Preisunterschieden zwischen den Vertriebskanälen und Preisdifferenzen, die sich aufgrund persönlicher Merkmale der Konsumenten ergeben, die durch das Betreiben eines B2C-Marktplatzes systematisch erfassbar werden.

Verteilung des Zugangs zu Online-Vertriebskanälen

Es kann zu nicht gerechtfertigter Ungleichbehandlung von Kunden kommen, wenn der Zugang zu elektronischen Distributionswegen dauerhaft ungleichmäßig verteilt ist und niedrigere Prozesskosten netzbasierter Vertriebskanäle nur an Online-Kunden weitergegeben werden.

Es muss folglich gewährleistet sein, dass allen Gruppen ein gleichmäßiger und diskriminierungsfreier Zugang zu Online-Angeboten offen steht. Wichtig ist dabei vor allem der Zugang zu den günstigsten Tarifen.

Vom Kauf über B2C-Plattformen grundsätzlich ausgeschlossen sind Personen, die über keinen Internetzugang bzw. über keine ausreichenden Kenntnisse im Umgang mit Internetapplikationen verfügen. Beides liegt gleichwohl nicht im Verantwortungsbereich der Anbieter.

Das Argument beschränkter Zugangsmöglichkeiten verliert weiter an Relevanz, wenn die sinkenden Kommunikationskosten und die steigende Zahl öffentlich und privat finanzierter Zugangspools berücksichtigt werden. Meritorische Begründungen für das Konservieren des Status quo finden sich ebenfalls nicht.

Richtig ist, dass in der Anfangsphase vor allem jüngere,[67] technik-affine Personen mit höherem Einkommen zu den Online-Nachfragern zählen. Wie bei anderen technischen Innovationen weitet sich indes die Nutzergruppe mit sinkenden Kosten aus.[68] Langfristig wird es zu einer (einkommensunabhängigen) Gleichverteilung der Zugangsmöglichkeiten kommen. Zudem ist nicht zu erwarten, dass in absehbarer Zeit alle Offline-Angebote aus dem Markt ausscheiden. Die hohen Wachstumsraten des Online-Vertriebs, die diese Befürchtung nähren könnten, werden nämlich vorerst noch auf niedrigem Niveau realisiert.

Preisunterschiede zwischen den Vertriebskanälen

Wettbewerbsrechtlich problematisch können die Fälle sein, bei denen sachlich nicht gerechtfertigte (Preis-)Unterschiede zwischen verschiedenen Vertriebskanälen gemacht werden. Ein Verstoß gegen das Diskriminierungsverbot kann vorliegen, wenn Luftverkehrsgesellschaften unternehmenseigenen oder auch von ihnen wirtschaftlich unabhängigen Online-Vertriebsplattformen Tarife bieten, die der stationäre Vertrieb in dieser Form nicht buchen kann. Außerhalb des Verantwortungsbereiches der Luftverkehrsgesellschaften liegen dagegen unterschiedliche Endkundenpreise, die sich ausschließlich durch höhere Betriebskosten des stationären Vertrieb erklären.

Einen zweiten Problembereich bilden die Fälle kurzfristiger Erlösmaximierung: Tarife, die erst kurz vor Abflug angeboten werden, um bestehende Restkapazitäten zu verkaufen, können von den Fluggesellschaft vergleichsweise „unauffällig" exklusiv über die eigenen Vertriebskanäle verkauft werden. Notwendig wird der

---

67 Überrepräsentiert sind etwa in der Bundesrepublik Deutschland die 25 – 50-jährigen. Aus dieser Altersgruppe stammen gut 59 % der Internet-Nutzer, die einen Bevölkerungsanteil von gut 38 % repräsentieren. Ob des Entwicklungszeitpunkts wenig überraschend, befinden sich (noch) unterproportional viele ältere Menschen unter den Internet-Nutzern: 15% aus dem Segment 50 – 65 (Bevölkerungsanteil: 19 %) und nur 3 % aus der Altersklasse über 65 Jahre (Bevölkerunganteil: 16 %). Vgl. *Nielsen//NetRatings:* Reisezeit lockt Urlaubsplaner ins Internet, Pressemitteilung vom 23. 07. 2001, http://www.nielsen-ratings.com/press_releases/PDF/pr_010723_germany.pdf, Stand: 25. 07. 2001 und *Statistisches Bundesamt.*

68 Vgl. *Nielsen//NetRatings:* Lower income surfers are the fastest growing group on the web, Pressemitteilung vom 13. 05. 2001, http://www.nielsen-netratings.com/press_releases/PDF/pr_010313.pdf, Stand: 25. 07. 2001.

kurzfristige „Sonderverkauf“, wenn das Yield-Management der Luftverkehrsgesellschaften nicht den gewünschten Erfolg hatte. Die Carrier behaupten, dass der Vertrieb von Restkapazitäten über die klassischen Kanäle für sie unwirtschaftlich sei;[69] einzig der Direkt- und hier insbesondere der elektronische Direktvertrieb würde es ermöglichen, diese Tickets gewinnbringend zu verkaufen. Grund hierfür sind die GDS-Kosten, die durch die Zahl der gebuchten Segmente und nicht durch den Ticketpreis bestimmt werden. Flugscheine, die zu niedrigen Preisen verkauft werden, verursachen damit überproportional hohe GDS-Kosten. Durch den Direktvertrieb werden diese Kosten vermieden. Orbitz bewirkt hier eine Veränderung, wenn durch das Zusammenlegen des Online-Direktvertrieb economies of scale oder economies of density realisiert werden. Ist dies der Fall, wird der Anreiz, zur Auslastung ungenutzter Kapazität die teureren, indirekten Vertriebskanäle zu nutzen, abermals geringer. „Resttickets“ machen jedoch weniger als ein Prozent des Gesamtabsatzes aus.[70] Die Wettbewerbswirkung dürfte daher gering sein.

Wettbewerbsrechtlich bedenklich sind dagegen die Fälle, in denen finanzielle Anreize zu gemeinschaftlichem Exklusivvertrieb bestehen. Orbitz betont ausdrücklich, dass Eigentümer- und Partner-Airlines nur gezwungen sind, alle veröffentlichten Tarife (‚published fares‘) auch über Orbitz anzubieten. Ausgeschlossen wird somit, dass in einem anderen Vertriebskanal günstigere Angebote verfügbar sind als bei Orbitz. Gleichwohl finden sich Bestimmungen im Orbitz-Vertragswerk, die einen Exklusivvertrieb wahrscheinlich machen: Die Partner-Gesellschaften verpflichten sich zu Marketing-Aktivitäten für Orbitz.[71] Anrechenbar auf das zu verausgabende Marketing-Budget ist die Differenz zwischen Sondertarifen, die exklusiv über Orbitz vertrieben werden, und dem nächst teureren Ticket, das allgemein zugänglich ist.[72] Jedes zu einem nur auf der Orbitz-Seite buchbaren Preis verkaufte Ticket reduziert folglich die notwendigen Marketingaufwendungen.[73] Es besteht die Gefahr eines aus Sicht der Wettbewerbspolitik unerwünschten Circulus vitiosus: Mit steigendem Marktanteil von Orbitz sinkt die Abhängigkeit von Verkäufen über andere Vertriebskanäle. Sinkende Abhängigkeit von anderen Vertriebskanälen ermöglicht es, in diesen Preiserhöhungen vorzunehmen, ohne dadurch nennenswerte Verluste hinnehmen zu müssen. Je größer die Differenz zwischen Orbitz-Tarifen und Angeboten anderer Vertriebskanäle ist, um so geringer sind die erforderlichen Marketingaufwendungen; um so größer ist damit das Potential, diese

---

69 Vgl. *GAO* (Hrsg.): Domestic aviation – effects of changes in how airline tickets are sold, Washington D.C. 1999, S. 17.

70 Vgl. *Mead,* K.M.: Internet sales of airline tickets, o. O. 2000, S. 10.

71 Der ‚Support‘-Umfang richtet sich nach dem Marktanteil der jeweiligen Fluggesellschaft.

72 Zu einem Viertel wird die Differenz angerechnet, wenn der Sondertarif nur in Orbitz und der Webseite des Anbieters verfügbar ist.

73 Details werden beschrieben in *American Antitrust Institute* (Hrsg.): Comments of the American Antitrust Institute relating to Orbitz and the D.O.T.'s C.R.S. rulemaking, Washington D.C. 2000, S. 5 f.

Einsparungen zu (weiteren) Preissenkungen zu nutzen. Diese erhöhen dann abermals den Anreiz, bei Orbitz zu kaufen.[74]

Behauptet wird schließlich, Orbitz würde ein (ungerechtfertigtes) Alleinstellungsmerkmal erlangen, da Vielflieger auf der Orbitz-Seite Prämien online einlösen können. Veränderungen ergeben sich hier aber nur insofern, als Prämienbuchern eine elektronische Option zur Direktbuchung geboten wird.[75] Eine Verzerrung kann sich demnach nur im Umfang der regulären Buchungen ergeben, die bei Orbitz vorgenommen werden, weil hier auch die Prämienflüge online einlösbar sind. Vielflieger und damit primäre Gruppe der Prämienbucher sind Geschäftskunden. Deren reguläre Buchungen werden in vielen Fällen über Reisestellen der Unternehmen vorgenommen; das Verbinden von Prämien- und Normalbuchung unterbleibt. Gleiches gilt für privat genutzte Prämien. Zusatztickets für Mitreisende, die Anlass zu Normalbuchungen bei Orbitz sein könnten, sind zumeist auch mit Prämienansprüchen des Statuskunden „bezahlbar".

Zu prüfen bleibt schließlich, ob der Zugang zu speziellen Flugtarifen auch bereits ohne Online-Vertrieb ungleich verteilt ist. Vorteilhaft ist Orbitz für die Konsumenten u. a. dann, wenn auf diese Weise Tarife allgemein zugänglich werden, die bislang nur einem ausgewählten Kundenkreis angeboten wurden. Bei Orbitz kann es z. T. zu diesem Effekt kommen: Bislang wurden Unternehmen, Reisebüros und Hotels mit Eigenvertrieb spezielle Tarife angeboten; die Fluggesellschaften offerieren zudem Tarife exklusiv auf unternehmenseigenen Internetseiten oder verschicken last-minute-mails an ausgewählte Kundengruppen.[76] Sollte auch nur ein Teil dieser Angebote im Orbitz-System für die Allgemeinheit buchbar werden, verbessert dies die Konsumentenversorgung.[77]

Möglichkeiten zur Preisdifferenzierung

Befürchtet wird, dass die Möglichkeiten zur Preisdifferenzierung ausgeweitet werden, d. h. der soziale Überschuss zugunsten der Produzenten umverteilt wird, wenn Flugtickets auf Anbieter-Marktplätzen vertrieben werden.[78]

---

74 Da weitere attraktive Optionen bestehen, den eingegangen Verpflichtungen nachzukommen und maximal die Hälfte der Gesamtleistung auf diesem Weg erbracht werden darf, sieht *Doernhoefer* nur eine geringe Wirkung dieses Anreizmechanismus. Vgl. *Doernhoefer,* G.: White paper – submitted to the Iowa Attorney General on behalf of Orbitz, L.L.C., o. O. 08. 11. 2000, S. 37.

75 Prämien waren bislang ausschließlich direkt – in der Regel in einem Call Center der Fluggesellschaft – buchbar.

76 Mit anderer Intention verweisen hierauf *Linares,* N. / *Anolik,* A.: Testimony by Association of Retail Travel Agents, 20. 07. 2000, http://www.senate.gov/~commerce/issues/aviation00.html, Stand: 01. 08. 2001.

77 Vgl. *Hollings,* F.: Statement of Senator Hollings – Hearing on the sale of airline tickets over the internet, 20. 07. 2000, http://www.senate.gov/~commerce/issues/aviation00.html, Stand: 01. 08. 2001.

Das Bilden von Buchungsklassen mit unterschiedlichen Umbuchungs- und Flugzeitrestriktionen ist Preisdifferenzierung zweiten Grades: Fluggästen offenbaren ihre Zahlungsbereitschaft, indem sie Tickets eines bestimmten Flexibilitätsgrades nachfragen. Sie ordnen sich selbst einer bestimmten Nachfragergruppe zu. Preisdifferenzierung dritten Grades ist nahezu ausschließlich auf Jugend- und Studententarife begrenzt. Hier ist es die Fluggesellschaft, die dieser Personengruppe ex ante eine (vermutete, durchschnittliche) Zahlungsbereitschaft zuschreibt.

Voraussetzung für Preisdifferenzierung ersten Grades sind Kenntnisse über die individuellen Konsumentenpräferenzen. Werden Produkte online verkauft, können benutzerspezifische Daten automatisch erfasst werden.[79] Zum einen lassen sich vorangegangene Buchungen und vor allem auch Abfragen nutzen, um Wahrscheinlichkeitsaussagen über Konsumentenpräferenzen vorzunehmen. Zum anderen können Angebote mit geringem Aufwand individualisiert werden,[80] indem für das Anzeigen von Preisinformationen oder Buchungsdetails eine Nutzeridentifikation zur Voraussetzung gemacht wird.[81]

Auf die Möglichkeiten zur Preisdifferenzierung ersten und zweiten Grades hat dies zwei Effekte. Einerseits wird das Abschöpfen von Konsumentenrente erleichtert, da das Abschätzen individueller Reservationspreise automatisierbar ist. Andererseits können Konsumenten zu minimalen Zusatzkosten individualisierte Angebote mehrerer Anbieter vergleichen. Unternehmen stehen so im Wettbewerb um jeden Kunden und sollten letztlich zu Grenzkostenpreisen anbieten. Im Duopol hängt es von den Transportkosten bzw. der Loyalität der Konsumenten ab, ob der Effekt des Abschöpfens oder der eines intensiveren Wettbewerbs überwiegt.[82] Werden elektronische Tickets genutzt, sind die Transportkosten beim Verkauf von

---

78 Vgl. für einen Überblick über Preisdifferenzierung und die im Weiteren verwendete Klassifizierung *Tirole,* J.: The theory of industrial organization, 10. Aufl., Cambridge (Ma.) u. a. 1998, S. 133 ff.

79 Für einen kurzen Überblick vgl. hierzu und im Folgenden *Bailey,* J.P.: Internet price discrimination – self-regulation, public policy, and global Electronic Commerce, http://www.tprc.org/abstracts_98/bailey.pdf, Stand: 17. 01. 2002 sowie ausführlich *Choi,* S.-Y. / *Stahl,* D.O. / *Whinston,* A.B.: The economics of Electronic Commerce, Indianapolis 1997, S. 313 – 367.

80 Zu Voraussetzungen und Folgen der Preisdifferenzierung auf elektronischen Märkten vgl. *Skiera,* B. / *Spann,* M.: Flexible Preisgestaltung im Electronic Business, in: Weiber, R. (Hrsg.): Handbuch Electronic Business, Wiesbaden 2000, S. 539 – 558 sowie für eine Systematisierung der Mechanismen zur Preisfindung *Bliemel,* F. / *Eggert,* A. / *Adolphs,* K.: Preispolitik mit Electronic Commerce, in: Bliemel, F. / Fassott, G. / Theobald, A. (Hrsg.): Electronic Commerce, 3. Aufl., Wiesbaden 2000, S. 205 – 217.

81 Letzteres ist bspw. bei Lufthansa der Fall. In welchem Umfang hier kundenbezogene Daten genutzt werden, lässt sich nicht erfassen.

82 Vgl. *Ulph,* D. / *Vulkan,* N.: Electronic Commerce and competitive first-degree price discrimination, Dicussion Paper, No. 484, Bristol 2000 sowie http://else.econ.ucl.ac.uk/papers/vulkan.pdf, Stand: 17. 01. 2002 sowie *Ulph,* D. / *Vulkan,* N.: E-Commerce, mass customisation and price discrimination, http://www.ecn.bris.ac.uk/www/ecnv/mass3.pdf, Stand: 19. 01. 2002.

Flugtickets null. Auch Papiertickets verursachen Kosten, die weitgehend unabhängig sind von der Webseite, auf der gebucht wurde. Die Loyalität von Online-Kunden ist gering. Selbst unter den zufriedenen Kunden haben 60% keine Präferenz für einen bestimmten Online-Anbieter.[83] Demzufolge sind keine zusätzlichen negativen Wohlfahrtseffekte durch Preisdifferenzierung ersten Grades zu erwarten, wenn Fluggesellschaften den Online-Vertrieb ausbauen.

Dieses Ergebnis kann ins Gegenteil verkehrt werden, wenn der Wettbewerb um jeden Kunden durch Absprachen ausgeschlossen ist: Haben alle Fluggesellschaften über ihre (gemeinsamen) Online-Kunden die gleichen Informationen, können diese zur Marktaufteilung genutzt werden. Jeder Fluggesellschaft würde dann ein bestimmter Teil der abzuschöpfenden Konsumentenrente zustehen. Es ist dabei davon auszugehen, dass bei Vorliegen identischer Informationen die Intensität des Wettbewerbs um den einzelnen Kunden steigt. Es wird letztlich das Unternehmen ein Ticket verkaufen können, das den Flug in der gewünschten Beschaffenheit zum günstigsten Preis anbieten kann.

Ob es tatsächlich zum Ausdifferenzieren der Verkaufspreise aufgrund persönlicher Merkmale kommt, ist umstritten.[84] Höhere Transparenz und das Bündeln von Einkäuferinteressen führt jedoch grundsätzlich zu sinkenden Preisen. Mit wachsender Zahl und Gleichverteilung der Internetnutzer über alle Nachfragersegmente sollte die Vielzahl gemessener Preisunterschiede zumindest reduziert werden.[85]

Fluggesellschaften können durch konsequentes Yield-Management, sprich Preisdifferenzieren, ihre Erlöse steigern. Dies geht grundsätzlich zu Lasten der Konsumenten, die Preise zahlen, die näher an ihrem Reservationspreis liegen.[86] Die Spezifika der Dienstleistung Flug lassen die Wohlfahrtsreduktion indes geringer ausfallen, als es auf den ersten Blick zu erwarten ist. Die Preise, die Kunden mit geringer Preissensitivität zahlen, beinhalten einen Aufschlag für das Freihalten von Sitzplätzen. Dieser Aufschlag hält preis-sensitive, meist frühbuchende Kunden vom Ticketkauf ab und schafft so Kapazität für Spätbucher mit höherer Zahlungsbereitschaft. Vielzahler erhalten Kapazität und ermöglichen grenzkostennahe Preise für preissensitive Ticketkäufer. Diese tragen ihrerseits langfristig zur Deckung der Fixkosten bei. Die Preisdifferenzierung der Airlines gewährleistet, dass ihre weder lagerfähige noch nachträglich lieferbare Dienstleistung denen zur Verfügung gestellt wird, die ihr den größten Wert beimessen.[87]

---

83 Informationen von T.B. *Jones*, Travelocity, USA, Vortrag am 21. 09. 2000, Wiesbaden.

84 Das Vergrößern von Preisdifferenzen erwartet etwa *Gröhn*, A.: The Internet's economic challenges, Kiel working paper No. 949, Kiel 1999, S. 26 f.

85 Zu diesem Ergebnis kommt *Brown*, J.R.: Does the Internet make markets more competitive? Evidence from the life insurance industry, in: NBER (Hrsg.): NBER working paper series, No. 7996, Cambridge (Ma.) 2000.

86 Vgl. *Belobaba*, P.P. / *Wilson*, J.L.: Impacts of yield management in competitive airline markets, in: Journal of Air Transport Management, Vol. 3, 1997, No. 1, S. 3 – 9.

Selbst wenn davon ausgegangen wird, dass der Online-Vertrieb Preisdifferenzierung wahrscheinlicher werden lässt, ist für die Beurteilung der Wettbewerbswirkung von Orbitz zu bedenken, dass es auch dem stationären Vertrieb möglich ist, unvollständige oder bewusst verzerrte Informationen an den Kunden weiterzugeben. Werden einzel- oder gesamtumsatzabhängige Provisionen gezahlt, werden die Anreize größer, teurere Flüge oder Flüge einer bestimmten Airline zu verkaufen. Fluggesellschaften dürften finanziell eher in der Lage sein, ein entsprechendes Datenmanagement aufzubauen. Ihnen fehlt indes die persönliche Kenntnis des Kunden. Soft-facts können von ihnen nur sehr eingeschränkt erfasst werden. Systematische Unterschiede zwischen online und offline sowie direktem und indirektem Vertrieb lassen sich demnach auch hier nicht erkennen.

II. Fazit: Erfordert die New Economy neue Instrumente der Wettbewerbspolitik?

Noch ist unser Wissen über die Wettbewerbswirkungen elektronischer Marktplätze zu gering, um ohne detailliertes Prüfen des Einzelfalles über ihre wettbewerbsrechtliche Freigabe entscheiden zu können. Die Fallstudie zum gemeinsamen Online-Vertrieb führender US-Anbieter zeigt, dass insbesondere die Rückwirkung auf die Angebotsseite mitbetrachtet werden sollte.

Eine Verschlechterung der Wettbewerbssituation kann nicht ausgeschlossen werden, da die Möglichkeit zu interner Information über Preise und Mengen existiert, Anreize bestehen, Flugtickets exklusiv zu vertreiben, einige Konsumenten keinen Zugang zu Internet-Tarifen haben und online gewonnene Kundeninformationen zu verstärkter Preisdifferenzierung genutzt werden können.

Wettbewerbsfördernd kann sich auswirken, dass die Transparenz über verfügbare Tarife steigt, folglich sinkende Vertriebskosten an die Konsumenten weitergegeben werden müssen, zuvor unveröffentlichte Tarife allgemein zugänglich werden und der Anreiz, zusätzliche Verbindungen in die Flugpläne aufzunehmen, größer wird.

Im April 2001 hat das Department of Transportation den Start von Orbitz, trotz der Widerstände der Offline-Anbieter zum Juni 2001 freigegeben. Die Behörde fand keinen Beleg für eine Wettbewerbsbehinderung. Es handele sich vielmehr um eine weitere Vertriebsplattform, die zu intensiverem Wettbewerb führen könne.[88]

---

87 Auf diese positiven Wohlfahrtseffekte geht ausführlich ein *Botimer*, T.C.: Efficiency considerations in airline pricing and yield management, in: Transportation Research Part A – policy and practice, Vol. 30, 1996, No. 4, S. 307–317.

88 Vgl. *US Department of Transportation*: DOT decides not to prevent Orbitz's launch, Pressemitteilung vom 13. April 2001, Online-Version: http://www.dot.gov/affairs/dot3401.htm, Stand: 04. 06. 2001, sowie *o. V.*: Behörde gibt Orbitz grünes Licht, in: fvw international, o. Jg., Nr. 10, 20. 04. 2001, S. 8.

Mittlerweile ist jedoch eine erneute Überprüfung angekündigt worden. Anlass ist die Beteiligungsstruktur von Orbitz, die zur Befürchtung Anlass gibt, dass die Fluggesellschaften über diese Plattform ihr Verhalten auf den Angebotsmärkten abstimmen.

Wie auch immer das Ergebnis der Untersuchungen ausfallen mag, so zeigt sich doch in jedem Fall, dass mögliche wettbewerbsbeschränkende Wirkungen von Internet-Plattformen mit den herkömmlichen Instrumenten der Wettbewerbspolitik sehr wohl adäquat erfasst werden können. Die nicht selten geltend gemachte Behauptung, die New Economy schaffe völlig neue wettbewerbspolitische Probleme und erfordere somit auch eine neue Wettbewerbspolitik, lässt sich durch die Ergebnisse unserer Fallstudie nicht belegen.

Literatur

American Antitrust Institute (Hrsg.): Comments of the American Antitrust Institute relating to Orbitz and the D.O.T.'s C.R.S. rulemaking, Washington 2000.

ASTA (Hrsg.): Testi mony of the American Society of Travel Agents, http://www.senate.gov/~commerce/issues/aviation00.html, Stand: 01. 08. 2001.

aviationX (Hrsg.): A new kind of hub – how B2B E-marketplaces will revolutionize the aviation industry, o. O. 2000.

Bailey, J.P.: Internet price discrimination – self-regulation, public policy, and global Electronic Commerce, http://www.tprc.org/absatracts 98/bailey.pdf, Stand: 17. 01. 2002.

Baker, J.B.: Identifying horizontal price fixing in the electronic marketplace, in: Antitrust Law Journal, Vol. 62, 1996, S. 41–55.

Baumann, R.: Southwest sagt Nein zu Orbitz, in: fvw international, o. Jg., Nr. 19, 10. 08. 2001, S. 80.

Beck, H.: Die wettbewerbspolitische Relevanz des Internet, in: WuW, 49. Jg., 1999, H. 5, S. 460–467.

Belobaba, P.P. / *Wilson*, J.L.: Impacts of yield management in competitive airline markets, in: Journal of Air Transport Management, Vol. 3, 1997, No. 1, S. 3–9.

Blakey, E. / *Macaluso*, N.: Airlines withdraw internet commissions, in: E-Commerce Times, 01. 03. 2001, http://www.ecommercetimes.com/perl/printer/ 7854/, Stand: 20. 11. 2001.

Bliemel, F. / *Eggert*, A. / *Adolphs*, K.: Preispolitik mit Electronic Commerce, in: Bliemel, F. / Fassott, G. / Theobald, A. (Hrsg.): Electronic Commerce, 3. Aufl., Wiesbaden 2000, S. 205 – 217.

Borchardt, A.: Reisemarkt – Einsam auf Online-Tour, in: FTD, 02. 03. 2001, http://www.ftd.de/ub/di/FTD983439195325.html, Stand: 27. 05. 2001.

Botimer, T.C.: Efficiency considerations in airline pricing and yield management, in: Transportation Research Part A – policy and practice, Vol. 30, 1996, No. 4, S. 307–317.

British Airways (Hrsg.): Large fare reductions, Pressemitteilung vom 10. 01. 2001, http://www.britishairways.com/press/, Stand: 19. 12. 2001.

Brown, J.R.: Does the Internet make markets more competitive? Evidence from the life insurance industry, in: NBER (Hrsg.): NBER working paper series, No. 7996, Cambridge (Ma.) 2000.

Carroll, B.: Does Orbitz' regulatory green light mean its bottom line will be green?, in: the Insighter, 01. 05. 2001, http://www.webtravelnews.com, Stand: 24. 07. 2001.

Choi, S.-Y. / *Stahl*, D.O. / *Whinston*, A.B.: The economics of Electronic Commerce, Indianapolis 1997, S. 313–367.

Cohen, J.: Technical Difficulties, in: The Industry Standard Magazine, vom 07. 06. 1999, http://www.thestandard.com, Stand: 11. 07. 2001.

Doernhoefer, G.: White paper – submitted to the Iowa Attorney General on behalf of Orbitz, L.L.C., o. O. 08. 11. 2000.

Dubuc, C.E.: Air travel, tourism, electronic tickets and the Warsaw conentions in cyberspace, in: Air & Space Law, Vol. 22, 1997, No. 6, S. 291–311.

Europäische Kommission: Bekanntmachung nach Artikel 19 Absatz 3 der Verordnung Nr. 17 des Rates – Sache COMP / 38.006 – Online Travel Portal, in: ABl. EG C 323 / 6–8, 20. 11. 2001.

– Cas n° IV / M.157 – Air France / Sabena, 392M0157, 05. 10. 1992.

– Entscheidung der Kommission vom 20. Juli 1999 in einem Verfahren betreffend die Anwendung der Verordnung (EWG) Nr. 2299 / 89 des Rates – Elektronisches Ticket, in: ABl. EG L 244 / 56–63, 16. 09. 1999.

– Entscheidung der Kommission vom 26. Februar in einem Verfahren nach Artikel 85 und 86 EWG-Vertrag (Sache IV / 335544 – British Midland / Aer Lingus), in: ABl. EG L 96 / 35–45, 10. 04. 1992.

Federal Trade Commission: Promoting competition – protecting consumers, http://www.ftc.gov/bc/compguide/index.htm, Stand: 04. 09. 2001.

Federal Trade Commission, US Department of Justice: Antitrust guidelines for collaborations among competitors, o. O. 2000, http://www.ftc.gov/os/2000/04/ftcdojguidelines.pdf, Stand: 30. 07. 2001.

– Horizontal merger guidelines, o. O. 1997, http://www.ftc.gov/bc/docs/horizmer.htm, Stand: 24. 04. 2001.

Flint, P.: Web of ambivalence, in: Air transport world, Vol. 35, 1998, No. 4, S. 31 – 36.

GAO (Hrsg.): Domestic aviation – effects of changes in how airline tickets are sold, Washington D.C. 1999.

Gröhn, A.: The Internet's economic challenges, Kiel working paper No. 949, Kiel 1999.

Herdzina, K.: Wettbewerbspolitik, 5. Aufl., Stuttgart 2001.

Hermanns, A. / *Sauter*, M.: Electronic Commerce – Grundlagen, Potentiale, Marktteilnehmer und Transaktionen, in: Hermanns, A. / Sauter, M.: Management-Handbuch Electronic Commerce, München 1999, S. 13 – 29.

Hollings, F.: Statement of Senator Hollings – Hearing on the sale of airline tickets over the internet, 20. 07. 2000, http://www.senate.gov/~commerce/issues/aviation00.html, Stand: 01. 08. 2001.

Jenkins, D. / *Jackson*, J. / *Beckerman*, D.: Search engine performance of major online travel websites, o. O. November 2001.

Jones, T.B.: Statement before the committee on commerce, science and transportation United States Senate, 20. 07. 2000, http://www.senate.gov/~commerce/issues/aviation00.html, Stand: 01. 08. 2001.

Katz, J.G.: Testimony – Hearing on the sale of airline tickets over the internet, 20. 07. 2000, http://www.senate.gov/~commerce/issues/aviation00.html, Stand: 01. 08. 2001.

Klein, P.: Electronic Commerce im Touristikmarkt, in: Gora, W. / Mann, E. (Hrsg.): Handbuch Electronic Commerce – Kompendium zum elektronischen Handel, Berlin u. a. 1999, S. 351 – 367.

Learmonth, M.: Travel agent group files DoJ petition, in: The Industry Standard, 18. 02. 2000, http://www.thestandard.com, Stand: 25. 07. 2001.

Linares, N. / *Anolik*, A.: Testimony by Association of Retail Travel Agents, 20. 07. 2000, http://www.senate.gov/~commerce/issues / aviation00.html, Stand: 01. 08. 2001.

Marcussen, C.H.: Internet distribution of european travel and tourism services, Bornholm 1999.

Maroney, T.: An air battle comes to the web, in: Fortune, Vol. 71, 2000, S. 115–117.

Mead, K.M.: Internet sales of airline tickets, o. O. 2000.

Morrison, S.A. / *Winston*, C.: Regulatory reform of U.S. intercity transportation, in: Gómez-Ibánez, J.A. / Tye, W.B. / Winston, C. (Hrsg.): Essays in transportation economics and policy – a handbook in honor of John R. Meyer, Washington 1999, S. 469 – 492.

Nielsen // NetRatings: Lower income surfers are the fastest growing group on the web, Pressemitteilung vom 13. 05. 2001, http://www.nielsen-netratings.com/press_releases/PDF/pr_010313.pdf, Stand: 25. 07. 2001.

– Reisezeit lockt Urlaubsplaner ins Internet, Pressemitteilung vom 23. 07. 2001, http://www.nielsen-ratings.com/press_releases/PDF/pr_010723_germany.pdf, Stand: 25. 07. 2001.

O. V.: Behörde gibt Orbitz grünes Licht, in: fvw international, o. Jg., Nr. 10, 20. 04. 2001, S. 8.

O. V.: Fliegen per Mausklick, in: FAZ, Nr. 110, 12. 05. 2000, S. 24.

O. V.: Fluglinien gründen Online-Reisebüro – Zusammenarbeit von elf großen europäischen Fluggesellschaften, in: FAZ, Nr. 110, 12. 05. 2000, S. 23.

O. V.: ITA Software brings unique search features to travel bookings, in: Interactive Travel Report, Vol. 5, No. 20, 30. 03. 2000, S. 3.

O. V.: Neun Fluggesellschaften bieten Flüge gemeinsam im Internet an, in: FAZ, Nr. 146, 27. 06. 2001, S. 26.

O. V.: Orbitz, the new full-service travel website, officially opens for business, making it easier than ever for consumers to 'visit planet earth via Orbitz', Pressemitteilung vom 04. 06. 2001.

O. V.: Orbitz unveils consumer-friendly display of service fee, Orbitz-Pressemitteilung vom 04. 12. 2001.

O. V.: Qualiflyer airline group forms european portal – Beyoo, in: Travel Distribution Report, 13. 07. 2000, S. 3.

O. V.: Southwest Airlines releases statement concerning Internet sales of airlines tickets, Pressemitteilung vom 11. 08. 2000, http://www.southwest.com/about_swa/press/00aug11_net_sales.htm, Stand: 16. 08. 2001.

O. V.: Vanguard Airlines statement regarding Orbitz, Pressemitteilung vom 19. 07. 2001, http://www.flyvanguard.com/pressrelesedetail.asp?id=188, Stand: 16. 08. 2001.

O. V.: Weniger Markenwerbung im Luftverkehr, in: FAZ, Nr. 129, 05. 06. 2000, S. 31.

O. V.: Zuji ist here!, Pressemitteilung vom 15. 08. 2001, http://www.zuji.com/zuji/en_pr_consumer.html, Stand: 02. 10. 2001.

Parsons, T.: Best fares – are megasites finding the best deals for you, in: Dallas Morning News, 05. 08. 2001, http://www.dallasnews.com/travel2/archive/435135_parsons_05tra..html [!], Stand: 04. 09. 2001.

Rice, K.: Bye bye GDS, hello Internet, in: the Insighter, http://www.webtravelnews.com/forms/print.html?id=9, Stand: 24. 07. 2001.

Schwalba, M.: Die wettbewerbsbezogene Abgrenzung des relevanten Marktes, Frankfurt a. M. 2000.

Skiera, B. / *Spann*, M.: Flexible Preisgestaltung im Electronic Business, in: Weiber, R. (Hrsg.): Handbuch Electronic Business, Wiesbaden 2000, S. 539 – 558.

Tirole, J.: The theory of industrial organization, 10. Aufl., Cambridge (Ma.) u. a. 1998.

Topaz (Hrsg.): Low airfare report card: Travelocity, Expedia beat ITA, Pressemitteilung vom 09. 01. 2000, auf Anfrage verfügbar, info@etopaz.com, Stand: 31. 07. 2001.

Travelocity: Annual Report 2000, 2001.

U.S. Department of Commerce: Pressemitteilung vom 16. 05. 2001, http://www.census.gov/estats, Stand: 24. 07. 2001.

U.S. Department of Transportation: DOT decides not to prevent Orbitz's launch, Pressemitteilung vom 13. April 2001, Online-Version: http://www.dot.gov/affairs/dot3401.htm, Stand: 04. 06. 2001.

Ulph, D. / *Vulkan*, N.: E-Commerce, mass customisation and price discrimination, http://www.ecn.bris.ac.uk/www/ecnv/mass3.pdf, Stand: 19. 01. 2002.

– Electronic Commerce and competitive first-degree price discrimination, Dicussion Paper, No. 484, Bristol 2000.

Vigoroso, M.W.: Travelocity brings home marketing deals with British Airways, Lufthansa, in: E-Commerce Times, 17. 07. 2001, http://www.ecommercetimes.com/perl/story/12049.html, Stand: 08. 12. 2001.

Woody, T.: A fast takeoff for airline sites, in: The Industry Standard, 07. 06. 1999, http://www.thestandard.com, Stand: 11. 07. 2001.

Humankapitalmangel in der New Economy?

Von *Barbara Dluhosch**, Hamburg

Abstract

Most recently labor markets in industrialized countries were characterized by declining labor market prospects for the low skilled in particular. In addition, labor market statistics showed a significant increase in management whereas employment in direct production declined so that the ratio of non-production to production workers in manufacturing increased substantially. A shift-share analysis reveals that the shift in occupations took place mainly within industries rather than between industries. The paper examines the causes for this shift in labor demand. Labor market developments of this sort are frequently traced back to technology since the new economy is associated with a factor bias: the implementation of information and communication technologies is considered to be low skilled labor saving in particular, hence implying a shift in labor demand towards high skilled labor. However, the „new-economy hypothesis" stands in contrast to traditional Heckscher-Ohlin reasoning which predicts that in an open economy sector bias of technical change alone determines relative wages and in addition may well induce firms to lower the skill ratio within industries. Factor bias, in contrast, does not seem to play any role with respect to the skill premium. The paper discusses sufficient conditions for technical progress in the new economy nevertheless to be accompanied by an increase in the skill premium as well as an increase in the skill ratio in manufacturing, taking into account that technical progress in the new economy is comprehensive and thus may differ from traditional Heckscher-Ohlin reasoning.

A. New Economy, Technologie und Arbeitsmarktentwicklungen

Im Zuge der Diskussion über die Einführung einer „Green Card" in Deutschland ist auf eine akute Knappheit an hoch qualifizierten Arbeitnehmern hingewiesen worden, insbesondere solchen mit „Computing Skills". Dies hat eine lebhafte Debatte über die Wünschbarkeit und Ausgestaltung einer solchen Green Card ausgelöst. Genauso breit wie die Palette der Lösungsvorschläge war und ist jedoch die Palette der als am wichtigsten angeführten Ursachen für den Arbeitskräftemangel gerade im Bereich hoch qualifizierter Arbeitnehmer.

---

* Für hilfreiche Kommentare danke ich den Teilnehmern der Jahrestagung 2002 des Wirtschaftspolitischen Ausschusses im Verein für Socialpolitik; für Datenbearbeitung danke ich Frank Tiefenbeck und Mateo Osterhagen-Zalles.

Die Arbeitsmarktentwicklung in vielen Industrieländern wird häufig im Zusammenhang mit der New Economy gesehen, da diese in der Regel mit einem Faktorbias assoziiert wird: Durch die Informationstechnologie werden viele Tätigkeiten entweder ganz obsolet oder vollziehen zumindest einen Wandel in der Art der geforderten Qualifikation. Die klassische Schreibkraft, die sich der Entwicklung von Spracherkennung und –verarbeitung gegenüber sieht, ist ein Beispiel. Die Organisation und Koordination eines komplexen Produktionsprozesses mit vielen Teilschritten und –stufen, die ineinander greifen und aufeinander abgestimmt sein müssen, ist ein anderes Beispiel. Hier sinken durch die Fortschritte in der Informations- und Kommunikationstechnologie nicht nur die Kosten des Zusammenspiels verschiedener Tätigkeiten und Komponenten, sondern auch die Distanzkosten. Vorteile der Arbeitsteilung können dadurch weitaus stärker ausgeschöpft werden (bzw. es können neue entdeckt werden) als vordem. Letzteres aber heißt, dass das gleiche Produkte mit geringerem Faktoreinsatz (bzw. ein höherwertiges Produkt) erstellt werden kann. Vor allem geringer Qualifizierte sehen sich in diesem Zuge offenkundig von einem Rückgang der Nachfrage betroffen. Stattdessen sind IT-Spezialisten und Management verstärkt gefragt, die beide die Technologie auf spezifische Nachfragewünsche zuschneiden und in die Praxis umsetzen können. Dies korrespondiert mit der Entwicklung in den verschiedenen Arbeitsmarktsegmenten einer ganzen Reihe von Industrieländern. Insbesondere in den Vereinigten Staaten und in Großbritannien zeigen die Arbeitsmärkte durch steigende Löhne, vor allem der hoch Qualifizierten, eine Verschiebung der Nachfrage hin zu mehr qualifizierter Arbeit an; in Kontinentaleuropa sind die Arbeitsmärkte eher von einer Verschlechterung der Beschäftigungsperspektiven für geringer Qualifizierte gekennzeichnet.

Allerdings ist der solchermaßen konstruierte Zusammenhang zunächst einmal nicht mehr als eine plausible Vermutung. Ist die relative Zunahme der Nachfrage nach Qualifikation in der Tat technologisch bedingt? Wer lediglich die Symptome im Blick hat, mag diese Frage für müßig halten (so zum Beispiel *Deardorff* 1998). Aber die Frage ist unter Umständen nicht unerheblich, schließlich erfordern unterschiedliche Ursachen häufig unterschiedliche wirtschaftspolitische Maßnahmen.

So kann eine unterschiedliche Entwicklung der Arbeitsmarktperspektiven für hoch und gering Qualifizierte auch wirtschaftspolitisch bedingt sein, zum Beispiel durch eine wirtschaftspolitisch bedingte relative Verteuerung gering qualifizierter Arbeit. In einem solchen Fall wäre vornehmlich dort anzusetzen. Auch Handelsschranken können die relative Nachfrage nach Tätigkeiten und Qualifikationen verschieben. Es werden mehr Ressourcen in Verwendungen gebunden, die anderenfalls nicht wettbewerbsfähig wären. Je nach Faktorintensität gehen die Folgen für die Arbeitsnachfrage spürbar über die protektionsbedingte Verschiebung der relativen Preise hinaus und bedeuten so erhebliche Realeinkommens- bzw. Beschäftigungseinbussen für einzelne Gruppen. Umgekehrt kann natürlich die Liberalisierung des internationalen Waren- und Dienstleistungsaustauschs erhebliche Implikationen für die relative Knappheit von Produktionsfaktoren haben. Nicht zuletzt deshalb entsteht häufig der Ruf nach protektionistischen Maßnahmen. Daraus folgt aber auch: Bestätigt sich, dass die veränderte Arbeitsnachfrage technologisch, d. h. durch die New Economy stattfindet (und nicht durch internationalen Handel und Billiglohnkonkurrenz aus aufstrebenden Entwicklungs- und Schwellenländern), dann wird auch die Forderung nach protektionistischer Abschottung der heimischen Arbeitsmärkte von der Billiglohnkonkurrenz wirtschaftspolitisch entkräftet.[1]

B. Empirische Hinweise

Eine Reihe von Arbeitsmarktindikatoren weist darauf hin, dass die relative Entlohnung für Qualifizierte seit den achtziger Jahren gestiegen ist, während die Realeinkommen der geringer Qualifizierten zumindest relativ gesunken sind. Besonders ausgeprägt war diese Entwicklung in den Vereinigten Staaten, aber ansatzweise auch in Großbritannien. Dort, wo, wie vielerorts in Kontinentaleuropa, geringer Qualifizierte ihren Arbeitsplatz nicht durch Lohnzurückhaltung erhalten haben, stieg die Arbeitslosigkeit.

Dies indiziert, dass Humankapital knapper geworden ist. Da das Arbeitsangebot weit weniger schnell auf Veränderungen gleich welcher Art reagiert als die Arbeitsnachfrage, ist es nahe liegend, in der Nachfrageseite die treibende Kraft dieser Entwicklung zu sehen. Gleichwohl ist die Ursache der Nachfrageverschiebung von gering zu hoch qualifizierter Arbeit umstritten. Dies ist nicht nur aus theoretischer Sicht erheblich, sondern auch aus wirtschaftspolitischer Sicht, wenn bei steigender Arbeitslosigkeit nach Rezepten gesucht wird, die bei den Ursachen ansetzen.

Ein näherer Blick in die Beschäftigungsstruktur zeigt allerdings mehr als lediglich einen Anstieg der Arbeitsnachfrage mit Qualifikationsbias. Interessant ist in diesem Zusammenhang vor allem die nach Tätigkeiten disaggregierte Arbeitsmarktstatistik. Denn sie weist einen auffälligen Anstieg der Nachfrage nach Managementleistungen aus. Dabei stiegen nicht nur die Löhne der Beschäftigten mit Managementtätigkeiten (direkte Lohnzahlungen einschließlich Benefits) stärker als die der übrigen Beschäftigten (vgl. Abbildung 1 für die Vereinigten Staaten); auch der Anteil der Managementtätigkeiten (bzw. allgemeiner: der Unternehmensdienstleistungen) an der Gesamtbeschäftigung nahm kräftig zu. Tabelle 1 zufolge ist dieser Mehreinsatz von Managementleistungen in den letzten 15 – 20 Jahren in einer ganzen Reihe von OECD Ländern erkennbar. Er ist selbst dort zu verzeichnen, wo, wie in den Vereinigten Staaten, Managementleistungen relativ teurer geworden sind.[2]

---

1 Inwieweit die Green Card möglicherweise darüber begründet wird, dass der internationale Faktorpreisausgleich allein über internationalen Handel nicht zustande kommt (weil es sich zum Beispiel um nichthandelbare Güter und Dienstleistungen handelt, die trotz Internet vor Ort erstellt werden), sei hier dahin gestellt und nicht weiter diskutiert.

2 Eine weitergehende Disaggregation für die Vereinigten Staaten zeigt, dass die Entwicklung im Bereich Unternehmensberatung, Kommunikation, Finanzdienstleistungen, Versiche-

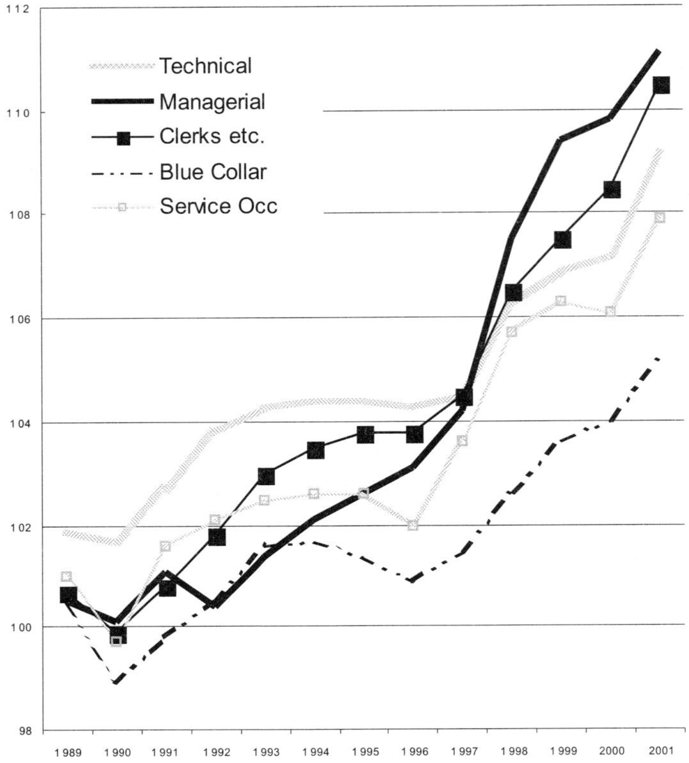

Quelle: *US Bureau of Labor Statistics*, Employment Cost Index, Januar 2002.

Abbildung1: Entwicklung der Kompensation der Beschäftigten nach Tätigkeitsfeldern in den Vereinigten Staaten 1989 – 2001 (Juni 1989 = 100)

Dem zunehmenden Einsatz von Management- oder allgemeiner: Unternehmensdienstleistungen stand ein Rückgang der Beschäftigten vor allem in der unmittel-

rungen und sonstige unternehmensbezogene Dienstleistungen besonders dynamisch verlief. Waren zu Beginn der achtziger Jahre etwas mehr als ein Fünftel der Beschäftigten der gesamten Dienstleistungsbranche in diesem Sektor beschäftigt, so waren es in der ersten Hälfte der neunziger Jahre bereits deutlich mehr als ein Viertel. Die Beschäftigungsdynamik in den Vereinigten Staaten gründet sich also keineswegs allein auf gering entlohnte Jobs in Franchiserestaurants (sog. „Mac Donald's-Jobs"). Im Gegenteil, die unternehmensbezogenen Dienstleistungen weisen nicht nur einen weit überdurchschnittlichen Beschäftigungsanstieg auf; sie werden auch überdurchschnittlich entlohnt. So liegt der Verdienst pro geleisteter Stunde im Schnitt bei den Kommunikationsdienstleistungen, um nur einen Bereich zu nennen, um 18vH über dem Durchschnittsverdienst in der gesamten amerikanischen Wirtschaft und um fast 8vH über dem Durchschnitt des dortigen verarbeitenden Gewerbes. Vgl. *OECD* 1997, eigene Berechnungen.

baren Produktion gegenüber (vgl. ebenfalls Tab. 1). Sonstige Dienstleistungstätigkeiten, worunter unter anderem Konsumdienstleistungen fallen und die vor allem mit der „Services Economy" assoziiert werden, zeigen ebenfalls einen leicht steigenden Anteil an der Gesamtbeschäftigung. Dieses Muster lässt sich ebenfalls durchgängig in den Industrieländern beobachten, in einigen ist es mehr, in anderen weniger ausgeprägt. Vor allem am aktuellen Rand ist noch einmal eine deutliche Verschiebung dieser Art zu sehen. Die Tatsache, dass sich die Nachfrage vor allem in Richtung Managementleistungen verschoben hat, ist bislang in theoretischen wie empirischen Studien kaum berücksichtigt worden. Hinzu kommt, worauf Arbeitsmarktökonomen bereits hingewiesen haben: Der Anteil der Qualifizierten an der Beschäftigung hat sich nicht nur auffällig erhöht, sondern auch durchgängig in nahezu sämtlichen Industrien – und nicht nur in ausgewählten.[3]

Damit scheiden bereits sämtliche Erklärungen des Humankapitalmangels aus, die sich auf eine klassische Heckscher-Ohlin Erklärung einer zunehmenden weltwirtschaftlichen Verflechtung stützen. Durch eine „Billiglohnkonkurrenz aus dem Ausland" (sprich die Integration von Entwicklungs- und Schwellenländern in die Weltwirtschaft) würde danach zwar der relative Preis qualifikationsintensiver Produkte steigen, die Wirtschaft der Industrieländer würde sich stärker auf qualifikationsintensive Produkte spezialisieren und aufgrund einer zunehmenden Nachfrage nach Qualifikation würde letztlich auch die Qualifikationsprämie steigen. Aber: Der Anstieg der Nachfrage nach qualifizierter Arbeit käme in diesem Fall durch eine stärkere Spezialisierung auf qualifikationsintensive Produkte zustande, d. h. die Gewichtung der Industrien mit hoher Qualifikationsintensität würde zunehmen. In diesem Fall wäre vor allem eine Verschiebung zwischen den Industrien verantwortlich für die verschlechterte Arbeitsmarktsituation gering Qualifizierter, nicht aber eine Änderung der Produktionsweise in den Industrien.

Eine Shift-Share Analyse, die die gesamte Nachfrageänderung aufspaltet, um die einzelnen Beiträge herauszurechnen, zeigt jedoch, dass der Hauptteil der Änderungen in der Beschäftigungsstruktur nicht auf Verschiebungen in der Industriestruktur, sondern auf Änderungen der Nachfrage innerhalb jeder einzelnen Industrie zurückzuführen ist.

3 Vgl. auch die Beiträge von *Berman / Bound / Griliches* (1994) und *Berman / Bound / Machin* (1998), die sich auf die Entwicklung der Relation von production und non-production workers in der verarbeitenden Industrien der Vereinigten Staaten stützen, sowie *Machin / Van Reenen* (1998) für weitere empirische Evidenz.

Tabelle 1: **Entwicklung der Beschäftigungsanteile an der Gesamtbeschäftigung (nach Tätigkeitsfeldern)**

ISCO-68	Professional / Techniker	Administration / Management	Büro-angestellte u.ä.	Verkauf	Sonst. Dienst-leistungs-tätigkeiten	Land-wirtschaft	Produktion	Nicht klassifizierbar, Militär
				Vereinigte Staaten				
1979	15.6	10.9	18.2	6.4	13.2	2.8	33.1	–
1998	18.4	14.5	14.0	12.1	13.6	2.7	24.9	–
				Niederlande				
1979	18.3	2.4	18.5	10.2	10.6	5.9	31.6	0.6
1994	24.6	4.1	17.3	10.5	11.9	4.1	21.9	4.4
				Dänemark				
1979	21.0	4.1	17.2	7.3	15.4	2.4	32.3	0.4
1996	25.0	4.6	17.7	8.1	12.4	4.9	25.6	0.2

ISCO-88	Manage-ment	Profes-sional	Techniker u.ä.	Büro-angestellte	Sonst. Dienst-leistungen, Verkäufer etc.	Land-wirtschaft; Element. Beschäf-tigungen	Hand-werkliche Tätigkeiten u.ä.	Maschinen-betreuung, Fließband etc.	Militär	Rest
					Vereinigtes Königreich					
1991	14.2	9.4	8.8	15.9	16.6	8.9	15.2	10.0	0.4	0.8
1998	16.0	10.5	9.9	15.0	18.4	8.0	12.2	9.4	0.4	0.2
					Deutschland					
1993	6.0	9.8	18.6	13.1	10.4	10.5	19.0	7.9	1.3	3.4
1998	5.8	12.7	19.7	12.7	11.4	9.8	18.1	7.5	1.0	1.5

Quelle: *Burda / Dluhosch* (2002), berechnet auf Basis der Daten des *ILO* Yearbook (versch. Ausgaben).

Wenn mit b_{ij} der Anteil aller Beschäftigten in der Industrie i mit Tätigkeit j (d. h. $b_{ij} \equiv L_{ij} / \sum_j L_{ij}$) bezeichnet wird, dann sind $b_j = \sum_i s_i b_{ij}$ (wobei s_i für den Anteil der Beschäftigten der Industrie i an der Gesamtbeschäftigung steht) alle Beschäftigten mit der Tätigkeit j. Um den Beitrag der Industriestruktur zur Beschäftigungsänderung zu messen, wird der Anteil bestimmter Tätigkeiten innerhalb der Industrie auf seiner ursprünglichen Höhe festgehalten; um den Beitrag der Produktionsweise zu quantifizieren wird die Industriestruktur fixiert.

$$\Delta b_j = \sum_i \bar{b}_{ij} \Delta s_i + \sum_i \bar{s}_i \Delta b_{ij}$$

Der durchgängig in nahezu allen Industrien gestiegene Anteil an qualifizierten Unternehmens- bzw. Managementleistungen weist deutlich auf eine veränderte Produktionsweise hin, weniger auf eine Expansion managementintensiver Industrien auf Kosten anderer Branchen.

Ferner müsste, wenn die These von der Billiglohnkonkurrenz stichhaltig sein sollte, der Anteil der Hochqualifizierten innerhalb sämtlicher Industrien gesunken sein. Denn angesichts der Verschiebung der relativen Preise wäre die Wirtschaft darum bemüht, den relativ teurer gewordenen Faktor gegen den günstiger gewordenen zu substituieren. Auf diese Weise wird bei gegebenem Angebot an qualifizierter Arbeit erst eine Expansion der qualifikationsintensiven Industrien möglich. Genau das Gegenteil war aber in der jüngeren Vergangenheit der Fall. Der gleichzeitige Anstieg des Anteils der Hochqualifizierten an der Beschäftigung trotz steigender relativer Entlohnung ist mit vielen Erklärungen der Verlagerung der Arbeitsnachfrage schwer zu vereinbaren.[4]

Aber auch die hierzu denkbare konkurrierende Erklärung, die sich auf die New Economy und den Fortschritt in der Informations- und Kommunikationstechnologie stützt, lässt Fragen offen. Dies gilt besonders mit wachsender Einbindung der Volkswirtschaften in die Weltwirtschaft.

C. Folgen des technischen Wandels für die Arbeitsmärkte

Die New Economy wird häufig mit einem Faktorbias des technischen Fortschritts in Verbindung gebracht. Danach führt der technische Fortschritt in der Informations- und Kommunikationstechnologie sowie allgemein der Fortschritt in der elektronischen Datenverarbeitung zu einem Rückgang in der Nachfrage nach gering qualifizierter Arbeit.[5] Anders formuliert: Das effektive Angebot an gering qualifizierter Arbeit nimmt zu. Je nach Arbeitsmarktflexibilität schlägt sich dies in

4 Vgl. auch *Burda / Dluhosch* (1999) und die dort zitierte Literatur.

5 Vgl. auch den Übersichtsartikel von *Acemoglu* (2002), der allerdings in weiten Passagen eine geschlossene Volkswirtschaft im Blick hat.

Tabelle 2

Shift-Share Analyse für die Vereinigten Staaten, die Niederlande, Deutschland, Schweden und Dänemark (in vH)

	Professional / Techniker	Administ. / Management	Büro-angestellte u.ä.	Verkauf	Sonst. Dienstleistungen	Produktion	Andere
			Vereinigte Staaten 1979 – 94				
Zwischen	0,84	0,43	1,27	0,49	1,21	–3,70	–0,54
Innerhalb	0,86	1,87	–3,86	4,73	–0,76	–4,03	1,20
			Niederlande 1979 – 94				
Zwischen	3,05	–0,11	2,19	0,99	2,03	–6,38	–1,77
Innerhalb	2,40	1,93	–2,42	–1,05	–0,35	–4,86	4,35
			Deutschland (West) 1979 – 91				
Zwischen	1,13	0,14	1,53	0,50	1,08	–2,41	–1,96
Innerhalb	2,20	0,09	–0,20	–0,12	–0,89	–2,50	1,42
			Schweden 1980 – 94				
Zwischen	2,61	0,16	1,24	0,26	1,90	–4,24	–1,93
Innerhalb	5,87	–2,31	2,87	1,14	–4,78	–2,69	–0,11
			Dänemark 1984 – 93				
Zwischen	–0,21	0,14	1,10	0,19	–0,05	–0,09	–1,08
Innerhalb	3,02	1,49	–1,32	1,77	–1,63	–6,14	2,80

Quelle: *Burda / Dluhosch* (2002), berechnet auf Basis der Daten des *ILO* Yearbook (versch. Ausgaben).

einem Anstieg der relativen Entlohnung hoch Qualifizierter nieder bzw. in verringerten Beschäftigungschancen für gering Qualifizierte.

So plausibel die Erklärung auf den ersten Blick erscheint: In einer offenen Volkswirtschaft sind die Folgen eines solchen Faktorbias, ganz unabhängig davon, dass der Faktorbias erst zu prüfen wäre, weit weniger eindeutig. Darauf haben insbesondere Handelstheoretiker immer wieder hingewiesen.[6] Die Tatsache, dass eine Volkswirtschaft in die Weltwirtschaft eingebunden ist, kann nämlich dazu führen, dass die Arbeitsnachfragekurve stellenweise völlig elastisch verläuft. Mehr noch, selbst in Konstellationen, in denen sich die relative Entlohnung ändert, gibt es gegenläufige Kräfte mit Blick auf Entlohnung und Faktoreinsatzverhältnisse. Dies gilt unabhängig von der Art des technischen Fortschritts. Hinzu kommt ein weiteres: Wenn sich die Faktoreinsatzverhältnisse ändern, dann ändern sie sich in beiden Sektoren – und zwar in einer Reihe von Fällen gleichgerichtet auf einen sinkenden Qualifikationseinsatz hin. Diese Modellfolgen stehen jedoch im Gegensatz zu wesentlichen Beobachtungen auf dem Arbeitsmarkt. Dabei handelt es sich um ein Resultat, das bereits die klassische Heckscher-Ohlin Erklärung einer Änderung der relativen Preise bestimmter Produkte durch zunehmende Konkurrenz vom Weltmarkt, die auf Faktorpreise durchschlägt, entkräftete.

Die Kontroverse

Angenommen, die Wirtschaft besteht aus zwei Sektoren $i = M, S$, dem verarbeitenden Gewerbe (*M*) auf der einen Seite und Konsumdienstleistungen (*S*) auf der anderen Seite, wobei das verarbeitende Gewerbe der qualifikationsintensive Sektor sei und sowohl die direkte Produktion als auch Unternehmensdienstleistungen umfasse, die in die jeweiligen Endprodukte eingehen. Beide Produkte seien international handelbar. Die jeweiligen Produktionsfunktionen seien $x_M = F_M(L_M, H_M)$ bzw. $x_S = F_S(L_S, H_S)$. L (H) bezeichne den Einsatz gering (hoch) qualifizierter Arbeit und $x_{M,S}$ sei die jeweils produzierte Menge. Ferner sei angenommen, dass die qualifikationsspezifischen Arbeitsmärkte in der kurzen Frist voneinander segmentiert sind. Sektoral jedoch sei die Arbeit mobil. Faktorvermehrender technischer Fortschritt kann eingeführt werden durch entsprechende Parameter α_{ij} in beiden Industrien (wobei j für die Qualifikation L bzw. H steht), zum Beispiel im verarbeitenden Gewerbe $x_M = F_M(\alpha_{ML}L_M, \alpha_{MH}H_M)$. Je produzierter Einheit entstehen dann Kosten von $c^M(w_{ML}/\alpha_{WL}, w_{MH}/\alpha_{MH})$, die bei vollständigem Wettbewerb dem Preis entsprechen $c^M(w_{ML}/\alpha_{ML}, w_{MH}/\alpha_{MH}) = p$ (mit p_S als numeraire, d. h. $p \equiv p_M/p_S$). Durch totale Differenzierung der Stückkostenfunktion in beiden Industrien lassen sich die Konsequenzen des technischen Fortschritts für die qualifikationsspezifischen Löhne in einer offenen Volkswirtschaft ermitteln. Dabei wird traditionell angenommen, dass die Preise vom Weltmarkt gegeben sind. In der

---

6 Vgl. inter alia *Francois / Nelson* (1998), *Slaughter* (1999) und *Haskel* (2001).

Notation von *Jones* (1965) lauten die komparativ-statischen Gleichungen der Stückkosten in den beiden Sektoren

(1) $$\theta_{MH}\hat{w}_H + \theta_{ML}\hat{w}_L = \theta_{ML}\hat{\alpha}_{ML} + \theta_{MH}\hat{\alpha}_{MH}$$

(2) $$\theta_{SH}\hat{w}_H + \theta_{SL}\hat{w}_L = \theta_{SL}\hat{\alpha}_{SL} + \theta_{SH}\hat{\alpha}_{SH}$$

Dabei stehen Dächer über den Variablen für prozentuale Änderungen und θ_{ij} ist der Anteil der jeweiligen Faktoren am gesamten Einkommen, das in diesem Sektor erwirtschaftet wird; $w_{H,L}$ ist der faktorspezifische Lohn. Die Auswirkungen des technischen Fortschrittes auf die Stückkosten der jeweiligen Industrie können, wiederum *Jones* (1965) und (2001) folgend, in einem neuen Parameter $\pi_{M,S}$ zusammengefasst werden. Dieser ist dann ein Maß für die sektorspezifischen Folgen der Informationstechnologie. Die Auswirkungen auf Entlohnung und Faktorproportionen hängen nun entscheidend von den Charakteristika des technischen Fortschrittes ab. Im wesentlichen lassen sich zwei Arten des technischen Fortschrittes in diesem Rahmen erfassen: (i) technischer Fortschritt mit und ohne Sektorbias und /oder (ii) technischer Fortschritt mit und ohne Faktorbias.

Aus dem Gleichungssystem (1), (2) ergibt sich unmittelbar, dass sich ohne Sektorbias, wohlgemerkt: nicht Faktorbias, d. h. wenn $\pi_M = \pi_S$, die Relation der Löhne für hoch und gering Qualifizierte nicht ändert:[7]

(3) $$(\hat{w}_H - \hat{w}_L) = (\pi_M - \pi_S)/\Delta_\theta$$

(mit $\Delta_\theta \equiv (\theta_{MH} - \theta_{SH}) > 0$, wenn das verarbeitende Gewerbe qualifikationsintensiv ist)

Das heißt, die Richtung der Faktorpreiswirkungen hängt allein vom Sektorbias ab.[8] Ist der technische Fortschritt im qualifikationsintensiven Sektor höher, dann steigt die Entlohnung der Hochqualifizierten relativ und umgekehrt. Wenn der technische Fortschritt hingegen mit gleicher Rate stattfindet, bleibt das Lohndifferential unverändert (vgl. hierzu ausführlich *Haskel* 2001).

Die Folgen für die Arbeitsmärkte lassen sich im *Mussa* (1979) / *Woodland* (1977) Diagramm illustrieren (Abbildung 2). Erhöht die Informationstechnologie

---

7 Vgl. allerdings *Moutos* (2000) für vertikal differenzierte Produkte.
Im Spezialfall Hicks-neutralen technischen Fortschritts in beiden Sektoren (der nicht notwendigerweise auch volkswirtschaftlich Hicks-neutral ist) gilt $\alpha_{ML} = \alpha_{MH} = \alpha_M$ und $\alpha_{SL} = \alpha_{SH} = \alpha_S$. Sowie $\hat{w}_H - \hat{w}_L = \dfrac{\hat{\alpha}_M - \hat{\alpha}_S}{\Delta_\theta}$.

8 Es lässt sich zeigen, dass der Nenner positiv ist, wenn der *M*-Sektor relativ qualifikationsintensiv ist. Die Rolle des Sektorbias wird vor allem von *Haskel / Slaughter* (1999), *Slaughter* (1999) und *Haskel* (2001) hervorgehoben – allerdings unterschätzen sie eventuell die Relevanz des Faktorbias, der unter bestimmten Umständen durchaus eine tragende Rolle spielen kann. Vgl. hierzu der Abschnitt „Rückwirkungen von Seiten des Weltmarktes" in diesem Papier.

die totale Faktorproduktivität π_i (mit $i = M, S$) in beiden Industrien gleichermaßen, dann verlagern sich die beiden Kurven konstanter Stückkosten prozentual in gleichem Umfang radial nach außen. Der Schnittpunkt der beiden Stückkostenkurven indiziert jeweils das Arbeitsmarktgleichgewicht, in dem durch die intersektorale Mobilität jeweils der gleiche Lohn gezahlt wird. Hat der technische Fortschritt keinen Bias mit Blick auf die Sektoren (d. h. er führt gleichermaßen zu Kosteneinsparungen), dann liegen das neue und das alte Arbeitsmarktgleichgewicht (Punkt A vorher, Punkt B nachher) auf dem gleichen Fahrstrahl aus dem Ursprung.

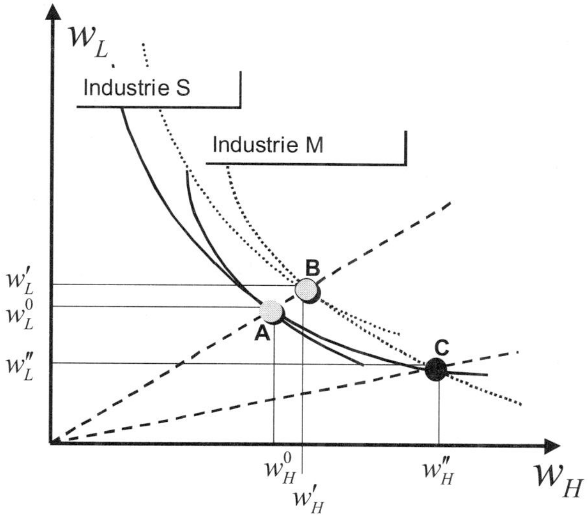

Abbildung 2: Technischer Fortschritt ohne und mit Sektorbias (im verarbeitenden Gewerbe)

Bei einem Sektorbias hingegen verlagern sich beide Kurven in unterschiedlichem prozentualem Umfang nach außen. Übersteigt die Rate des technischen Fortschrittes im qualifikationsintensiven Sektor (in diesem Fall das verarbeitende Gewerbe) jene im weniger qualifikationsintensiven Sektor (in diesem Fall Konsumdienstleistungen), dann können aufgrund der höheren totalen Faktorproduktivität in der qualifikationsintensiven Industrie bei dem alten Beschäftigungsverhältnis von Qualifizierten zu Unqualifizierten höhere Löhne gezahlt werden, ohne dass die Unternehmen in die Verlustzone rutschen. Da sich aber die sektorspezifischen Stückkostenkurven in unterschiedlichem Ausmaß verschieben, liegt der neue Schnittpunkt (C) gleicher qualifikationsspezifischer Löhne nicht auf dem Fahrstrahl durch Ursprung und alter Gleichgewichtsbedingung auf dem Faktormarkt.

Da der qualifikationsintensive Sektor aufgrund einer stärker gestiegenen Produktivität eine höhere Anziehungskraft auf mobile Faktoren ausübt, steigt, flexible Arbeitsmärkte unterstellt, die Qualifikationsprämie (Punkt C). In Reaktion auf die Änderung der relativen Faktorpreise ändern die Unternehmen das Einsatzverhältnis der Faktoren innerhalb des jeweiligen Sektors wie folgt:

$$(4) \qquad \hat{a}_{iH} - \hat{a}_{iL} = -\sigma^i(\hat{w}_H - \hat{w}_L) - (\hat{\alpha}_{iH} - \hat{\alpha}_{iL}) \quad \text{mit} \quad i = M, S$$

wobei σ^i für die Substitutionselastizität zwischen hoch und gering qualifizierter Arbeit in der jeweiligen Industrie steht. Der Faktorbias schlägt sich mithin im Einsatzverhältnis der Faktoren nieder, nicht aber in der relativen Entlohnung. Im Spezialfall des Hicks-neutralen technischen Fortschritts innerhalb der beiden Sektoren (d. h., wenn sich die Faktorproportionen bei der ursprünglichen Lohnrelation nicht ändern) hängt die Änderung des Faktoreinsatzverhältnisses von der Änderung der Löhne ab und diese wiederum ausschließlich vom Sektorbias.[9] Beide Änderungen, die der Qualifikationsprämie wie auch die der Faktorproportionen, sind *negativ* miteinander korreliert. Insofern entsprechen die Auswirkungen des technischen Fortschrittes mit Sektorbias jenen von absatzpreislich verursachten Änderungen der Faktorpreise.

Der reduzierte Einsatz hoch qualifizierter Arbeit ist in Abbildung 3 ablesbar im Vergleich der Steigung der Kurven konstanter Stückkosten in den beiden Schnittpunkten. In beiden Sektoren ist die Steigung dem Betrage nach *geringer* als vordem. Folglich haben sich die Faktorrelationen in Richtung eines Mehreinsatzes von gering qualifizierter Arbeit verschoben.

Es sei noch einmal betont: Unter diesen Umständen wirkt technischer Fortschritt mit Sektorbias ähnlich einer relativen Preisänderung nach dem Stolper-Samuelson Theorem. Auch dort steigt die relative Entlohnung der hoch Qualifizierten, nämlich dann, wenn der relative Preis des weniger qualifikationsintensiven Produktes sinkt, zum Beispiel, weil Schwellen- und Entwicklungsländern auf dem Weltmarkt vordringen. In beiden Fällen spezialisieren sich die Industrieländer stärker auf qualifikationsintensive Produkte.

Der ökonomische Grund für die Spezialisierung auf qualifikationsintensive Produkte liegt darin, dass dann, wenn der technische Fortschritt in diesem Sektor höher ist, ceteris paribus (bei vom Weltmarkt gegebenen Preisen) Gewinne in diesem Sektor winken. Dort bereits engagierte Unternehmen expandieren und / oder es erfolgt Marktzutritt. Die Expansion des Sektors zieht Faktoren aus der jeweils anderen Industrie an sich. Die dort freigesetzten Faktorproportionen entsprechen jedoch nicht den nunmehr nachgefragten Proportionen. Vielmehr bleibt das relative Angebot an Qualifizierten hinter der relativen Nachfrage zurück. Dadurch steigt per saldo die Nachfrage nach Qualifikation. Soweit die Arbeitsmärkte flexibel sind, steigt damit auch der relative Lohn der hoch Qualifizierten. Gleichzeitig

[9] D.h. der zweite Term auf der rechten Seite der Gleichung (4) entfällt.

löst jedoch der relative Lohnanstieg einen Anreiz aus, den relativ teurer gewordenen Faktor gegen den nunmehr relativ *billiger* gewordenen Faktor zu substituieren – und zwar in *beiden* Industrien, mit der weiteren Folge, dass die *Qualifikationsintensität* in beiden *Sektoren* sinkt. Ob sie tatsächlich sinkt, hängt dabei von der Stärke der antagonistisch wirkenden Kräfte ab, dem Anstieg der Qualifikationsprämie auf der einen Seite (erster Term auf der rechten Seite der Gleichung (4)) und dem Faktorbias auf der anderen Seite (zweiter Term auf der rechten Seite der Gleichung (4)).

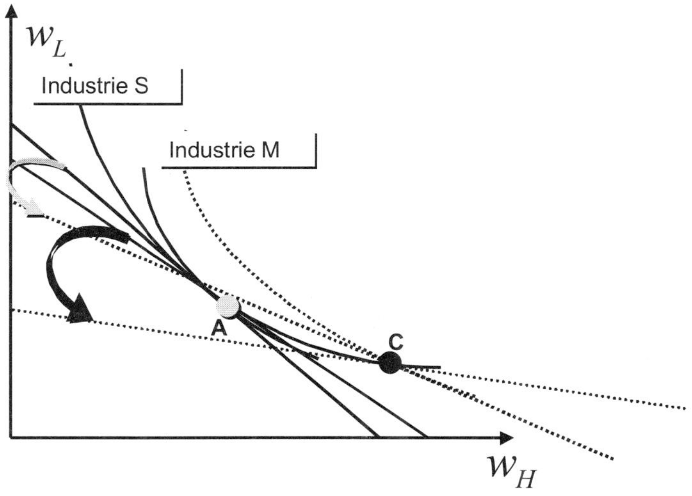

Abbildung 3: Änderung der Faktoreinsatzverhältnisse in den einzelnen Sektoren bei technischem Fortschritt mit Sektorbias (im verarbeitenden Gewerbe)

Mit Blick auf Faktoreinsatzverhältnisse und Lohnrelationen entsprechen die Folgen eines solchen technischen Fortschrittes mit Sektorbias mithin in einer ganzen Reihe von Fällen den Folgen eines relativen Preisanstiegs für qualifikationsintensive Produkte,[10] aber eben nicht der empirischen Beobachtung, die eine Mehrbeschäftigung insbesondere von Qualifizierten zeigt. Hinzu kommt ein weiteres: Vieles deutet drauf hin, dass *innerhalb* der einzelnen Branchen mehr und nicht weniger qualifizierte Arbeit eingesetzt wurde, und dies obwohl hoch qualifizierte Arbeit sich relativ verteuerte. Sowohl die Anpassung infolge eines technischen Fortschrittes mit Sektorbias als auch infolge einer Preisverschiebung auf den Weltmärkten findet hingegen vornehmlich zwischen den Industrien statt. Der weniger qualifikationsintensive Sektor würde schrumpfen, der qualifikationsintensive Sektor expandieren. Bei großen und aufnahmefähigen Weltmärkten kann die Mehr-

---

10 Unterschiede bestehen natürlich in bezug auf die absolute Änderung der Reallöhne.

produktion annahmegemäß zu konstantem Preis abgesetzt werden. Die Änderung der produzierten Mengen ergeben sich unmittelbar aus den Vollbeschäftigungsbedingungen, ebenfalls komparativ statisch betrachtet[11]

$$\lambda_{MH}\hat{x}_M + \lambda_{SH}\hat{x}_S = -[\lambda_{MH}\hat{a}_{MH} + \lambda_{SH}\hat{a}_{SH}] \tag{5}$$

$$\lambda_{ML}\hat{x}_M + \lambda_{SL}\hat{x}_S = -[\lambda_{ML}\hat{a}_{ML} + \lambda_{SL}\hat{a}_{SL}] \tag{6}$$

Die Veränderung der Faktoreinsätze pro produzierter Einheit $(\hat{a}_{ij})$ lässt sich aus dem totalen Differential der Stückkostenänderung $(c^i_{w_j})$ ermitteln und wie folgt substituieren:

$$\lambda_{MH}\hat{x}_M + \lambda_{SH}\hat{x}_S = \underbrace{\lambda_{MH}\hat{\alpha}_{MH} + \lambda_{SH}\hat{\alpha}_{SH}}_{\equiv \pi_H} + \underbrace{\left(\lambda_{MH}\theta_{ML}\sigma^M + \lambda_{SH}\theta_{SL}\sigma^S\right)}_{\equiv \delta_H}(\hat{w}_H - \hat{w}_L) \tag{7}$$

$$\lambda_{ML}\hat{x}_M + \lambda_{SL}\hat{x}_S = \underbrace{\lambda_{ML}\hat{\alpha}_{ML} + \lambda_{SL}\hat{\alpha}_{SL}}_{\equiv \pi_L} - \underbrace{\left(\lambda_{ML}\theta_{MH}\sigma^M + \lambda_{SL}\theta_{SH}\sigma^S\right)}_{\equiv \delta_L}(\hat{w}_H - \hat{w}_L) \tag{8}$$

Dabei steht λ_{ij} für den Anteil der im Sektor *i* Beschäftigen einer Qualifikation *j* an der Gesamtzahl aller Beschäftigten mit der Qualifikation *j*.

Die Subtraktion der zweiten Gleichung von der ersten liefert die relative Änderung der produzierten Mengen in beiden Sektoren:

$$(\hat{x}_M - \hat{x}_S) = (\pi_H - \pi_L)/(-\Delta_\lambda) + \sigma_A(\pi_M - \pi_S) \tag{9}$$

mit $\Delta_\lambda \equiv (\lambda_{ML} - \lambda_{MH}) = (\lambda_{SH} - \lambda_{SL}) < 0$ und $\sigma_A \equiv (\delta_H + \delta_L)/(-\Delta_\lambda\Delta_\theta)$.

Damit wirkt der Faktorbias analog zur Veränderung der Faktorausstattung wie sie von Rybczynski gesehen wurde: Die Wirtschaft reagiert darauf vornehmlich mit einer Änderung des relativen Outputs.[12]

Neutral mit Blick auf die Entlohnung ist der technische Fortschritt, wenn das Verhältnis der sektorspezifischen Rate des technischen Fortschrittes bei einem Faktor genau dem umgekehrten Verhältnis der Lohnquote des jeweiligen Faktors in den beiden Sektoren entspricht. Übersteigt die Rate des technischen Fortschrittes im Konsumdienstleistungssektor (also dem Sektor mit relativ geringer Qualifikationsintensität) diesen kritischen Wert, dann geht der gleiche Faktorbias mit sinkenden relativen Löhnen für hoch Qualifizierte einher. Kurz: Erstens ist der Faktorbias nicht eindeutig mit bestimmten Änderungen der Lohnentwicklung verbunden, wohl aber der Sektorbias. Zweitens kommt es bei den Auswirkungen des Faktorbias letztlich ebenfalls vielfach auf den Sektorbias an.

---

11 Vgl. *Jones* (1965) und (2001).

12 Die Parallelität wird deutlich bei der Betrachtung der effektiven Faktorausstattung und der Ableitung derselben.

Zusammenfassend lässt sich festhalten: Wenn die Folgen der Informationstechnologie für die Produktivität gleichmäßig auf die Sektoren verteilt sind, d. h. bei umfassendem technischem Fortschritt, dann ist die Informationstechnologie nicht per saldo mit einer verstärkten Nachfrage nach Humankapital verbunden. Der Faktorbias ist unter diesen Umständen unerheblich für die relative Nachfrage nach hoch qualifizierter Arbeit. Das aber heißt auch, dass der Anstieg der Qualifikationsprämie in den achtziger und neunziger Jahren in den Industrieländern nicht eindeutig auf eine im Zuge der Verbreitung und Weiterentwicklung der Informationstechnologie verringerte Nachfrage nach gering qualifizierter Arbeit zurückgeführt werden kann. Ohne Sektorbias steigt lediglich der Output der qualifikationsintensiven Industrie, während der Output der nicht qualifikationsintensiven Industrie rückläufig ist.

Rückwirkungen von Seiten des Weltmarktes

Gerade aber wenn der technische Fortschritt umfassend ist, dann greift die obige Überlegung wahrscheinlich zu kurz. Wenn die Informationstechnologie sich hierzulande breit durch nahezu sämtliche Branchen zieht, muss einbezogen werden, dass dies auch andernorts der Fall ist. Wenn dem aber so ist, dann steigt weltwirtschaftlich gesehen das relative Angebot an qualifikationsintensiven Produkten spürbar. Sofern die Nachfrage nicht völlig elastisch ist bzw. es sich bei qualifikationsintensiven Produkten um superiore Güter handelt, dann lockt dieses Mehrangebot nur bei sinkenden Preisen eine Mehrnachfrage hervor. Relative Preisänderungen aber wirken gemäß dem Stolper-Samuelson Theorem (1941) wiederum auf die Arbeitsmärkte zurück. Folglich muss das Gleichungssystem (1), (2) wie folgt modifiziert werden:

$$(10) \qquad \begin{pmatrix} \theta_{MH} & \theta_{ML} \\ \theta_{SH} & \theta_{SL} \end{pmatrix} \begin{pmatrix} \hat{w}_H \\ \hat{w}_L \end{pmatrix} = \begin{pmatrix} \hat{p} + \pi_M \\ \pi_S \end{pmatrix}$$

Zusätzlich müssen die Auswirkungen der Mengenänderungen auf den Preis einbezogen werden, zum Beispiel wie nach einem Vorschlag von *Jones* (1965):

$$(11) \qquad (\hat{x}_M - \hat{x}_S) = -\sigma_N \hat{p}$$

wobei σ_N für die Elastizität der Nachfrage steht. Dieser zusätzliche Wirkungskanal hat weitreichende Folgen für die lokale Arbeitsnachfrage, wiederum aber sind die Folgen nicht eindeutig. Aber anders als bei elastischer Nachfrage drückt zusätzliches effektives Faktorangebot auf den Preis – für sich genommen mit der Folge, dass das Einkommen des betroffenen Faktors relativ sinkt.

$$(12) \qquad (\hat{w}_H - \hat{w}_L) = \frac{\hat{p} + (\pi_M - \pi_S)}{\Delta_\theta}$$

Allein durch den Sektorbias des technischen Fortschrittes und das daraus folgende Mehrangebot des qualifikationsintensiven Produktes sinkt der relative Preis dieses Produktes um $\hat{p} = -[\sigma_A/(\sigma_A + \sigma_N)](\pi_M - \pi_S)$. Für sich genommen hingegen wirkt der Sektorbias, soweit er den qualifikationsintensiven Sektor stärker betrifft, in die entgegen gesetzte Richtung (vgl. zweiter Term im Zähler auf der rechten Seite der Gleichung (12)), nämlich auf einen Anstieg der Qualifikationsprämie: Durch die höhere Qualifikationsintensität im verarbeitenden Gewerbe steigt die Nachfrage nach qualifizierter Arbeit, wenn die Produktion ausgeweitet wird. Wie Gleichung (12) zu entnehmen ist, ist dieser direkte Effekt mit $(\pi_M - \pi_S)$ stärker als der indirekt über den Preis transmittierte Effekt des Mehrangebots $[\sigma_A/(\sigma_A + \sigma_N)](\pi_M - \pi_S)$, der tendenziell die Qualifikationsprämie senkt (vgl. hierzu auch *Jones* (2001) sowie *Xu* (2001) mit Blick auf die Substitutionselastizitäten und *Findlay / Jones* (2000) für ein Modell mit diskreter Technologiewahl und unterschiedlichen Charakteristika). Der Nettoeffekt auf die Nachfrage nach Humankapital ist mithin positiv. Zwar drückt das Mehrangebot auf den Preis, aber in geringerem Umfang als der Sektorbias per se das Lohndifferential nach oben treibt, so dass sich das Lohndifferential per saldo zugunsten der hoch Qualifizierten ändert.[13]

Der Faktorbias für sich genommen wirkt hingegen gleichgerichtet auf eine höhere Qualifikationsprämie hin. Dies gilt, soweit der technische Fortschritt vor allem darauf gerichtet ist, gering qualifizierte Arbeit einzusparen (und damit das effektive Angebot an gering Qualifizierten erhöht). Allerdings muss auch angemerkt werden, dass – wie bereits von *Jones* (1965, 2001) betont – beide Formen des technischen Fortschrittes nicht gedanklich beliebig unabhängig voneinander variiert werden können.

Die Folgen für die Arbeitsmärkte unter Berücksichtigung dieser indirekten Wirkungen sind in Abbildung 4 dargestellt: Sofern der technische Fortschritt die totale Faktorproduktivität im qualifikationsintensiven Sektor stärker erhöht als im jeweils anderen Sektor, verlagert sich die Kurve konstanter Stückkosten dieses Sektors nach außen. Durch die Folgen für die relativen Produktpreise kommt es jedoch wieder zu einer Rückverlagerung, die aber den Primäreffekt nicht aufwiegt. Das Ergebnis ist ein Anstieg der relativen Entlohnung für hoch Qualifizierte (Punkt D), der eine per saldo gestiegene Nachfrage nach Humankapital zum Ausdruck bringt. Formal ergibt sich die Änderung der Lohnrelation aus den Gleichungen (11) und (12) in Verbindung mit (9):

$$(13) \qquad (\hat{w}_H - \hat{w}_L) = -\frac{1}{\sigma}[(\pi_H - \pi_L) + \Delta_\lambda \sigma_N (\pi_M - \pi_S)]$$

Dabei steht σ für die gesamtwirtschaftliche Elastizität.

---

13 Dass offensichtlich beide Effekte, der Sektor- und der Faktorbias, gegenwärtig eine Rolle für die Arbeitsmarktentwicklung spielen, dergestalt, dass der technische Fortschritt im qualifikationsintensiven Sektor höher ist und generell zu einem höheren effektiven Angebot an gering Qualifizierten führt, entspricht auch der Einschätzung von *Francois / Nelson* (1999).

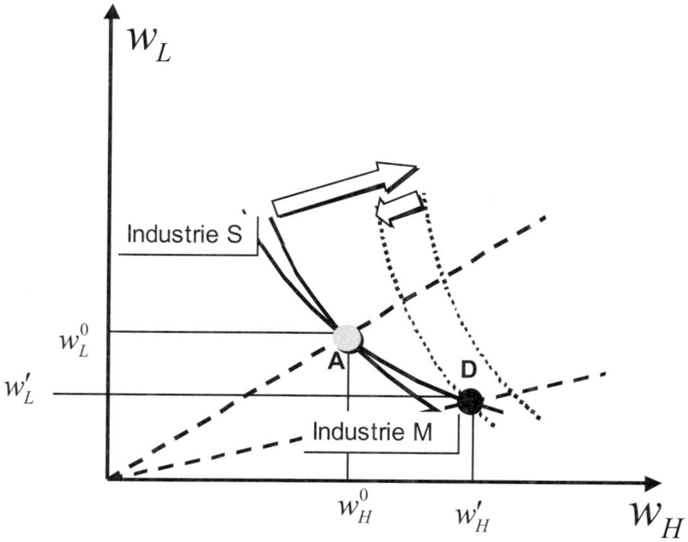

Abbildung 4: Umfassender technischer Fortschritt mit Faktorbias (Einsparung gering qualifizierter Arbeit)

Aus Gleichung (13) ist allerdings unmittelbar ersichtlich, dass Faktor- und Sektorbias auch dergestalt unterschiedlich auf die relative Arbeitsmarktnachfrage wirken können, dass qualifikationssparender technischer Fortschritt für sich genommen zu einem Rückgang der Arbeitsnachfrage für hoch Qualifizierte führt (erster Term in eckigen Klammern), während ein höherer technischer Fortschritt im qualifikationsintensiven Sektor sich positiv auf die relative Nachfrage nach Qualifikation auswirkt (zweiter Term in eckigen Klammern).

Eindeutig ein Überschussangebot an gering Qualifizierten zum ursprünglichen relativen Faktorpreis entsteht, wenn der technische Fortschritt im qualifikationsintensiven Sektor höher ist und wenn er vorwiegend mit der Einsparung von gering qualifizierter Arbeit verbunden ist.

Wenn ferner die Elastizität der Nachfrage hinreichend hoch ist, dann werden die Folgen des Sektorbias für die Qualifikationsprämie überkompensiert durch die Folgen des Faktorbias: Wird durch den technischen Fortschritt vorwiegend gering qualifizierte Arbeit eingespart, dann steigt der relative Lohn für hoch Qualifizierte unabhängig davon, in welchem Sektor die Rate des technischen Fortschrittes höher ist, im qualifikationsintensiven oder im weniger qualifikationsintensiven Sektor. Auf die Rolle der Substitutionselastizität der Nachfrage nach den Endprodukten hat dezidiert *Krugman* (2000) hingewiesen, allerdings in einem Modell mit Leontief-Produktionsfunktionen (für allgemeinere Produktionsfunktionen vgl. stattdessen *Jones* 2001, 129). Letztere erlauben allerdings keine mit der Empirie korrespondierenden Aussagen über Faktorproportionen; *Haskel* und *Slaughter* (1999) hingegen vertreten die Auffassung, dass generell der Sektorbias in einer offenen Wirtschaft die entscheidende Rolle für die Einkommensverteilung spielt.

Folgen für die Qualifikationsstruktur in den betroffenen Sektoren

Unterstellt, die Nachfrage ist mit $\sigma_N = 1$ hinreichend elastisch (eine hinreichende Bedingung für den Anstieg des Lohndifferentials zugunsten der hoch Qualifizierten), dann ist eine hinreichende Bedingung für den Anstieg des Humankapitaleinsatzes innerhalb des verarbeitenden Gewerbes:

(14) $$(\hat{\alpha}_{SH} - \hat{\alpha}_{SL})\sigma^M > (\hat{\alpha}_{MH} - \hat{\alpha}_{ML})\sigma^S$$

D.h. Managementleistungen werden genau dann zunehmend im verarbeitenden Gewerbe eingesetzt, wenn der Faktorbias mit Einsparung vor allem gering qualifizierter Arbeit im verarbeitenden Gewerbe stärker ausgeprägt ist, oder, sollte er im Konsumdienstleistungssektor konzentriert sein, wenn die Substitutionselastizität in diesem Sektor nicht nur größer als im verarbeitenden Gewerbe ist, sondern hinreichend größer.

Damit lauten hinreichende Bedingungen für einen Anstieg des Lohndifferentials zugunsten der hoch Qualifizierten, der mit einem Mehreinsatz an hoch Qualifizierten im verarbeitenden Gewerbe einhergeht, z. B.

- $\sigma_N = 1$
- $\frac{(\lambda_{ML}\theta_{MH} + \lambda_{MH}\theta_{ML})\beta_M + (\lambda_{SH}\theta_{SL} + \lambda_{SL}\theta_{SL})\beta_S}{(-\Delta_\lambda)} < 0$

mit $\beta_{S,M} \equiv \hat{\alpha}_{MH,SH} - \hat{\alpha}_{ML,SL}$ als Maß für den Faktorbias

- $(\hat{\alpha}_{SH} - \hat{\alpha}_{SL})\sigma^M > (\hat{\alpha}_{MH} - \hat{\alpha}_{ML})\sigma^S$

Letzteres stimmt offenkundig mit der beobachtbaren Änderung der Faktoreinsatzverhältnisse überein, die durch die Bank in vielen Industrieländern auch im produzierenden Gewerbe einen Anstieg der Relation von hoch zu gering Qualifizierten erkennen lässt – trotz steigendem relativen Preis der Qualifikation (vgl. beispielsweise die empirischen Arbeiten von *Berman et. al.* 1994 sowie 1998 und *Francois / Nelson* 1999). Damit wird deutlich, dass der Faktorbias durchaus eine wesentliche Rolle in der jüngeren Arbeitsmarktentwicklung spielt bzw. spielen kann (vgl. auch die höhere Steigung der Stückkostenkurve des produzierenden Gewerbes im neuen Schnittpunkt D in Abbildung 5).

Es bleibt zu prüfen, wie sich der Anteil der Qualifizierten im weniger qualifikationsintensiven Sektor ändert. Wiederum ausgehend von einem Cobb-Douglas Fall bei der Nachfrage ist die Bedingung für einen Anstieg der Qualifikationsintensität genau die zu (14) entgegengesetzte Bedingung. Beides gleichzeitig kann aber nicht gelten. Wenn folglich der Faktorbias in Form des Umfangs an Einsparung gering Qualifizierter im qualifikationsintensiven Sektor höher sein muss, um den Anreiz zu kompensieren, den relativ teurer gewordenen Faktor, nämlich Qualifizierte, einzusparen, dann ist in diesem Fall der Faktorbias gerade nicht hinreichend hoch. Vielmehr werden qualifizierte durch weniger qualifizierte Beschäftigte ersetzt. Der Anteil der hoch Qualifizierten sinkt im weniger qualifikationsintensiven Sektor. Entscheidend aber ist, dass ein Humankapitalmangel, der sich in einer steigenden Qualifikationsprämie niederschlägt und der gleichzeitig von einem Mehreinsatz von hoch Qualifizierten in vielen Industrien des verarbeitenden Gewerbes begleitet ist, genau dann auftritt, wenn die Elastizität der Nachfrage hinreichend hoch ist.

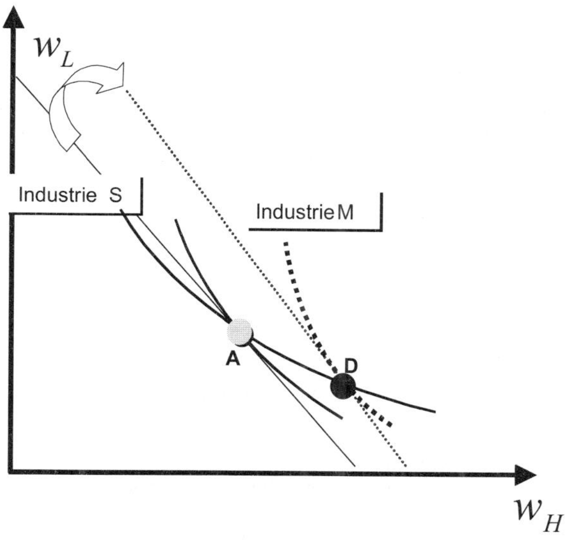

Abbildung 5: Änderung der Faktoreinsatzverhältnisse bei umfassendem technischem Fortschritt

Abwegig ist dieser Fall nicht: Werden Unternehmensdienstleistungen (unabhängig davon, ob über den Markt bezogen oder vertikal integriert) und produzierendes Gewerbe auf der einen Seite und Konsumdienstleistungen auf der anderen Seite zu jeweils einem Sektor zusammengefasst, dann könnte der Faktorbias eine tragfähige Erklärung für die verschlechterten Arbeitsmarktperspektiven gering Qualifizierter sein. Durch die Fortschritte in der Informations- und Kommunikationstechnologie kann die Produktion kostengünstiger als bisher in eine größere Zahl von Produktionsstufen zerlegt werden. Im Ergebnis werden die angebotenen Produkte verstärkt aus spezifischen Komponenten und Teilleistungen angefertigt. Dies bedeutet zugleich, dass innerhalb der einzelnen Produktionsschritte die Aufgaben tendenziell homogener werden. Soweit durch die Reorganisation des Produktionsprozesses hin zu einer feineren vertikalen Arbeitsteilung in den Vorleistungen Kosten des Wechsels zwischen verschiedenen Tätigkeiten bzw. Rüstkosten eingespart werden können, kurz: durch die Homogenisierung der Teilleistungen, erhöht sich die Produktivität bezogen auf die Gesamtproduktion. Der Wettbewerb drängt darauf, diese Möglichkeiten auszuschöpfen. Es werden verstärkt Tätigkeiten in der unmittelbaren Produktion eingespart. Der mit der New Economy assoziierte technische Fortschritt hat insoweit offenkundig einen Faktorbias als er das effektive Angebot an gering qualifizierter Arbeit erhöht.[14]

Die Vorteile einer auch vertikal differenzierteren Arbeitsteilung nutzen zu wollen bedeutet aber auch, dass der gesamte Produktionsprozess nunmehr verstärkt koordiniert werden muss. Die verschiedenen Produktionsstufen müssen aufeinander abgestimmt werden. Es ist sicherzustellen, dass – soweit Teile der Produktion ausgelagert werden – die Zulieferung dieser Produktteile oder Teilleistungen trotz zu überwindender Distanz und sonstiger damit verbundener Unwägbarkeiten just-in time erfolgt.[15] Die erforderliche Koordination umfasst aber noch weit mehr. Informationen über Standorte und Lieferanten müssen eingeholt werden. Kontakte müssen aufgebaut und gehalten werden und der Kommunikationsfluss zwischen den Teilbereichen muss möglichst reibungslos funktionieren. Dies bedeutet eine verstärkte Nachfrage nach Managementleistungen und spezifischen Lösungen.

Zudem beinhaltet die stärker arbeitsteilige Produktion ein Kontrollproblem. Denn die räumliche und eventuell auch eigentumsrechtliche Trennung kann Informationsasymmetrien und damit Prinzipal-Agent Probleme verstärken. Dies betrifft besonders die Qualitätssicherung. Entsprechende Anreize können auf direktem Wege gesetzt werden, indem beständig Informationen eingeholt und vor Ort oder per Vertrag entsprechende Sanktionsmechanismen eingeführt werden. Entsprechende Anreize können aber auch von dem Interesse der beteiligten Parteien am Aufbau und Erhalt von Brand-Name Capital ausgehen.

Gerade hinter den Aktivitäten und Ressourcen zur Koordinierung stehen mithin vielfach Managementleistungen (vgl. *Melvin* 1990; *Jones / Kierzkowski* 1990). Es geht um die gesamte Koordination räumlich (und evtl. eigentumsrechtlich) separierter Produktionsprozesse. Hierzu gehört eben das Einholen von Informationen ebenso wie die Kommunikation, die Kontaktanbahnung, die Kontaktpflege, die

---

14 Für ein detailliertes Modell, das zusätzlich den Zusammenhang zwischen Marktgröße und Technologiewahl in den Blick rückt vgl. *Burda / Dluhosch* (1999); *Falvey / Reed* (2001) untersuchen diesen Zusammenhang unter den Bedingungen von Leontief-Technologien.

15 *Feenstra / Hanson* (2002) hingegen stützen sich ausschließlich auf Heckscher-Ohlin-Überlegungen bei Vorprodukten. Danach führt die Billiglohnkonkurrenz zu relativ sinkenden Preisen wichtiger Halbfertigwaren und Vorprodukte und so zu einem relativen Anstieg der Preise für Endprodukte bzw. der nachgelagerten Wertschöpfung. Da die Wertschöpfung am Ende der Kette relativ qualifikationsintensiv ist, verschieben sich Arbeitsnachfrage und Qualifikationsprämie zugunsten hoch qualifizierter Arbeit. Allerdings ist der Ansatz von *Feenstra / Hanson* etwas ad-hoc und zwar insofern, als dass er partialökonomisch bleibt.

Planung des Produktionsprozesses, die Organisation und die Werbung. All dies ist verstärkt gefordert – und setzt den vermehrten Einsatz von (Unternehmens-) Dienstleistungen voraus. Weil einerseits Produktionskosten eingespart werden, dafür aber andererseits die auf Dienstleistungen verwendeten Ressourcen steigen, verschiebt sich die Relation von Produktions- und Dienstleistungskosten in den Gesamtkosten in Richtung Dienstleistungskosten, oder anders formuliert von der unmittelbaren zur mittelbaren Produktion und damit häufig von geringer qualifizierten Tätigkeiten zu höher qualifizierten Tätigkeiten[16] und hin zu einem Mehreinsatz von Computertechnologie, Informations- und Kommunikationsleistungen. In der Produktion freigesetzte Arbeitskräfte finden verstärkt im Konsumdienstleistungssektor Verwendung und begründen vor allem in den Vereinigten Staaten den Boom der Services Economy, wobei letzterer nicht nur von Konsumdienstleistungen, sondern eben auch von Unternehmensdienstleistungen getragen wird (vgl. zur Bipolarität der Services Economy in den Vereinigten Staaten *Freeman* 1997).

D. Wirtschaftspolitische Folgerungen

Die Diskussion der Arbeitsmarktwirkungen zeigt zweierlei: Erstens ist Vorsicht geboten bei den Zusammenhängen zwischen dem technologischen Wandel auf der einen Seite und der Arbeitsmarktentwicklung auf der anderen Seite. Der Zusammenhang ist keineswegs so stringent, wie er vielleicht auf den ersten Blick erscheinen mag. Insbesondere hängen die Folgen der Informations- und Computertechnologie vom Offenheitsgrad der Volkswirtschaften ab. Hinzu kommt, dass es eine wesentliche Rolle spielt, ob der technische Fortschritt lediglich lokal auftritt oder gleichzeitig in einer ganzen Reihe von Ländern. Zweitens schneidet die These von der New Economy als der treibenden Kraft für die Verlagerung der Arbeitsnachfrage hin zu mehr qualifizierter Arbeit dennoch vielfach besser ab als eine Reihe anderer Erklärungen. Dies gilt insbesondere im Vergleich mit der These von der Billiglohnkonkurrenz. Anstatt den relativ teurer gewordenen Faktor, d. h. hoch qualifizierte Arbeit, gegen den relativ billigeren Faktor, d. h. gering qualifizierte Arbeit, zu substituieren, haben die Unternehmen vieler Branchen den Einsatz an qualifiziertem Personal noch erhöht. Dies ist nicht vereinbar mit der These von der Billiglohnkonkurrenz, wohl aber mit technischem Fortschritt mit Faktorbias, wenn auch nicht ohne weitere Voraussetzungen. Wenn die These von der Billiglohnkonkurrenz nicht sticht, dann entkräftet dies auch den Ruf nach Protektion zum Schutz bedrohter Arbeitsplätze vor der Auslandskonkurrenz. Gewiss kann die New Economy auch dergestalt am Ende der Zusammenhänge stehen, dass die zunehmende internationale Verflechtung die Technologiewahl beeinflusst und darüber die Nach-

---

16 Für eine empirische Analyse des Zusammenhanges zwischen der (relativen) Nachfrage nach qualifizierter Arbeit und der Computerisierung vgl. zum Beispiel *Autor / Katz / Krueger* (1998) und *Haskel / Heden* (1999).

frage nach Qualifikation.[17] In diesem Fall würde die Betrachtung der Technologie als Exogene zumindest dann zu spät ansetzen, wenn die Ursachen vollständig erfasst werden sollen.

Gleichwohl gilt auch bei einem solchen indirekten Zusammenhang: Gefordert ist ein Mehr an Elastizität auf dem Arbeitsmarkt, das der veränderten Nachfrage Rechnung trägt. Dies erlaubt nicht nur höhere Produktivitätszuwächse, weil die Möglichkeiten neuer Technologien damit erst genutzt bzw. in höherem Umfang umgesetzt werden können, sondern auch breitere Realeinkommenszuwächse. Denn: Gerade dann, wenn der technische Fortschritt die treibende Kraft ist, hat dies andere Implikationen für die Änderung der absolut gezahlten Reallöhne als im Falle der Billiglohnkonkurrenz, die in der kurzen Frist eindeutig mit Realeinkommenseinbussen für einzelne Gruppen verbunden sein mag.[18]

In diesem Lichte betrachtet schneiden die einzelnen Industrieländer sichtbar unterschiedlich ab. Obwohl davon auszugehen ist, dass sie alle ähnlichen Zugang zur Technologie haben, scheint diese in unterschiedlichem Umfang umgesetzt und genutzt zu werden. Bei aller Ähnlichkeit, die eingangs betont wurde, zeigt sich dies im unterschiedlichen Beschäftigungswachstum, insbesondere im Dienstleistungsbereich.

So wuchs die Zahl der Arbeitsplätze im Dienstleistungssektor in den alten Bundesländern zwischen 1983 und 1993 (der letzten verfügbaren sektoral und regional disaggregierten Statistik für Deutschland mit Vergleichbarkeit) insgesamt lediglich um 27,7 Prozent. In den Vereinigten Staaten dagegen stieg ihre Zahl im gleichen Zeitraum um 33,1 Prozent (vgl. *OECD* 1997). Dienstleistungstätigkeiten machen damit heute in den Vereinigten Staaten annähernd 80 Prozent aller Beschäftigungsverhältnisse aus. In Deutschland ist dieser Anteil rund 20 Prozentpunkte geringer (vgl. *OECD* 1996). Gleichfalls bemerkenswert ist auch der Unterschied der hiesigen Entwicklung zu den Niederlanden und dem Vereinigten Königreich (vgl. *OECD* 1996; *DIW* 1997a). Auch in den Niederlanden und in Großbritannien ist die Entwicklung auf dem Arbeitsmarkt weitaus freundlicher als in Deutschland und auch dort sind Dienstleistungen und Beschäftigungsverhältnisse spürbar weniger reguliert. Diese deutlich unterschiedliche Entwicklung

---

17 Vgl. hierzu im Detail *Burda / Dluhosch* (2002).

18 So muss beispielsweise ein etwaiger Sektorbias des technischen Fortschrittes mit höherer Rate im verarbeitenden Gewerbe ($\pi_M > \pi_S$) folgender Bedingung genügen, damit der Anstieg der Qualifikationsprämie gleichzeitig mit einem Anstieg der Löhne auch für gering Qualifizierte verbunden ist:

$$\frac{L_M}{L_S} < \frac{\pi_M}{\pi_S} < \frac{H_M}{H_S}$$

D.h. die Relation der Raten des technischen Fortschrittes in beiden Sektoren muss sich in einem Wertebereich bewegen, der durch die sektorale Allokation der Arbeit beschrieben ist. Vorausgesetzt ist dabei, dass keine Rückwirkungen von Seiten des Weltmarktes auftreten. Dies ändert aber an der Möglichkeit von Realeinkommenszuwächsen auch der geringer Qualifizierten qualitativ nichts.

weist darauf hin, dass die Wirtschaftspolitik, insbesondere die Ausgestaltung des Dienstleistungssektors, wesentlich für das wirtschaftliche Wachstum und die Beschäftigungsentwicklung ist.[19]

Dem kann auch nicht mit dem Einwand begegnet werden, dass deutsche Unternehmen viele Dienstleistungen selbst erstellen (anstatt diese über den Markt zu beziehen), also eine funktionelle Betrachtung nach Tätigkeiten ähnliche Zahlen liefere wie beispielsweise für die Vereinigten Staaten (vgl. hierzu *DIW* 1997a,b). Denn die Kosten mögen bei der Erstellung im eigenen Hause andere sein. Unternehmerischem Handel in vielen Bereichen mehr Flexibilität einzuräumen würde erst den erforderlichen Markttest erlauben. Der hierzulande deutlich schmalere Konsumdienstleistungssektor ist ein weiterer Hinweis darauf, dass es hierzulande daran mangelt.

Literatur

Acemoglu, D. (2002): „Technical Change, Inequality, and the Labor Market“, Journal of Economic Literature XL (1), 7–72.

Autor, D.H. / *Katz*, L.F. / *Krueger*, A.B. (1998): „Computing Inequality: Have Computers Changed the Labor Market?“, Quarterly Journal of Economics 113, 1169–213.

Berman, E. / *Bound*, J. / *Griliches*, Z. (1994): „Changes in the Demand for Skilled Labor within US Manufacturing: Evidence from the Annual Survey of Manufactures“, Quarterly Journal of Economics 109, 367–98.

Berman, E. / *Bound*, J. / *Machin*, S. (1998): „Implications of Skill Biased Technological Change: International Evidence“, Quarterly Journal of Economics 113, 1245–79.

Burda, M. / *Dluhosch*, B. (1999): „Globalization and European Labor Markets“, in: Globalization and Labor, hrsg. von H. Siebert, Tübingen: Mohr Siebeck, 181–207.

– (2002): „Production Fragmentation and Labor Market Outcomes in an Integrated Economy“, mimeo, Berlin und Hamburg.

Davis, D. (1997): „Technology, Unemployment and Relative Wages in a Global Economy“, European Economic Review 42, 1613–33.

Deardorff, A. (1998): „Technology, Trade and Increasing Inequality: Does the Cause Matter for the Cure?“, Journal of International Economic Law 1, 535–76.

DIW (1997a): „Dienstleistungsdynamik in der Europäischen Union uneinheitlich“, DIW Wochenbericht 16/97, 273–80.

– (1997b): „Rückstand bei Anteil der Dienstleistungstätigkeiten aufgeholt“, DIW Wochenbericht 34/97, 613–17.

---

19 Anzumerken ist ferner, dass der stärkere Anstieg des Lohndifferentials in den Vereinigten Staaten offenkundig nicht nur eine Folge der Flexibilität der Arbeitsmärkte dort ist, sondern auch der Inflexibilität hierzulande (vgl. auch *Davis* 1997). Die mangelnde Flexibilität der Löhne führt zu Arbeitslosigkeit und verschiebt damit die Faktorausstattungen und in der Folge Spezialisierungsmuster und Faktornachfrage.

Falvey, R. / *Reed*, G. (2001): „Trade Liberalization and Technology Choice“, in: Globalization and Labor Markets, hrsg. von E.K. Choi und D. Greenaway, Oxford und Malden: Blackwell, 37 – 47.

Feenstra, R.C. / *Hanson*, G.H. (2002): „Global Production Sharing and Rising Inequality: A Survey of Trade and Wages“, erscheint in: Handbook of International Economics, Basil Blackwell.

Findlay, R. / *Jones*, R. (2000): „Factor Bias and Technical Progress“, Economic Letters 68 (3), 299 – 302.

Francois, J.F. / *Nelson*, D. (1998): „Trade, Technology and Wages: General Equilibrium Mechanics“, Economic Journal 108, 1483 – 99.

Freeman, R.B. (1997): „Low Wage Employment: Is More or Less Better?“, Manuskript, Harvard University, Cambridge / Mass.

Haskel, J. (2001): „Trade and Labor Approaches to Wage Inequality“, in: Globalization and Labor Markets, hrsg. von E.K. Choi und D. Greenaway, Oxford und Malden: Blackwell, 25 – 36.

Haskel, J. / *Heden*, Y. (1999): „Computers and the Demand for Skilled Labor: Evidence From Establishment and Industry Panels“, Economic Journal 109, C68-C79.

Haskel, J. / *Slaughter*, M.J. (1999): „Technological Change as a Driving Force of Rising Income Inequality“, in: Globalization and Labor, hrsg. von H. Siebert, Tübingen: Mohr Siebeck, 157 – 80.

Jones, R. (1965): „The Structure of Simple General Equilibrium Models“, Journal of Political Economy 73, 557 – 72.

– R. (2001): „Technical Progress, Price Adjustments, and Wages“, in: Globalization and Labor Markets, hrsg. von E.K. Choi und D. Greenaway, Oxford und Malden: Blackwell, 125 – 131.

Jones, R. / *Kierzkowski*, H. (1990): „The Role of Services in Production and International Trade: A Theoretical Framework“, in: The Political Economy of International Trade: Essays in Honor of R.E. Baldwin, ed. by R.W. Jones und A.O. Krueger, Cambridge and Oxford: Basil Blackwell, S. 31 – 48.

Krugman, P. (2000): „Technology, Trade and Factor Prices“, Journal of International Economics 50, 51 – 71.

Machin, S. / *Van Reenen*, J. (1998): „Technology and the Skill Structure: Evidence from Seven Countries“, Quarterly Journal of Economics 113, 1215 – 44.

Melvin, J. R. (1990): „Time and Space in Economic Analysis“, Canadian Journal of Economics, Vol. XXIII, S. 725 – 747.

Moutos, Th. (2000): „Neutral Technological Change and the Skill Premium“, Economics Letters 69 (3), 365 – 70.

Mussa, M. (1979): „The Two Sector Model in Terms of Its Dual: A Geometric Exposition“, Journal of International Economics 9 (4), 513 – 26.

Organization for Economic Cooperation and Development (1996): Services, Statistics on Value Added and Employment, Paris: OECD.

Organization for Economic Cooperation and Development (1997): National Accounts, Detailled Tables, Vol. II, 1983–95, Paris: OECD.

Slaughter, M. (1999): „Globalisation and Wages: A Tale of Two Perspectives", The World Economy 22 (5), 609–30.

Stolper, W. / *Samuelson*, P.A. (1941): „Protection and Real Wages", Review of Economic Studies 9, 58–73.

US Bureau of Labor Statistics: Datenbankauszug, Januar 2002.

Woodland, A.D. (1977): „A Dual Approach to Equilibrium in the Production Sector in International Trade Theory", Canadian Journal of Economics 10 (1), 50–68.

Xu, B. (2001): „Factor Bias, Sector Bias, and the Effects of Technical Progress on Relative Factor Prices", Journal of International Economics, 5–25.

Probleme der Besteuerung in der E-Economy

Von *Gebhard Kirchgässner**, St. Gallen

Abstract

In this paper the main taxation related problems are discussed which arise from internet commerce. Additionally, a survey of the economic literature about this problem is provided. This literature mainly deals with the United States. First, effects on indirect taxation are discussed. Then, we deal with problems of direct taxes, especially corporate income taxes. Additionally, we discuss the reverse direction: What are the effects of tax privileges (or equal taxation) of the internet compared to 'traditional' commerce. Finally, we discuss several means of compensating public revenue losses resulting from internet commerce. We conclude that only very few problems are really new, but that several problems which are well known from international taxation are gaining importance.

A. Einleitung

Die Diskussion darüber, inwieweit durch den Internet-Handel Steuerausfälle entstehen und wie damit umzugehen sei, ist fast so alt wie das Internet selbst, und sie spielt sich bisher in den Vereinigten Staaten sehr viel stärker ab als in Europa. Dies zeigt sich deutlich in der vorliegenden wissenschaftlichen Literatur: Auch sie befasst sich mehrheitlich mit der Situation in den Vereinigten Staaten.[1] Dabei geht es insbesondere um die indirekten Steuern. Hier stehen Befürchtungen über massive Steuerausfälle Stellungnahmen entgegen, welche die entstehenden Verluste als vergleichsweise gering ansehen. So schätzen *D. Bruce* und *W.F. Fox* (2001) den durch den Internet-Handel verursachten Ausfall von Staats- und Gemeindesteuern für das Jahr 2001 auf 13.3 Milliarden U.S.-Dollar, und sie rechnen bis zum Jahr 2011 mit Mindereinnahmen von 54.8 Milliarden U.S.-Dollar, was 5.4 Prozent ihrer gesamten Steuereinnahmen entspricht.[2] Dagegen schätzen *R.J. Cline* und *Th.S. Neubig*

---

* Für Hinweise danke ich meinem Kollegen Heinz Hauser.

1 Siehe z. B. die entsprechenden Beiträge im Special Issue „The Taxation of Electronic Commerce“, Heft 4, Teil 3 des National Tax Journal 53 (2000), z. B. *Bruce/Fox* (2000), *McLure* (2000), *Houghton/Cornia* (2000), aber auch *Fox/Murray* (1997), *McLure* (1999) oder *Goolsbee* (2000, 2001).

2 Knapp die Hälfte dieses Steuerausfall ist jedoch nicht wirklich durch das Internet bedingt. Es handelt sich dabei um Steuerausfälle im Versandhandel, der jetzt über das Internet

(1999) den Steuerausfall für das Jahr 1998 auf gerade einmal 170 Millionen U.S. Dollar.

Der Grund, weshalb diese Diskussion vor allem in den Vereinigten Staaten geführt wird, hängt zum einen mit deren Steuersystem zusammen: Die einzelnen Bundesstaaten haben die Steuerhoheit über die Verbrauchssteuern, und zwischen ihnen findet ein Wettbewerb statt. Zudem gelten dort spezielle steuerliche Regelungen für das Internet, die sich von den europäischen Regeln deutlich unterscheiden. Wie unten ausgeführt werden wird, ist das Internet in den Vereinigten Staaten heute eine noch weitgehend steuerfreie Zone. Dies wird sich möglicherweise ändern, wenn im nächsten Jahr das entsprechende Moratorium abläuft. Andererseits stellt sich die Frage, wie in einem System mit unterschiedlich hohen Verbrauchssteuern Internet-Transaktionen besteuert werden sollen, innerhalb der Europäischen Union in gleicher Weise wie innerhalb der Vereinigten Staaten. Aber es geht auch um allgemeinere Fragen der internationalen Besteuerung. Dementsprechend werden Diskussionen darüber auch innerhalb der OECD[3] sowie innerhalb der Europäischen Union geführt,[4] wobei letztere in dieser Hinsicht kürzlich den Versuch unternommen hat, Nicht-EU-Internet-Anbieter mit ihren Konkurrenten innerhalb der Union gleichzustellen.[5]

Im Schwerpunkt der Diskussion stehen damit die indirekten, insbesondere die Umsatzsteuern. Das Hauptproblem besteht darin, dass es mit den bisherigen Methoden nur schwer möglich ist, Transaktionen, die über (Steuer-)Grenzen hinweg über das Internet abgewickelt werden, steuerlich zu erfassen. Damit aber ist die Anwendung der bisherigen Umsatz- bzw. Mehrwertbesteuerung darauf nur beschränkt (bzw. unter bestimmten Voraussetzungen) möglich, weshalb Steuerausfälle eintreten. Steuerlich relevant ist jedoch auch, dass es durch die modernen Informationstechnologien sehr viel einfacher geworden ist, Teile der Produktion ins Ausland zu verlagern. Dies gilt insbesondere für Leistungen, die auf dem Internet ‚transportiert' werden können, seien dies nun z. B. Konstruktionspläne oder Buchungs- und Reservierungssysteme von Fluggesellschaften. Dies macht es in sehr viel größerem Umfang als früher möglich, Steuer- und Lohnniveauunterschiede auszunutzen.[6]

---

und nicht mehr konventionell abgewickelt wird. Diese Steuerausfälle würden jedoch auch bei einer konventionellen Abwicklung auftreten. Siehe hierzu: *Bruce/Fox* (2001, S. 5).

3 Siehe z. B. *OECD* (2001).

4 Siehe z. B. *HLGE* (1997), sowie: Kommission der Europäischen Gemeinschaften, Vorschlag für eine Richtlinie des Rates zur Änderung der Richtlinie 77/388/EWG bezüglich der mehrwertsteuerlichen Behandlung bestimmter elektronisch erbrachter Dienstleistungen, Vorschlag für eine Verordnung des Rates zur Änderung der Verordnung (EWG) Nr. 218/92 des Rates über die Zusammenarbeit der Verwaltungsbehörden auf dem Gebiet der indirekten Besteuerung (MwSt), Brüssel, 7. Juni 2000.

5 Siehe hierzu: *Gongolsky*, Jetzt kommt die E-Commercesteuer, Spiegel Online vom 18. Februar 2002, http://www.spiegel.de/netzwelt/politik/0,1518,182963,00.html.

6 So müssen z. B. indische Informatiker nicht unbedingt mit Hilfe einer ‚Green-Card' nach Deutschland geholt werden; es ist in vielen Fällen auch möglich, sie in Indien zu beschäftigen und ihre Arbeit elektronisch nach Deutschland zu übermitteln.

Im folgenden sollen die in Zusammenhang mit dem Internet-Handel auftretenden Probleme näher untersucht werden. Wir beginnen mit den wohl wichtigsten Auswirkungen, denjenigen auf die indirekten Steuern *(Abschnitt 2). Abschnitt 3* behandelt die Probleme, die bei den direkten Steuern, insbesondere bei der Körperschaftssteuer auftreten. Danach wird die umgekehrte Richtung betrachtet: Welche Auswirkungen hat bzw. hätte eine steuerliche Vorzugsbehandlung bzw. Gleichstellung des Internet-Handels gegenüber anderen Vertriebsarten *(Abschnitt 4)*? Auch hier bezieht sich die Literatur im wesentlichen auf die Situation in den Vereinigten Staaten. Im *5. Abschnitt* werden Möglichkeiten aufgezeigt, wie die bereits jetzt entstehenden, aber vor allem für die Zukunft zu erwartenden Steuerausfälle ausgeglichen werden könnten. Die Arbeit schließt mit einer Zusammenfassung sowie einigen Ausführungen zur Frage des Verhältnisses zwischen direkten und indirekten Steuern *(Abschnitt 6)*. Diese Frage wird sich möglicherweise in Zukunft neu stellen.

B. Auswirkungen auf die indirekten Steuern

Geht man von einer geschlossenen Volkswirtschaft aus, so ergibt sich aus dem Internet-Handel zunächst kein neues oder zusätzliches Problem. Prinzipiell könnten alle Umsätze an der Quelle erfasst und besteuert werden. Auch die über das Netz vertriebenen digitalen Produkte sind dabei keine Ausnahme. Solange es sich um einen einheitlichen politischen Raum mit einheitlicher Besteuerung handelt, geht es bei der Frage, ob an der Quelle oder am Ort des Verbrauchers besteuert werden soll, allenfalls um die geeignete Technik der Steuererhebung, und es ist wohl allgemeine Auffassung, dass es einfacher ist, eine Steuer vom Verkäufer als vom Käufer eines Produkts zu erheben.

Die Situation ändert sich erst dann, wenn zum einen die Steuersätze innerhalb des betrachteten Gebietes variieren und zweitens die Höhe der Steuer vom Bestimmungsort abhängig sein soll. Dies ist die Situation in den Vereinigten Staaten. Dort ist die Umsatzsteuer eine der zentralen Einnahmen der Bundesstaaten; sie ergab im Jahr 1998 im Durchschnitt 37 Prozent ihrer Steuereinnahmen.[7] Die einzelnen Bundesstaaten sind in der Festlegung der Umsatzsteuersätze autonom; es herrscht diesbezüglich Wettbewerb zwischen den Staaten. Die prinzipiell gleiche Situation herrscht innerhalb der Europäischen Union bezüglich der Mehrwertsteuer, auch wenn dort ein Mindestsatz von 15 Prozent vereinbart ist. Innerhalb der einzelnen europäischen Staaten, wie z. B. der Bundesrepublik Deutschland oder der Schweiz, spielen diese Probleme keine Rolle, da die Sätze der Mehrwertsteuer auf der jeweiligen nationalen Ebene zentral (und für alle einheitlich) festgelegt werden, auch wenn ihr Aufkommen, wie z. B. in Deutschland, zumindest teilweise den Gliedstaaten zukommt.

[7] Siehe *Cline/Neubig* (1999, S. 4). – Allerdings nutzen nur 45 Staaten dieses Instrument; die restlichen Bundesstaaten verzichten auf diese Einnahmequelle.

Die Unmöglichkeit, Umsätze an der Quelle nach den Regeln des Bestimmungsorts zu besteuern, ergibt sich zum einen dann, wenn die Quelle im Ausland liegt und deshalb der Jurisdiktion des Bestimmungslands entzogen ist. Für alle konventionellen Güter ist jedoch als Ersatz eine Besteuerung beim Grenzübertritt in das Bestimmungsland nach dessen Regeln möglich. Probleme entstehen dagegen bei digitalisierten Gütern, die über das Internet (oder auch über andere elektronische Netze) transportiert werden, da es hier – zumindest bisher – keine Möglichkeiten gibt, den Grenzübertritt (in gleich zuverlässiger Weise) festzustellen und dabei den Wert zu erfassen. Faktisch bleiben daher solche Güter, soweit sie direkt an den Endverbraucher gelangen, beim Import aus dem Ausland steuerfrei. Selbstverständlich kann man für solche Güter eine Steuerpflicht des Importeurs bzw. der privaten Konsumenten dekretieren, aber zumindest, was letztere betrifft, zeigt die Erfahrung der Vereinigten Staaten, dass solche Steuern kaum durchsetzbar sind. Hier haben wir es tatsächlich mit einem qualitativ neuen Problem zu tun.

Die Unmöglichkeit, Umsätze an der Quelle nach den Regeln des Bestimmungsorts zu besteuern, kann sich jedoch auch aus bestimmten gesetzlichen Vorschriften und / oder Verfassungsbestimmungen ergeben. Dies gilt für die Vereinigten Staaten. Es betrifft dort nicht nur den Internet-Handel, sondern auch den konventionellen Versandhandel, der schon bisher einer speziellen Regelung unterlag, und es wurde auch dort bereits zum Problem. (Ein wesentlicher Teil des Internet-Handels ist schließlich nichts anderes als ein Versandhandel, bei welchem die Bestellungen nicht mit Hilfe konventioneller Kataloge und über die (gelbe) Post, sondern über das Internet aufgegeben werden.)

Zunächst hat auch in den Vereinigten Staaten der Versandhändler die Umsatzsteuer einzubehalten und den Finanzbehörden des zuständigen Staates abzuliefern. Aufgrund einer Entscheidung des Supreme Courts gilt dies jedoch nur dann, wenn der Versandhändler im ‚Bestimmungsstaat', d. h. in jenem Bundesstaat, in welchem der Kunde wohnt, ebenfalls eine Niederlassung hat. Ist dies nicht der Fall, wird keine Umsatzsteuer fällig, es besteht vielmehr eine Pflicht des Konsumenten zur Entrichtung einer Verbrauchssteuer, wobei die Sätze der Verbrauchs- und der Umsatzsteuer gleich sind.[8] Eine solche Steuer bei einer Vielzahl kleiner Konsumenten zu erheben ist fast unmöglich, weshalb diese Steuer weitgehend hinterzogen wird. Dadurch dass das Internet nicht nur zu einer Verlagerung vom konventionellen zum elektronischen Versandhandel, sondern auch zu einer Ausweitung des Versandhandels insgesamt führt, steigen die bisher schon mit dieser Handelsform verbundenen Steuerausfälle weiter an.[9]

---

8 Hier wird unterschieden zwischen der Umsatzsteuer (‚Sales Tax'), bei welcher der Verkäufer steuerpflichtig ist, und der Verbrauchssteuer (‚Use Tax'), die der Käufer zu entrichten hat. Nur eine dieser beiden Steuern wird jeweils erhoben, wobei für beide der gleiche Steuersatz gilt. Siehe hierzu *Goolsbee* (2001, S. 14).

9 Siehe hierzu auch *Mikesell* (2000).

Dazu kommt, dass der ‚Internet Freedom Act' des Jahres 1998 festgelegt hat, dass vorerst keine neuen und / oder diskriminierenden Steuern auf Internet-Transaktionen erhoben werden, und dass zweitens – bei Beibehaltung der in den Bundesstaaten bereits existierenden Steuern – keine Umsatzsteuern (und auch keine anderen Steuern) auf die Anschlussgebühren erhoben werden dürfen. Diese zeitlich befristete Steuerbefreiung wurde u. a. mit dem Erziehungs-Argument begründet.[10] Eine Verlängerung dieser Regelung bis Ende Oktober 2003 wurde erst im letzten Herbst beschlossen.[11] Dies schließt zwar die Anwendung der in den einzelnen Staaten bestehenden Umsatzsteuern nicht aus, aber aus den angegebenen Gründen werden sie auf Internet-Transaktionen kaum erhoben. Insofern ist das Internet in den Vereinigten Staaten tatsächlich eine bisher weitgehend steuerfreie Zone.

In Europa sieht die Situation anders aus. Der Versandhandel unterliegt sowohl in den Mitgliedsländern der Europäischen Union als auch in den anderen europäischen Staaten der üblichen Verbrauchsbesteuerung. Dies gilt auch für den Handel mit Staaten außerhalb der EU. Solange es sich um den Handel mit materiellen Gütern handelt, sind diese Regelungen problemlos anwendbar. Da die Güter physisch die Grenze passieren müssen, sind Ausweichmöglichkeiten kaum gegeben. Auch der Handel mit digitalisierten Gütern unterliegt innerhalb der Europäischen Union seit 1997 der allgemeinen Umsatz- bzw. Mehrwertsteuer. Dagegen waren Lieferungen aus dem Nicht-EU-Ausland, insbesondere aus den Vereinigten Staaten, bisher von der Umsatzsteuer befreit: Man konnte sie steuerfrei über das Netz beziehen. Die dadurch gegebene Benachteiligung der europäischen Anbieter hat schon seit längerem zu Diskussionen geführt. Dies soll sich in Zukunft ändern. So haben, wie oben bereits erwähnt wurde, die EU-Finanzminister kürzlich dem Europäischen Parlament einen Vorschlag zur Einführung einer ‚E-Commerce-Mehrwertsteuer' unterbreitet. Danach sollen Anbieter außerhalb der EU in dem jeweiligen Mitgliedsstaat, in welchem der Kunde sein Domizil hat, die Mehrwertsteuer entrichten. Damit dies möglich ist, müssen sie der jeweiligen Finanzbehörde ihre Umsätze, aufgeschlüsselt nach den Empfängerländern, melden. Gleichzeitig werden Anbieter innerhalb der EU bei Verkäufen über deren Grenzen hinweg von der Mehrwertsteuer befreit. Falls diese Regelung vom Europäischen Parlament akzeptiert wird und möglicherweise in etwa einem Jahr in Kraft treten wird, sollte die Benachteiligung der EU-Anbieter gegenüber ihren amerikanischen Konkurrenten beseitigt sein.

Diese Regelung hat freilich auch ihre Probleme. Auf der konzeptionellen Ebene stellt sich die Frage, ob solche Lieferungen tatsächlich als Exporte (der Produzenten in den Vereinigten Staaten) oder nicht als Importe (ihrer europäischen Kunden) zu behandeln sind. Nach dem derzeitig gültigen WTO-Regelwerk ist dies zumin-

---

10 Siehe hierzu H. *Varian* (2000).

11 Siehe hierzu: *Heise online news*, US-Präsident unterzeichnet Verbot der Internet-Steuern, http://www. heise-online.de/newsticker/data/anw-29. 11. 01-006/.

dest offen. Die von der Europäischen Kommission vorgeschlagene Regelung behandelt sie als Exporte. Dies impliziert, dass der Exporteur der Steuerschuldner und daher verpflichtet ist, die Steuerzahlung an die entsprechende Finanzbehörde in Europa zu leisten. Würde man sie als Importe behandeln, dann wären die Kunden die Steuerschuldner; sie müssten die entsprechenden Zahlungen an ihr jeweiliges Finanzamt leisten. Es ist offensichtlich, dass unter diesen Bedingungen eine solche Steuer kaum durchsetzbar wäre. Da auch in den Vereinigten Staaten damit zu rechnen ist, dass längerfristig eine solche Steuer eingeführt wird, wird man sich wohl im Rahmen der OECD auf ein gemeinsames System einigen müssen. Dementsprechend lässt der Vorschlag der EU-Kommission auch eine spätere Anpassung an Beschlüsse der OECD zu.

Neben diesen konzeptionellen gibt es jedoch auch praktische Probleme. Solange kein elektronisches Steuererhebungssystem existiert, ist es kaum möglich, jeden einzelnen Anbieter außerhalb (oder Verbraucher innerhalb) der Europäischen Union zu erfassen. Daher nimmt der Vorschlag der Kommission Kleinanbieter, die mit Kunden aus der EU weniger als 100'000 Euro Umsatz pro Jahr erzielen, von der Besteuerung aus. Aber auch bei Anbietern mit höherem Umsatz dürfte es schwierig sein, die Zahlung der geschuldeten Steuern durchzusetzen. Schließlich verfügt die EU ihnen gegenüber über keinerlei Sanktionsmöglichkeiten. Sie könnten bestenfalls auf der Grundlage einer noch zu schaffenden internationalen Vereinbarung, z. B. im Rahmen der OECD, eingeführt werden. Solange eine solche Vereinbarung nicht besteht, ist jedoch fraglich, ob damit die Benachteiligung der in der EU domizilierten Anbieter gegenüber ihren amerikanischen Konkurrenten tatsächlich beseitigt wird.

Ein anderes, in den Vereinigten Staaten relevantes Problem ist die Besteuerung elektronisch gelieferter Vorprodukte.[12] Die strittige Frage ist dabei, in welchem Umfang die Verbrauchssteuer bei Lieferungen zwischen Firmen über das Internet hinterzogen wird. Insbesondere bei großen Firmen versuchen die amerikanischen Steuerbehörden diese Steuer durchzusetzen. *A. Goolsbee* (2001, S. 17) vermutet, dass sie dabei weitgehend erfolgreich sind, weshalb der dadurch entstehende Steuerausfall vergleichsweise gering sei.[13] Dem widersprechen *D. Bruce* und *W.F. Fox* (2000), die den darauf entfallenden Anteil auf 70 Prozent der gesamten Steuerausfälle durch den Internet-Handel schätzen.

---

[12] Zwar viele, aber bei weitem nicht alle Vorprodukte sind in den Vereinigten Staaten umsatzsteuerpflichtig. Zudem unterscheiden sich die diesbezüglichen Regeln in den verschiedenen Bundesstaaten erheblich voneinander. Siehe hierzu H. *Varian* (2000).

[13] *H.R. Varian* (2000) weist darauf hin, dass ökonomische Argumente dafür sprechen, dass Verbrauchssteuern vom Konsumenten getragen werden und nicht den einzelnen Stufen des Produktionsprozesses auferlegt werden. Insofern ist eine Situation, in der die Unternehmen zwar auf Käufe von Vorleistungen Umsatzsteuer zahlen müssen, die Konsumenten dieser aber entgehen können, genau das Gegenteil dessen, was die ökonomische Theorie nahelegt. (Er weist in diesem Zusammenhang auch darauf hin, dass die europäische Mehrwertsteuer, gemessen an diesem Kriterium, sinnvoller ist als die amerikanische Umsatzsteuer.) Siehe hierzu auch *Goolsbee* (2001, S. 17).

Da in den Mitgliedsländern der Europäischen Union genauso wie in der Schweiz die Mehrwertsteuer (in Form einer Allphasenumsatzsteuer mit Vorsteuerabzug) existiert, stellen sich diese Probleme nicht. Sofern der Verkäufer, befinde er sich im In- oder im Ausland, keine Mehrwertsteuer entrichtet, kann diese auch nicht von dem beim Verkauf an die Finanzbehörde zu entrichtenden Betrag abgezogen werden. Hier besteht insofern überhaupt kein Steuerausfall. Dazu kommt, dass ein Produzent, der Vorleistungen bezogen hat, sich die dafür gezahlte Mehrwertsteuer nicht ohne weiteres erstatten lassen kann, falls er nicht selbst in entsprechendem Umfang Steuern entrichtet.[14] Insofern muss zwar in diesem Bereich auch mit Steuerausfällen gerechnet werden; sie sind jedoch in jedem Fall erheblich geringer als in den Vereinigten Staaten.

Fasst man all dies zusammen, dann lässt sich zum einen feststellen, dass mit Steuerausfällen in diesem Bereich auch langfristig zu rechnen ist, weil selbst neue steuerliche Regeln den Handel mit digitalen Produkten nur begrenzt in den Griff bekommen werden. In welchem Umfang dies geschehen wird, hängt wesentlich davon ab, wie groß der Anteil der Konsumausgaben an jenen Produkten sein wird, die auch physisch über das Internet geliefert werden. Dies umfasst im wesentlichen Software sowie Informationsmedien, die elektronisch übermittelt werden können, seien dies nun Filme, Musik oder Bücher und Zeitungen / Zeitschriften. Der Anteil der Ausgaben für diese Produkte mag im Zeitablauf steigen, aber er wird sich in engen Grenzen halten. Zudem dürften auch in Zukunft viele dieser Produkte im normalen Handel bzw. auf festen Trägern bezogen werden. Insofern müssen die hier möglichen Steuerausfälle zwar ernst genommen werden, sie sollten aber auch nicht überschätzt werden.[15]

Dass dies für die Vereinigten Staaten etwas anders aussieht, hängt nicht mit dem Internet per se, sondern mit der Rechtsprechung und der damit implizit gegebenen fast völligen Freistellung des Versandhandels von der Besteuerung zusammen. Dies macht den Internet-Handel auch mit konventionellen Gütern vergleichsweise attraktiv. Ohne eine Änderung der rechtlichen Grundlagen muss daher in Zukunft mit steigenden und in ihrer ökonomischen Bedeutung durchaus ernst zu nehmenden Steuerausfällen gerechnet werden. Verglichen mit Europa ist daher in diesem Bereich der Handlungsbedarf in den Vereinigten Staaten deutlich höher.

[14] Er kann selbstverständlich versuchen, nur bei einem Teil der Produkte die Mehrwertsteuer zu entrichten, und dabei die für alle Vorprodukte gezahlte Mehrwertsteuer anrechnen zu lassen. So muss ein Anbieter elektronischer Produkte ja zumindest für jene Produkte Mehrwertsteuer entrichten, die über konventionelle Wege vertrieben werden. Sobald die Relationen sich dabei jedoch zu sehr von dem in der jeweiligen Branche üblichen unterscheiden, ist die Wahrscheinlichkeit, dass eine solche Steuerhinterziehung aufgedeckt wird, relativ groß. Insofern ist der hier vorhandene Spielraum, der Besteuerung zu entgehen, eher gering.

[15] Dies gilt zumindest kurz- und vermutlich auch mittelfristig. *Goolsbee / Zittrain* (1999) argumentieren, dass sich selbst langfristig keine ernsthaften Probleme ergeben werden.

C. Auswirkungen auf die direkten Steuern

Verglichen mit der relativ großen Literatur über die Auswirkungen des Internet-Handels auf die indirekte Besteuerung gibt es nur wenige Beiträge über den Zusammenhang mit den direkten Steuern.[16] Dabei werden in erster Linie Probleme der Körperschafts- und weniger jene der Einkommensteuern diskutiert. Neben den Körperschaftssteuern in den amerikanischen Bundesstaaten geht es hier auch um internationale Probleme.

Insgesamt ergeben sich in diesem Bereich keine grundsätzlich neuen Probleme gegenüber der Besteuerung von Einkommen, die in der ‚alten' Wirtschaft erzielt werden. Dies gilt insbesondere für die persönlichen Einkommensteuern. Sieht man einmal davon ab, dass vielleicht die Möglichkeiten zur Steuerhinterziehung etwas größer sind, treten, solange es, wie z. B. in der Bundesrepublik Deutschland, keinen Steuerwettbewerb innerhalb eines Staates gibt, bezüglich der dort erzielten Einkommen überhaupt keine neuen Probleme auf. Solche ergeben sich allenfalls dann, wenn entweder, wie z. B. in der Schweiz oder in den Vereinigten Staaten, ein solcher Wettbewerb stattfindet und/oder wenn die Individuen Einkommen auch aus dem Ausland beziehen. Aber auch hier stellen sich keine wirklich neuen Probleme; die Frage, ob die Besteuerung z. B. am Ort der Entstehung des Einkommens oder am Wohnort des Einkommensbeziehers erfolgen soll, stellt sich in der ‚alten' Wirtschaft nicht weniger scharf. Das einzig Neue besteht wohl darin, dass auch Individuen (und nicht nur Firmen) zumindest einen Teil ihrer Dienstleistungen jetzt viel breiter anbieten können, womit das Problem einer Besteuerung persönlicher Einkommen, welches aus vielen und regional bzw. international verstreuten Quellen bezogen wird, mehr Gewicht bekommt.

Bei den Körperschaftssteuern sieht es im Prinzip nicht viel anders aus. Auch hier dreht es sich um Probleme, die im Rahmen der internationalen Besteuerung bzw. in föderalen Staaten mit entsprechender Steuerhoheit der Gliedstaaten und/oder der lokalen Gebietskörperschaften bereits bekannt sind. Freilich ist es jetzt noch leichter, einzelne Teile der Produktion einer Firma (tatsächlich oder auch nur scheinbar) ins Ausland zu verlagern. Zusätzlich stellt sich die Frage, inwieweit ein Server in einem Drittland, über den Geschäfte abgewickelt werden, als Betriebsstätte zu qualifizieren ist. Dadurch könnten in diesem Land Körperschaftssteuern anfallen, selbst wenn außer einem Techniker, der ihn (als Nebentätigkeit) wartet, keine einzige Person dieser Firma in diesem Land arbeitet, während alle übrigen Tätigkeiten in anderen Staaten ausgeführt werden und auch die Kunden dort wohnhaft sind. Soweit dies durch entsprechende Doppelbesteuerungsabkommen gedeckt ist, ergeben sich damit erweiterte Möglichkeiten zur Verschiebung von zu versteuernden Gewinnen, weshalb sich hier verschärft die Frage stellt, in welchem Umfang die Gewinne einer Firma mit Betriebsstätten in mehreren Ländern in welchem dieser Länder versteuert werden sollen.[17]

---

16 Siehe z. B. *McLure* (1999), *VanderWolk* (2000) oder *Watanabe* (2000).

Diese Frage hat die Schweiz für Firmen, die in verschiedenen Kantonen Produktionsstätten haben, seit langem mit einem System der Steueraufteilung (interkantonale Steuerausscheidung, formula apportionment) gelöst.[18] Ein solches System ist prinzipiell auch für die steuerliche Erfassung der Internet-Wirtschaft geeignet, und es könnte auch international angewendet werden. Die Frage ist nur, wonach sich die Aufteilung richten soll. Traditionell gibt es drei Kriterien dafür: Kapitalbestand, Umsatz und Lohnsumme. Wie *Ch.E. McLure* (1999, S. 1300) argumentiert, sind Kapitalbestand und Umsatz in der Internet-Wirtschaft kaum als Kriterien geeignet: Der Kapitalbestand ist im Vergleich zu Gewinn und Umsatz häufig sehr gering, und bei den Umsätzen ist es schwierig zu erfassen, wo sie genau gemacht werden. Die Lohnsumme ist dagegen relativ einfach zu erfassen.

Ein solches System könnte dann ideal funktionieren, wenn auf internationaler Ebene eine formale Steuerharmonisierung vereinbart würde, womit zum einen die Erfassung der Gewinne (die Steuerbemessungsgrundlage) und zum anderen die Grundsätze der Aufteilung auf die betroffenen Staaten festgeschrieben würden.[19] Der Steuerwettbewerb könnte sich dann auf die Steuersätze beziehen; er wäre dadurch nicht notwendigerweise weniger wirksam. Aber selbst wenn es keine umfassende internationale Regelung gäbe, könnten einzelne Staaten von sich aus solche Regelungen anstreben und in Doppelbesteuerungsabkommen zumindest mit ihren wichtigsten Handelspartnern vereinbaren. Damit kann nicht verhindert werden, dass eine Internet-Firma ihre Produktion formal ausschließlich in einem Steuerparadies stattfinden lässt und sich damit der Körperschaftssteuer (fast) vollständig entziehen kann. Da man Steuerparadiese nicht verhindern kann, kann eine solche Ausweichstrategie, wenn sie von den technischen Voraussetzungen her möglich ist, durch kein Steuerregime verhindert werden. Aber dies alles sind, wie oben ausgeführt wurde, keine prinzipiell neuen Probleme; sie stellen sich im Rahmen der ‚neuen' Wirtschaft nur etwas schärfer.

D. Auswirkungen der Besteuerung auf den Internet-Handel

Dass der Internet-Handel Auswirkungen auf das Steueraufkommen hat, ist jedoch nur eine Seite der Medaille. Die andere Seite ist, dass Steuern, die auf Internet-Transaktionen erhoben werden, auch Auswirkungen auf die Nutzung des Inter-

---

17 Im Prinzip könnte man auch daran denken, die Gewinne überhaupt nicht im Unternehmen, sondern nur im Rahmen der persönlichen Einkommensteuer zu besteuern. Schließlich werden auch die Steuern juristischer Personen letztlich immer von natürlichen Personen getragen. Tatsächlich aber wird sich kaum ein Staat auf ein solches System einlassen wollen. – Zu den Gründen, die trotz allem für eine – wenn auch eher moderate – Besteuerung der Gewinne an der Quelle sprechen, siehe *Kirchgässner* (1999, S. 60 ff.).

18 Zur interkantonalen Steuerausscheidung siehe *Höhn / Waldburger* (2001, S. 845 ff.).

19 Eine ähnliche Regelung gilt heute in der Schweiz, nachdem zum 1. Januar 2001 die formale Steuerharmonisierung endgültig vollzogen wurde. Zur Steuerharmonisierung in der Schweiz siehe *Höhn / Waldburger* (2001, S. 71, S. 802).

nets haben. Auch dies ist wieder eine Frage, die insbesondere in den Vereinigten Staaten relevant ist, da dort, wie oben ausgeführt wurde, für die meisten der über das Internet bezogenen Waren oder Dienstleistungen keine Verbrauchssteuern entrichtet werden. Bereits die Einführung der sonst üblichen Steuern hätte daher (negative) Auswirkungen auf die Umsätze im Internet.

Das Ausmaß dieses Effekts wurde von *A. Goolsbee* (2000) auf bis zu 24 Prozent der heute über das Internet getätigten Käufe geschätzt. Anhand einer Stichprobe von 25'000 Internet-Benutzern hat er untersucht, welchen Einfluss Umsatzsteuern auf die Höhe dieser Käufe haben, wobei für individuelle Charakteristika der Benutzer wie Einkommen, Ausbildung, Alter, Geschlecht, Vertrautheit mit dem Umgang am Computer usw. korrigiert wurde. Der Einfluss der Steuern war hoch signifikant und ökonomisch bedeutsam; für die ‚Steuerelastizität' wurden Werte zwischen 2.3 und 4.3 geschätzt. Diese hohen Elastizitäten ergaben zusammen mit vergleichsweise geringen Steuersätzen von durchschnittlich 6.6 Prozent (bei einer Standardabweichung von 1.7 Prozent) den oben angegebenen, ökonomisch recht bedeutsamen Effekt. Dieser zeigte sich jedoch bei Einkäufen über das Internet, die mit Hilfe von Kreditkarten bezahlt werden, nur dort, wo Steuern eine Rolle spielen, wie z. B. bei Büchern, Computern oder Software. Bei anderen Gütern, die ebenfalls über das Internet vertrieben werden, wie Aktien oder Obligationen, spielt die Verbrauchssteuer keine Rolle; in diesem Fall war das Vorzeichen sogar ‚falsch'. Freilich war der geschätzte Koeffizient klein und statistisch nicht signifikant von Null verschieden.[20] Dies spricht dafür, dass hier nicht ein allgemeiner Effekt auftritt, wonach die Verbraucher dort, wo geringere Steuern auf Internet-Transaktionen erhoben werden, insgesamt das Internet stärker nutzen, sondern dass sie dieses gezielt einsetzen, um Steuern zu sparen.

Diese Ergebnisse wurden von *A. Goolsbee* (2000a) in einer weiteren Studie bestätigt. Mit etwas anderen Daten ergab sich eine Elastizität von 2.4, und der Einfluss war wiederum statistisch hoch signifikant. Interessant an dieser Arbeit ist jedoch vor allem die Unterscheidung zwischen ‚neuen' und ‚alten' Internet-Benutzern. Die neuen Benutzer reagieren kaum auf Steuerunterschiede, die alten dagegen sehr stark. Offensichtlich liegt hier ein Lerneffekt vor: Die Verbraucher gehen nicht in das Internet, um Steuern zu sparen, aber wenn sie einmal mit dem Internet vertraut sind und diese Möglichkeit der Steuervermeidung erkannt haben, nutzen sie sie auch aus.

Auch *M.D. Smith/E. Brynjolfsson* (2001) zeigen, dass Steuern einen erheblichen Einfluss auf das Kaufverhalten im Internet haben: Die Konsumenten reagieren etwa doppelt so sensitiv auf Änderungen der Steuern (und der Versandkosten) als auf Änderungen der Nettopreise. Darüber hinaus zeigen die gleichen Autoren in *E. Brynjolfsson/M.D. Smith* (2000), dass – neben einer metrischen Variablen für den Steuersatz – eine Hilfsvariable hoch signifikant ist, die angibt, ob überhaupt eine Steuer erhoben wird oder nicht. Dies deutet darauf hin, dass die Verbraucher

20 Siehe hierzu *Goolsbee* (2000, S. 569).

aus den verschiedenen Angeboten – soweit dies immer möglich ist – konsequent jene auswählen, bei denen keine Steuern anfallen, d. h. solche Händler bevorzugen, die im eigenen Staat über keine Niederlassung verfügen.

Die (weitgehende) Befreiung des Internet-Handels von indirekten Steuern hat somit eine erhebliche fördernde Wirkung auf dessen Entwicklung. Aus ökonomischer Perspektive ist dies nicht notwendigerweise positiv einzuschätzen. Zum einen ergibt sich, wie oben aufgezeigt wurde, etwa die Hälfte dieses Effekts aus einer Verlagerung vom kommerziellen zum elektronischen Versandhandel. Da beide Handelswege steuerlich im wesentlichen gleich behandelt werden, kann man darin, da es auf einer freien Entscheidung der Konsumenten beruht, deren Entscheidungsspielraum durch die Einführung des Internet-Handels erweitert wurde, einen Wohlfahrtsgewinn erblicken. Dieser sollte jedoch nicht überschätzt werden. Wichtiger ist, dass sich die zweite Hälfte dieses Effekts aus einer ungleichen steuerlichen Behandlung im Vergleich mit dem konventionellen Handel ergibt: Der Internet-Handel wird faktisch steuerlich subventioniert. Hier liegt eine zusätzliche Verzerrung vor, die wohlfahrtsmindernd wirken dürfte. (Externe Effekte, mit denen das ausgeglichen oder sogar überkompensiert werden könnte, sind kaum zu erblikken und werden in der Literatur auch nicht ins Feld geführt.) Als Argument könnte dienen, dass hier – im Sinne einer Industriepolitik – mit steuerlichen Mitteln eine neue Branche mit viel Zukunftschancen gefördert wird, damit sich diese möglichst schnell entwickeln (bzw. damit sich das Internet möglichst schnell ausbreiten) kann, und dieses Argument hat ja, wie oben ausgeführt wurde, beim Erlass des Internet Freedom Act im Jahr 1987 auch eine Rolle gespielt.[21] Ein derartiges umgekehrtes Erziehungszoll-Argument mag in der kurzen Frist überzeugend sein; sobald sich der Internet-Handel aber einmal fest etabliert hat, ist es – rein ökonomisch betrachtet – nicht mehr haltbar. Insofern kann man mit Hilfe dieses Arguments bestenfalls eine vorübergehende steuerliche Begünstigung des Internet-Handels rechtfertigen.[22]

E. Möglichkeiten zur Deckung der Steuerausfälle

Wenn man davon ausgeht, dass es trotz aller Bemühungen, die allgemeine Warenumsatzsteuer auch im Internet-Handel durchzuführen, dennoch in diesem Bereich zu nicht zu vernachlässigenden Steuerausfällen kommt, dann stellt sich die Frage, ob und gegebenenfalls wie diese Ausfälle auszugleichen sind. Soweit man nicht eine extreme Leviathan-Position vertritt, nach welcher (nahezu) jeder Steuerausfall als positiv anzusehen ist, da er – zumindest angesichts der hohen

21 So argumentiert z. B. auch *Goolsbee* (2001, S. 20 f.).

22 Falls sich die Durchsetzung einer gleichmäßigen Besteuerung als übermäßig schwierig herausstellen sollte, könnte man daraus eine weitere Möglichkeit zur Rechtfertigung dieser steuerlichen Präferenz ableiten. Aber auch dieses Argument dürfte kaum eine langfristige Sonderbehandlung rechtfertigen.

heutigen Staats- bzw. Steuerquote – dazu beiträgt, dass die Ausbeutung der Bürgerinnen und Bürger durch die staatlichen Institutionen, insbesondere durch die staatliche Bürokratie, zurückgeht, wird man nach den Wohlfahrtseigenschaften der verschiedenen Alternativen fragen müssen. Folgende Möglichkeiten stehen zur Verfügung:

(a) Eine Erhöhung der direkten Steuern, insbesondere der Einkommen- und Körperschaftssteuern, aber auch der (einkommensabhängigen) Sozialversicherungsbeiträge.

(b) Eine Erhöhung des Mehrwertsteuersatzes.

(c) Eine Erhöhung der Sätze bisheriger spezieller Verbrauchssteuern, insbesondere der Steuern auf den Energieverbrauch.

(d) Eine neue Steuer, die auf das Internet ausgerichtet ist.

In einer Zeit, in welcher infolge des internationalen Steuerwettbewerbs die Sätze der Körperschaftssteuern in vielen Ländern deutlich gesunken sind, dürfte eine Erhöhung dieser Steuer kaum eine realistische Option sein. Zumindest in der Schweiz und in der Bundesrepublik Deutschland dürfte außerdem eine Erhöhung der persönlichen Einkommensteuer genauso wie eine Erhöhung der Sozialversicherungsbeiträge als Möglichkeit ausscheiden. Zwar gibt es Staaten, wie z. B. die Niederlande oder Dänemark, die sehr hohe maximale Grenzsteuersätze beim Arbeitseinkommen kennen und die dennoch in den neunziger Jahren, gerade auch im Vergleich mit der Schweiz und Deutschland, außerordentlich erfolgreich waren.[23] Insofern könnte man davon ausgehen, dass hier noch Spielraum vorhanden ist. Andererseits ist der Anteil der direkten Steuern am gesamten Steueraufkommen in der Schweiz (im internationalen Vergleich) relativ hoch. Zudem belasten die Sozialversicherungsbeiträge zumindest die mittleren und höheren Arbeitseinkommen in erheblichem Umfang. Deshalb besteht die Absicht, die aufgrund der Bevölkerungsentwicklung für die erste Säule der Altersvorsorge, die Alters- und Hinterlassenen Versicherung (AHV), in Zukunft erforderlichen zusätzlichen Finanzmittel im wesentlichen durch eine Erhöhung der Mehrwertsteuer und nicht durch zusätzliche Lohnprozente aufzubringen.[24] In der Bundesrepublik Deutschland stehen einer Erhöhung der direkten Steuern nicht nur die – wiederum im internationalen Vergleich – sehr hohen Lohnnebenkosten entgegen, sondern auch Urteile des Bundesverfassungsgerichts. Danach sind zum einen die Belastungen der Einkommen zu begrenzen,[25] zum zweiten darf es keine allzu großen Differenzen

23 Beide Länder waren bei der Bekämpfung der Arbeitslosigkeit erheblich erfolgreicher als die Bundesrepublik Deutschland, und sie hatten ein deutlich stärkeres reales Wirtschaftswachstum als die Schweiz. Siehe hierzu *Kirchgässner* (1999, S. 41 ff.).

24 Weitere Mittel, die freilich allenfalls kurz- und mittelfristig von Bedeutung sein werden, sollen aus dem Erlös der nicht mehr benötigten Goldreserven der Schweizerischen Nationalbank fließen.

25 Gemäß BVerfG 93, 121; 93, 165 ist bei Vermögenserträgen eine Steuerbelastung von mehr als 50 Prozent des Ertrags mit dem Grundgesetz nicht vereinbar. (Das Bundesverfas-

zwischen den verschiedenen Einkommen aus Unternehmertätigkeit sowie dem Arbeitseinkommen geben. Dies macht sehr große Unterschiede zwischen den Unternehmens- und den Unternehmersteuern, wie sie heute in vielen europäischen Staaten üblich sind, schwierig, wenn nicht gar unmöglich. Damit aber sind einer Erhöhung der direkten Steuern enge Grenzen gesetzt.

Eine Erhöhung des Mehrwertsteuersatzes scheint in beiden Ländern möglich. In Deutschland liegt der derzeit gültige Satz von 16 Prozent nur knapp über in der Europäischen Union vereinbarten Minimalsatz von 15 Prozent; in der Schweiz beträgt er mit 7.6 Prozent nur etwa die Hälfte dieses Minimalsatzes. Der Spielraum für die Steuerpolitik ist hier größer als bei der Einkommensteuer. Zumindest in der Schweiz wird dieser Spielraum aber vor allem zur Finanzierung (der ersten Säule) der Altersvorsorge benötigt werden. Zudem stellt sich die Frage, ob man ausgerechnet jene Steuer erhöhen soll, bei der wegen der oben beschriebenen Entwicklung der Internet-Wirtschaft die (möglicherweise anfallenden) Steuerausfälle am größten sein werden. Für den – freilich wenig wahrscheinlichen – Fall, dass die Steuerausfälle erheblich sein werden, ist zu vermuten, dass die Zusatzkosten der Besteuerung hier besonders hoch sein werden. Dies spricht zumindest dafür, den Mehrwertsteuersatz nur mäßig zu erhöhen.

Nicht viel anders sieht es zunächst bei den speziellen Verbrauchssteuern aus. Tabak- und Alkoholsteuern könnten erhöht werden, schließlich sprechen auch Gesundheits-Argumente dafür. Man kann daher davon ausgehen, dass weitere Erhöhungen dieser Steuern im Zeitablauf erfolgen werden. Andererseits dürften allzu starke Erhöhungen dieser Steuern den Schmuggel (insbesondere mit Zigaretten) weiter anheizen, der in der Bundesrepublik Deutschland heute erhebliche Ausmaße angenommen hat.[26] Dies deutet an, dass auch hier der Spielraum für weitere Steuererhöhungen eng begrenzt ist.

Etwas anders sieht es bei den Energiesteuern aus. Sie hätten – insbesondere bei den fossilen Brennstoffen sowie bei entsprechender Ausgestaltung – einen zusätzlichen positiven Effekt für die Umwelt. Zudem sind sie erheblich ergiebiger als die übrigen speziellen Verbrauchssteuern. Wie in *G. Kirchgässner* (1998, S. 306 f.) gezeigt wurde, ist unter realistischen Annahmen zwar damit zu rechnen, dass bei einer Erhöhung dieser Steuern der Verbrauch von Energie zurückgeht, aber da sich die Nachfrage im unelastischen Bereich bewegt, führt dies dennoch zu einer Erhöhung des Steueraufkommens. Der rein ‚ökonomischen' Zusatzlast, die sich aus einer Erhöhung dieser Steuern ergibt, steht der Zusatznutzen gegenüber, der sich

sungsgericht vertritt hier ‚das Prinzip eigentumsschonender Besteuerung'. Siehe hierzu *Tipke/Lang* (1973, S. 121 ff.).) Es gibt zwar bisher kein entsprechendes Urteil bezüglich der Arbeitseinkommen, aber es ist davon auszugehen, dass in einem Streitfall das Gericht ähnlich entscheiden würde.

26 Die Entwicklung in der Bundesrepublik Deutschland ist ein warnendes Beispiel. Siehe hierzu *Gaserow*, Der aussichtslose Kampf der Berliner Polizei gegen die Zigarettenmafia, Die Zeit Nr. 22 vom 24. Mai 1996, sowie: Perfekt, blitzschnell, dreist: Der organisierte Zigarettenschmuggel, Die Zeit Nr. 19 vom 3. Mai 1996, S. 25.

aus einer Verbesserung der Situation der natürlichen Umwelt ergibt. Wie die Diskussion über die Frage einer ‚doppelten Dividende' solcher Steuern gezeigt hat, kann – unter der Bedingung unfreiwilliger Arbeitslosigkeit – mit der Einführung und/oder Erhöhung solcher Steuern sogar ein Beschäftigungsgewinn verbunden sein.[27] Dazu kommt, dass diese Steuern kaum hinterzogen werden können. Dies gilt sowohl für die (leitungsgebundene) Elektrizität als auch für die fossile Energie. Sieht man einmal von der politischen Opposition gegen solche Steuern ab, scheint hier ein fast ideales Steuersubstrat vorzuliegen.[28]

Neben diesen konventionellen Vorschlägen zum Ausgleich der Steuerausfälle gibt es von *A.J. Cordell* (1996) den Vorschlag einer ‚Bit-Steuer', d. h. einer Steuer, mit welcher die interaktive digitale Kommunikation belegt werden soll.[29] Da Information, gemessen in Bit, das neue Medium ist, mit dessen Nutzung erhebliche Produktivitätsfortschritte erzielt werden und das damit nicht nur unsere wirtschaftliche Realität umgestaltet, sondern auch für die Steuerausfälle verantwortlich ist, scheint es naheliegend, genau diese Aktivität zu besteuern. *A.J. Cordell* (1996, S. 3 f.) schlägt vor, eine solche Steuer folgendermaßen zu erheben:

(a) Auf öffentlich zugänglichen Datenfernleitungen soll die Steuer in Abhängigkeit vom tatsächlichen Informationsstrom erhoben werden.

(b) Bei gemieteten (privaten) Datenfernleitungen soll die Steuer in Abhängigkeit von der Kapazität der Leistung erhoben werden.

(c) Bei lokalen Leitungen soll ein variabler Satz angewendet werden, der sich am statistischen Durchschnitt des Datenflusses zwischen den einzelnen Knoten orientiert.

Als Steuersatz schwebt ihm eine Größenordnung von 1 U.S. Cent pro MB vor. Damit haben wir es hier (wie bei vielen anderen speziellen Verbrauchssteuern) mit einer Mengensteuer zu tun, im Gegensatz zur Wertsteuer bei den allgemeinen Umsatzsteuern. Abgesehen von der für unser bisheriges Verständnis etwas ungewöhnlichen Bemessungsgrundlage ist diese Steuer daher steuersystematisch betrachtet nichts Besonderes.

Über das Aufkommen einer solchen Steuer gehen die Auffassungen erheblich auseinander. Gemäß einer in *L. Soete* und *K. Kamp* (1996) wiedergegebenen Schätzung des damaligen belgischen Ministers für Telekommunikation *Di Rupo* könnte das Aufkommen (bei dem von *A.J. Cordell* vorgeschlagenen Satz von 1 Cent

---

27 Siehe hierzu *Kirchgässner* (1999a), speziell für die Schweiz *Kirchgässner/Müller/Savioz* (1998). Eine Übersicht über die neuere Literatur zur doppelten Dividende geben *Bovenberg/Goulder* (2002).

28 Dabei ist es nicht unbedingt sinnvoll, den Steuersatz am Energiegehalt auszurichten. Sinnvoller wäre bei den fossilen Brennstoffen die Höhe der CO_2-Emmissionen, wobei dann freilich der mit Kernenergie erzeugte Strom gesondert erfasst werden müsste. Siehe hierzu z. B. *Kirchgässner/Vallender/Wolter* (1998, S. 294 ff.).

29 Siehe auch *Cordell/Ide* (1994) sowie die Diskussion dieser Idee in *Soete/Kamp* (1996).

pro MB) in der Größenordnung von ca. 4 Prozent des belgischen Bruttoinlandsprodukts liegen. Andererseits gibt es Schätzungen, wonach z. B. bei der Firma Hewlett-Packard die Besteuerung all ihrer Intranet-Übertragungen im Jahr 1995 zu einer Steuerlast von weniger als 0.1 Prozent ihrer damaligen Gewinne geführt hätte.

Mit dieser Steuer könnte, wie ihre Vertreter zumindest hoffen, ein Beitrag zur Verringerung der informationellen Verschmutzung und Verstopfung geleistet werden, indem z. B. die Zahl der ‚Junk-Mails' zurückgehen würde. Insofern kann man eine solche Steuer auch als eine Gebühr betrachten, die (zusätzlich) auf die Nutzung (in diesem Fall einer bestimmten Technologie) erhoben würde.[30] Solche Steuern bzw. Abgaben werden zum Teil nicht nur in Zusammenhang mit dem Internet, sondern auch breiter in Zusammenhang mit dem ‚Usage-Based-Pricing' diskutiert.[31]

Eine solche Steuer scheint zunächst völlig utopisch zu sein, und der Vorschlag ist auch auf erheblichen Widerstand gestoßen.[32] So gibt es nicht nur das derzeitige amerikanische Moratorium, sondern am 8. Juli 1997 haben auch 29 Minister aus europäischen Ländern die ‚Bonner Erklärung' verabschiedet, nach welcher das Internet nicht mit zusätzlichen Zöllen oder Sondersteuern belastet werden solle.[33] Zudem ist die Frage der Praktikabilität einer solchen Steuer bisher nicht wirklich gelöst, auch wenn *A.J. Cordell* (1996) behauptet und auch ausführt, dass bzw. wie sie vergleichsweise einfach zu administrieren wäre. Dies alles spricht dafür, dass sie zumindest vorerst nicht auf der politischen Agenda stehen wird.

Eine weitere Möglichkeit wäre eine Steuer auf den Internet-Zugang, wie sie von *A. Goolsbee* (2001, S. 19 f.) ins Gespräch gebracht wurde. Ohne Reaktion der Betroffenen (d. h. unter der Annahme einer starren Nachfrage) schätzt er das Aufkommen einer solchen Steuer für die Vereinigten Staaten und das Jahr 1999 auf 630 Millionen U.S.-Dollar. Auch wenn man mit gewissen Reaktionen rechnen müsste, würde sich dieser Betrag langfristig sicher erhöhen. Gegenüber der Bit-Steuer hätte diese Zugangssteuer den Vorteil, dass sie auf jeden Fall sehr einfach

---

30 Genauso wie man bei einer Straße die Verstopfung dadurch reduzieren kann, dass man eine Gebühr erhebt, könnte man dies auch auf der ‚Daten-Autobahn' tun. Der wesentliche Unterschied besteht jedoch darin, dass man die Kapazität von Daten-Autobahnen sehr viel leichter und – zumindest bisher – ohne die damit verbundenen negativen externen Effekte erhöhen kann als diejenige von (normalen) Straßen. Das Problem der informationellen Verstopfung und Verschmutzung liegt schließlich weniger darin, dass die Fernleitungen (noch) nicht über die entsprechende Kapazität verfügen, sondern es ergibt sich vielmehr daraus, dass wir als Menschen diese Information kaum mehr verarbeiten können.

31 Siehe z. B. *MacKie-Mason/Varian* (1994).

32 Siehe hierzu *Soete/Kamp* (1996). Andererseits hat sich bereits eine Expertenkommission der Europäischen Union damit befasst, und sie hat empfohlen, in dieser Richtung weitere Abklärungen vorzunehmen. Siehe *HLGE* (1997).

33 Siehe die Ministererklärung zur Europäischen Ministerkonferenz, Bonn, 6. – 8. Juli 1997, *BMWI*-Pressemitteilung vom 8. Juli 1997, sowie *Stewen/Bleul* (1998, S. 105 f.).

zu administrieren wäre. *A. Goolsbee* (2001) vermutet daher, dass die Erhebung einer solchen Steuer auf die politische Agenda gesetzt werden wird, sobald das – inzwischen freilich nochmals verlängerte – Moratorium abgelaufen sein wird.

Sollten sich die derzeitigen Versuche, die allgemeinen Verbrauchs- bzw. Umsatzsteuern im Internet-Handel durchzusetzen, als Fehlschlag erweisen, dann spricht einiges dafür, dass solche Steuern eines Tages ernsthaft ins Auge gefasst werden. Dabei ist jedoch zu prüfen, ob man die weitere Verwendung dieser Technologien, die volkswirtschaftlich als erwünscht gilt, steuerlich behindern sollte. Andererseits könnte sich eine solche Lösung – gemäß dem im vorigen Abschnitt gesagten – als notwendig erweisen, um Wettbewerbsgleichheit mit den nicht-elektronischen Anbietern herzustellen. Vorerst aber dürften – und sollten vermutlich auch – die Anstrengungen darauf gerichtet werden, beide Bereiche hinsichtlich der heute existierenden Steuern gleich zu behandeln, soweit dies möglich und mit nicht zu hohen administrativen Kosten erreichbar ist.

F. Zusammenfassung und abschließende Bemerkungen

Sieht man einmal davon ab, dass die digitale Lieferung von Produkten an Endverbraucher im grenzüberschreitenden Bereich grundsätzlich neue Probleme der steuerlichen Erfassung mit sich bringt, handelt es sich bei den – im Zentrum der Diskussion stehenden – Fragen im Bereich der indirekten Steuern um Probleme, die im Rahmen der internationalen Besteuerung lange bekannt sind, aber jetzt etwas verschärft auftreten und daher auch stärkere Beachtung finden. Dennoch dürften sich die damit verbundenen Steuerausfälle – zumindest in Europa – in engen Grenzen halten. Dies gilt zumindest dann, wenn Regeln international vereinbart und durchgesetzt werden können, die eine (annähernd) gleiche steuerliche Behandlung mit dem übrigen Handel sicherstellen. In den Vereinigten Staaten sieht dies etwas anders aus. Die Höhe der Steuerausfälle hängt dort weitgehend davon ab, inwieweit die bisher bestehende faktische steuerliche Privilegierung des Versandhandels beibehalten wird. Dies hat zunächst nichts mit dem Internet-Handel zu tun. Andererseits könnte die Ausdehnung des Versandhandels infolge der Nutzung des Internets dazu führen, dass hier (schneller) an neue Regelungen gedacht wird. Die Phase, in der das Internet in den Vereinigten Staaten faktisch eine weitgehend steuerfreie Zone bleiben wird, dürfte bald zu Ende gehen.[34]

Im Bereich der direkten Steuern dürfte die Entwicklung dazu führen, dass stärker über Regeln zur internationalen Aufteilung der Gewinnsteuern nachgedacht

[34] Ein Indiz dafür ist, dass die Vorlage über eine Verlängerung des Moratoriums bis Ende Oktober 2003 den Senat nur mit knapper Mehrheit passiert hat. – *H.R. Varian* (2000) sieht für die Vereinigten Staaten vier prinzipielle Möglichkeiten: (i) Erhaltung des Status Quo, (ii) Beseitigung aller Steuern im Internet, (iii) Erheben von Umsatzsteuern auch außerhalb des jeweiligen Bundesstaates, (iv) Abschaffung aller Umsatzsteuern.

wird. Da solche Regeln sich in der Schweiz bewährt haben, ist nicht einzusehen, wieso sie z. B. im Rahmen der Europäischen Union keine Anwendung finden sollten. Auch hier aber ist die ‚neue' Wirtschaft bestenfalls Auslöser, neue Lösungen für Probleme zu suchen, die längst bekannt sind und auch unabhängig von der Internet-Wirtschaft bestehen.

In diesem Zusammenhang stellt sich jedoch noch eine andere, viel grundsätzlichere Frage. Über die letzten Jahrzehnte beobachten wir in den europäischen Ländern folgenden Trend: Der Anteil der direkten Steuern am gesamten Steueraufkommen nimmt ab, jener der indirekten Steuern zu. Gleichzeitig wird die Idee einer direkten Verbrauchssteuer in der Literatur,[35] aber z. B. auch in der aktuellen steuerpolitischen Diskussion in der Schweiz wieder aufgenommen. Die Gründe hierfür sind vielfältig. Einer der Gründe für die Umschichtung von direkten zu indirekten Steuern ist das Bemühen, die Lohn-Nebenkosten (bzw. die steuerliche Belastung des Produktionsfaktors Arbeit) nicht zu stark wachsen zu lassen.[36] Zudem können zumindest in einigen Bereichen die indirekten Steuern besser erfasst (oder nicht ganz so leicht hinterzogen) werden als die direkten Steuern.

Wenn jetzt vor allem gerade bei den indirekten Steuern Probleme auftreten, weil die Bemessungsgrundlage schrumpft (und sich damit – bei gleichem Steueraufkommen – die Zusatzlast erhöht), dann ist zu fragen, ob dieser Trend nicht angehalten, möglicherweise sogar umgekehrt werden sollte. Die Antwort darauf hängt von dem tatsächlich in der Zukunft erfolgenden Steuerausfall ab. Sollte es möglich sein, diesen in engen Grenzen zu halten, sei es durch die Durchsetzung einer gleichmäßigen (indirekten) Besteuerung, sei es durch die Einführung neuer, an die Internet-Aktivitäten geknüpften Steuern oder Abgaben, dürfte das Aufkommen des Internet-Handels kein Grund für eine solche Trendumkehr darstellen. Sollten sich jedoch die Steuerausfälle als erheblich herausstellen, dann müsste man zumindest ernsthaft darüber nachdenken. Eine direkte Verbrauchssteuer bliebe aber dennoch als Option erhalten.[37]

Literatur

Bovenberg, A.L. / *Goulder*, L.H. (2002): Environmental Taxation and Regulation, in: A.J. Auerbach and M. Feldstein (eds.), Handbook of Public Economics, Vol. 3, Elsevier, Amsterdam et al. 2002, S. 1471 – 1545.

---

35 Siehe z. B. *Frank / Cook* (1995).

36 Aus dieser Überlegung heraus ist, wie oben bereits ausgeführt wurde, geplant, die in Zukunft für die Finanzierung der AHV erforderlichen zusätzlichen Mittel über die Mehrwertsteuer und nicht über eine Erhöhung der Lohnprozente aufzubringen. – Dass auch die indirekten Steuer letztlich (zumindest weitgehend) vom Faktor Arbeit getragen werden müssen, spielt in dieser Diskussion keine Rolle.

37 Ein entsprechender Reformvorschlag für die Schweiz findet sich in *Kirchgässner* (1999).

Bruce, D. / *Fox*, W.F. (2000): E-Commerce in the Context of Declining State Sales Tax Bases, National Tax Journal 53 (2000), S. 1373 – 1388.

– (2001): State and Local Revenues Losses from E-Commmerce: Updated Estimates, mimeo, University of Tennessee, Center for Business and Economic Research, September 2001.

Brynjolfsson, E. / *Smith*, M.D. (2000): The Great Equalizer?, Consumer Choice Behavior at Internet Shopbots, mimeo, MIT Sloan School of Management, Cambridge (Mass.), July 2000.

Cline, R.J. / *Neubig*, Th.S. (1999): The Sky is not Falling: Why State and Local Revenues Were not Significantly Impacted by the Internet in 1998, mimeo, Ernst and Young LLP Economics Consulting and Quantitative Analysis, June 1999.

Cordell, A.J. (1996): New Taxes for a New Economy, Government Information in Canada / Information gouvernementale au Canada 2 (1996). (http://www.usak.ca/library/gic/v2n4/cordell/cordell. html)

Cordell, A.J. / *Ide*, Th. (1994): The New Wealth of Nations, Paper presented at the Annual Meeting of the Club of Rome, November 30 – December 2, 1994.

Fox, W. / *Murray*, M.N. (1997): The Sales Tax and Electronic Commerce: So What's New?, National Tax Journal 50 (1977), S. 573 – 592.

Frank, R.H. / *Cook*, Ph.J. (1995): The Winner Take All Society, Free Press, New York 1995.

Goolsbee, A. (2000): In a World Without Borders: The Impact of Taxes on Internet Commerce, Quarterly Journal of Economics 115 (2000), S. 561 – 576.

– (2000a): Tax Sensitivity, Internet Commerce, and the Generation Gap, Tax Policy and the Economy 14 (2000), S. 45 – 56.

– (2001): The Implications of Electronic Commerce for Fiscal Policy (and Vice Versa), Journal of Economic Perspectives 15 / 1 (2001), S. 13 – 23.

Goolsbee, A. / *Zittrain*, J. (1999): Evaluating the Costs and Benefits of Taxing Internet Commerce, National Tax Journal 52 (1999), S. 413 – 428.

High Level Group of Experts (HLGE) (1997): Building the European Information Society for Us All: Final Policy Report, Maastricht, 15. April 1997.

Höhn, E. / *Waldburger*, R. (2001): Steuerrecht, Band I, Haupt, Bern et al., 9. Auflage 2001.

Houghton, K.L. / *Cornia*, G.C. (2000): The National Tax Association's Project on Electronic Commerce and Telecommunication Taxes, National Tax Journal 53 (2000), S. 1351 – 1371.

Kirchgässner, G. (1998): Ökologische Steuerreform: Utopie oder realistische Alternative, in: G. Krause-Junk (ed.), Steuersysteme der Zukunft, Duncker und Humblot, Berlin 1998, S. 279 – 319.

– (1999): Eine moderne Steuer- und Abgabenordnung für die Schweiz: Vorüberlegungen und Grundzüge, Rüegger, Chur / Zürich 1999.

– (1999a): Wirtschaftliche Auswirkungen von Energiesteuern auf kleine offene Volkswirtschaften: Theoretische Überlegungen und Simulationsergebnisse, in: F. Schneider (ed.), Internationale Strategien und Erfahrungen zur Neuorientierung der EU-Energiewirtschaft, Rudolf Trauner, Linz 1999, S. 153 – 181.

Kirchgässner, G/*Müller*, U./*Savioz*, M. (1998): Ecological Tax Reform and Involuntary Unemployment: Simulation Results for Switzerland, Schweizerische Zeitschrift für Volkswirtschaft und Statistik 134 (1998), S. 329–353.

Kirchgässner, G./*Vallender*, K.A./*Wolter*, S.C. (1998): Ökonomische und juristische Leitlinien einer ökologischen Steuerreform, Umweltrecht in der Praxis 12 (1998), S. 287–318.

MacKie-Mason, J./*Varian*, H. (1994): Some FAQS about Usage-Based-Pricing, mimeo, University of Michigan, September 1994.

McLure, Ch.E. (1999): Electronic Commerce and the State Retail Sales Tax: A Challenge to American Federalism, International Tax and Public Finance 6 (1999), S. 193–224.

– (2000): Implementing State Corporate Income Taxes in the Digital Age, National Tax Journal 53 (2000), S. 1287–1305.

Mikesell, J.L. (2000): Remote Vendors and American Sales and Use Taxation: The Balance between Fixing the Problem and Fixing the Tax, National Tax Journal 53 (2000), S. 1273–1285.

OECD (2001): Tax Treaty Characterisation Issues Arising from E-Commerce, Report to Working Party No. 1 of the OECD Committee on Fiscal Affairs, Paris Februar 2001.

Smith, M.D./*Brynjolfsson*, E. (2001): Consumer Decision-Making at an Internet Shopbot: Brand Still Matters, Journal of Industrial Economics 49 (2001), S. 541–558.

Soete, L./*Kamp*, K. (1996): The 'Bit Tax': The Case for Further Research, Science and Public Policy 23 (1996), S. 353–360.

Stewen, M./*Bleul*, J. (1998): Grundlegende Probleme einer Besteuerung von Internet Transaktionen, Wirtschaftsdienst 78 (1998), S. 104–110.

Tipke, K./*Lang*, J. (1973): Steuerrecht, Otto Schmid, Köln, 15. Auflage 1996.

VanderWolk, J. (2000): Direct Taxation in the Internet Age: A Fundamentalist Approach, Bulletin, International Bureau of Fiscal Documentation, April 2000, S. 173–180.

Varian, H.R. (2000): Taxation of Electronic Commerce, Internet Policy Institute, April 2000; abgedruckt in: information Magazine Impacts iMP), April 2001. (http://www.cisp.org/imp/april_2001/04_01varian.html)

Watanabe, S. (2000): Electronic Commerce, International Taxation, and Tax Administration, Hitotsubashi Journal of Economics 41 (2000), S. 53–64.

Neuorientierung der Ordnungspolitik

Erfordern Globalisierung und New Economy eine neue wirtschaftspolitische Konzeption?

Von *Siegfried F. Franke,* Stuttgart

Abstract

This article analyses both the process of globalization and the development of the new economy. Furthermore, it explains their economic, political and social results. At first glance, the government's scope of action seems to become restricted. The resultant question discussed in this article is whether common values underlying the political understanding and performance of the socially responsible market economy are still applicable. It might be necessary to develop new concepts like the industrial policy, which is established in the European Treaties, or to stick to the proposals of the Group of Lisbon or of ATTAC (**A**ssociation for the **T**axation of Financial **T**ransaction for the **A**id of **C**itizens).

As it is shown in the analyses, even in the era of globalization and new economy, there will be no need for new political concepts if the members of the European Union and of the WTO open their political systems to an effective political and economical institutional competition. Institutional competition does not cut down national policy. On the contrary, it allows a more efficient provision of public goods. Finally, special attention is paid to the policy of "harmonization" of the law systems, an idea that is often preferred by governments, parties, and the bureaucracy. Alas, this policy of harmonization will benefit only the countries' governments and their lobbying groups while the societies have to pay the costs in the form of welfare losses.

A. Zur Fragestellung

I. Das Neue und seine Konsequenzen

Wenn etwas als „neu" deklariert wird, sind zwei miteinander verbundene Fragenkomplexe zu klären. Erstens nämlich: Ist das als „neu" Bezeichnete tatsächlich *neu,* und wenn ja, was genau daran ist *neu*? Und zweitens: Welche Folgerungen ergeben sich daraus für andere Bausteine oder Felder der ökonomischen Theorie?

Der Untertitel bezeichnet nicht nur die Fragestellung, sondern führt zugleich zu den zuvor bezeichneten Problemen. Zunächst ist – zur Vermeidung von Redundanzen – in aller Kürze eine Begriffsfassung von *Globalisierung* und *New Economy* vorzutragen. Dem müssen sich eine inhaltliche Fassung und die politische

Bedeutung des Begriffs der *wirtschaftspolitischen Konzeption* anschließen, um hernach klären zu können, ob Globalisierung und New Economy überhaupt noch einer ordnungspolitischen Einbindung bedürfen oder ob durch sie etwa die Begrifflichkeit der wirtschaftspolitischen Konzeption obsolet geworden ist.

Verneint man diese Schlußfolgerung, so bleibt zu prüfen, durch welche der bekannten wirtschaftspolitischen Konzeptionen die Phänomene der Globalisierung und der New Economy am besten eingefangen oder besser: geleitet werden. Ist vielleicht als Folge des *Neuen* auch eine *neue* wirtschaftspolitische Konzeption erforderlich?

II. Begriffliches zur Globalisierung und zur New Economy

1. Begriff und Entwicklung der Globalisierung

Die vielfältigen Phänomene, die seit geraumer Zeit mit dem Schlagwort der „Globalisierung" umrissen werden, sind im Grunde genommen Ausprägungen einer sich fortsetzenden Entwicklung, die mit der liberalen Idee des Freihandels vor rund 200 Jahren begonnen hat. Sie basiert auf der Vorstellung einer wohlstandsmehrenden Arbeitsteilung, wie sie sich etwa in der Theorie der komparativen Kosten von *David Ricardo* findet (*Starbatty*, 1985, 96 ff.). Nationalstaatliche Beschränkungen und kriegsbedingte Irrungen und Wirrungen des 19. und 20. Jahrhunderts haben indessen die Ausbreitung dieser Idee stark behindert. Erst als nach dem Ende des Zweiten Weltkriegs der politische Gedanke Raum gewann, durch stärkere wirtschaftliche Verklammerungen der einzelnen Staaten eine Wiederholung (moderner) Kriege, bei denen letztlich niemand gewinnen kann, zu verhindern, nahmen außenwirtschaftliche Beziehungen an Bedeutung zu.

Prägende Formen kristallisierten sich anfangs vor allem in Europa heraus, und zwar mit der Gründung der Europäischen Gemeinschaft für Kohle und Stahl (EGKS, sog. Montanunion; 1952)[1] sowie mit der Errichtung der Europäischen Wirtschaftsgemeinschaft (EWG) und der Europäischen Atomgemeinschaft (EAG, Euratom; 1958). Weil insbesondere Großbritannien deren politischen Einigungsvisionen ablehnte, entstand unter seiner maßgeblichen Führung 1960 die European Free Trade Association (EFTA). Der handelsab- und umlenkenden Wirkung der wesentlich stärkeren EWG konnte sich die EFTA jedoch nicht entziehen. Pikanterweise war es gerade Großbritannien, das schon ein Jahr nach dem Inkrafttreten der EFTA einen Aufnahmeantrag in die EWG stellte. Wegen des hinhaltenden Widerstands des französischen Präsidenten *de Gaulle* konnten Großbritannien sowie Irland und Dänemark erst 1973 aufgenommen werden (*Franke*, 1998, 45 f.).

---

1 Die hier und im folgenden genannten Jahreszahlen beziehen sich auf das Inkrafttreten der jeweiligen Organisation. Sofern die Gründung einer Organisation zwar beschlossen, aber noch nicht umgesetzt oder inkraft getreten ist, wird die Jahreszahl mit einem Stern versehen (*).

Bekanntlich erwiesen sich schon bald interne institutionelle Änderungen als zweckmäßig, so daß die drei einzelnen Gemeinschaften (EGKS, EWG und EAG) zunächst zur Europäischen Gemeinschaft (EG) verschmolzen und schließlich zur Europäischen Union (EU) mit ihrem Kernstück der Wirtschafts- und Währungsunion umgewandelt wurden. Vor allem aber attrahierte der wirtschaftliche Erfolg der EG immer mehr Interessenten, so daß aus den sechs Gründungsstaaten der EWG alsbald eine Gemeinschaft bzw. Union von neun, zwölf und schließlich (derzeit) fünfzehn wurde. Mit der inzwischen in Gang gesetzten Osterweiterung der EU stehen weitere Beitrittskandidaten fest, mit denen bereits weitgehende Assoziierungsabkommen bestehen. In einer Vision wird gar eine EU, die bis an den Ural reicht und 25 bis 30 Mitglieder umfassen könnte, nicht ausgeschlossen (*Franke*, 1997; 1998).

Durch die 1994 erfolgte Verzahnung zwischen EWG und (Rumpf-)EFTA zum Europäischen Wirtschaftsraum besteht im Grunde eine einheitliche westeuropäische Freihandelszone, die der Globalisierung sicher einen gehörigen Antrieb verschaffte.[2]

Europa kann freilich nicht den Anspruch erheben, allein dem Freihandelsgedanken Nachdruck verliehen zu haben. Wenn auch zum Teil mit deutlicher Verzögerung, so ist exemplarisch doch auf die North American Free Trade Association (NAFTA, 1994[3]), die die USA, Kanada und Mexiko verbindet, auf den Andenpakt (1969), auf den MERCOSUR (Mercado Común del Cono Sur, 1989), der Argentinien, Brasilien, Paraguay und Uruguay umfaßt, und auf die Asean Free Trade Association (AFTA, 1992*) hinzuweisen.[4] Daneben gibt es zahlreiche weitere Freihandels- oder Kooperationsabkommen, die allein schon aus Umfangsgründen hier gar nicht aufgezählt werden können. Viele davon funktionieren recht ordentlich, indessen sind auch etliche dabei, die im Stadium der Gründung steckengeblieben sind oder nur (noch) auf dem Papier existieren (vgl. im einzelnen dazu die umfangreiche Aufstellung bei *Altmann/Kulessa*, 1998).

Einen nicht zu unterschätzenden Beitrag zum aus Friedensgründen politisch gewollten Abbau von Zoll- und Handelsschranken hatte die Organization of Economic Cooperation and Development (OECD [1961], Vorläufer: OEEC [1948 gegründet, um die amerikanische Wirtschaftshilfe für Europa zu koordinieren]).[5]

---

2 Der Vollständigkeit halber sei darauf hingewiesen, daß es nach dem Zusammenbruch der kommunistischen Staaten des Ostblocks auch in Mittel- und Osteuropa zur Gründung einer Freihandelszone, der sog. CEFTA (Central European Free Trade Association) kam. Sie war ursprünglich darauf abgestellt, die Probleme zu bewältigen, die sich aus dem Zusammenbruch der RWG-Staaten ergaben, sollte dann aber die Interessen der beteiligten Länder (zunächst Polen, Ungarn, Tschechoslowakei [Tschechien, Slowakei] und später die Slowakei) in den Beitrittsverhandlungen mit der EU bündeln (*Franke*, 1998, 35 f., Fn 5). Allerdings ist seit geraumer Zeit unverkennbar, daß die Mitgliedsstaaten heftig darum kämpfen, als jeweils erster in die EU aufgenommen zu werden.

3 Die USA und Kanada hatte sich dabei schon 1989 zusammengeschlossen.

4 Mitglieder nach dem Stand von 1998: Brunei, Indonesien, Malaysia, Philippinen, Singapur, Thailand, Laos, Myanmar (Birma) und Vietnam.

Auf die Zeit kurz vor Ende des Zweiten Weltkriegs bzw. kurz danach geht zudem die Welthandelsorganisation (World Trade Organization, WTO) zurück. Weil jedoch die USA die in der Havanna-Charta von 1948 vorgesehene Gründung einer Internationalen Handelsorganisation blockierte, wuchs faktisch das schon 1947 gegründete Allgemeine Zoll- und Handelsabkommen (General Agreement on Tariffs and Trade, GATT) „in die Rolle eines multinationalen Ordnungsrahmens für den Handel hinein" (*Altmann/Kulessa*, 1998, 284).

In insgesamt acht Verhandlungsrunden wurden erhebliche Zollsenkungen sowie verschiedene Kodizes verabschiedet. Im Frühjahr 1994 vereinbarten die GATT-Mitglieder in der „Erklärung von Marrakesch" die Errichtung der WTO. Sie hat den Status einer Sonderorganisation der Vereinten Nationen (UN) und genießt daher eine eingeschränkte Völkerrechtssubjektivität (*Altmann/Kulessa*, 1998, 284).

Zusammenfassend ist zum einen festzuhalten, daß nach dem Zweiten Weltkrieg eine Vielzahl von über- und zwischenstaatlichen Organisationen entstanden sind, deren erklärtes Ziel es ist, über einen verstärkten grenzüberschreitenden Handeln den Wohlstand der beteiligten Staaten zu mehren und durch den Austausch von Gütern und Dienstleistungen sowie eine Zunahme persönlicher Freiheiten die Gefahr militärischer Auseinandersetzungen zu mildern oder gar vollständig zu bannen. Und in der Tat: Der Wohlstand hat in allen Industrieländern und in einigen Schwellenländern ein Niveau erreicht, daß sich unmittelbar nach dem Zweiten Weltkrieg sicher kaum jemand hatte vorstellen können.

Zum anderen ist jedoch auch zu unterstreichen, daß diese Entwicklung noch beeindruckender hätte sein können, wenn es in dem zuvor an einigen institutionellen Daten kurz festgemachten Prozeß der Globalisierung nicht immer wieder Stockungen und Rückschläge gegeben hätte, weil einzelne Regierungen aus (wahl-)politischen Gründen glaubten, Verschnaufpausen einlegen zu müssen. Nicht zu Unrecht ist schon früh und immer wieder auf das Aufkeimen eines Neuen Protektionismus hingewiesen worden (z. B. *Zohlnhöfer*, 1983), wobei *Berthold/Hilpert* (1997, 23 ff.) ihren Wortführern eine beträchtliche Kreativität sowie politisches und soziales Geschick testieren (auch *Franke*, 1999).

Wenn der Globalisierungsprozeß wieder an Fahrt gewinnt, so ist dies in erster Linie wohl nicht das Verdienst der Politiker und Verbandsführer, sondern Ergebnis eines zweiten Prozesses, der infolge des zunehmenden Einsatzes von modernen elektronischen Informations- und Kommunikationstechniken zu einem rasanten Absacken der mit dem Warenaustausch verknüpften Transaktionskosten geführt hat. Dieser Prozeß selbst wie auch seine mannigfachen Wirkungen haben ein zweites Schlagwort produziert, nämlich das der „New Economy".

---

[5] Natürlich ist in diesem Zusammenhang auch auf die friedensstiftende und friedenserhaltende Wirkung der 1945 gegründeten und den Gedanken des Völkerbundes wieder aufgreifende der United Nations (UN) hinzuweisen. Auch wenn sie keine primäre Wirtschaftsorganisation ist und wenn es zum Teil beträchtliche Spannungen unter ihren Mitgliedern gibt, so hat ihr Wirken und ihre schiere Existenz sicher förderlich für den Handelsaustausch gewirkt.

2. *Facetten und Wirkungen der New Economy*[6]

a) Technologisch induzierte Veränderungsprozesse

Das Stichwort der „New Economy" basiert auf der seit geraumer Zeit immer schnelleren und immer weitere geschäftliche wie private Bereiche umgreifenden Einführung und Nutzung moderner Informations- und Kommunikationstechnologie. Es ist in diesem Zusammenhang schon oft hervorgehoben worden, daß das „Neue" darin besteht, daß große Mengen von Daten oder Informationen ausgetauscht und verarbeitet werden können (*Siebert*, 2000, 6). Hinzu kommt, daß der technische Fortschritt in diesem Bereich so rapide vonstatten geht, daß die Geschwindigkeit und das Volumen von Datenaustausch und -verarbeitung exponentiell steigt, während der Preis drastisch sinkt (*Erber/Hagemann*, 2002, 24 f.; *Schulte*, 2001, 199).

Neben dem von *Siebert* (2000, 8) so genannten „Technological device" als Teilmenge der neuen IT-Produkte, also der Hardware und der Software als auch dem damit aufbaubarem Übertragungsnetzwerk, gewinnt die „Information" als weitere Teilmenge einen völlig neuen Stellenwert. Dabei geht es im Lichte des hier verfolgten Untersuchungsziels weniger um die von etlichen Autoren herausgearbeitete Feststellung, daß die Ebene zwischen öffentlichen Gütern und privaten Gütern verschwimmt (*Klodt*, 2001, 6), sondern darum, daß der in vielen, wenn nicht gar in allen Gütern vorhandene Anteil an „Informationen" erheblich umfangreicher wird. Diese Feststellung umgreift mehrere Aspekte: Einerseits fällt es infolge der modernen IT-Technik immer leichter, sich über die Qualität und die Bedingungen der Lieferung eines Gutes oder einer Dienstleistung zu informieren; mithin steigt die Markttransparenz. Andererseits aber – und das ist besonders wichtig – hat die neue Technik dazu geführt, daß der wertsteigernde Anteil an Informationen, die in den Gütern und Dienstleistungen enthalten sind, zunimmt und daß sich ihre Qualität laufend verbessert (*Kalmbach*, 2000, 213; *Schulte*, 2001, 199). Die beispielsweise in einem Automobil enthaltende Ingenieurleistung kann inzwischen rund um die Uhr und rund um den Globus von verschiedenen Teams ersonnen, diskutiert und zu Vorschlägen verdichtet werden, die in rascher Folge auch die laufende Produktion einer Serie zu verbessern in der Lage sind.

---

[6] Der Begriff der „New Economy" wird im folgenden als sprachliche Kurzformel für ein vielschichtiges Phänomen gebraucht. Der Verfasser teilt mit *Shapiro/Varian* (2000, 2; auch *Ehrke*, o.J., 4) die Auffassung, daß sich mit einer in der Tat umwälzenden neuen Technologie nicht zugleich die ökonomischen Gesetze ändern. Mit den neuen Prozessen entstehen jedoch auch völlig neue (Informations-)Güter und Austauschmöglichkeiten, so daß zu prüfen ist, ob nicht vielleicht das eine oder andere „Gesetz" oder die eine oder andere „Theorie" (z. B. die der vollkommenen Konkurrenz; vgl. *Kalmbach*, 2000, 215) (endgültig) obsolet werden und ob nicht neue Zusammenhänge theoretisch konzeptualisiert werden müssen. Und natürlich gibt es nur die „One Economy" (*Schleyer*, 2001, 15), in der Neues im Schumpeterschen Sinne stets das Alte zur Verbesserungen zwingt oder es gar verdrängt.

Der von den neuen Informations- und Kommunikationstechniken angestoßene Prozeß hat mithin mehrere miteinander verknüpfte Konsequenzen:

- Er erzeugt neue (Informations-)Güter,
- die zum einen als Inputs die Struktur des Kapitalstocks verändern, weil in zunehmendem Maße materialverformende Tätigkeiten zugunsten symbolanalytischer oder intellektueller Tätigkeiten zurückgehen. Diese neuen Tätigkeiten sind der Produktion im engeren Sinne vor- oder nachgelagert (Forschung und Entwicklung, Software-Produktion, Marketing, Distribution) (*Ehrke*, o.J., 10).
- Zum anderen führen Informationsgüter als Inputs wie auch als Outputs möglicherweise zu einem Rückgang traditioneller materieller Güter oder herkömmlicher Dienstleistungen (*Ehrke*, o.J., 10)[7].
- Schließlich führt die über die modernen Kommunikationswege leicht zu bewerkstelligende Austauschbarkeit und Steuerbarkeit von Produkten und Produktionsprozessen zu einem grenzüberschreitenden Regionalwettbewerb, der bislang außerhalb jeder Möglichkeit lag. So können (nahezu) identische Produktionsstätten in Südamerika und Osteuropa errichtet werden, die „quasi per Fernsteuerung von westlichen oder japanischen Unternehmen betrieben werden" (*Rosecrance*, 2001, 14). Und *Blume* (2001, 115 f.) hebt hervor, daß auch kleinere und mittlere Unternehmen mit einem regionalen Absatzmarkt betroffen sind, wenn sie in die Lieferantenkette eines global agierenden Unternehmens eingebunden sind.[8]

b) Mikroökonomische Wirkungen der New Economy

Der technologisch initiierte Prozeß der Veränderung von Produktionsabläufen und Konsumgewohnheiten führt auf mikroökonomischer Ebene zu Konsequenzen in der Marktstruktur und im Wettbewerb. Indiz dafür sind die rapide sinkenden Transaktionskosten: Transparenz und geringer werdende Suchkosten erhöhen die Wettbewerbsintensität. Das ergibt sich sowohl aus der Tatsache, daß sich – wie zuvor ausgeführt – der Anteil von intellektuellen Tätigkeiten, die mit einem Produkt verbunden sind, erhöht hat und daß diese Tätigkeit leicht von wechselnden Anbietern über das Netz bezogen werden können. Weil mithin immer weniger an materiellen Gütern real bewegt werden müssen, sinken auch die Transport- und Ver-

---

[7] So ersetzt das permanente, weltweit problemlos mögliche Zusammenarbeiten an einer neuen Konstruktion manche Sitzung und erspart die Inanspruchnahme von Flügen, Hotelübernachtungen, Restaurantbesuchen. Im Konsumbereich vermag die Abspiel- und Speichermöglichkeit von Musikstücken oder Filmen über den Personal Computer den Kauf von realen CDs und den Gang ins Kino zu verdrängen.

[8] „Ein mittelständischer Automobilzulieferer der Region Nordhessen steht so möglicherweise in direkter Konkurrenz zu einem spanischen oder gar mexikanischem Zulieferbetrieb der gleichen Branche" (*Blume*, 2001, 115 f.).

sicherungskosten (*Welfens*, 1999, 7). Schließlich spielen die Zölle nach den verschiedenen GATT- und WTO-Abkommen eine immer geringere Rolle. Hinzu kommt ein weiterer Druck auf die Anbieter, weil bisherige Produkte weniger begehrt werden und folglich durch attraktive Alternativen ersetzt werden müssen, um sich weiter behaupten zu können.

Unklar ist, ob die technologisch bedingten Neuerungen bestimmte unerwünschte Marktformen (z. B. die der monopolistischen Konkurrenz) zurückdrängen und uns dem Ideal der vollkommenen Konkurrenz näherbringen (so z. B. *Schwarz*, 2001, 68) oder ob sie vielleicht neue Marktformen erzeugen, die noch der gründlichen Konzeptualisierung bedürfen (vertieft dazu der aufschlußreiche Beitrag von *Klodt*, 2002), weil „der Weg in die neue Ökonomie keineswegs automatisch zu mehr Wettbewerb führt" (*Klodt*, 2002).

Die Vorstellung freilich, daß die New Economy im Sinne der vollkommenen Konkurrenz die Preise noch schneller in Richtung minimale Durchschnittskosten drückt, scheint indessen verfehlt, weil dabei ja homogene Güter unterstellt werden. Bei näherem Zusehen wird indessen erkennbar, in welch ungeheurer Vielfalt sich das über das Internet vermittelbare Gut „Information" präsentiert. *Kalmbach* (2000, 215) formuliert dazu treffend: „In einer Welt, in der Konkurrenz sich im Wesentlichen darin äußert, Vorzugspositionen gegenüber Konkurrenten zu gewinnen – sei es durch Produktdifferenzierung oder Innovation – ist der ‚Mengenanpasser' des Modells der vollkommenen Konkurrenz eine hoffnungslos antiquierte, geradezu tragische Figur."

Wie freilich schon *Adam Smith* wußte, ist der permanente Zwang zur Konkurrenz, also permanent neue Produkte zu kreieren und vorhandene attraktiv zu differenzieren, den Unternehmen lästig. Die Versuchung, unerlaubte Kooperationen und Kartelle zu bilden, ist mithin auch im Internet-Zeitalter ungebrochen vorhanden, wenn man den Zeitdruck bedenkt, mit dem – wie es scheint – unaufhörlich neue Kreationen ersonnen werden müssen. Allerdings weist *Starbatty* (2001, 67) darauf hin, daß solche Absprachen jetzt auch leichter zu entdecken sind. Dies bedingt freilich – da Absprachen im Internet kaum unverhüllt präsentiert werden – die ordnungspolitische Aufgabe, Verschlüsselungen in begründeten Fällen aufzudecken, ohne dem berechtigten Anliegen des Datenschutzes zu schaden.

Berg/Schmitt (2002) präsentieren allein am Beispiel des Luftverkehrs, welche vielfältigen Formen elektronischer Marktplätze möglich sind. Die beiden Verfasser kommen nach gründlicher Abwägung zum Urteil, daß die Nutzung der neuen Medien sowohl wettbewerbsfördernde als auch wettbewerbsbeschränkende Wirkungen haben können. Allerdings seien die herkömmlichen Instrumente der Wettbewerbspolitik ausreichend, um unerwünschten Wettbewerbsbeschränkungen zu begegnen; eine völlig neue Wettbewerbspolitik sei nicht erforderlich. Im Kern reiche, so *Beeker* (2001, 42), eine Mißbrauchsaufsicht aus, die darauf zu achten hat, daß die Schnittstellen offen gehalten werden, daß also eintrittswillige Teilnehmer nicht von B2B-Plattformen ferngehalten werden.

Dem Schluß der beiden Verfasser mag man im allgemeinen durchaus zustimmen. Dennoch wäre es interessant, der Vermutung nachzugehen, ob nicht doch – selbst bei Nutzung der neuen Medien – wegen der ungeheuren Vielgestaltigkeit des Gutes „Information" und der damit einhergehenden sinkenden Markttransparenz eine Art Schlafmützenkonkurrenz entstehen kann, wie sie etwa *Kantzenbach* (1967) bei heterogenen Gütern und vielen Marktteilnehmern auf der Angebots- und Nachfrageseite konstatiert hat. *Siebert* (2000, 8 f.) sieht jedenfalls die reale Gefahr, daß potentielle Interessenten in einem Meer von Informationsgütern buchstäblich ersaufen. Nicht auszuschließen ist im übrigen, daß es – jedenfalls teilweise – zur Herausbildung von Marktformen des Naturaltausches kommt, weil sich Anbieter von und Nachfrager nach bestimmten Gütern und Dienstleistungen über eine Internetvermittlung rasch verständigen könnten (vgl. dazu *Kotz*, 2001, 690).

Die IT-bedingten Wandlungen von Produktionsprozessen, Güterstrukturen und Absatzwegen stellen die Unternehmen jedoch auch auf den Faktormärkten, also auf dem Arbeitsmarkt und dem Kapitalmarkt, vor neue Probleme.

Die Umsetzung der neuen Techniken im Unternehmensbereich erfordern besondere analytische Fähigkeiten. Zu hohen Anforderungen an das Abstraktionsvermögen treten Einsatzbereitschaft und der Wille zur permanenten Fortbildung; Faktoren also, die prägend für den Begriff der „information society" (*Holman/Overbeck*, 2000, IX) oder der „Wissensgesellschaft" sind (z. B. CDU 2001, 86). Hier stoßen die Unternehmen freilich nicht selten auf politisch bedingte Hürden, was die Arbeitsmarktstrukturen und das Schulsystem betrifft,[9] so daß um die zu geringe Zahl an ausgewiesenen Fachkräften eine harte Konkurrenz entbrennt.[10] *Klodt* (2001, 4) folgert in diesem Zusammenhang, daß die „Information" als solche billig und im Überfluß vorhanden sei, zunehmender knapper werde freilich das entsprechende Humankapitel: „It can be expected that the crucial scarce factor will be human capital, i.e., the ability to convert information into knowledge ..." Interessant ist die Feststellung von *Dluhosch* (2002), daß die technologischen Verände-

---

9 In diesem Zusammenhang ist zum einen darauf hinzuweisen, daß hohe Humankapitalinvestitionen nur zu erwarten sind, wenn die Unternehmen vor der opportunistischen Aneignung von Quasi-Renten durch die Arbeitnehmer hinreichend geschützt sind (*Schmitz*, 2000). Starre Arbeitszeitregelungen oder gar das Verbot, eine bestimmte Wochenstundenzahl zu überschreiten, sind weitere Hemmnisse in der Nutzung der technologisch gegebenen Möglichkeiten (*Siebert*, 2000, 23 f.). Schließlich sei auch darauf hingewiesen, daß die politisch zu beobachtende Tendenz, den Lernerfolg ausschließlich auf die Qualität der Lehrenden zurückführen zu wollen, dabei aber den Appell an die eigene Einsatzbereitschaft von Schülern, Studierenden oder Lehrgangsteilnehmern unterdrückt, sicher nicht den Anforderungen der sich abzeichnenden postindustriellen wissensbasierten Dienstleistungsgesellschaft (*Ehrke*, o.J., 9) entspricht.

10 Diese harte Konkurrenz hat zumindest in der Bundesrepublik Deutschland die Begehrlichkeit der Unternehmen nach ausländischen Fachkräften geweckt („Green card"). Möglicherweise haben auch unternehmerische Fehleinschätzungen hinsichtlich des Bedarfs an solchen Kräften und mangelnde eigene Ausbildungsbereitschaft diesen Zustand mit herbeiführen geholfen.

rungen die Unternehmen vieler Branchen dazu gebracht haben, den Einsatz an qualifizierten Kräften noch zu erhöhen.

Hinsichtlich des Kapitalmarktes sei hier zunächst auf die offenkundige „Entkoppelung von Marktwert und der beobachtbaren Leistungsfähigkeit der Unternehmen“ hingewiesen (*Ehrke*, o.J., 7), die *Starbatty* (2001, 67) mit einem Herdenverhalten erklärt, daß den einzelnen Aktionär zwingt, sich den Market-Makers sofort anzuhängen. Möglich wird dies, weil das Internet die Resultate aus dem Markverhalten vieler, d. h. die jeweiligen Marktkurse, in Sekundenschnelle übermittelt; ebenso kann man stehenden Fußes ein- und wieder aussteigen. Losgelöst von der Leistungsfähigkeit des Unternehmens lassen sich also – rechtzeitige Reaktion vorausgesetzt – zu Lasten vieler von einzelnen Gewinne realisieren, die die Opportunitätskosten des Nicht-mit-Spielens übermächtig werden lassen (*Kotz*, 2001, 686).[11]

Hinzu tritt die Feststellung, daß der aus der Vergangenheit herrührende hohe Fremdkapitalanteil der deutschen Wirtschaft zu einem Problem auch für jene mittelständischen Unternehmen wird, die regional verortet und von Globalisierung und New Economy auf den ersten Blick kaum betroffen sind. Der zweite Blick enthüllt nämlich, daß diese Unternehmen nun einem verschärften Wettbewerb auf dem Feld der Unternehmensfinanzierung ausgesetzt sind, weil die Banken unter dem wachsenden Druck der Kapitalmärkte ihre Kreditvergabepolitik verschärfen und sich stärker als bisher an kurzfristig ausgerichteten Renditekennziffern orientieren (*Lichtblau / Utzig*, 2002, 55 f.).

Auf einen weiteren mikroökonomischen Aspekt, der indessen erhebliche Bedeutung für die makroökonomische Steuerungsebene haben kann, sei ebenfalls noch kurz eingegangen. Dabei geht es um die Frage, ob die Geldmenge, die *Milton Friedman* noch strikt exogen determiniert wissen wollte, nicht durch die neuen elektronischen Möglichkeiten zunehmend endogenisiert und privatisiert wird. Wie oben schon angedeutet, können reale Tauschakte entstehen oder Individuen können in Tauschakte eintreten und „deren Abwicklung mit schuldbefreiender Wirkung durch einen Vermögenstransfer in Real Time von einem elektronischen Konto auf ein anderes bewerkstelligen“ (*Kotz*, 2001, 690). Geht die Nachfrage nach Basisgeld deutlich zurück, so hat dies Folgen für die Geldmengenaggregate und die Geldmengensteuerung (*Kotz*, 2001, 690 f.).[12]

---

11 Zum Zusammenhang von New Economy und Kapitalmarkt vgl. die vertiefte Darstellung im Referat von *Berthold / Fehn* (2002) auf dieser Tagung.

12 Zur näheren Erläuterung dieser Folgerung hier eine längere Passage aus *Kotz* (2001, 690): „Die anhaltenden technologischen Fortschritte – vielseitig verwendbare vorausbezahlte Karten – stellen unmittelbare Substitute für Bargeld dar. Digitales Geld, das auf einer Festplatte gespeichert werden kann, vermag durchaus auch Inside Money, also Bankeinlagen, zu verdrängen. Aufgrund der technisch einfach darstellbaren Zinszahlung auf Netzgeld ist es durchaus vorstellbar, daß selbst verzinsliche Komponenten der Geldmenge einem Substitutionsdruck ausgesetzt werden.“

c) New Economy auf der Ebene der Makroökonomie

Es liegt auf der Hand, daß der durch die rapide Entwicklung im IT-Bereich angestoßene Prozeß der Veränderungen der Produktionsverfahren und die damit zugleich in Gang gesetzten Einwirkungen auf die Struktur des Güter- und Dienstleistungsangebots und auf die Determinanten von Angebot und Nachfrage an den Faktormärkten sich alsbald auch auf makroökonomischer Ebene widerspiegeln müssen.

Makroökonomisch wird mit dem Begriff der New Economy ein über lange Zeit anhaltendes, außergewöhnlich hohes Wirtschaftswachstum bei abnehmender Arbeitslosigkeit und gleichzeitiger Preisniveaustabilität bezeichnet, das für die USA im Zeitraum von 1990 bis 2000 kennzeichnend war (z. B. *Erber/Hagemann*, 2002, 23). Unbestreitbar jedenfalls ist, daß die Zeit von 1990 bis 2000 „zu den besten in der Wirtschaftsgeschichte der Vereinigten Staaten (zählen)" (*Heilemann*, 2002).[13]

Das durchschnittliche Wachstum betrug im Zeitraum von 1986 bis 2001 in den USA 3,12 v.H. Es übertraf damit das durchschnittliche Wachstum in Deutschland im selben Zeitraum (2,06 v.H.) um rund 50 Prozent. Geradezu kläglich ist das Beschäftigungswachstum in Deutschland mit durchschnittlich nur 0,12 v.H., während es die USA auf 1,43 v.H. brachten.[14] Mittelt man die Zeit von 1973 bis 1987 und stellt sie dem Mittel des Zeitraums von 1987 bis 1988 gegenüber (vgl. zum folgenden *Funk*, 2000b, 271, 273), so sinkt die Arbeitslosenrate in den USA von 7,2 v.H. auf 5,8 v.H., während sie in Europa von 6,3 v.H. auf 9,5 v.H. steigt. Bis zum 11. September 2001 sank die Arbeitslosenrate in den USA sogar auf unter 4 v.H., ohne daß dies nachteilige Wirkungen auf die Inflationsrate nach sich zog. Die Inflationsrate fiel in den USA von 6,9 v.H. auf 3,4 v.H., und in Europa reduzierte sie sich gar von 9,7 v.H. auf 3,3 v.H.[15] Erstaunlicherweise gingen diese positiven Wirtschaftszahlen in den USA einher mit einer vergleichsweise geringen Arbeitsproduktivität: Sie betrug in beiden Zeiträumen in den USA nur durchschnittlich 1,1 v.H., während es die Europäer auf 2,9 v.H. bzw. 2,0 v.H. brachten.

Bekanntlich brachte gerade die ungewöhnlich geringe Arbeitsproduktivität *Solow* zu der vielzitierten Äußerung, daß sich die Computer überall zeigten, nur nicht in den Produktivitätsstatistiken (vgl. z. B. *Kalmbach*, 2000, 212). Möglicherweise ist dies jedoch ein statistisches Problem; denn inzwischen hat die Arbeitsproduktivität nahezu sprunghafte Aufwärtsentwicklungen vollzogen (die beiden ersten Quartale des Jahres 2000 wiesen Steigerungsraten von 6,5 v.H. bzw. 5,7 v.H. auf) (*Ehrke*, o.J., 3). Wahrscheinlicher aber ist der aus der Wirtschaftsgeschichte

---

[13] Zum Zusammenhang von New Economy und Makroökonomie vgl. die differenzierte Analyse von *Heilemann* (2002).

[14] Vgl. Tabelle 1 bei *Berthold/Fehn* (2002).

[15] Hier sind sicherlich die Anstrengungen jener Mitgliedstaaten der Europäischen Union zu würdigen, die Mitglied der Europäischen Wirtschafts- und Währungsunion werden wollten und deshalb darauf achteten, die Konvergenzkriterien einzuhalten.

bekannte Zusammenhang, daß technologisch induzierte „weitreichende Umbrüche vorübergehend mit Produktivitäts*verlusten* verbunden (sind): Qualifikationen, Organisationsformen und Verhaltensweisen ändern sich nur langsam, die ganze Gesellschaft muss zu hohen Kosten und unter Friktionen lernen, mit den neuen technologischen Optionen umzugehen“ (*Ehrke*, o.J., 6; vgl. auch *Erber u. a.*, 2001, 211 ff.). Die Amerikaner haben diesen Lernprozeß wohl inzwischen vollzogen und stehen deshalb – wie manche meinen – am Beginn einer langen konjunkturellen Aufwärtsentwicklung im Sinne Kondratieffs (*Ehrke*, o.J., 6; *Klodt*, 2001, 4 f.; *Stierle*, 2000b, 554), während die Europäer nach wie vor in zahlreichen (Selbst-) Fesselungen verfangen sind.[16]

Stierle (2000a, 9 ff., 23) testiert aufgrund der ökonomischen Daten den USA die Existenz einer New Economy, während er in Europa lediglich entsprechende Potentiale für einen inflationsfreien, lang anhaltenden Anstieg von Wachstum und Beschäftigung erkennt. Um diese Potentiale jedoch entfalten zu können, sei eine weitgehende Deregulierung und Liberalisierung erforderlich. Konsequent genutzt, könne dies gar dazu führen, daß Europa die USA als Wachstumslokomotive ablöse (*Stierle*, 2000b, 557); die zuvor angedeuteten (Selbst-)Fesselungen dürften jedoch noch auf lange Sicht verhindern, daß die europäische Lokomotive unter Dampf gesetzt wird und Fahrt aufnimmt.

Die makroökonomischen Daten der USA muten fast paradiesisch an, weil die bisherige Auffassung der Vertreter der sog. NAIRU[17] der Meinung waren, daß die Arbeitslosenquote (bezogen auf die USA) einen Wert von 6 v.H. nicht unterschreiten könne, ohne daß die Inflationsrate anziehe. Um nun ein gefährliches Aufflackern von inflationären Tendenzen zu vermeiden, müsse die Geldpolitik die Zügel wieder anziehen, soweit dieser Wert unterschritten werde. Hinsichtlich eines inflationsfreien Wirtschaftswachstums ist daraus ein Wert von 2,3 v.H. abzuleiten.[18] Die Realität der USA zeigt freilich, daß reale Wirtschaftswachstumsraten von 3 bis 3,5 v.H. erzielt werden können und konnten und daß die damit einhergehende Arbeitslosenquote mit inzwischen um die 4 v.H. die genannten Grenze von 6 v.H. deutlich unterschritten hat, ohne daß es zu nennenswerten Preisniveausteigerungen gekommen wäre.

---

16 *Siebert* (2000, 14) konstatiert in diesem Zusammenhang eine „clumsiness of the decision-making in the continental consensus economies, especially in Germany where in the interface between the firms and the public interest quite a few procedural steps have to be observed in decision-making taking some time until participatory boards finally reach a decision“. Mit dem britischen Economist kann man dies gar noch zuspitzen. Danach verfahre die deutsche Politik hinsichtlich der Unternehmen auf den freien Märkten nach dem Motto: „If it moves, regulate it“ (wiedergegeben nach *Kruse/Haucap* [2002, 92]). Jedenfalls scheint – für Deutschland nicht ganz untypisch – eher juristisches denn ökonomisches Denken das Handeln der Regulierungsbehörde zu bestimmen (*Kruse/Haucap*, 2002, 98).

17 NAIRU: „Neusprech“ für „Non-Accelerating Inflation Rate of Unemployment“ (s. z. B. *Ehrke*, o.J., 1; *Kalmbach*, 2000, 211).

18 So der Council of Economic Advisers unter Vorsitz von *Joseph E. Stigler* (hier sinngemäß wiedergegeben nach *Ehrke*, o.J., 1).

Die Vertreter der New Economy führen diese – klammert man das Ziel eines außenwirtschaftlichen Gleichgewichts einmal aus – Verwirklichung des „magischen Dreiecks“ auf die Vernunft der amerikanischen Notenbank zurück. Sie habe dem Ansinnen konservativer Ökonomen widerstanden und durch eine entsprechende Geldpolitik die weitgehende Ausschöpfung der durch die technologische Entwicklung aufgespannten Wachstumspotentiale ermöglicht. Bleibt die Notenbank bei dieser Linie, so sehen – nachdem notwendige Anpassungsverluste überwunden worden sind – einige Vertreter der New Economy (wie oben schon ausgeführt) durch die IT-Revolution gar einen aufsteigenden Ast eines langandauernden Kondratieff-Zyklus aufscheinen.

An der euphorischen Ausrufung einer New Economy auf makroökonomischer Ebene sind etliche Fragezeichen anzubringen; lassen sich doch die Daten der US-amerikanischen Wirtschaft auch nach herkömmlichen Mustern erklären. Möglicherweise ist die Wirtschaft eine Weile lang auch schlicht auf (zu) hohen Touren gelaufen (vgl. z. B. *Funk*, 2000b, 272, 274). Und in der Tat: Die Auflistung mancher Merkmale der New Economy müßte eigentlich zur Schlußfolgerung führen, daß die Bundesrepublik Deutschland in der Zeit von 1950 bis 1965, vielleicht gar bis Anfang der 70er Jahre eine solche Phase bereits durchlaufen hat.[19]

Entscheidende Impulse für das amerikanische Wirtschaftswachstum gingen von der Nachfrage aus. Unbestreitbar ist, daß – wie oben schon ausgeführt – die Notenbank diese Entwicklung nicht durch eine restriktive Geldpolitik abgewürgt hat. Wie *Heilemann* (2002) hervorhebt, ist dies maßgeblich der Person *Alan Greenspans* zu verdanken. Zu fragen ist indes, was die Nachfrage so stimuliert hat. In diesem Zusammenhang ist herauszuarbeiten, daß der vermögensabhängige Konsum eine ganz wesentliche Rolle dabei gespielt hat. Die vom realen Leistungsvermögen der Unternehmen losgelöste Bewertung am Aktienmarkt hat zu einer enormen vermögensinduzierten Erhöhung der Konsumnachfrage geführt, die mit zu den hohen Wachstumsraten beigetragen haben. Folgt man den Überlegungen von *Milton Friedman* zur permanenten Einkommenshypothese, so müssen die Haushalte der Illusion erlegen sein, daß die hohe Unternehmensbewertung dauerhaft ist. Nur auf diese Weise ist zu erklären, daß ihre vermuteten Erträge abdiskontiert wurden und so das permanente Einkommen erhöhten, das für die Nachfrage letztlich entscheidend ist. *Ehrke* (o.J., 4) hebt hervor, daß die verbesserte Vermögensposition der Haushalte nicht nur den Konsum stimulierten, sondern eine Verringerung

---

[19] *Stierle* (2000b, 9) nennt folgende zentrale Indikatoren, die auf makroökonomischer Ebene eine New Economy beschreiben: „(1) High growth rate (2) together with falling or lower unemployment, (3) which leads to wage increases, (4) but which due to improved productivity (5) do not lead to increased unit labour costs and producer prices and which (6) therefore provide lower inflation rates.“ Dies sind jedoch Indikatoren, die für die bundesrepublikanische Nachkriegszeit zumindest bis Mitte der 60er Jahre des letzten Jahrhunderts zutrafen; eine Zeit also, in der Hollerith-Maschinen – bei höllischem Lärm – zwar Buchungen vereinfachen konnten, aber an die modernen IT-Technologien war nicht mal im Traum zu denken.

der Ersparnisbildung auslösten, die unter Berücksichtigung der privaten Verschuldung teilweise sogar negativ wurde. Konsequenterweise birgt das Zusammenbrechen der Spekulationsblase Wachstumsrisiken in sich, die *Funk* (2000b, 274) nicht nur für die USA, sondern für die gesamte OECD sieht, und *Heilemann* (2002) betrachtet die viel zu geringe Sparquote in den USA als ein unliebsames Erbe aus der Clinton-Zeit.

d) Die soziale Frage: Wohlstandsgewinn und Modernisierungsverlierer

Ob man nun längere Zeit andauernde hohe Raten des Wirtschaftswachstums, die mit einem inflationsfreien Abbau der Arbeitslosigkeit verknüpft sind, mit dem Prädikat einer „New Economy" belegen will oder nicht, ist letztlich eine Frage des Sprachstils, die unbeachtet bleiben kann. Fakt ist jedoch, daß die IT-Entwicklung auf mikro- und makroökonomischer Ebene zu Konsequenzen führt, die auf das Gemeinwesen insgesamt und auf die soziale Befindlichkeit des einzelnen zurückwirken.

Arbeitsabläufe, Produkte und Vertriebswege[20] ändern sich, und mit ihnen steigt die Anforderung an die Qualifikation der Arbeitnehmer, aber auch an die Konsumenten oder Nutzer. Wie bei jeder neuen Technologie wird es insgesamt einen Wohlstandsgewinn geben. Die Gefahr besteht, daß an diesem Gewinn aber nur wenige partizipieren, während es zu einer relativ hohen Zahl an Modernisierungsverlierern kommen kann (*Ehrke*, o.J., 7). Die bisherigen Ausführungen haben die entsprechenden Aspekte, die zu einer solchen Entwicklung führen können, bereits angedeutet. *Starbatty* (2001, 18) hat dies bildhaft in die Metapher von den „großen Buchstaben" und den „kleinen Buchstaben" der Globalisierung gekleidet:

> „Die ‚großen Buchstaben' der Globalisierung lauten also: Internationalisierung der Arbeitsteilung, Spezialisierung, Kostenersparnisse, allgemeine Wohlfahrtssteigerung". Wenn aber das daraus resultierende Neue und Wohlfahrtssteigernde „nicht aus der Mitte der eigenen Volkswirtschaft kommt, sondern aus Südostasien, USA oder Japan, dann geraten die wohlfahrtsschaffenden Aspekte aus dem Blick. Zurück und im Gedächtnis bleiben das niederkonkurrierte Produkt, die damit verbundene Betriebsschließung und die arbeitslos gewordenen Nachbarn oder Vereinskameraden. Man muss verstehen, dass sich Menschen solchen Prozessen schutzlos ausgesetzt fühlen. Das sind die ‚kleinen Buchstaben' der Globalisierung, die von Ökonomen leicht überlesen werden. Es sind aber diese Vorgänge, die die Bürger selbst nicht übersehen können und die ihnen deswegen Angst machen."

Diese Angst verstärkt sich in dem Maße, in dem den Bürgern klar wird, daß vom Staat, genauer der jeweiligen nationalen Regierung, immer weniger an Hilfe

---

20 Die sich abzeichnenden Änderungen im Handel- und Dienstleistungsbereich führen nach *Arnold* (2000, 15) hinsichtlich der Kommunalpolitik, des Einzelhandels und anderer Interessensgruppen zu der pointierten Feststellung: „Kein Stein wird mehr auf dem anderen bleiben ...".

zu erwarten ist, weil „sich eine international organisierte Wirtschaft dem nationalen Zugriff weitgehend entziehen“ kann (*Biedenkopf*, hier wiedergegeben nach *Starbatty*, 2001, 19). Mit der Einführung des Euro ist zudem die Geldpolitik auf Europaebene gehoben worden. Abgesehen von der für die meisten zunächst abstrakten Frage, ob vermehrt geschaffenes digitales Geld die Geldpolitik langfristig ins Leere laufen lassen könnte, sieht ein großer Teil der Bevölkerung (zumindest in Deutschland) der weiteren Entwicklung der Geldwertstabilität eher skeptisch entgegen.

Ängste um die Sicherheit des Arbeitsplatzes und um den Schutz bei Krankheit und im Alter sowie der permanente Druck, sich weiterzubilden, ohne zu wissen, ob das erlernte Softwareprogramm nicht bereits überholt ist, wenn der Lehrgang endet, verknüpfen sich mit der Gefahr sozialer Ausgrenzung, weil ein beträchtlicher Teil der Bevölkerung weder als Arbeitnehmer noch als Kunde die neuen Möglichkeiten aus vielerlei Gründen nicht wahrnehmen kann oder will. *Erber/Hagemann* (2002, 29 f.) weisen auf den zunehmenden Mismatch hin, weil „die nachfrageseitigen Absorptionsmöglichkeiten der Informations- und Kommunikationstechnologien aufgrund der Nutzer- und Mitarbeiterkompetenzen begrenzt“ ist (vgl. auch *Bosch*, 1997, 157). Hinzu kommt nicht zuletzt, daß die Geschwindigkeit der Veränderung zu einem Verlust kultureller Traditionen führt, die die Individuen indessen gerade angesichts globaler Abläufe dringender denn je brauchen (vgl. dazu *Lübbe*, 2001).

III. Globalisierungsbedingte Problemfelder

Die vorangegangenen Ausführungen belegen deutlich, daß Globalisierung und New Economy die Regierungen vor gewaltige Aufgaben stellen. Sicher kann man der Auffassung sein, daß die beiden miteinander verwobenen Entwicklungen gar keine *neuen* Probleme schaffen, sondern vielmehr die aus Mangel an Führungs- und Überzeugungskraft wahltaktisch bedingten Fehler der nationalen Regierungen schonungslos offenlegen. Pathologisches Lernen und lange Leidenszeiten bleiben damit den betroffenen Bürgern womöglich künftig erspart (*Starbatty*, 2001, 20; *Donges et al.*, 1998, 28 f., 48 ff.).

So richtig diese Feststellung ist, die Regierungen stehen einem Berg an notwendigen Neuordnungen gegenüber, die die Problemfelder Arbeitsmarkt, Eigentumsordnung und Wettbewerb, Fiskal- und Geldpolitik, Steuern und Abgaben, Soziales sowie Bildung (einschließlich Fort- und Weiterbildung), um nur die wichtigsten zu nennen, umgreifen. Erschwert wird dies zum einen dadurch, daß erfahrungsgemäß bei jedem einzelnen Reformschritt – und sei er noch so klein – unverzüglich eine Vielzahl von Interessengruppen auf den Plan tritt. Zum anderen kommt hinzu, daß sich wegen der globalisierungsbedingten Zunahme von Inhalten und Geschwindigkeit der Veränderungsprozesse während der Arbeiten an den Reformen im Detail die Lage permanent ändert.

Vor diesem Hintergrund läßt sich die von vielen gestellte Frage, ob denn eine national orientierte Politik in den Bereichen von Konjunktur und Wachstum sowie von Verteilung und Sozialem im Zeitalter von Globalisierung und New Economy überhaupt noch möglich sei, nicht mit einem glatten „Nein" beantworten; aber es wird sehr viel schwieriger, wenn nicht gar unmöglich, deren Kosten in den Exportgüterpreisen weiterzugeben (*Franke*, 1996, 129). Sozialpolitisch bedingte Lohnmehrkosten lassen sich künftig auch bei Produkten, die im Inland abgesetzt werden, nicht mehr im Preis auf die Kunden abwälzen, wenn sich die entsprechenden Produkte ausländischer Konkurrenz stellen müssen. Verteilungs- und Sozialpolitik läßt sich also im wesentlichen nur insoweit betreiben, als dafür die Bereitschaft bei der inländischen Bevölkerung bzw. bei bestimmten Bevölkerungsgruppen besteht, damit verbundene Lasten auch selbst zu tragen. Hinzu kommt, daß innovative Produkte verteilungs- und sozialpolitischen Spielraum ermöglichen, wenn sie trotz entsprechender Lohnmehrkosten international konkurrenzfähig angeboten werden können.

So gesehen verzahnen sich Wettbewerbs-, Konjunktur- und Wachstumspolitik sowie Verteilungs- und Sozialpolitik einerseits zunehmend mit einer gründlich reformierten Bildung andererseits (*Franke*, 2002; auch *Rachel*, 2001). Sicher sind die Handlungsspielräume für eine nationale Politik enger geworden,[21] allerdings werden schon jetzt die nationalen Möglichkeiten nicht konsequent genug genutzt (*Repnik*, 2001, insbes. 247 ff.). Und es würden sich durchaus neue Optionen ergeben, wenn man dem Gedanken des Systemwettbewerbs mehr Raum ließe und seine positiven Wirkungen förderte.[22] Zu diesen Wirkungen sind u. a. die rasche Diffusion neuen technologischen Wissens wie auch die generelle Fehlerfreundlichkeit dezentraler Systeme zu rechnen (*Hansjürgens*, 2001, 73 f.). Etwaige Nachteile des Systemwettbewerbs lassen sich verhindern oder doch minimieren. Daß dies möglich ist, zeigt *Hansjürgens* (2001, insbes. 77 ff.) am Beispiel des Steuerwettbewerbs auf, während *Berthold/Neumann* (2001, 279 ff.) darlegen, daß selbst der Systemwettbewerb eine regional organisierte Umverteilung zugunsten der sozial Schwachen ermöglicht. Hier ergeben sich neue Spielräume für regionale bzw. nationale Handlungen, weil das bisher konkurrenzlos angebotene öffentliche Gut „Umverteilung" sich erst im Systemwettbewerb Fragen nach seiner Effizienz

---

21 So liegt es z. B. in der Konsequenz einer gemeinsamen europäischen Währung, daß die EU-Kommission – zum Ärger der Finanzminister – konkrete Vorstöße unternimmt, um die Wirtschaftspolitik in Brüssel zu zentralisieren (*Berschens*, 2002).

22 Der Begriff des Systemwettbewerbs ist äußerst facettenreich und wird zugleich mit weiteren Begriffen belegt wie „Regulierungswettbewerb", „Standortwettbewerb", „politischer Wettbewerb" oder „institutioneller Wettbewerb" (vgl. *Hafner*, 1999, 7). Im Kern geht es beim Systemwettbewerb um einen Wettbewerb institutioneller Arrangements um mobile Faktoren. Mit Hilfe dieser Faktoren produzieren die Regierungen immobile „Güter", die die Wirtschaftssubjekte dann nutzen können, wenn sie sich auf ihrem Territorium niederlassen (*Hafner*, 1999, 15 f.). Ein solcher Systemwettbewerb steht immer im Spannungsverhältnis zur „Harmonisierung", die den Regierungen und die sie stützenden Gruppen näherliegt, weil sie damit vom Wettbewerbsdruck befreit sind.

stellen muß. Gerade das verhindert die vieldiskutierte Gefahr eines „race to the bottom“ (*Berthold/Neumann*, 2001, 277 ff.).

B. Wirtschaftspolitische Konzeptionen als Grundlage notwendiger Neuordnungen

I. Begriff und Funktion der wirtschaftspolitischen Konzeption

Vor dem Hintergrund der miteinander verknüpften Prozesse der Globalisierung und der New Economy ist es wichtig innezuhalten, um sich über die Basis und die Richtung der notwendigen einzelnen Reformen – unabhängig von der Lösung im Detail – Klarheit zu verschaffen. Anders formuliert, welche dauernd gültigen Prinzipien sollen leitend für die Reformen sein? Zur Beantwortung dieser Frage ist es nützlich, auf den Begriff der wirtschaftspolitischen Konzeption zurückzugreifen.

Weil die Vielfalt einer pluralistischen Gesellschaft und die daraus folgende Mannigfaltigkeit und diametrale Interessenslage unterschiedlicher Gruppen eine rationale Wirtschaftspolitik äußerst erschweren, ist es hilfreich, wenn die einzelnen Gruppen einer Gesellschaft aus ethischer Grundüberzeugung eine Art Leitbild anerkennen, das einen konsistenten Zusammenhang von Grundsätzen, Zielen und Methoden ausweist (*Pütz*, 1979). Unter einer wirtschaftspolitischen Konzeption ist also im Kern das Konzept eines *ordnungspolitischen Leitbildes* zu verstehen, „welches das allgemein gelten sollende Koordinationsprinzip und die speziellen Ordnungsprinzipien in den Bereichen der Produktion, des Marktes, des Geldwesens und des öffentlichen Haushaltes bestimmt; mit einem Wort die *auf lange Sicht angestrebte Wirtschaftsordnung*“ (*Pütz*, 1979, 190).

Schachtschabel (1976, 16 ff.) arbeitet heraus, daß wirtschaftspolitische Konzeptionen immer einen realen Raum-Zeit-Bezug haben. Seine Darstellung bislang entwickelter konzeptioneller Vorstellungen baut daher zunächst auf einer *Situationsanalyse* auf. Aus einer solchen Situationsanalyse, in die politische, wirtschaftliche, gesellschaftliche und kulturelle Entwicklungen eingehen, ist die Herausbildung und Abfolge von wirtschaftspolitischen Konzeptionen zu verstehen, die sich des weiteren unter eher historischem oder unter aktuellem Blickwinkel unterteilen lassen (*Schachtschabel*, 1976, 39 ff., 63 ff.). Dem von *Pütz* so genannten ordnungspolitschen Leitbild, das sinnhaft miteinander verknüpfte ordnungspolitische Prinzipien enthalten muß, stellt *Schachtschabel* (1976, 18 ff.) dann die wirtschaftspolitischen Ziele (23 ff.) und die zu ihrer Realisierung eingesetzten Methoden (38 ff.) gegenüber, um schließlich beurteilen zu können, ob die Gesamtkonzeption in sich schlüssig ist („rationaler Zusammenhang“) (30 f.).

Ein als ethisch „richtig“ empfundenes Leitbild im Sinne von *Pütz* kann politisch freilich nur dann erfolgreich sein, wenn deutliche Mehrheiten dafür zu gewinnen sind. *Ohm* (1972, 137) weist der wirtschaftspolitischen Konzeption daher auch propagandistische Funktionen zu (vgl. auch *Schachtschabel*, 1976, 15; *Rösner*, 1997, 65).

Die theoretische Wirtschaftspolitik liefert selbst keine wirtschaftspolitischen Konzeptionen; das ginge wegen der insbesondere in den ordnungspolitischen Grundsätzen enthaltenen Werturteile über den Aufgabenbereich einer Realwissenschaft hinaus. Sie kann allerdings beurteilen, ob die angenommenen Funktionszusammenhänge einer wirtschaftspolitischen Konzeption dem wirtschaftswissenschaftlichen Erkenntnisstand entsprechen und so zu ihrer Fortentwicklung beitragen. Unter Rückgriff auf betriebswirtschaftliche Marketingüberlegungen sowie auf die jüngeren Entwicklungen der sog. Neuen Politischen Ökonomie vermag sie darüber hinaus auch Urteile zum Anklang konzeptioneller Formeln bei den Wählern zu liefern.

Das von *Schachtschabel* entwickelte Raster der Beschreibung und Beurteilung wirtschaftspolitischer Konzeptionen kann daher nach wie vor als brauchbar angesehen werden, um Globalisierung und New Economy konzeptionell zu verorten und ordnungspolitische Reformen daran zu messen.[23] Dieser Auffassung stimmen im übrigen nicht nur Wissenschaftler (vgl. z. B. aus der jüngsten Zeit *Cassel*, 1998; *Nörr/Starbatty*, 1999; *Quaas/Sraubhaar*, 1995), sondern auch Wirtschaftspraktiker wie Politiker zu. So stellte *Fritz Himmelreich*, Präsidiumsmitglied des BDA, unmißverständlich fest: „Ordnungspolitisches Denken ist kein Luxus, auch keine deutsche Spleenigkeit, sondern gerade in Zeiten politischer Gärung und Unsicherheit unverzichtbar“ (*Himmelreich*, 1998, 10).

In der Frage, auf welche der ordnungspolitischen Prinzipien die notwendigen Reformen zu stützen seien, herrscht jedoch Uneinigkeit. Die Mehrzahl ist sich zwar darin einig, daß die beste Basis nach wie vor in den Prinzipien der wirtschaftspolitischen Konzeption der *Sozialen Marktwirtschaft* zu finden sei, die mittlerweile von allen – mit Ausnahme der PDS – im Parlament vertretenen Parteien geteilt wird.[24] Allerdings sollte das Beharren der PDS auf der Konzeption des *Demokratischen Sozialismus* nicht beiseite geschoben werden; eine Konzeption übrigens, die pikanterweise ursprünglich maßgebend für die Wirtschafts- und Sozialpolitik der Sozialdemokratie war (so im Godesberger Programm der SPD und auch in der Neuformulierung des Parteiprogramms von 1989). Wie es scheint, ist

---

23 Gerade die Referate und Diskussionen dieser Tagung liefern eine differenzierte situative Beschreibung der Vorgänge und Wirkungen, die mit der Globalisierung und der New Economy verbunden sind. Zugleich werden Ansätze ordnungspolitischer Grundsätze mit einer Neuformulierung wirtschaftspolitischer Ziele verknüpft, denen teilweise bereits vertiefte Vorschläge zur angemessenen Handhabung wirtschaftspolitischer Methoden an die Seite gestellt sind.

24 So erklärte Bundeskanzler *Gerhard Schröder* in einer kürzlich im Willy-Brandt-Haus gehaltenen Rede, daß die soziale Marktwirtschaft seit Godesberg ihre politische Heimat in der Sozialdemokratie gefunden habe (zitiert nach einer Kommentierung in der FAZ, Nr. 44, 21. Febr. 2002, S. 12).

indessen das programmatische Bekenntnis der SPD zur Sozialen Marktwirtschaft eher mit dem unterschwelligen Bedauern verknüpft, daß die eigentlich erwünschte stärkere staatliche Steuerung im Zeitalter von Globalisierung und New Economy nicht mehr möglich ist (*Nothelle-Wildfeuer*, 1997). Demgegenüber will die PDS den Sachzwängen der Globalisierung widerstehen; sie setzt auf eine starke sozialistische Politik, die im Ergebnis auf eine höheres Maß an Interventionismus hinausläuft (*BT-Drucksache* 14/954 und 14/6889).

Auch ein Blick in den EGV-Vertrag offenbart, daß dort zwei Prinzipien im Widerstreit liegen, nämlich der „Wettbewerb" (Art. 3 Abs. 1 Buchst. g; Art. 81 ff. EGV) und die mit den Maastrichter Verträgen auf Betreiben Frankreichs erstmals aufgenommene „Industriepolitik" (Art. 157 EGV), die Elemente der *Planification* enthält und im Kern merkantilistisches Gedankengut nicht verleugnen kann (*Oberender/Daumann*, 1995, 15).

Bei einem Teil der SPD schimmert – wenn auch verdeckt – eine Affinität zum modernen Interventionsstaat durch, während sich die PDS ganz offen dazu bekennt. Demgegenüber ist nicht klar zu erkennen, auf welcher ordnungspolitischen Basis die mehr oder weniger international organisierten Globalisierungsgegner fußen (wobei die ausgesprochene Krawallszene hier ignoriert werden soll). Hingewiesen sei auf die ATTAC,[25] der sich z. B. so prominente Mitglieder wie der Ex-Bundesminister und Ex-SPD-Chef *Oskar Lafontaine* angeschlossen haben, und deren deutscher Zweig von *Friedhelm Hengsbach* beraten wird, sowie auf die „Gruppe von Lissabon" (1998), der ebenfalls zum Teil hochkarätige Wissenschaftler angehören.

---

[25] Die ATTAC wurde am 3. Juni 1998 in Frankreich mit dem Ziel gegründet, Bürger, Vereinigungen, Gewerkschaften und Zeitungen zu einem Bündnis gegen einen globalisierungsbedingten Abbau des Sozialstaats in den westlichen Ländern und gegen die weitere Auftürmung von Hindernissen für Entwicklungsländer mit der Folge eines noch tieferen Abgleitens in Armut und Chaos zusammenzufügen. Der Name selbst leitet sich aus der englischen Benennung „**A**ssociation for the **T**axation of Financial **T**ransaction for the **A**id of **C**itizens" her. Sie hat inzwischen ein sehr fein verästeltes weltweites Netzwerk aufgebaut. Ein zentrales Motto ist „Disarm the markets", weshalb bei der Abkürzung ATTAC vielleicht nicht ganz zufällig, auf jeden Fall aber nicht unwillkommen, eine Assoziation zur Wortbedeutung „Angriff" (engl. attack) mitschwingt. Dieses Motto geht auf einen Artikel von *Ignacio Ramonet* zurück, der im Dezember 1997 in Le Monde diplomatique veröffentlicht wurde (vgl. z. B. attac [2002]).

II. Soziale Marktwirtschaft oder Demokratischer Sozialismus als Richtschnur für eine Neuorientierung

1. Der ordoliberale Ausgangspunkt

a) Prinzipiengebundener Wettbewerb als freiheitssichernde und wohlstandsschaffende Ordnung

„Soziale Sicherheit und soziale Gerechtigkeit sind die großen Anliegen der Zeit.“ Dieser Satz findet sich schon am Anfang von *Euckens* „Wirtschaftspolitik“ (1990, 1). Natürlich war ihm immer klar, daß Wirtschaft nicht alles ist. Angesichts der Umwälzungen seit der Französischen Revolution und der Industrialisierung wird aber immer deutlicher, daß „der modernen industrialisierten Wirtschaft eine funktionsfähige und menschenwürdige Ordnung gegeben werden“ muß, um eben jene zentralen sozialen Ziele, nämlich Sicherheit *und* Gerechtigkeit zu erreichen (*Eucken*, 1990, 14). Diese Feststellung gewinnt gerade heute wieder an Aktualität.

Um beides erreichen zu können, ist nach *Eucken* mithin eine Ordnung nötig, die Freiheit und Bindung, Gewinn und Ausgleich auszutarieren vermag. Nur ein nach festen Prinzipien gestalteter Wettbewerb vermag jene Freiräume zu schaffen, die nicht nur der Persönlichkeitsentfaltung des einzelnen dienen, sondern zugleich auch wirtschaftliche Ergebnisse liefern, die verantwortliche Bindungen sowohl auf privater (Familie) als auch auf gesellschaftlicher Ebene (Solidarität) ermöglichen.

So gesehen wurzelt das Denken *Euckens* auf den ethischen Werten der *Freiheit*, der *Subsidiarität* und der *Solidarität*. Wie aber läßt sich eine dementsprechende Wettbewerbsordnung kreieren, umsetzen und dauerhaft sichern? Theoretisch hat *Eucken* (1990, 254 ff., 291 ff.) mit der Formulierung seiner „konstituierenden“ und „regulierenden“ Prinzipien einen bis heute nachwirkenden Beitrag geleistet. Gleichzeitig war ihm klar, daß nur der *Staat* über jene rechtsstaatlichen Möglichkeiten gebietet, um eine solche Ordnung umzusetzen und zu sichern; eben diesem Staat ist aber auf Dauer nicht unbedingt zu trauen. Dabei sah der Verfasser der „Wirtschaftspolitik“ voraus, daß es nicht unbedingt Machtgelüste der Amtsinhaber sind, die den Staat zu mächtig werden lassen, sondern vielmehr der unkontrollierte Einfluß zahlreicher Interessenverbände, der Konzerne und Gewerkschaften (*Eucken*, 1990, 327). Erst jüngst haben *Cassel/Rauhut*, (1998, 20) und *Lösch*, (2000, 186 f.) auf dieses zwiespältige Verhältnis *Euckens* zum Staat hingewiesen. *Lösch* verfolgt dabei allerdings eine sensibilisierende Absicht, weil – wie die Ergebnisse der Forschungen zur Neuen Politischen Ökonomie – immer deutlicher belegen, bis heute niemand überzeugend darlegen konnte, wie man den *Leviathan* gleichzeitig nutzen und zähmen kann. Eine Aufgabe, die angesichts der neuen Entwicklungen in der Weltwirtschaft sicher nicht geringer geworden ist.

Daß der Staat in die Pflicht zu nehmen ist, ergibt sich bereits aus dem von *Eucken* (1990, 254 f.) vorgetragenen Grundprinzip (erstes konstituierendes Prinzip):[26] Es verbietet staatliche Subventionen, die Herstellung staatlicher Zwangsmonopole und eines allgemeinen Preisstops und wendet sich gegen Einfuhrbeschränkungen und Kartelle: „Vielmehr ist eine positive Wirtschaftsverfassungspolitik notwendig, die darauf abzielt, die Marktform der vollständigen Konkurrenz zur Entwicklung zu bringen und so das Grundprinzip zu erfüllen."[27]

Dieses Grundprinzip erfordert die Sicherung des Zugangs zu den Märkten für Anbieter und Nachfrager (drittes konstituierendes Prinzip; *Eucken*, 1990, 264 ff.). Bei den näheren Ausführungen zu diesem Prinzip wird im übrigen die Selbstverständlichkeit deutlich, daß *Eucken* mit der Ablehnung von Zöllen einen offenen Freihandel befürwortete (267 f.). Konsequenterweise gehört zur Offenheit des Einstiegs auch die Möglichkeit des Ausstiegs, auch wenn *Eucken* darauf nicht explizit eingeht. Damit ist in erster Linie freilich nicht die plötzliche Schließung eines Betriebes gemeint, mit negativen Folgen für die betroffenen Arbeitnehmer, sondern viel eher die Freiheit, sich rechtzeitig umzuorientieren und in neue Märkte einzusteigen, wenn absehbar ist, daß es im bisherigen Tätigkeitsfeld zu Schwierigkeiten kommen wird.

Der von *Eucken* anvisierte, viele Facetten umfassende offene Wettbewerb, der Monopolstellungen vermeidet, verträgt sich natürlich nicht mit dem Institut des Kollektiveigentums an Produktionsmitteln. Wenn auch nach seiner Auffassung, das Privateigentum zu den Voraussetzungen der Wettbewerbsordnung gehört, so ist generell nicht auszuschließen, daß sich im Einzelfall (z. B. in der Forstwirtschaft) Betriebe in staatlicher Hand befinden können (*Eucken*, 1990, 271 f.). Wer aber den Nutzen hat, so *Eucken* (1990, 279) muß auch für den Schaden geradestehen. Schließlich gehört die Haftung zur Lenkungsmechanik der vollständigen Konkurrenz (281). Dem Prinzip des Privateigentums an Produktionsmitteln (viertes konstituierendes Prinzip, 270 ff.) stellt er deshalb als sechstes konstituierendes Prinzip die uneingeschränkte Haftung gegenüber (279 ff.). Dementsprechend skeptisch äußert er sich zu Haftungsbeschränkungen, die er nur in engen Grenzen für verantwortlich hält, und zwar dann, „wenn ein Kapitalgeber nicht oder nur begrenzt für die Geschäftsführung verantwortlich ist" (281).[28]

---

26 Die folgende Durchmusterung der konstituierenden Prinzipien versucht zunächst die wettbewerbspolitischen Kernüberlegungen zu bündeln, um dann jene Prinzipien hervorzuheben, die den Staat eigens in seiner Rolle als Stabilitätsgarant beschreiben. Die Besprechung erfolgt daher nicht ganz in der von *Eucken* vorgesehenen Reihenfolge.

27 Bereits der kurze Ausschnitt aus *Eucken* (1990, 254 f.) belegt, daß mit der „Marktform der vollständigen Konkurrenz" nicht etwa der Mengenanpasser aus dem Modell der vollkommenen Konkurrenz gemeint war. Das Gesamtwerk *Euckens* belegt nachdrücklich, daß er mit der „vollständigen Konkurrenz" einen lebendigen, alle Facetten umfassenden Wettbewerb vor Augen hatte, zu dem die Verhinderung von Monopolen und zu engen Oligopolen ebenso gehörte, wie eine heterogene, sich ständig wandelnde Güterstruktur und das Werben mit verschiedenen Parametern (Preise, Service, Qualität, Liefer- und Zahlungsmodalitäten). Vgl. auch sein Kapitel zur wirtschaftlichen Macht (*Eucken*, 1965, 196 ff.).

Im übrigen ist in diesem Zusammenhang darauf hinzuweisen, daß die im Zuge der Industrialisierung aufgekommene Gefährdungshaftung, die das Prinzip des persönlichen Verschuldens sinnhaft ergänzt hat und die durch Versicherungen abgedeckt werden kann, den beiden Prinzipien des Privateigentums an Produktionsmitteln und der uneingeschränkten Haftung aus der Nutzung dieses Eigentums entspricht. Die Fortentwicklung entsprechender Haftungsregeln im Hinblick auf computer-, viren- oder softwarebedingte Schäden wäre denkbar und wünschenswert. Sie würde der Diffusion der IT-Technologie weiteren Auftrieb geben.

Ein Wettbewerb, der den bisherigen Prinzipien entspricht, bedarf des weiteren natürlich der Freiheit, Verträge jedweder Art abschließen zu können, wobei freilich der Irrtum der Klassiker nicht wiederholt werden darf, der letztendlich darauf hinauslief, daß die Vertragsfreiheit dazu genutzt werden konnte, um eben diese Freiheit auszuhebeln (fünftes konstituierendes Prinzip; *Eucken*, 1990, 275 ff.). Weil vertragliche Kartellabsprachen möglich waren und weil nicht hinreichend deutlich war, daß es zwischen Kapitaleignern und Arbeitnehmern unterschiedliche Machtverhältnisse geben kann, die eine solidarische Stützung der letzten – etwa durch die Bildung von Gewerkschaften – nötig machen, ging die Industrialisierung oft mit Massenelend einher; ein entscheidender Grund für das Aufkommen des klassischen Sozialismus (*Karl Marx*).

Eucken geht davon aus, daß die Einführung der Geldwirtschaft einen ganz entscheidenden Schritt zur wohlfahrtsmehrenden Nutzung der Arbeitsteilung darstellt. Weil nun ein freier Wettbewerb im Sinne der zuvor besprochenen Prinzipien verläßliche Kalkulationsgrundlagen für Anbieter, Mitbewerber, Arbeitnehmer und Nachfrager erfordert, sieht er den Staat in der Pflicht, eine Währungsordnung mit großer Stabilität zu garantieren: „Die Währungspolitik besitzt daher für die Wettbewerbsordnung ein Primat" (*Eucken*, 1990, 256). Allerdings ist bei der näheren Ausführung dieses (zweiten) konstituierenden Prinzips (255 ff.) erneut eine große Skepsis gegenüber dem Staat erkennbar. Um destabilisierende Einflüsse auf das Preissystem der vollständigen Konkurrenz zu minimieren, erwägt *Eucken* (1990, 261 ff.) die Zentralbankpolitik mit den Aktivitäten einer Agentur zu verkoppeln, deren Aufgabe es wäre, eine stabile „Waren-Reserve-Währung" durch den geschickten Kauf oder Verkauf von Waren oder Zertifikaten eines definierten Warenbündels zu garantieren (vgl. auch *Eucken*, 1965, 112 ff., insbes. 122).

Im siebten und achten konstituierenden Prinzip legt *Eucken* (1990, 285 ff.; 289 ff.) schließlich Wert darauf, daß ein ordnungspolitisch verankerter Wettbewerb Verläßlichkeit im staatlichen Datenkranz erfordert und daß die entwickelten Prinzipien in einem essentiellen inneren Zusammenhang stehen. Sie sind mithin nicht mit einer Menükarte vergleichbar, aus der sich der Staat eine beliebige Rezeptur, womöglich durch andere Prinzipien noch angereichert, zusammenstellen könne.

---

[28] *Eucken* (1990, 284) ist schon die „Gesellschaft mit beschränkter Haftung" ein Dorn im Auge. Entsprechend kann man sich vorstellen, was er von der inzwischen weit verbreiteten Rechtsform der „GmbH & Co. KG" gehalten hätte.

Bei isolierter Anwendung einzelner Prinzipien können diese ihren Zweck sogar völlig verfehlen (291). Er lehnt eine experimentierende oder fallweise intervenierende Wirtschaftspolitik strikt ab, weil sich die daraus ergebende Investitionsunsicherheit letztlich auch zu Lasten der Arbeitnehmer auswirkt und Wohlstandseinbußen provoziert (285 f., 287 f.).

Zusammenfassend ist also festzuhalten, daß der durch die acht konstituierenden Prinzipien aufgespannte ordnungspolitische Rahmen eines freien Wettbewerbs die Herstellung und Aufrechterhaltung einer solchen Ordnung zur wirtschaftspolitischen Daueraufgabe des Staates macht. Nur auf dieser Grundvoraussetzung sind die weiteren zentralen wirtschaftspolitischen Oberziele, nämlich die Steigerung des Wohlstands und eine gerechte Einkommensverteilung zu erreichen. Diese Verknüpfung zeigt im übrigen, daß dem ordoliberalen Denken – wie im Liberalismus – ein individueller Wohlstandsbegriff inhärent ist (*Schachtschabel*, 1976, 69 f.).

Der Ordoliberalismus legt nicht nur Wert auf (kurzfristig) zieladäquate Mittel, sondern stellt vor allem darauf ab, daß diese Mittel ordnungskonform und ordnungsfördernd sein müssen, um einer Erosion der Wettbewerbsordnung, die sich sonst auf lange Sicht einstellen könnte, entgegenzuwirken. Aus diesem Grund will *Eucken* (1990, 291 ff.) auch die operative Politik an feste Prinzipien binden, die sog. regulierenden Prinzipien.

Es verwundert sicher nicht, daß an erster Stelle der vier regulierenden Prinzipien die Frage steht, wie bestehende Monopole aufgelöst und das Entstehen neuer verhindert werden kann. Ist dies aus verschiedenerlei Gründen nicht möglich, so muß es das „Ziel der Monopolgesetzgebung und der Monopolaufsicht" sein, „die Träger wirtschaftlicher Macht zu einem Verhalten zu veranlassen, als ob vollständige Konkurrenz bestünde" (*Eucken*, 1990, 295).[29]

Das zweite regulierende Prinzip weist der Einkommensteuerprogression eine Funktion für die Aufgabe des sozialen Ausgleichs zu. Allerdings sollte dieses Instrument – um notwendige Investitionen nicht zu gefährden – behutsam gehandhabt werden (*Eucken*, 1990, 300 f.).

Modern gesprochen intendiert das dritte regulierende Prinzip die Aufnahme externer Kosten in das betriebswirtschaftliche Kalkül, um sowohl einen hinreichenden Arbeitsschutz als auch dem Raubbau an der Natur entgegenzuwirken (heute: Umweltschutz, nachhaltiges Wirtschaften) (*Eucken*, 1990, 301 ff.).

Daß *Eucken* (1990, 303 ff.) im vierten und letzten regulierenden Prinzip schließlich auch Mindestlöhne empfiehlt, soweit Umstände eintreten, die ein anomales Angebotsverhalten der Arbeit bewirken, sei hier nicht nur am Rande erwähnt. Zwar sind solche Zustände in den entwickelten Ländern wohl kaum zu erwarten;

---

29 Theoretiker und Praktiker der Wettbewerbspolitik können sicherlich davon berichten, wie schwer es ist, dieser auf den ersten Blick so offenkundig einleuchtenden Formel von der „Als-ob-Konkurrenz" praktische Gestalt zu verleihen. Schon Umfangsgründe verbieten es, der Flut einschlägiger Publikationen hier weitere Überlegungen hinzuzufügen.

in einer globalisierten Welt von recht unterschiedlichem Entwicklungsstand muß jedoch damit gerechnet werden, daß in manchen Entwicklungsländern anomale Angebotsreaktionen am Arbeitsmarkt auftreten.

b) Folgerungen für eine etwaige Neuorientierung

Die ethische Grundlagen, die konstituierenden Prinzipien einer Wettbewerbsordnung sowie die regulierenden Prinzipien, um die wirtschafts- und gesellschaftspolitischen Ziele der Wohlstandssteigerungen und der sozialen Sicherheit und der sozialen Gerechtigkeit miteinander verknüpfen zu können, lassen eine klare, weitgehend widerspruchsfreie wirtschaftspolitische Konzeption erkennen (*Schachtschabel*, 1976, 71 f.). Indessen ist oft kritisiert worden, daß der Staat zur Umsetzung einer solchen konsequenten Wettbewerbsordnung einer ähnlich großen Machtfülle bedarf wie die Zentralverwaltungswirtschaft. Außerdem sei das von den Liberalen selbst immer wieder vorgetragene Argument zu berücksichtigen, daß „Macht korrumpiere". Ein starker Staat sei mithin eine permanente und latente Bedrohung der Freiheit (*Giersch*, 1961, 185 f.).

Die von *Giersch* vorgetragene Kritik ist ohne Zweifel ernst zu nehmen; sie trifft freilich *Eucken* und seine Konzeption nicht. Wie bereits oben ausgeführt, hat *Eucken* die vom Staat ausgehenden Gefahren gesehen und thematisiert und war insofern weiter als manche Ökonomen, die bis in der 60er Jahre des letzten Jahrhunderts dezisionistischen wirtschaftspolitischen Entscheidungsmodellen nachhingen (s. dazu den kritischen Überblick bei *Zohlnhöfer*, 1999, 46 ff.). Wenn man so will, ist die Lösung des *Leviathan*-Problems ein praktischer Dauerauftrag *Euckens*, dem sich seit geraumer Zeit vor allem die Vertreter der Neuen Politischen Ökonomie widmen. Die ordoliberale Konzeption ist jedoch nicht nur in sich weitgehend schlüssig, sondern gleichzeitig so offen, daß sie auch für jene Rahmenänderungen und Mittelfindungen als Orientierung dienen kann, die infolge des Prozesses der Globalisierung und der New Economy erforderlich sind.

So entsprechen die zentralen Zielsetzungen der WTO dem wirtschafts- und sozialpolitischen Denken des Ordoliberalismus und der Sozialen Marktwirtschaft; zählt doch zu seinen Zielen nicht nur ein weitgehend liberalisierter Handel, sondern auch die Wohlstandsmehrung seiner Mitgliedsländer, die Sicherung der Vollbeschäftigung sowie ein angemessenes Wirtschaftswachstum.[30] Je mehr sich die

---

30 Der Präambel entsprechend ist die Errichtung und Aufrechterhaltung eines funktionsfähigen und dauerhaften multilateralen Handelssystems das primäre Ziel der WTO. Hinzu tritt die fest bekundete Absicht, die Entwicklungsländer in den Welthandel zu integrieren. Der weitere Abbau von Zöllen und sonstigen Handelshemmnissen sowie die Beseitigung von Diskriminierungen im internationalen Handel sind notwendige Zwischenziele auf diesem Wege. Die handelspolitische Zielsetzung ist eingebettet in wirtschafts- und gesellschaftspolitische Ziele wie das der Wohlstandsmehrung, der Sicherung der Vollbeschäftigung, eines angemessenen Wachstums, angestrebter Transparenz und eines verbesserten Umweltschutzes (*Altmann/Kulessa*, 1998, 283; *Senti*, 2000, 154 ff.).

Mitgliedsländer nicht nur formal zu den Prinzipien und Zielen der WTO bekennen, sondern auch instrumentelle Schritte zu ihrer Umsetzung ergreifen und etwaige bilaterale Streitigkeiten zügig im Schiedsverfahren beilegen und sich dem entsprechenden Votum beugen, um so geringer wird auch die Macht der einzelnen Staaten, der sowohl *Eucken* als auch *Giersch* mißtrauen.[31] Die Konstruktion der WTO als *Club* bewahrt diese zugleich davor, ausgeprägte Eigeninteressen zu entwickeln.

Auf drei weitere Aspekte von Globalisierung und New Economy soll hier noch vertieft eingegangen werden. Der erste betrifft die Vorstellungen *Euckens* zur Geldwertstabilität, die sicher bis vor zehn Jahren noch als eigenartig angemutet haben. Angesichts der bangen Frage von *Kotz* (2001, 690 f.; s.o.), ob die New Economy nicht zu einer Geldpolitik ohne Geld (im Sinne des Zentralbankgeldes) führt, gewinnen *Euckens* Ausführungen eine neue Aktualität. Immerhin bieten die neuen elektronischen Medien jetzt möglicherweise die Basis dafür, die definierten Bündel von Waren einer „Waren-Reserve-Währung" in ihrer Preisentwicklung lückenlos zu beobachten, um bei bestimmten Grenzpunkten sofort entsprechend tätig zu werden. Erschwert wird diese Aufgabe freilich dadurch, daß – wie oben belegt – der Anteil von Informationsgütern nicht nur absolut, sondern auch relativ steigt, und daß ihre Preise tendenziell sinken. Damit verknüpfen sich zwei Fragen: Erstens nämlich, ob und in welchem Umfang solche Güter im Bündel für die „Waren-Reserve-Währung" enthalten sein sollen, und zweitens und weitergehend noch: Müßte nicht angesichts sich rasch ändernder Relationen zwischen den üblichen Gütern und den Informationsgütern die Zusammensetzung des Bündels derart häufig angepaßt werden, so daß die Funktion einer „Waren-Reserve-Währung" gar nicht mehr wahrgenommen werden kann?

Die zweite Frage richtet sich darauf, wie es zu verhindern ist, daß angesichts der sich im Zeitalter von Globalisierung und New Economy rasch ändernden Umstände der Staat nicht in eine neue oder weitere Hektik experimenteller und interventionistischer Wirtschaftspolitik verfällt. Auf diese reale Gefahr hinzuweisen, bedeutet jedoch nicht, die ordoliberale Konzeption in Frage zu stellen. Ganz im Gegenteil: Sie macht deutlich, daß eine solche Reaktion des Staates in langfristiger Sicht nur schädlich sein kann.

Der letzte Aspekt ist schließlich das erwähnte *Leviathan*-Problem. *Lösch* (2000, 192) unterstreicht, daß dies auf allen erdenklichen Wegen versucht werden muß:

---

31 Daß insbesondere die USA in ihrer Unterstützung des Freihandels „mit zweierlei Maß" messen (*Stiglitz*, 2002), ist mit der Schutzzollerhebung auf importierten Stahl, die die US-Regierung im Frühjahr 2002 beschlossen hat, wieder einmal sichtbar geworden. Allein seit 1997 haben die USA fast 80-mal Strafzölle auf Stahlprodukte verhängt, weil deren Preise angeblich durch Dumping oder ungerechtfertigte Subventionen der Herkunftsländer verzerrt waren. Daß man nach einem WTO-Streitschlichtungsspruch als betroffenes Land dann in beträchtlichem Umfange selbst Strafzölle verhängen kann (*iwd*, 2002), ist im Grunde ein Verstoß gegen den Geist des Freihandels. Hier gilt es, die entsprechenden WTO-Verfahren zu präzisieren und zu beschleunigen. Denkbar wäre, daß angebliche begründete Schutzzölle erst beantragt und von der WTO genehmigt werden müssen.

„Verstärkung der internen und externen Kontrollmechanismen, Schaffung konkreter Verhaltenskodizes und Beschneidung der staatlichen Kompetenzen durch Ausdehnung des Wettbewerbssektors sowie die fortschreitende Verdrängung des Staates aus der Wirtschaft durch Deregulierung und Privatisierung."

Sicher ist dies ein Programm, das nicht von heute auf morgen bewältigt werden kann. *Lösch* (2000, 192) setzt deshalb seine Hoffnung darauf, daß die Globalisierung zum Motor eines solchen Domestizierungsprozesses wird, in dem die Staaten mehr und mehr einem echten Systemwettbewerb ausgesetzt sind. *Eucken* wäre sicherlich der Letzte, der einem solchen Systemwettbewerb widersprechen würde. Die von ihm mit den acht konstituierenden und den vier regulierenden Prinzipien aufgespannte Wirtschafts- und Gesellschaftsordnung entspricht ja einem gegebenen Rahmen von Regeln (Institutionen). Darüber hinaus erlaubt die prinzipiengerechte Ausformung der Regeln im einzelnen, daß sich diese Konzeption der privaten, grenzüberschreitenden Institutionenwahl im ökonomischen Wettbewerb stellen kann. Der – wie oben ausgeführt – viele ökonomische und politische Facetten umgreifende Wettbewerbsgedanke *Euckens* korrespondiert geradezu mit den globalisierungs- und technologiebedingten Entwicklungen, die sich vor allem in einem Qualitätssprung der weltweiten Kommunikation, in der Öffnung von Industrie- und Entwicklungsländern für grenzüberschreitende Transaktionen und Faktorwanderungen (einschließlich der Handelbarkeit vieler Dienstleistungen), in der Liberalisierung der Kapitalmärkte sowie in der Senkung der Transaktionskosten und einer Erhöhung der Markttransparenz zeigen (vgl. *Streit/Kiwit*, 1999, 13 f.).[32]

Wie die vorstehende Auflistung belegt, würde ein wirksamer Systemwettbewerb außerdem der im zweiten Aspekt angesprochenen Gefahr eines zunehmenden Interventionismus entgegenwirken.

2. Soziale Marktwirtschaft und Demokratischer Sozialismus: Pragmatisches Aufgreifen des Ordoliberalismus versus klare Akzentverschiebungen

a) Zu den Grundzügen von Sozialer Marktwirtschaft und Demokratischem Sozialismus

Die Soziale Marktwirtschaft fußt in der neoliberalen Tradition des Ordoliberalismus (z. B. *Müller-Armack*, 1974, 119), zugleich speist sie sich aus Wurzeln der christlichen Soziallehre (z. B. *Gutmann*, 1998, 62 f.), die sich – bei aller Ableh-

32 Bekanntlich unterschied *Eucken* zwischen der gegebenen Ordnung einer Wirtschaft und jener Ordnung, die „der Vernunft oder der Natur des Menschen und der Dinge entspricht". Diese Ordnung umfaßt alle Facetten von Wirtschaft, Gesellschaft und Recht eines Staates. Bekanntlich nannte er diese Ordnung in Anlehnung an das Lateinische „Ordo". Diese Ordnung aber liegt nicht offenkundig zu Tage, sie muß „gesucht" werden (*Eucken*, 1990, 372 f.). So gesehen ist es naheliegend, *Eucken* als Vorläufer des Systemwettbewerbs zu interpretieren.

nung marxistischen Gedankenguts – schon immer schwertat, die Funktion allokativer Effizienz zu begreifen bzw. zu akzeptieren (*Franke*, 1996, 126). *Alfred Müller-Armack* wollte „das Prinzip der Freiheit auf dem Markt mit dem des sozialen Ausgleichs verbinden". *Ludwig Erhard* übernahm und ergänzte diese Formel, um den Sinn noch deutlicher hervorzuheben: „... und so die Freiheit des Individuums zur Geltung zu bringen" (beides zitiert nach *Schlecht*, 1998, 36). Die unmittelbare Notwendigkeit eines raschen Wiederaufbaus nach dem Zweiten Weltkrieg beflügelte jedoch jene, die mit dieser Aufgabe unmittelbar konfrontiert waren, eine pragmatische Linie zu finden (*Müller-Armack*, 1974, 23). Zwar lehnt *Müller-Armack* (1947, 21) eine Wirtschaftslenkung strikt ab, dennoch wurden in der ersten Phase des Wiederaufbaus die nach der festen Überzeugung *Euckens* strikt zu beachtenden Prinzipien beträchtlich gelockert. Sicher, eine wettbewerblich trainierte Unternehmerschaft gab es in Deutschland nicht, dennoch wäre es sicher nicht nötig gewesen, mit der Einführung des Gesetzes gegen Wettbewerbsbeschränkungen bis 1958 zu warten.[33]

Praktisch wurde also nach Möglichkeiten gesucht, um die Investitionsneigung der Unternehmen zu erhöhen, weil nur so ein rascher Aufbau des zerstörten Deutschland gewährleistet war. Die Politik nutzte dazu das steuerliche Mittel der Begünstigung reinvestierter Gewinne und die Begrenzung der Haftung. Ganz bewußt wurde also der Schaffung von Arbeitsplätzen und der Einkommensbeteiligung der Arbeitnehmer Vorrang eingeräumt und eine zunächst ungleichmäßige Einkommensverteilung in Kauf genommen.

Diese Strategie ist zu verstehen, wenn man sich der oben erwähnten „propagandistischen Funktion" (*Ohm*) einer wirtschaftspolitischen Konzeption bewußt ist und sich verdeutlicht, „daß nämlich eine Wirtschaftsordnung unter demokratischen Bedingungen nur dann auf Dauer politische Legitimation erhalten wird, wenn sie für die Mehrheit der Bevölkerung mit konkret erfahrbaren wirtschaftlichen und sozialen Verbesserungen in der Alltagsbefindlichkeit einhergeht" *Rösner* (1997, 65). Die Benennung der Konzeption als „Soziale Marktwirtschaft" und die berühmt gewordenen Formeln *Erhards* vom „Wohlstand für alle" und „Eigentum für jeden" sind – etwas locker und hoffentlich nicht allzu respektlos gesagt – nahezu geniale Marketingeinfälle gewesen.

Die wirtschaftlichen Erfolge der Sozialen Marktwirtschaft brachten jedenfalls der CDU / CSU große Wahlerfolge und brachten Stimmen, die einer Verstaatlichung das Wort redeten, rasch zum Verstimmen. War zwar anfangs eine ungleiche Einkommensverteilung in Kauf zu nehmen, so sollte in einer späteren zweiten Phase der Vermögensbildung stärkere Aufmerksamkeit gewidmet werden (*Müller-*

---

[33] Bekanntlich lagen *Erhard* und der damalige Bundeskanzler *Adenauer* in heftigem Widerstreit. Erst massive Rücktrittsdrohungen des beliebten Wirtschaftsministers haben 1958 zum GWB geführt, wobei aber *Adenauer* sorgfältig darauf achtete, daß die Aufsichtsbehörde (Kartellamt) nach Berlin kam, um möglichst weit vom westdeutschen Geschehen zu liegen.

Armack, 1960). *Erhard* (1965/66) benutzte für die vorgesehene Phase später den nicht ganz glücklichen Begriff der „Formierten Gesellschaft“.[34]

Vielfach ist jedoch auch darauf hingewiesen worden, daß das großgeschriebene Adjektiv „Sozial“ eine offene Flanke (*Zohlnhöfer*, 1990, 16 f.) beinhaltet, die den Einbruch einer sich verselbständigenden Sozialpolitik zu Lasten der Möglichkeit, Primäreinkommen zu erwirtschaften, begünstigt (*Schäfer*, 1996). Die Überfrachtung der Wirtschaft mit sozialen Ansprüchen ist sicher durch die Anfangserfolge der Sozialen Marktwirtschaft provoziert worden. Ihre Ausdehnung während der Großen Koalition und mehr noch zu Zeiten der SPD-FDP-Koalition, die offen oder verdeckt der Konzeption des Demokratischen Sozialismus nahestand, war damit vorprogrammiert. Eine wirkliche Wende hat die christlich-liberale Koalition (1982–1998) nicht herbeigeführt, vielleicht war sie weder gewollt noch wirklich möglich (*Tuchtfeldt*, 1995, 45).

Akzeptieren jedoch die Befürworter der Sozialen Marktwirtschaft den Gedanken des Systemwettbewerbs, der dieser Konzeption zweifellos inhärent ist,[35] so könnten wirksame Schranken gegen die „offene Flanke“ des Sozialen errichtet werden. Immer weitere soziale Begehrlichkeiten sind nicht zuletzt darauf zurückzuführen, daß die Zurverfügungstellung öffentlicher Güter, wie etwa des Gutes „Umverteilung“, bislang – weil ohne nennenswerte Konkurrenz – höchst ineffizient geschieht. Die Abgabenlast steigt folglich für alle, ohne daß die sozial Begünstigten ihre Begünstigung tatsächlich spüren. Der Systemwettbewerb vermag nun Voraussetzungen zu schaffen, um die gesellschafts- und wirtschaftspolitischen Ziele der Sozialen Marktwirtschaft – wie oben schon angedeutet – auch im Zeitalter von Globalisierung und New Economy zu erreichen. Zwar nimmt er den Nationalstaaten Handlungsmöglichkeiten, zwingt sie aber gleichzeitig dazu, nach wie vor gewollte öffentliche Güter effizienter bereitzustellen, wodurch sich neue Optionen eröffnen.

Dem Demokratischen Sozialismus sind die genannten ethischen Prinzipien der Sozialen Marktwirtschaft nicht fremd. Ging es doch gerade darum, aus der Erfahrung mit „unheimlichen und grausamen Experimente[n] totalitärsozialistischer Systeme der jüngsten Vergangenheit“ die Konsequenz zu ziehen und dem Menschen seine Freiheit zurückzugeben (*Schiller*, 1954a, 18). Die Konzeption verleugnet deshalb nicht, daß sie wesentliche Elemente ihrer Konzeptualisierung der Auseinandersetzung mit dem ordoliberalen Gedankengut verdankt. In erster Linie ist hier die Aufnahme der Idee des Wettbewerbs zu erwähnen (*Schiller*, 1954a, 18). Allerdings will sich der Demokratische Sozialismus nicht auf eine rahmenschaf-

---

34 Der Begriff der „Formierten Gesellschaft“ stammt von *Rüdiger Altmann*. Er wurde von *Ludwig Erhard* in einer Rede auf dem Bundesparteitag der CDU in Düsseldorf, 28.–31. März 1965 erstmals aufgenommen.

35 In diesem Zusammenhang sei auch auf das leidenschaftliche Plädoyer *Ludwig Erhards* für eine politische Einigung Europas und gegen einen staatlichen gelenkten Außenhandel hingewiesen.

fende und rahmensetzende Ordnung beschränken, sondern versucht, Markt und Plan miteinander zu verknüpfen (*Schiller*, 1954a, 30; 1954b, 140 f.). Bekannt ist die Formel von *Schiller*, wonach der „Freiburger Imperativ" mit der „Keynesianischen Botschaft" zu versöhnen sei.

Im Stabilitäts- und Wachstumsgesetz mischen sich Soziale Marktwirtschaft und Demokratischer Sozialismus. Die bekannten vier Ziele des § 1 StWG [Preisniveaustabilität, hoher Beschäftigungsstand, außenwirtschaftliches Gleichgewicht, stetiges und ausgewogenes Wachstum] sind durch die parteiprogrammatisch geformten und mittlerweile in vielen Gesetzen verankerten distributions- und umweltpolitischen Ziele zu ergänzen. Rahmensetzend kam insbesondere durch das Beharren des damaligen Wirtschaftsministers *Karl Schiller* die Formel „im Rahmen der marktwirtschaftlichen Ordnung" ausdrücklich hinzu.

Diese Zielsetzungen sind sowohl mit der Konzeption der Sozialen Marktwirtschaft als auch mit der des Demokratischen Sozialismus kompatibel, wenngleich bei näherem Zusehen, beträchtliche Interpretationsunterschiede zu verzeichnen sind. So begnügt sich der Demokratische Sozialismus mit einer „relativen" Preisniveaustabilität; eine Einschränkung, die weder *Eucken* noch die Theoretiker der Sozialen Marktwirtschaft akzeptieren würden. Zugleich wird eine „Vollbeschäftigung" postuliert, wodurch – im Unterschied zur marktwirtschaftlichen Sichtweise – der Staat in einer Art und Weise in die Pflicht genommen wird, die bedenklich ist.

Massiv sind jedoch die Unterschiede in der Methodenwahl. Während die Soziale Marktwirtschaft in erster Linie Wert auf eine indirekte Steuerung der Wirtschaft durch abstrakte Rahmensetzungen in der Wirtschafts-, Sozial- und Steuerpolitik abstellt, sieht der Demokratische Sozialismus eine Dreiteilung wirtschaftspolitischer Methoden vor, um sowohl makro- als auch mikroökonomisch dezidiert eingreifen bzw. steuern zu können. Hinzu kommen ganz explizit noch einmal sozialpolitische Methoden. Nach der Idee der Sozialen Marktwirtschaft sollten wirtschafts- oder sozialpolitsch motivierte Ergänzungen oder Korrekturen der Marktprozesse dem Kriterium der Marktkonformität entsprechen, „d. h. die Marktprozesse sollen durch die Wirtschaftspolitik möglichst wenig verzerrt oder gestört werden. In Ausnahmebereichen ... müssen die Maßnahmen befristet und laufend kontrolliert werden" (*Tuchtfeldt*, 1973, 86). Demgegenüber ist im Demokratischen Sozialismus klar, daß sich die mikroökonomische Entfaltung (Wettbewerb) in den durch Rahmen- oder Globalpläne gezogenen Grenzen halten muß (*Schiller*, 1953, 130 ff.; 1962). Hinzu treten noch ins einzelne gehende sozialpolitische Maßnahmen (vgl. *Schachtschabel*, 1976, 98 ff.). Diese Vorstellungen schlugen sich auch ganz deutlich in den Parteiprogrammen der SPD von 1959 und 1975 nieder (SPD, 1959; 1975); sie werden im Parteiprogramm von 1989 etwas abgeschwächt, sind aber nach wie vor klar erkennbar (SPD, o.J.).

Der starke sozialpolitische Akzent im Demokratischen Sozialismus wird verständlich, weil der aus der Arbeitertradition herrührende Begriff der Solidarität für die Sozialdemokratie einen bewußtseinsprägenden Charakter hat. Im Zweifel überwiegt die durch Maßnahmen der normierten Solidarität (Zwangsabgaben) erreichbare relative soziale Sicherheit stärker als jene Chancen, die ein freier Wettbewerb bietet.

Die kurze Charakterisierung des Demokratischen Sozialismus belegt, daß er dem Gedanken des Systemwettbewerbs skeptisch gegenübersteht und der Globalisierung eher mit Regulierungen und neuen Abgaben sowie mit „Harmonisierungsabkommen" begegnen wird.

b) Konsequenz: „Neue Soziale Marktwirtschaft" oder ein „Mehr an sozialistischer Politik"?

Sicher kann man hinsichtlich der Prinzipien, der wirtschaftspolitischen Ziele und vor allem im Hinblick auf die wirtschaftspolitische Methodenwahl unterschiedlicher Meinung sein. Das liegt schlicht schon daran, daß die Begriffe der „sozialen Gerechtigkeit" und des „sozialen Ausgleichs" unterschiedlich interpretierbar sind (vgl. *Nothelle-Wildfeuer*, 1997). Im Einzelfall mag es auch Ungereimtheiten geben; insgesamt aber ist beiden Konzeptionen zu testieren, daß sie schlüssig sind und jene Offenheit bieten, um den durch Globalisierung und die IT-Technologie ausgelösten und noch zu erwartenden Entwicklungen zu begegnen. So ist auch im neuen Jahrtausend nicht zu erkennen, was gegen die von beiden Konzeptionen anvisierten wirtschafts- und gesellschaftspolitischen Ziele (Preisniveaustabilität, hoher Beschäftigungsstand, Teilhabe am Einkommen und Möglichkeiten der Vermögensbildung) auszusetzen sein sollte. Die Frage ist vielmehr, welche gesellschaftspolitischen Bedingungen (z. B. Bildung) und welche neu zu entwickelnden Instrumente zu ihrer Erreichung eingesetzt werden sollen.

Der von der CDU und hier insbesondere auf Betreiben ihrer Vorsitzender *Angela Merkel* aufgebrachte Begriff der „Neuen Sozialen Marktwirtschaft" (CDU, 2001) will vielmehr die Prinzipien der Sozialen Marktwirtschaft wieder akzentuieren:

> „Die Soziale Marktwirtschaft Ludwig Erhards wird nicht nur nicht mutwillig preisgegeben, die Prinzipien Freiheit, Gerechtigkeit und Solidarität verlieren nicht nur nicht ihre Gültigkeit, vielmehr schafft erst das Neue der Sozialen Marktwirtschaft wieder die Voraussetzung, dass genau diese Prinzipien der Sozialen Marktwirtschaft auch in Zukunft gelebt werden können" (CDU, 2001, 14 f.).

Prinzipiell also nichts Neues. Manchmal hätte ein intensiveres Quellenstudium (vgl. auch *Starbatty*, 2000) Fehleinschätzungen, wie etwa die, daß „die heute aktuelle Fragestellung eines nachhaltigen Wirtschaftens ursprünglich im Modell der sozialen Marktwirtschaft nicht enthalten gewesen" sei, vermeiden helfen (CDU, 2002). Sicher ist es richtig, sich von Zeit zu Zeit auf die alten ordnungspolitischen Prinzipien zurück zu besinnen und zu überlegen, wie sie im Lichte neuerer Entwicklungen zu interpretieren sind. Der Kernpunkt des „Neuen" dürfte hingegen in der Frage der Methodenanwendung und der konkreten Mittelwahl (Gesetzgebung) liegen. Und hier erschreckt einerseits der umfangreiche und ins einzelne gehende Katalog doch etwas (CDU, 2001, 86 ff.), wie andererseits die angestrebte „Wir-Gesellschaft“ ziemlich im unklaren bleibt (CDU, 17 f.). Auf jeden Fall bietet beides reichliche Ansatzpunkte für Experimente und Interventionen. Demgegenüber fehlt leider der Hinweis auf die Nützlichkeit eines regelgebundenen Systemwettbewerbs.[36]

Wie weit man sich freilich von der ordoliberalen Idee der Freiheit, auf der im Grundsatz sowohl die Soziale Marktwirtschaft wie auch der Demokratische Sozialismus aufbauen, entfernen kann, zeigen die Vorstellungen, mit denen die PDS den globalisierungs- und IT-bedingten Problemen in der Zukunft begegnen will. Im Kern zielt die PDS darauf ab, Ungerechtigkeiten und Ungleichheiten abzubauen und den Menschen Zugang zu „Grundgütern“ zu ermöglichen, die auf vermehrte politische Partizipation, Sicherheit im Innern (einschließlich einer erneuerten sozialen Sicherung für alle) und nach Außen (ohne Krieg), eine verbesserte Umwelt, eine existenzsichernde Arbeit sowie auf ungehinderten Zugang zu Bildung, Wissen und Kultur abstellt (entnommen aus PDS, 2002a; 7).[37]

Frappierend an diesem Wunsch- und Forderungskatalog der PDS wirkt indessen, daß sie dies nicht mit weniger, sondern mit einem Mehr an sozialistischer Politik

---

36 Am Rande sei noch ein kritisches Wort zum Marketingwert der „Neuen Sozialen Marktwirtschaft“ angebracht. Es scheint, daß dieser Begriff ziemlich holprig daherkommt und offenbar reflexhaft das Neue aus der „New“ Economy mit aufgreifen will. Vermutlich wäre es besser gewesen, ein Programm mit dem Titel „Erneuerung der Sozialen Marktwirtschaft“ aufzulegen. Aber möglicherweise ist der Verf. hier befangen; hat er doch selbst an einem solchen Aufruf mitgewirkt (*Wirtschaftsgilde/AEU*, 1996).
Der Fairness halber ist allerdings einzuräumen, daß es mittlerweile wieder etwas still geworden ist um den Begriff der „Neuen Sozialen Marktwirtschaft“. Dagegen ist auf das dem Verfasser kurz vor Manuskriptabgabe noch zugegangene Buch „Soziale Marktwirtschaft im 21. Jahrhundert“ hinzuweisen, das von *Friedrich Merz* und *Michael Glos* herausgegeben wurde (*Merz/Glos*, 2001). Unter Vermeidung verwirrender Begrifflichkeiten wird hier von den Autoren der einzelnen Beiträge der mühselige, aber notwendige Versuch beschritten, vor dem Hintergrund der globalen Entwicklungen die Prinzipien der Sozialen Marktwirtschaft ganz konkret auf wesentliche Problemfelder, wie den Arbeitsmarkt, die Soziale Sicherung, die Umwelt, den Wettbewerb und sinnhafte Abgabensysteme herunterzubrechen und Lösungsansätze zu entwickeln. Zwar fehlt auch hier die explizite Akzeptanz des Systemwettbewerbs, allerdings ist einzuräumen, daß er von den Verfassern einiger Beiträge zumindest implizit vorausgesetzt und akzeptiert wird.

37 Zur Umsetzung dieser Ziele hat die PDS auf ihrem Rostocker Parteitag am 17. März 2002 beschlossen, den Bundestagswahlkampf mit der Kampagne „Gerechtigkeit statt Bereicherung“ zu führen. Die zentralen Forderungen dieser Kampagne stellen darauf ab, die Vermögensteuer unverzüglich wieder zu erheben und eine Steuer auf reine Währungstransaktionen, die sog. *Tobinsteuer*, einzuführen (PDS, 2002b; *Dellheim*, 2002a) Zugleich soll die Kommunalpolitik „als Bestandteil sozialistischer Politik betrieben“ werden, weil die Wirkungen der Globalisierung die Menschen vor allem auf regionaler und kommunaler Ebene treffen. Es sind also gesetzliche Änderungen erforderlich, „die die Position von ‚unten‘ gegenüber ‚oben‘ stärken“ (*Dellheim*, 2002b).

in Deutschland erreichen will (PDS, 2002a, 1). Daß identifizierbare Ungerechtigkeiten abgebaut werden müssen, findet zweifelsfrei den Beifall aller Konzeptionen, bedenklich ist aber die Absicht, auch Ungleichheiten einzuebnen (PDS, 2002a, 3). *Köcher* (1998, 35) weist auf die Selbstverständlichkeit hin, daß eine freie Wirtschafts- und Eigentumsordnung soziale Differenzierungen zwangsläufig zulassen muß.

3. Industriepolitik im modernen Interventionsstaat?

Manche der Katalogbeschreibungen der „Neuen Sozialen Marktwirtschaft" wie auch die von der PDS vorgetragenen Vorstellungen zur Reaktion auf die Prozesse der Globalisierung und der New Economy lassen zumindest vermuten, daß weniger Wert auf die Fundierung ordnungspolitischer Prinzipien gelegt wird, sondern vielmehr darauf, schneller als bislang auf der operativen Ebene reagieren zu können.

Dies würde sich indessen kaum mit dem Begriffsinhalt decken, der mit der von der EU angestrebten Industriepolitik gemeint ist. Ohne einer genaueren Analyse vorzugreifen (vgl. dazu *Oberender/Daumann*, 1995), geht es dabei im Kern eher darum, daß Großkonzerne und Großtechnologie staatliche Hilfe erwarten und erhalten sollen, um sich rascher und besser im internationalen Wettbewerb aufstellen zu können.

Vom Blickwinkel eines Systemwettbewerbs ist der industriepolitische Ansatz als ineffizient zu werten; freilich darf man nicht übersehen, daß die EU-Kommission schon lange beharrlich versucht, über die Industriepolitik zusätzliche Kompetenzen auf sich zu ziehen und ihre Zentralmacht zu stärken (*Mussler*, 1999, 93 f.).

Was nun den modernen Interventionsstaat anlangt, so ist er – trotz der umfangreichen Arbeiten von *Neumark* (1961) – stärker durch seine Ausprägungen gekennzeichnet als durch eine schlüssige Konzeption.[38] Dem Wahlkalkül der Parteien mag dies entgegenkommen, weil sie durch immer wieder neue Regeln und durch Regeländerungen Tatkraft demonstrieren können, die dadurch mittlerweile hervorgerufene Unübersichtlichkeit und Rechtsunsicherheit dürfte sich jedoch angesichts des durch die Globalisierung und die neuen IT-Techniken ohnehin hervorgerufenen Drucks auf die Bevölkerung als wenig hilfreich erweisen.

---

[38] Als zentrale Charakteristika des modernen Interventionsstaates sind zu identifizieren: Ein hoher Staatsanteil am Nationaleinkommen und dementsprechend eine hohe Abgabenquote, eine hektische, zuweilen sprunghafte Wirtschafts- und Sozialpolitik, eine steigende Sozialbürokratie, eine enorme und trotz aller verbalen Bekenntnisse zur Vereinfachung steigende Regelungsdichte, häufige Gesetzesänderungen und ein hoher Kompromißcharakter seiner Regelungen.

4 „Kooperation statt Hegemonie" und ein Schuß Anarchie?

Es nimmt nicht wunder, daß Unsicherheit und Druck bei zurückgehendem Vertrauen in die Regelungsfähigkeit oder -willigkeit der Politik Widerstand erzeugt und „Heilsbringer" auf den Plan ruft. Die Gruppe von Lissabon (1998, 17 ff.) glaubt belegen zu können, daß der einstmals sinnvolle Wettbewerb im Prozeß der Globalisierung zu einer Ideologie mutiert sei, die in aggressiver Weise zum Hegemoniestreben ganzer Staaten und großer Konzerne führe. In diesem Prozeß könne es letztlich nur wenige Gewinner geben, während viele (Entwicklungs-)Länder auf der Strecke blieben; die Schere zwischen arm und reich spanne sich weiter auf (110 ff.).

Dieser unguten Entwicklung will die Gruppe von Lissabon ein neues Verständnis internationaler Kooperation entgegensetzen: Vier globale Sozialverträge (169 ff.) sollen die aggressive Wettbewerbssteuerung ersetzen oder doch begrenzen. Im einzelnen sind dies ein sog. „Grundbedürfnisvertrag", der den ärmsten Menschen der Welt Wasser, Unterkünfte und eine effiziente Energieversorgung sicher soll, ein „Kulturvertrag", der Toleranz und interkulturelle Dialogbereitschaft fördern soll, ein „Demokratievertrag", um die sich zunehmend von staatlicher Macht lösenden Industrie-, Finanz- und Dienstleistungsinteressen wieder einfangen zu können, und schließlich ein „Erdvertrag", der den globalen Umweltschutz durch die Verpflichtung zur nachhaltigen Entwicklung zum Ziel hat.

Daß die Umsetzung dieser Sozialverträge eine Menge offener Fragen aufwirft, erkennt die Gruppe von Lissabon natürlich. Sie appelliert daher an die Gewerkschaften und an die aufgeklärten Eliten, und sie glaubt, daß sich auch Allianzen zwischen kleinen und mittleren Unternehmen bilden könnten, denen sich die Kommunen anschließen könnten, weil diese in besondere Weise dem Druck der Globalisierung ausgesetzt sind und zugleich immer weniger (national-)staatliche Hilfe zu erwarten haben (190).

Daß für die Einsicht in die Dringlichkeit der Sozialverträge ein entsprechendes Bewußtsein erforderlich ist, ist klar. Insofern bedarf es eines vielfältigen, weltumspannenden Netzwerkes. Die ATTAC könnte Teil eines solchen Netzwerkes sein. Bislang jedoch scheinen deren Aktionen noch reichlich unkoordiniert zu sein. Auch läßt sich eine wirklich einheitliche Strategie noch kaum erkennen. Soweit aus dem Internet entnehmbar, ist die gemeinsam eingenommene Linie – wie auch aus dem Namen ersichtlich (Association for the Taxation of Financial Transaction for the Aid of Citizens) – die vehement vorgetragene Forderung nach der sog. Tobin-Steuer.

C. Ausblick: Systemwettbewerb als Aufgabe

Die vielfältigen Probleme, die im Zuge der Prozesse der Globalisierung und der New Economy auf die Gesellschaften und ihre politischen Führungen eindringen, gebieten eine Besinnung auf ihre gesellschafts- und wirtschaftspolitischen Prinzipien und eine entsprechende Neuorientierung. Nicht erforderlich ist indessen eine völlig neue wirtschaftspolitische Konzeption. Nachdem oben untersucht wurde, in welcher Weise auf die Herausforderungen im dritten Jahrtausend reagiert werden kann, scheint die wirtschaftspolitische Konzeption der Sozialen Marktwirtschaft immer noch am besten gerüstet zu sein, um diese Aufgabe zu meistern, weil ihre Prinzipien nicht nur marktwirtschaftlich, sondern auch demokratisch, liberal und offen fundiert sind, so daß sie den globalisierungs- und technologiebedingten Anforderungen mit der Öffnung zum Systemwettbewerb begegnen kann. Sie kann darüber hinaus als internationales Leitbild fungieren, weil sie gemeinsame Werte mit den Begriffen der „Nachhaltigkeit“, mit den Zielen der WTO und mit der Menschenrechtspolitik der UNO teilt (*Fritz*, 2001, 296 f.).

So schlicht diese Schlußfolgerung auch ist: Die Aufgabe ist gewaltig. Trotz der zahlreichen Gesetzesänderungen, die für den modernen Interventionsstaat typisch sind, stehen die wirklichen Problemfelder nicht auf der Agenda der Politiker. Gelingt es aber nicht, den dadurch verursachten Reformstau zeitnah aufzulösen und die institutionellen Arrangements rasch genug auf die Erfordernisse der Globalisierung einzustellen, so erhöhen sich die sozialen Spannungen, weil bei ausbleibendem wirtschaftlichen Wachstum auch der soziale Ausgleich nicht mehr im erwarteten Umfang gelingt. Gerade in Deutschland ist, nicht zuletzt infolge der noch nicht aufgearbeiteten marxistischen Ideologie, der latente Zweifel an einer liberalen Wirtschafts- und Gesellschaftsordnung enorm groß (*Köcher*, 1998, 35 f.). Eine der ersten und dringendsten Aufgaben in diesem Zusammenhang wäre die Wiederherstellung eines Bundeswirtschaftsministeriums, das seinen ursprünglich gewollten ordnungspolitischen Aufgaben wieder gerecht werden kann (*Schatz*, 2002).

Genau so wichtig ist jedoch eine zeitnahe und effiziente Neugestaltung unseres Bildungssystems. Darauf gerichtete Reformen dürfen sich nicht allein auf isolierte Abschnitte (z. B. die Universitätsausbildung) konzentrieren, sondern müssen *alle* Bereiche der schulischen und universitären (Aus-)Bildung sowie die daran anknüpfende Fort- und Weiterbildung umfassen (*Franke*, 2002). Nur so läßt sich einerseits der Gefahr begegnen, im globalisierungsbedingten Ringen um konkurrenzfähige Produkte zurückzufallen, und andererseits vermindert eine verbesserte (Aus-)Bildung am ehesten das individuelle Risiko, im fortschreitenden Prozeß der Globalisierung und Technisierung zu Modernisierungsverlierern zu werden.

Die Lösung in den umrissenen Feldern wird in langfristiger Sicht für alle am europäischen Integrationsprozeß wie auch am Welthandel beteiligten Länder wesentlich erleichtert, wenn die Bedingungen für einen effizienten Systemwettbewerb geschaffen werden können. An sich dürfte dieser Gedanke jenen Ländern, die eine weitere Integration befürworten, nicht fernliegen; sind doch freiheitliche Staatsverfassungen dadurch charakterisiert, daß sie ihren Bürgern gleichzeitig marktwirtschaftliche, demokratische und grenzüberschreitende Handlungsoptionen eröffnen (*Wohlgemuth*, 1999, 52). Folglich liegt es in der Logik dieser Verfassungen, die durch den Systemwettbewerb mögliche Suche nach einer optimalen Integrationsordnung zuzulassen. Freilich liegt ein solcher Wettbewerb nicht zugleich im Interesse eines Teils der handelnden Akteure (Parteien, Regierungen, Ministerialbürokratie, Interessenverbände) (*Hafner*, 1999, 101). Daher überrascht es nicht, daß sich in der EU-Geschichte Phasen des Systemwettbewerbs mit Versuchen seiner Beschränkung durch politische Kartellierungen abwechseln (*Mussler*, 1999, 71). Die dabei vorgebrachten Argumente zielen in der Regel darauf ab, „Harmonisierungen" des Rechts an Stelle des Systemwettbewerbs zu befürworten, weil sonst eine „Abwärtsentwicklung zu ‚schlechtem' Recht hin" zu befürchten sei (*Müller*, 2000, 25).[39]

Die Aufgabe, auch die der beratenden Wissenschaft, muß also darauf gerichtet sein, die verschiedenen Facetten des Systemwettbewerbs darzustellen, auf seine Vorteile hinzuweisen und Möglichkeiten zu entwickeln, Nachteile zu vermeiden. Außerdem müssen vorgeschobene Argumente entkräftet werden. Dies geschieht am wirksamsten dadurch, daß die theoretisch nachweisbaren Vorteile eines Systemwettbewerbs stets empirisch unterfüttert werden. Bereits jetzt gibt es dazu eine Fülle von Untersuchungen (vgl. z. B. *Adamovich / Wohlgemuth*, 1999; *Feld / Kirchgässner*, 2001 [jeweils mit weiteren Nachweisen]).

Literatur

1. Bücher, Aufsätze und Diskussionspapiere

Adamovich, Ivan Baron / *Wohlgemuth*, Michael (1999): „Exit" und „voice" im Systemwettbewerb: Das Zusammenwirken von Föderalismus und direkter Demokratie in der Schweiz, in: Streit / Wohlgemuth (Hrsg.) (1999), S. 123 – 149.

Altmann, Jörn / *Kulessa*, Margareta E. (Hrsg.) (1998): Internationale Wirtschaftsorganisationen, Stuttgart.

Arnold, Ulli (2000): Einführung in das Symposium, in: Cleven, Hans-Dieter: Distribution 2000 plus. Internet und E-Business, München, S. 13 – 15.

Beeker, Detlef (2001): Aktuelle Herausforderungen der Wettbewerbspolitik, Köln [Beiträge zur Wirtschafts- und Sozialpolitik, Nr. 268, hrsg. vom Institut der deutschen Wirtschaft].

Berschens, Ruth (2002): Reformvorschläge von EU-Kommissar Solbes empören die Finanzminister. Machtkampf in Euroland, in: Handelsblatt, Nr. 88, 8. Mai 2002, S. 3.

Berthold, Norbert / *Hilpert*, Jörg (1997): Der neue Protektionismus. Aus alten Fehlern nichts gelernt, in: Internationale Politik, 52. Jg., Heft 4, S. 20 – 28.

Berthold, Norbert / *Neumann*, Michael (2001): Sozialsysteme im Wettbewerb: das Ende der Umverteilung? In: Müller / Fromm / Hansjürgens (Hrsg.) (2001), S. 253 – 286.

---

[39] Im wesentlichen sind Harmonisierungen nur auf einer Metaebene sinnvoll, weil natürlich auch der Systemwettbewerb regelgebunden ablaufen sollte (*Müller*, 2000, 121).

Blume, Lorenz (2001): Anforderungen an die regionale und kommunale Wirtschaftspolitik im Zuge der Globalisierung des Wachstums, in: Smekal / Starbatty (Hrsg.) (2001), S. 115–121.

Bosch, Gerhard (1997): Die Auswirkungen der neuen Informationstechnologien auf die Beschäftigung. Eine Technik sucht Anwendungen, in: WSI-Mitteilungen, 50. Jg., Heft 3, S. 150–159.

Cassel, Dieter (Hrsg.) (1998): 50 Jahre Soziale Marktwirtschaft. Ordnungstheoretische Grundlagen, Realisierungsprobleme und Zukunftsperspektiven einer wirtschaftspolitischen Konzeption, Stuttgart.

Cassel, Dieter / *Rauhut,* Siegfried (1998): Soziale Marktwirtschaft: Eine wirtschaftspolitische Konzeption auf dem Prüfstand, in: Cassel (Hrsg.) (1998), S. 3–31.

Dellheim, Judith (2002a): Es geht um „nützliches" Geld, und es geht um Demokratie. Zur Kampagne für die Einführung der Tobin-Steuer [URL: http://www.pds-online.de/projekte/uebersicht/projekte/kampagnen/umsteuern/view_html. Datum: 25. 04. 2002; ausgedruckt am 10. 05. 2002].

– (2002b): Machen wir wahr, was der Rostocker Parteitag beschloss? Zur Kampagne „Gerechtigkeit statt Bereicherung" [URL: http://www.pds-online.de / projekte/uebersicht/projekte/kampagnen/umsteuern/view_html. Datum: 08. 05. 2002; ausgedruckt am 10. 05. 2002].

Donges, Jürgen B. / *Eekhoff,* Johann / *Hamm,* Walter / *Möschel,* Werner / *Neumann,* Manfred J. M. / *Sievert,* Olaf [Kronberger Kreis] (1998): Globalisierter Wettbewerb. Schicksal und Chance [Frankfurter Institut – Stiftung Marktwirtschaft und Politik, Bd. 32], Bad Homburg.

Ehrke, Michael (o.J. [2000]): New Economy. Fünf Dimensionen eines Begriffs [Friedrich-Ebert-Stiftung], Bonn.

Erber, Georg / *Hagemann,* Harald (2002): New Economy in der Krise? In: Wirtschaftsdienst, 82. Jg., Heft 1, S. 23–32.

Erber, Georg / *Hagemann,* Harald / *Schreyer,* Markus / *Seiter,* Stephanie (2001): Produktivitätswachstum in der „New Economy"? In: Heise (Hrsg.) (2001), S. 199–263.

Erhard, Ludwig (1965 / 66): Das gesellschaftspolitische Leitbild der Formierten Gesellschaft, in: Stützel u. a. (Hrsg.) (1981), S. 79–82.

Eucken, Walter (1965): Grundlagen der Nationalökonomie, 8. Aufl., Berlin, Heidelberg, New York [1. Aufl. 1939].

– (1990): Grundsätze der Wirtschaftspolitik, 6., durchges. Aufl., Tübingen [1. Aufl. 1952].

Feld, Lars P. / *Kirchgässner,* Gebhard (2001): Vor- und Nachteile des internationalen Steuerwettbewerbs, in: Müller / Fromm / Hansjürgens (Hrsg.) (2001), S. 21–51.

Franke, Siegfried F. (1996): Die Soziale Marktwirtschaft in der globalen Bewährung, in: Protokolldienst 1996 der Evangelischen Akademie Bad Boll, Nr. 20 / 96.

– (1997): Europa vom Atlantik bis zum Ural. Vision, Illusion oder absehbare Realität? In: Wirtschaftsdienst, 77. Jg., Heft 10, S. 573–579.

– (1998): CEFTA und Europäische Union – Beitritt oder Erweiterung des Europäischen Wirtschaftsraumes? In: Zohlnhöfer, Werner (Hrsg.): Perspektiven der Osterweiterung und Reformbedarf der Europäischen Union, Berlin, S. 33 – 68.

– (1999): Sozialdumping durch Schwellenländer? Begründungen und Probleme der Forderung nach Sozialstandards, in: Berg, Hartmut (Hrsg.): Globalisierung der Wirtschaft: Ursachen – Formen – Konsequenzen, Berlin, S. 157 – 182.

– (2002): Evaluation, Akkreditierung und leistungsgerechte Besoldung: Der Königsweg zur effizienten (Aus-)Bildung im 21. Jahrhundert? [erscheint in: Wechselwirkungen. Jahrbuch 2002. Aus Lehre und Forschung der Universität Stuttgart].

Fritz, Erich G. (2001): Welthandelsrunden und Freihandelszonen – Wege zu einer Ordnung des Freihandels, in: Merz / Glos (Hrsg.) (2001), S. 288 – 298.

Funk, Lothar (Ed.) (2000a): Contemporary Aspects of the Third Way in the New Economy. Conference Volume of the INFER-Workshop 1 – 2000), Berlin.

– (2000b): Ein New Economy-Effekt für Deutschland? In: Wirtschaftsdienst, 80. Jg., Heft 5, S. 271 – 276.

Giersch, Herbert (1961): Allgemeine Wirtschaftspolitik. Grundlagen, Wiesbaden.

Gruppe von Lissabon (1998): Grenzen des Wettbewerbs. Die Globalisierung der Wirtschaft und die Zukunft der Menschheit [Originalausgabe: Limits of Competetion, MIT Press, Cambridge, Mass., 1995; Lizenzausgabe für die Wissenschaftliche Buchgesellschaft, Darmstadt 1998].

Gutmann, Gernot (1998): Ideengeschichtliche Wurzeln der Konzeption der Sozialen Marktwirtschaft, in: Cassel (Hrsg.) (1998), S. 49 – 65.

Hafner, Claudia (1999): Systemwettbewerb versus Harmonisierung in Europa. Am Beispiel des Arbeitsmarktes, Frankfurt (Main) u. a.O.

Hansjürgens, Bernd (2001): Das Äquivalenzprinzip als zentraler Maßstab für fairen Steuerwettbewerb. Anmerkungen aus finanzwissenschaftlicher Sicht, in: Müller / Fromm / Hansjürgens (Hrsg.) (2001), S. 71 – 88.

Heise, Arne (Hrsg.) (2001): USA – Modellfall der New Economy? Marburg.

Himmelreich, Fritz-Heinz (1998): Begrüßung und Einleitung, in: Veröffentlichungen der Walter-Raymond-Stiftung, Band 38 (1998), S. 9 – 14.

Holman, Otto / *Overbeck,* Hank (2000): „Serious editors‘ preface“ zu May, Christopher: A Global Political Economy of Intellectual Rights. The new enclosures? London / New York.

Kalmbach, Peter (2000): Eine neue Wirtschaft im neuen Jahrtausend? In: Wirtschaftsdienst, 80. Jg., Heft 4, S. 210 – 217.

Kantzenbach, Erhard (1967): Die Funktionsfähigkeit des Wettbewerbs, 2. Aufl., Göttingen.

Klodt, Henning (2001): The Essence of the New Economy. Kiel Discussion Papers, No. 375 [Kiel Institute of World Economics, June 2001].

Köcher, Renate (1998): Zur individuellen und sozialen Bedeutung des Eigentums, in: Veröffentlichungen der Walter-Raymond-Stiftung, Band 38 (1998), S. 33 – 39 [auch Diskussionsbeiträge, S. 41 ff.].

Kotz, Hans-Helmut (2001): New Economy und Geldpolitik – waren wir in Eldorado? In: Wirtschaftsdienst, 81. Jg., Heft 12, S. 685–691.

Kruse, Jörn / *Haucap,* Justus (2002): Zuviel Wettbewerb in der Telekommunikation? In: Wirtschaftsdienst, 82. Jg., Heft 2, S. 92–98.

Lichtblau, Karl / *Utzig,* Siegfried (2002): Die Finanzierung des Mittelstands in der New Economy, Köln [Beiträge zur Wirtschafts- und Sozialpolitik, Nr. 272, hrsg. vom Institut der deutschen Wirtschaft].

Lösch, Dieter (2000): Das Dilemma mit der Rolle des Staates in der Wettbewerbsordnung. Zum 50. Todestag von Walter Eucken, in: Wirtschaftsdienst, 80. Jg., Heft 3, S. 185–192.

Lübbe, Hermann (2001): Zivilisationsdynamik. Über Traditionen und Innovationen, in: Smekal / Starbatty (Hrsg.) (2001), S. 26–34.

Merz, Friedrich / *Glos,* Michael (Hrsg.) (2001): Soziale Marktwirtschaft im 21. Jahrhundert. Antworten der Wirtschafts-, Finanz- und Sozialpolitik auf die neuen Herausforderungen, München.

Müller, Markus (2000): Systemwettbewerb, Harmonisierung und Wettbewerbsverzerrung. Europa zwischen einem Wettbewerb der Gesetzgeber und vollständiger Harmonisierung, Baden-Baden.

Müller, Walter / *Fromm,* Oliver / *Hansjürgens,* Bernd (Hrsg.) (2001): Regeln für den europäischen Systemwettbewerb. Steuern und soziale Sicherungssysteme, Marburg.

Müller-Armack, Alfred (1947): Die Wirtschaftsordnung, sozial gesehen, in: Stützel u.a. (Hrsg.) (1981), S. 19–34.

– (1960): Die zweite Phase der Sozialen Marktwirtschaft: Ihre Ergänzung durch das Leitbild einer neuen Gesellschaftspolitik, in: Stützel u.a. (Hrsg.) (1981), S. 63–78.

– (1974): Genealogie der Sozialen Marktwirtschaft. Frühschriften und weiterführende Konzepte, Bern, Stuttgart.

Mussler, Werner (1999): Systemwettbewerb als Integrationsstrategie der Europäischen Union, in: Streit / Wohlgemuth (Hrsg.) (1999), S. 71–102.

Neumark, Fritz (1961): Wirtschafts- und Finanzprobleme des Interventionsstaates, Tübingen.

Nörr, Wolfgang / *Starbatty,* Joachim (1999): Soll und Haben. 50 Jahre Soziale Marktwirtschaft, Stuttgart.

Nothelle-Wildfeuer, Ursula (1997): Zur Idee der sozialen Gerechtigkeit. Christlich-sozialethische Aspekte in den Parteiprogrammen von CDU und SPD, in: Zeitschrift zur politischen Bildung – Eichholz Brief, Heft 4, S. 39–51.

Oberender, Peter / *Daumann,* Frank (1995): Industriepolitik, München.

Ohm, Hans (1972): Allgemeine Volkswirtschaftspolitik, Bd. I: Systematisch-theoretische Grundlagen, 4. Aufl., Berlin.

Pütz, Theodor (1979): Wirtschaftspolitik, Bd. I. Grundlagen der theoretischen Wirtschaftspolitik, 4., neubearb. und erw. Aufl., Stuttgart.

Quaas, Friedrun / *Straubhaar,* Thomas (Hrsg.) (1995): Perspektiven der Sozialen Marktwirtschaft, Stuttgart, Wien.

Rachel, Thomas (2001): Bildung nach Maß – Chancenvielfalt durch individuelle Bildungsangebote, in: Merz / Glos (Hrsg.) (2001), S. 170 – 180.

Repnik, Hans-Peter (2001): Handlungsspielräume nationaler Politik im Zeitalter von Internet und Globalisierung, in: Merz / Glos (Hrsg.) (2001), S. 243 – 257.

Rösner, Hans Jürgen (1997): Soziale Marktwirtschaft – ein Konzept für die internationale Ordnungspolitik im Zeitalter der Globalisierung? In: Rösner u .a. (1997), S. 57 – 79.

Rösner, Hans Jürgen u.a (1997): Soziale Marktwirtschaft in der Bewährung, hrsg. von der Konrad-Adenauer-Stiftung [Aktuelle Fragen der Politik, Heft 45], Sankt Augustin.

Rosecrance, Richard (2001): Das globale Dorf: New Economy und das Ende des Nationalstaats, Düsseldorf.

Schachtschabel, Hans G. (1976): Wirtschaftspolitische Konzeptionen, 3., völlig überarb. und erg. Aufl., Stuttgart, Berlin, Köln, Mainz.

Schäfer, Wolf (1996): Die Marktwirtschaft unter dem Übermaß des Sozialen, in: Dierkes, Meinolf / Zimmermann, Klaus (Hrsg.) (1996): Sozialstaat in der Krise. Hat die Soziale Marktwirtschaft noch eine Chance? Frankfurt (Main), Wiesbaden.

Schatz, Klaus-Werner (2002): Wächter über die Marktwirtschaft. Das Bundeswirtschaftsministerium braucht wieder mehr Kompetenzen, in: FAZ, Nr. 34, 9. Febr. 2002, S. 13.

Schiller, Karl (1953): Produktivitätssteigerung und Vollbeschäftigung durch Planung und Wettbewerb, in: Schiller (1964), S. 119 – 136.

– (1954a): Sozialismus und Wettbewerb, in: Schiller (1964), S. 15 – 34.

– (1954b): Verbraucher und Wettbewerb, in: Schiller (1964), S. 137 – 148.

– (1962): Wirtschaftspolitik, in: Schiller (1964), S. 63 – 90.

– (1964): Der Ökonom und die Gesellschaft. Das freiheitliche und das soziale Element in der modernen Wirtschaftspolitik, Stuttgart.

Schlecht, Otto (1998): Leitbild oder Alibi? Zur Rolle der Konzeption der Sozialen Marktwirtschaft in der praktischen Wirtschaftspolitik, in: Cassel (Hrsg.) (1998), S. 35 – 48.

Schleyer, Hanns-Eberhard (2001): Begrüßung, in: Smekal / Starbatty (Hrsg.) (2001), S. 13 – 15.

Schmitz, Frieder (2000): Structural Change and How to Stabilize Employment? In: Funk (Hrsg.) (2000a), S. 31 – 39.

Schulte, Reinhard (2001): Event Risk – Neue Wertpapierrisiken durch die New Economy? In: Smekal / Starbatty (Hrsg.) (2001), S. 199 – 205.

Schwarz, Gerhard (2001): Moderation zur Podiumsdiskussion, in: Smekal / Starbatty (Hrsg.) (2001), S. 61 – 78.

Senti, Richard (2000): WTO. System und Funktionsweise der Welthandelsordnung, Zürich, Wien.

Shapiro, Carl / *Varian,* Hal R. (2000): Information Rules. A Strategic Guide to the Network Economy, Boston, Mass. [Reprint 1998, 1999].

Siebert, Horst (2000): The New Economy – What is really New? Kiel Working Paper, No. 1000 [Kiel Institute of World Economics, August 2000].

Smekal, Christian / *Starbatty,* Joachim (Hrsg.) (2001): Old and New Economy auf dem Weg in eine innovative Symbiose? Dominanz der Prozesse – Flexibilität der Strukturen – Konstanz der ökonomischen Grundregeln, Köln.

Starbatty, Joachim (1985): Die englischen Klassiker der Nationalökonomie. Lehre und Wirkung, Darmstadt.

– (2000): Eine Neue Soziale Marktwirtschaft? In: Handelsblatt, 5. Dez. 2000.

– (2001): Diskussionsbeiträge, in: Smekal / Starbatty (Hrsg.) (2001), S. 63 – 76.

Stierle, Michael H. (2000a): New Economy: How Real is the Phenomen? In: Funk (Hrsg.) (2000a), S. 7 – 30.

– (2000b): New Economy – Wunschtraum oder Realität? In: Wirtschaftsdienst, 80. Jg., Heft 9, S. 549 – 557.

Stiglitz, Joseph (2002): Europa muß sich entschieden gegen die amerikanische Handelspolitik wehren. Die USA messen bei der Globalisierung mit zweierlei Maß, in: Handelsblatt, Nr. 83, 30. April 2002, S. 10.

Streit, Manfred E. / *Kiwit,* Daniel (1999): Zur Theorie des Systemwettbewerbs, in: Streit / Wohlgemuth (Hrsg.) (1999), S. 13 – 48.

Streit, Manfred E. / *Wohlgemuth,* Michael (Hrsg.) (1999): Systemwettbewerb als Herausforderung an Politik und Theorie, Baden-Baden.

Stützel, Wolfgang / *Watrin,* Christian / *Willgerodt,* Hans / *Hohmann,* Karl (Hrsg.) (1981): Grundtexte zur Sozialen Marktwirtschaft. Zeugnisse aus zweihundert Jahren ordnungspolitischer Diskussion, Stuttgart, New York.

Tuchtfeldt, Egon (1973): Soziale Marktwirtschaft und Globalsteuerung, in: Stützel u. a. (Hrsg.) (1981), S. 83 – 104.

– (1995): Soziale Marktwirtschaft als ordnungspolitisches Konzept, in: Quaas / Straubhaar (Hrsg.) (1995), S. 29 – 46. Veröffentlichungen der Walter-Raymond-Stiftung, Band 38 (1998): Eigentum und Eigentümer im Zeitalter globaler Märkte und Finanzströme, Köln.

Welfens, Paul J.J. (1999): Globalization of the Economy, Unemployment and Innovation. Structural Change, Schumpetrian Adjustment, and New Policy Challenges, Berlin, Heidelberg, New York.

Wohlgemuth, Michael (1999): Systemwettbewerb als Entdeckungsverfahren, in: Streit / Wohlgemuth (Hrsg.) (1999), S. 49 – 70.

Zohlnhöfer, Werner (1983): Zur politischen Ökonomie des neuen Protektionismus. Ein Beitrag zur Theorie der Außenwirtschaft in der Demokratie, in: Feldsieper, Manfred / Groß, Richard (Hrsg.): Wirtschaftspolitik in weltoffener Wirtschaft. Festschrift zum siebzigsten Geburtstag von Rudolf Meimberg, Berlin, S. 143 – 163.

– (1990): Das soll der Sozialstaat tun! – Oder: Verstaatlichte Nächstenliebe statt individueller Verantwortung, in: Zeitschrift zur politischen Bildung und Information, 3 / 1990: Solidarität oder Egoismus: Macht Wohlstand unempfindlich? S. 15 – 25.

– (1999): Die wirtschaftspolitische Willens- und Entscheidungsbildung in der Demokratie. Ansätze einer Theorie, Marburg.

2. Sonstiges

attac (2002): attac für eine solidarische Weltwirtschaft gegen neoliberale Globalisierung [http://www.attac-netzwerk.de/index.php, 10. 03. 02].

BT-Drucksache 14/954: Antrag der Abgeordneten Ursula Lötzer, Rolf Kutzmutz, Dr. Uwe-Jens Rössel, Eva-Maria Bulling-Schröter, Dr. Barbara Höll, Carsten Hübner, Dr. Winfried Wolf, Dr. Gregor Gysi und der Fraktion der PDS: Soziale und demokratische Wirtschaftsordnung statt neoliberaler Globalisierung, 04. 05. 99.

BT-Drucksache 14/6889: Antrag der Abgeordneten Ursula Lötzer, Petra Pau, Ulla Jelpke, Heide Lippmann, Carsten Hübner, Dr. Barbara Höll, Roland Claus und der Fraktion der PDS: Neoliberale Globalisierung – kein Sachzwang, 11. 09. 2001.

CDU (2001): Neue Soziale Marktwirtschaft. Diskussionspapaier der CDU Deutschlands, Berlin, 27. August 2001.

CDU (2002): Anforderungen an einen internationalen Ordnungsrahmen [Mitteilung der CDU-Bundesgeschäftsstelle] [http://www.neue-soziale-marktwirtschaft.cdu-de/merkel°rdnungsrahmen. htm, 04. 03. 02].

iwd [Informationsdienst des Instituts der deutschen Wirtschaft] (2002), Jg. 28, Nr. 17, 25. April 2002, S. 4/5: Handel USA – EU. Stahlkonflikt droht zu eskalieren.

PDS (2002a): Grundlinien der Überarbeitung und Neufassung des Parteiprogramms der PDS (vom 28. 08. 2001, beschlossen am 5. März 2001 [http://www.pds-online.de/programm/programmkommission/dok .../grundlinien.htm, 04. 03. 02].

PDS (2002b): Umsteuern: Gerechtigkeit statt Bereicherung! Für die sofortige Wiedererhebung einer Vermögensteuer, für die Tobinsteuer! Beschluss der 3. Tagung des 7. Parteitages der PDS [URL: http://www.pds-online.de/projekte/uebersicht/projekte/kampagnen/umsteuern/view. Datum: 17.02. 2002; ausgedruckt am 10. 05. 02].

Pressekommentar: „Abweichungen", in: FAZ, Nr. 44, 21. Febr. 2002, S. 12.

SPD-Vorstand (o.J.): Grundsatzprogramm der Sozialdemokratischen Partei Deutschlands. Beschlossen vom Programm-Parteitag der Sozialdemokratischen Partei Deutschlands am 20. Dezember 1989 in Berlin.

– (Hrsg.) (1959): Grundsatzprogramm der Sozialdemokratischen Partei Deutschlands. Beschlossen vom Außerordentlichen Parteitag der Sozialdemokratischen Partei Deutschlands in Bad Godesberg vom 13. bis 15. November 1959.

SPD (1975): Ökonomisch-Politischer Orientierungsrahmen der Sozialdemokratischen Partei Deutschlands (SPD) für die Jahre 1975 – 1985. Beschlossen vom Parteitag am 14. November 1975 in Mannheim. Abdruckt in: *Froemer,* Fried (Hrsg.): Parteiprogramme, 13. Aufl., Leverkusen 1982, S. 61 – 164.

Wirtschaftsgilde e.V. [Evangelischer Arbeitskreis für Wirtschaftsethik und Sozialgestaltung] / AEU [Arbeitskreis evangelischer Unternehmer in Deutschland e.V.] (1996): Aufruf zur Erneuerung der Sozialen Marktwirtschaft in Deutschland, Stuttgart, November 1996.

3. Referate dieser Tagung

Berg, Hartmut / *Schmitt,* Stefan (2002): Wettbewerbswirkungen elektronischer Marktplätze: Das Beispiel des Luftverkehrs.

Berthold, Norbert / *Fehn,* Rainer (2002): Struktureller Wandel, „New economy" und Beschäftigungsentwicklung: Welche Rolle spielen die institutionellen Rahmenbedingungen auf dem Kapitalmarkt?

Dluhosch, Barbara (2002): Humankapitalmangel in der New Economy?

Heilemann, Ulrich (2002): Wahlen, Wirtschaftspolitik und Glück – Ursachen und Lektionen des Clinton-Aufschwungs.

Klodt, Henning (2002): Wettbewerbsstrategien für Informationsgüter.

Autoren und Herausgeber

Berg, Hartmut, Prof. Dr., Universität Dortmund

Berthold, Norbert, Prof. Dr., Julius-Maximilians-Universität Würzburg

Dluhosch, Barbara, Prof. Dr., Universität der Bundeswehr Hamburg

Fehn, Rainer, Prof. Dr., Ludwig-Maximilians-Universität und ifo Institut München

Franke, Siegfried F., Prof. Dr., Universität Stuttgart

Heilemann, Ullrich, Prof. Dr., Rheinisch-Westfälisches Institut für Wirtschaftsforschung (RWI) Essen und Gerhard Mercator Universität Duisburg

Kirchgässner, Gebhard, Prof. Dr., Universität St. Gallen

Klodt, Henning, Prof. Dr., Institut für Weltwirtschaft, Kiel

Schäfer, Wolf, Prof. Dr., Universität der Bundeswehr Hamburg

Schmitt, Stefan, Dipl.-Vw., Universität Dortmund

Welfens, Paul J. J., Prof. Dr., Universität Potsdam

Schriften des Vereins für Socialpolitik

Neue Folge

258 **Bildung und Wirtschaftswachstum.** Hrsg. von R. K. von Weizsäcker. Tab., Abb.; 144 S. 1998 ⟨3-428-09461-1⟩ € 44,– / sFr 78,–

259 **Probleme der Besteuerung**
I. Hrsg. von A. Oberhauser. 123 S. 1998 ⟨3-428-09446-8⟩ € 44,– / sFr 78,–
II. Hrsg. von N. Andel. 174 S. 1999 ⟨3-428-09813-7⟩ € 52,– / sFr 90,–
III. Hrsg. von N. Andel. Tab., Abb.; 176 S. 2000 ⟨3-428-10159-6⟩ € 68,– / sFr 117,–

260 **Europäische Integration als ordnungspolitische Gestaltungsaufgabe.** Probleme der Vertiefung und Erweiterung der Europäischen Union. Hrsg. von D. Cassel. Tab., Abb.; 253 S. 1997 ⟨3-428-09631-2⟩ € 40,– / sFr 71,–

261 **Finanzmärkte im Spannungsfeld von Globalisierung, Regulierung und Geldpolitik.** Hrsg. von D. Duwendag. Johann-Heinrich-von-Thünen-Vorlesung: Werner Hildenbrand: Zur Relevanz mikroökonomischer Verhaltenshypothesen für die Modellierung der zeitlichen Entwicklung von Aggregaten. Jahrestagung des Vereins für Socialpolitik, Gesellschaft für Wirtschafts-und Sozialwissenschaften in Bern vom 23.-26. September 1997. Zugleich Beiheft 7 „Zeitschrift für Wirtschafts- und Sozialwissenschaften". Tab., Abb.; 246 S. 1998 ⟨3-428-09632-0⟩ € 68,– / sFr 117,–

262 **Deregulierung und Finanzierung des Bildungswesens.** Hrsg. von R. K. von Weizsäcker. 327 S. 1998 ⟨3-428-09724-6⟩ € 68,– / sFr 117,–

263 **Globalisierung der Wirtschaft: Ursachen – Formen – Konsequenzen.** Hrsg. von H. Berg. 206 S. 1999 ⟨3-428-09725-4⟩ € 52,– / sFr 90,–

264 **Transmissionsmechanismen in der Geldpolitik.** Hrsg. von E. Baltensperger. 141 S. 1999 ⟨3-428-09733-5⟩ € 44,– / sFr 78,–

265 **Alternative Konzeptionen der sozialen Sicherung.** Hrsg. von R. Hauser. 217 S. 1999 ⟨3-428-09784-X⟩ € 52,– / sFr 90,–

266 **Die Dynamik der Telekommunikationsmärkte als Herausforderung an die Wettbewerbspolitik.** Hrsg. von P. Oberender. Tab., Abb.; 120 S. 1999 ⟨3-428-09749-1⟩ € 52,– / sFr 90,–

267 **Berufliche Weiterbildung in europäischer Perspektive.** Hrsg. von D. Timmermann. Tab., Abb.; 113 S. 1999 ⟨3-428-09812-9⟩ € 44,– / sFr 78,–

268 **Perspektiven der Systemforschung.** Hrsg. von D. Cassel. Abb.; 331 S. 1999 ⟨3-428-09970-2⟩ € 44,– / sFr 78,–

269 **Neue Wachstums- und Außenhandelstheorie.** Implikationen für die Entwicklungstheorie und -politik. Hrsg. von R. Schubert. Tab., Abb.; 225 S. 1999 ⟨3-428-09978-8⟩ € 62,– / sFr 107,–

270 **Die Europäische Fusionskontrolle.** Hrsg. von P. Oberender. 97 S. 2000 ⟨3-428-10104-9⟩ € 44,– / sFr 78,–

271 **Die Zukunft des Sozialstaats.** Hrsg. von R. Hauser. Jahrestagung des Vereins für Socialpolitik Gesellschaft für Wirtschafts- und Sozialwissenschaften in Rostock 1998. Zugleich Beiheft 8 „Zeitschrift für Wirtschafts- und Sozialwissenschaften". Tab., Abb.; 305 S. 2000 ⟨3-428-10118-9⟩ € 76,– / sFr 131,–

272 **Arbeitsmarkt und Beschäftigung: Deutschland im internationalen Vergleich.** Hrsg. von H. Berg. Tab., Abb.; 276 S. 2000. ⟨3-428-10009-3⟩ € 62,– / sFr 107,–